JN164134

私たちの住居学

第2版

（サステイナブル社会の住まいと暮らし）

Living Design for Sustainability

中根芳一　編著

Ohmsha

執筆者一覧（執筆順）＊：元執筆者

中根　芳一	大阪市立大学名誉教授	工学博士	0章，6章，7章
松原　斎樹	京都府立大学教授	工学博士	1章
檜谷美恵子	京都府立大学教授	学術博士	2章
平田　陽子	摂南大学教授	学術博士	3章
奥田　紫乃	同志社女子大学教授	博士（工学）	4章
永村　悦子	園田学園女子大学准教授	博士（学術）	5章
土井　正	元大阪市立大学大学院准教授	学術博士	8章
上野　勝代＊	神戸女子大学名誉教授	学術博士	9章
宮崎　陽子	羽衣国際大学准教授	修士（教育学）	9章
青砥　聖逸	青砥建築設計事務所所長		10章
北浦かほる	大阪市立大学名誉教授 子どもと住文化研究センター理事長	学術博士	11章，12章12-3
竹田　美知＊	神戸松蔭女子学院大学教授	博士（社会科学）	12章12-1，12-2，12-4
奥井　一幾	神戸松蔭女子学院大学講師	博士（学校教育学）	12章12-1，12-2，12-4
延原　理恵	京都教育大学准教授	博士（学術）	13章13-1，13-2，14章14-3
馬場　健一＊	元馬場健一建築研究所代表		13章13-3，13-4
馬場　昌子	快居の会一級建築士事務所		13章13-3，13-4
北本　裕之	大阪市立大学大学院客員准教授	博士（学術）	14章14-1，14-2，14-4
吉田美穂子	梅花女子大学名誉教授	博士（学術）	15章
松原小夜子	椙山女学園大学教授	学術博士	16章

はしがき

わが国経済のバブル期には地価が高騰し，住宅の取得は困難になった．住宅は一般に狭小化し，勤務地との遠距離化，長時間通勤が一般化した．1995年に阪神・淡路大震災が起こり，未曾有の人的被害をもたらし，防災体制・建物強度・ライフラインの整備などに問題が露呈した．その後バブルは弾け，全国的な地価・住宅価格の低下が明らかになり，庶民の住宅事情はいくぶん改善されてきたといえる．

21世紀に入り，わが国の経済事情もやや改善されてきたが，一方で，私たちが住んでいる地球環境は，人類の存亡にもかかわる危機的状態にある．産業革命以後，人類が使用するエネルギーは，この100年間で約10倍，世界の人口も約3.6倍にも増加し，資源確保のため地球環境が破壊されてきた．生産活動や多くの人間の生活活動が，大気汚染物質や熱を放出し，大量の廃棄物を排出，生態系に影響を及ぼす環境ホルモンを放出するなど，地球環境を汚染・破壊しながら豊かな生活を謳歌してきた．

このような状態が続くと，近い将来，この地球上に人類はじめ多くの生物が生存し得なくなる．今や，環境と共生できる生活，再生可能な地球環境を維持できる生活，すなわちサスティナブル（sustainable）な社会の構築が急務となってきた．これは私たちにとって，身近で，極めて重要な問題であり，私たち自身の生活を地球環境が改善できるものにすることが求められている．このような観点から，住環境・住生活を見直し，その視点で私たちの住生活のあるべき姿についてまとめることにした．

また，現在わが国は世界一の超高齢社会にあり，65歳以上の人口は全人口の1/5を超え，75歳以上の人口でも1割を超えた．一方で，年少人口と女性の生涯特殊出生率は共に低下してきている．ゆえに高齢者のための適切な生活空間の確保，少子化の改善に向けた住環境づくり，子育て支援の住環境づくりなども切実な課題となっている．

さらに，アレルギーやシックハウス，アスベストの問題など，伝統的な和風住宅での生活では見られなかった多くの住宅問題・住環境問題が顕在化してきており，人々が健康に生活できる住まい・住環境の確保と管理も，焦眉の問題となっている．そのうえ，多発する欠陥住宅問題にも改善するための抜本的な対処法は見えず，新たに耐震強度の偽装問題も顕在化し，建築確認制度の見直しも始まった．

本書では，従来の“住居学”の範疇にとらわれず，これからの住まいや暮らし方にかかわる現代の重要で根本的なこれらの問題を取り上げ，改善方法や解決策について論述するように心掛けた．執筆はとくに，それぞれの領域の専門研究者たちにお願いし，多くの図や表を使って解説するようにした．

本書は，大学・短期大学の教養・教職関係の最新の“住居学”の教科書として企画されたものであるが，とくに，持続可能（サスティナブル）な社会と住まう人の健全な住生活の構築を目的としており，最も先進的な内容の教科書と考えている．一般生活者に対しても，新しい住生活のための啓蒙書としても役立つものと信じている．本書で学んだ方々が，地球環境に優しい，健康的な生活を営んで，次の世代によい地球環境を残していただけるものと確信している．

おわりに，読者の皆さんのご叱正・ご批判・ご要望などをお寄せいただき，本書をより一層充実させていきたいと願っている．

2006年9月

中根 芳一

第 2 版の刊行にあたって

「私たちの住居学」の初版を上梓してから 12 年が経過し，その間，わが国は少子化・高齢化が進み，人口の 1/4 が高齢者になっている．

またこの間に，わが国は多くの災害に見舞われた．マグニチュード 9.0 の巨大地震で，大津波をともない，死者 15,893 人，損害総額 25 兆円におよんだ 2011 年 3 月の東日本大震災以降でも，たとえば，2012 年の西日本豪雨・土石流発生，2014 年の複数の大型台風の来襲・豪雨災害，2016 年には 40 年振りの大寒波，被害総額 4 兆円規模といわれる熊本地震，西日本中心の記録的猛暑，2017 年は九州北部豪雨・山崩れ・土石流，2018 年は一部損壊家屋 6 万戸におよぶ大阪北部地震，西日本豪雨，北海道全域で停電した胆振東部地震と毎年記録的な災害に見舞われている．

一方で，通信・電気機器の進歩も著しく，住宅の設計・施工にも変化が見られる．さらに高齢化にともない住宅の設計や仕様にも高齢者に対する配慮が重要になってきた．

このような住生活環境の激変に合わせて，本書改訂の必要性を痛感し，全体にわたって内容を見直し，掲載データを更新した．

初版同様，本書が多くの方々に活用され，住生活の改善・向上に寄与できることを念願している．さらに今後も本書の内容をより充実させていきたいと願っているので，ご批判・ご叱正や忌憚のないご意見・ご要望などをお寄せいただければ幸いである．

このたびの第 2 版の上梓においてオーム社書籍編集局の方々に大変お世話になった．併せて感謝申し上げる．

2019 年 2 月

中根 芳一

目次

Chapter 0 サスティナブル社会の住まい

0-1 サスティナブル社会とは ········· 002
地球温暖化　サスティナブルな社会の必要性
住まいづくり・住まい方に望まれる姿勢
“サスティナブルな視点”での評価が必要

0-2 住むということ，住まいとは ········· 004
動物のすみか　人類の住まい　住まいは基本的人権　住まいの条件
住居学とは

0-3 サスティナブルな住まいをつくる ········· 006
エネルギー消費が少ない住まいとは　サスティナブルなエネルギー
スケルトン＆インフィル（SI）

0-4 住まいの“サスティナブルな使い方・住まい方” ········· 008
建物の運用による環境負荷　人工照明の調整・在人認知による負荷削減
日射熱の制御　節水制御　エネルギー効率の良い設備　緑化の効用

Chapter 1 住まいを取り巻く環境

1-1 世界の中での日本の自然環境 ········· 010
世界の気候と気候区分　日本の気候の特徴　住まいの地域性
住まいにかかわる気候区分

1-2 都市の気候環境 ········· 012
都市気候とは　都市気候の特徴　都市の住まいのあり方

1-3 人口環境の普及とライフスタイルの変化 ········· 014
住まいにおける伝統的な環境調節法
住まいにおける人工環境の普及と環境調節行為の変化　ライフスタイルの変化

1-4 地球環境問題と日本の住まい ········· 016
地球温暖化に関する情勢　伝統的住宅の問題点　環境負荷低減の必要性
伝統を生かした住宅の変化の方向性

Chapter 2 住生活のあり方とその変遷

2-1 伝統的な住まいと住まいの役割 ········· 018
気候風土と住まい　職と住一体の住まい　住まいの格式性

2-2 住まいの近代化 ········· 020
洋風化の試み　プライバシーと個室化　初期のアパートメントハウス

2-3 住み方調査と住宅の計画 ………… 022
住み方調査と食寝分離の原則　不特定多数のための住宅計画
集合住宅の間取りと住み方

2-4 現代の住まいと住生活 ………… 024
住まいのバリエーション　ライフスタイルと住まい
住まい手像の変化と新しい住み方

Chapter 3 住まいの維持管理

3-1 住まいの寿命と維持管理 ………… 026
住まいの管理とは　住まいの寿命と長寿化の意義　傷みの原因と対策
住まいの管理と修繕計画　住まいの管理主体と管理能力　生活財の増加と管理
ライフスタイルの表現としての持ち物

3-2 家計と住居費 ………… 028
家計の中の住居費　住居費負担の現状　住居の購入に係る負担金
住居費の負担　住宅ローンのある世帯の家計
住宅ローンの返済額および返済割合　住宅価格の国際比較

3-3 集合住宅の管理 ………… 030
集合住宅の共同管理とその困難性　維持管理と修繕計画　大規模修繕工事
住み方と共同生活のルール

3-4 居住地の管理 ………… 032
住み手による居住地管理の取組み　居住地管理・まちづくりへの参加
居住地管理のルールづくり

Chapter 4 住生活のための人間工学

4-1 人体寸法と単位空間 ………… 034
日本人の体型　体型・体格指数　単位空間

4-2 行為空間と姿勢 ………… 036
動作寸法と動作空間　起居様式　住生活における姿勢　姿勢と目線の高さ
知覚と空間認識

4-3 人間の生理機能と環境 ………… 038
視覚　聴覚　温冷感覚　嗅覚

4-4 色彩と心理的特徴 ………… 040
色がみえる仕組み　色の表現　色の視認性・誘目性　色彩の心理効果
色彩の連想とイメージ

Chapter 5 住まいに必要な環境調整

5-1 住まいの熱環境 ………… 042
住まいと太陽エネルギー　暖かい住まい　涼しい住まい

5-2 住まいの空気環境と湿気 …… 044
湿気と結露　室内空気汚染と換気
5-3 住まいの光環境・音環境 …… 046
光　照明　騒音　騒音防止
5-4 住まいの設備 …… 048
給排水　給湯　ガス　電気　オール電化とガスによる発電

Chapter 6 アレルギーやシックハウス現象を起こさない住まい

6-1 アレルギーとシックハウスの要因 …… 050
アレルギーとは　アレルギーの原因物質　大気汚染・室内空気汚染
シックハウスとは　シックハウスの原因　シックハウスを生む汚染化学物質
6-2 健康に良い建築材料・家具材料を選ぶ …… 052
アレルギーを防ぐ建築材料・家具材料の選択
シックハウスを防ぐ建材・家具材料の選択
室内空気の汚染を軽減する材料・機器　建物を購入する場合の注意
寝具・衣類・おもちゃ・化粧品などの選択
6-3 アスベストとタバコの煙は身近なリスクファクター …… 054
アスベストの人体影響　タバコの煙による人体影響
6-4 室内空気の質を改善する工夫 …… 056
室内空気の改善　シックハウス対策　室内空気汚染を防ぐ設備

Chapter 7 住まいの構造・材料・施工

7-1 住まいをつくる材料 …… 058
構造材料　仕上げ材料　環境調整材料など
7-2 地域に適した構造・構法計画 …… 060
寒冷地の住宅構造　多雪地の住宅構法　温暖地域の住宅構法
強風地域の住宅構法　多雨地域の住宅構法
7-3 住まいの構造と構法 …… 062
木構造　外来木造　工業化構造　鉄筋コンクリート構造（RC 造）
免震・制振建築
7-4 わが家の着工から完成まで …… 064
欠陥住宅を生まない注意　工事監理・施工管理が大切
着工から竣工までのチェックポイント　建築トラブル対策

Chapter 8 安心・安全の住まい

8-1 丈夫な住まい① …… 066
構造の安全性　耐力要素　伝統構法と在来軸組構法
8-2 丈夫な住まい② …… 068

耐震基準の変遷　建築基準法の制定　性能規定化　品確法と住宅性能表示制度

8-3 長持ちする住まい ………… 070

構造の安全性を長期間保持する耐久性　構造材料の劣化防止

木材腐朽菌およびシロアリ　既存住宅の住宅性能表示制度

8-4 安心できる住まい ………… 072

防犯対策　防火性能　住まい方と床下点検商法

Chapter 9 欠陥住宅問題と住まいの選択

9-1 住まいの問題 ………… 074

住生活問題　住宅事情　消費者相談にみる住宅に関する問題

9-2 欠陥住宅の問題 ………… 076

欠陥住宅　発生要因

9-3 住宅に関するトラブル ………… 078

契約トラブル　住宅ローン破綻　近隣トラブル

9-4 住まいの選択 ………… 080

住宅の選択　戸建住宅か集合住宅か　住環境，立地の選択

Chapter 10 表現技法とこれからの住まいの設計

10-1 設計図の見方と描き方 ………… 082

図面の役割　線の種類と縮尺　平面表示記号と材料構造表示記号

図面の種類と必要事項　図面の作図順序

10-2 設計の手順 ………… 084

設計条件の整理　エスキスと考え方　基本計画と基本設計　実施設計と詳細図

10-3 住まいの設計手法 ………… 086

暮らし方と住まいの役割　暮らし方の動線と各室の機能　素材と空間

10-4 これからの社会と住まい・リフォーム設計 ………… 088

保存と再生　環境共生と取組み方　少子高齢化の暮らしとプランニング

Chapter 11 これからのインテリア空間

11-1 空間のデザインと心理効果 ………… 090

デザイン要素とその効果　空間構成と心理効果　空間のスケール感

11-2 家族の多様化と空間の変化 ………… 092

住機能の外部化とAI（人工知能）時代　家族の多様化

次世代型生活者像とその生活空間

11-3 インテリア設計の技術 ………… 094

サスティナブルデザイン　健康に配慮したデザイン　ユニバーサルデザイン

11-4 リフォームによるインテリア設計 ………… 096

家の中に家をつくる　マニアも納得のオーディオルーム

可動家具で間取りの可変性を向上させる　センター キッチン
小さな長屋のリフォーム　狭小住宅でゆとりの生活を

Chapter 12 子育て家族の住まい，シングルの住まい

12-1 子育て家族の生き方・住まい方 …… 098
前近代の子育て　産業社会の子育て　子育て家族と戦後日本の住環境
12-2 子どもの成長発達と住環境 …… 100
家庭という場所　子育てと住まい　子育てと地域社会
12-3 子ども部屋 …… 102
日本の子ども部屋の起源　空間の文化と子育ての文化　子ども部屋とは
12-4 シングル（ひとり暮らし）のための住まい …… 104
シングルの類型　シングルの部屋さがし　癒し空間としての住まい

Chapter 13 高齢者と住まい

13-1 高齢者の心身機能と特性 …… 106
高齢者とは　高齢者の心身機能　高齢期の疾患　高齢者の家庭内事故
13-2 いろいろな高齢者の住まい …… 108
高齢者世帯と住宅　高齢者に対する住宅行政の動き　いろいろな高齢者居住
13-3 自立支援のための住居改善の必要性と支援体制 …… 110
現在の日本における高齢者の住環境　介護保険を中心とする日本の支援体制
“住居改善”という考え方
13-4 自立支援のための住居改善のポイント …… 112
改善の目的と効果　出前型相談　生活圏の拡大
福祉・医療・建築分野の連携が重要　改善方針と改善効果の見極め

Chapter 14 ユニバーサルデザイン・エクステリアデザイン

14-1 高齢者・障害者とバリアフリーデザイン …… 114
ノーマライゼーションとは　バリアフリーデザインとは　わが国の取組み
14-2 誰にも優しいユニバーサルデザイン …… 116
ユニバーサルデザインとは　ユニバーサルデザインの7原則
その他のデザイン概念
14-3 住まいのエクステリアデザイン …… 118
エクステリアとは　住まいの外構　住まいの庭　緑の効用
14-4 住環境のランドスケープデザイン …… 120

Chapter 15 AI化が進む現代家庭の生活機器

15-1 コンピュータの普及 …… 122
コンピュータの歴史　暮らしの中のAI　家事労働の軽減

進化を続けるウェアラブルデバイス

15-2 AIと私たちの暮らし …… 124

スマートホーム　留守番ロボット　高齢者を癒やす「ロボットセラピー」
AIがサポートする車　次世代電気自動車　スマートシティ

15-3 安全な暮らしを支えるAI技術 …… 126

RFID技術とその応用　空気清浄機と健康トイレ　AIで電子カルテ情報を構造化
「5G」を遠隔医療に活用

15-4 AIによる防犯・防災システム …… 128

カードキー・電子錠　生体認証で“本人”確認　AIによる防犯
AI等で究める防災・減災　AIと人間の共生

Chapter 16 地球に優しいエコ住宅

16-1 エコ住宅とは何か …… 130

エコ住宅の3要素　省資源　省エネルギー　長寿命

16-2 エコロジカルな日本の伝統住宅 …… 132

四季の変化と日本の住まい　湿気への対処　自然との一体化
間取りの開放性・融通性　伝統的手法を生かした寒暑の調節手法

16-3 現代エコ住宅のさまざまな仕組み …… 134

高断熱高気密化　換気システムと空気質　屋根・外壁面の日射コントロール
周辺環境の緑化

16-4 太陽エネルギーのさまざまな利用法 …… 136

太陽エネルギーのパッシブな利用　パッシブソーラーの手法①
パッシブソーラーの手法②　太陽エネルギーのアクティブな利用

付録 …… 138

用語解説 …… 144

引用文献 …… 150

索引 …… 153

私たちの住居学

第2版

（サスティナブル社会の住まいと暮らし）

Living Design
for
Sustainability

中根芳一 編著

凡　例（用語解説について）

本文中，**太字**に†印を付した用語は巻末の“用語解説”に掲げ，くわしく解説してありますので，ご参照下さい．

Chapter 0 サスティナブル社会の住まい

0-1 サスティナブル社会とは

“サスティナブル（sustainable）”という言葉は“地球上に人類が生存し続けられる環境を維持する”ことを意味し，よく耳にする**エコロジー**†や**ロハス**†も，似た意味で用いられている．

地球温暖化

2018年現在，世界の人口は74億人を超え，1901年の18億人に比べ，約1世紀で3.6倍にも増加した(図**0・1**)．急激な人口増加は，科学技術の発展にともなう生産性や医療の向上から，より多くの人類の生存が可能になったためである．同時に，人類が消費するエネルギーもこの100年間で約10倍にも増加した．産業革命以前に275 ppmであったCO_2濃度は，現在では365 ppmにも達しており，そのほかメタンガス，フロンガスなどの温暖化ガスも増加し(図**0・2**, 図**0・3**)，1-4節に述べるように，地球の温暖化は進んでいる．

サスティナブルな社会の必要性

人類の活動で多量のCO_2などの温暖化ガスが放出された結果，地球上の全生物の生存を脅かしており，人類が永遠に生存していける環境を維持するサスティナブルな社会の構築が急務となった．先進国は1997年にはCO_2排出を1990年比5.2%削減する**京都議定書**†を発効させた．しかし21世紀末には，19世紀末に比べて気温が4.4℃上昇すると予想されることから，さらに2015年12月,気候変動枠組み条約第21回締結国会議（COP21）で，産業革命前に比べて気温上昇を21世紀末で1.5℃に留めることを目指し，CO_2排出量の削減とCO_2を吸収する森林を増やすことで，実質排出量収支ゼロを目指し，2023年から5年毎にチェックして対策の強化を図ることになった．

わが国のCO_2放出の1/3は建築に伴う活動（図**0・11**）によるといわれ,“家づくりや住み方”にはサスティナブルな社会の構築をめざした取組みが求められる．近年の記録的な大雨やそれに伴う河川の氾濫，崖崩れ，多くの巨大台風の襲来・上陸,

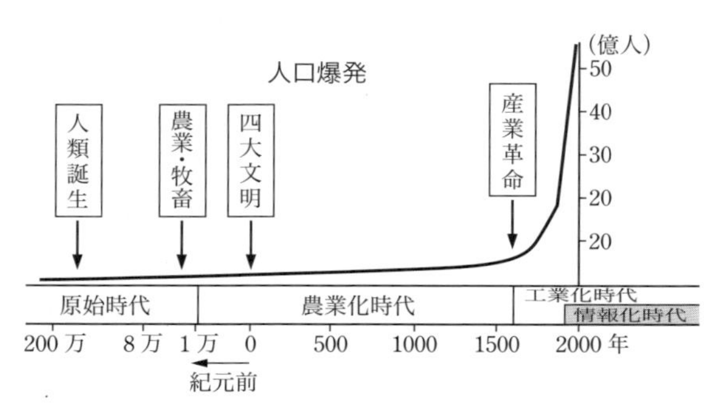

図 0・1 地球人口の推移

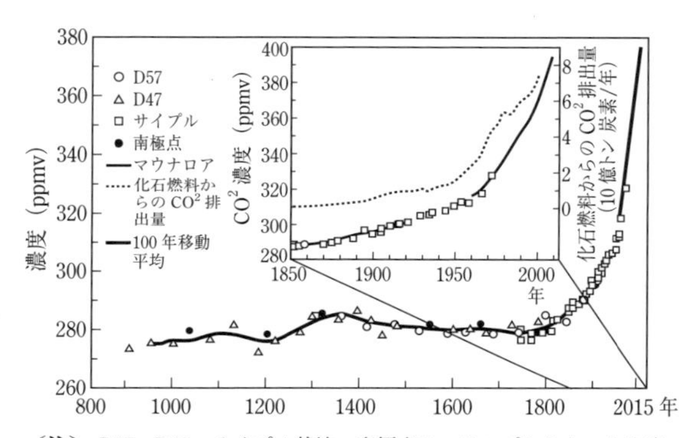

〔注〕 D57，D47，サイプル基地，南極点は，サンプルとなった氷床コアを採取した地点，マウナロアはハワイの観測所

図 0・2 温室効果ガスの濃度の推移[1)]

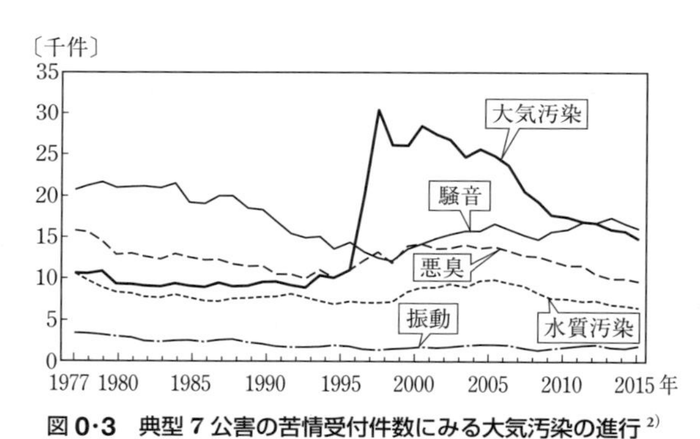

図 0・3 典型7公害の苦情受付件数にみる大気汚染の進行[2)]

表 0・1 温室効果ガスの種類

名　　称	おもな用途や発生源	地球温暖化係数
二酸化炭素（CO_2）	化石燃料の燃焼	1
メタン（CH_4）	家畜，水田廃棄物，燃料の不完全燃焼	21
亜酸化窒素（N_2O）	工業プロセス，堆肥，燃焼	310
HFC-フロン	冷蔵庫・カーエアコンなどの冷媒，特定フロン（CFC-11，CFC-12，CFC-113，CFC-114，CFC-115）	140 ～ 11700
PFC	半導体洗浄剤	6500 ～ 9200
六フッ化硫黄（SF_6）	電力用絶縁物質	23900

赤池学・永野裕紀乃・金谷年展：正しいエネルギー，TBS ブリタニカ，1999

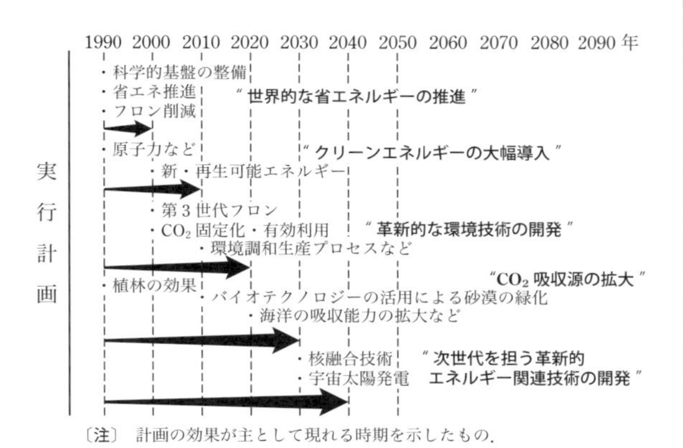

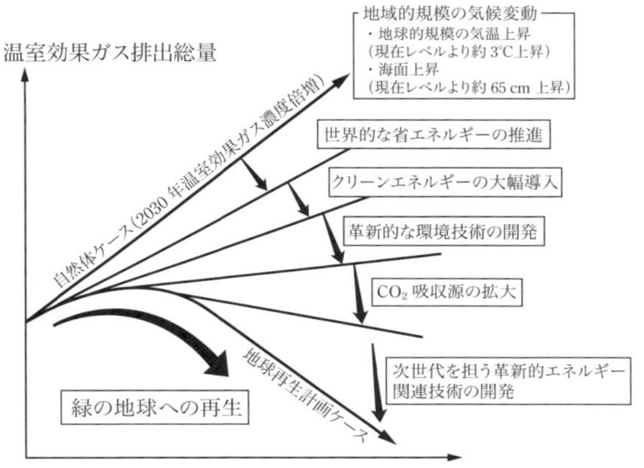

図 0·4　地球再生計画の概念 [3]

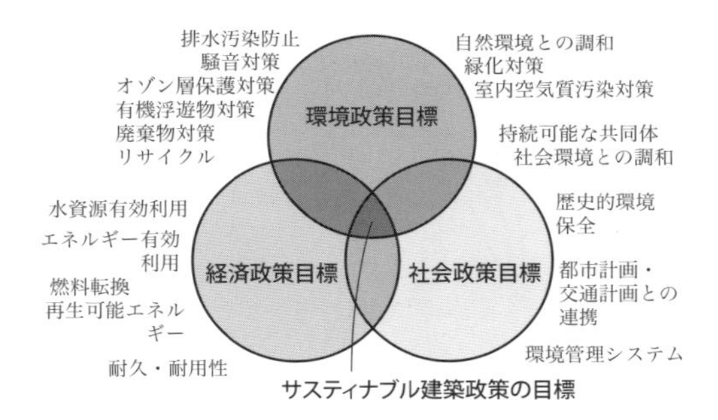

図 0·5　サステイナブル建築政策の目標，目的領域（OECD）[4]

表 0·2　持続可能な建設・設備の技術

分　類		キーワード
建物の設計・施工	エネルギーの有効利用	エネルギー消費・予測・診断
	省資源	建築における資源消費と廃棄物の発生
	長寿命化技術	既存建物の寿命調査，長寿命・短寿命の事例
	廃棄物削減	建設副産物の構成，建設リサイクル推進計画
	フロン・ハロン対策	ODS，GWP
	その他の環境共生技術	
建物の運用・管理	環境・性能の維持・管理	運用時の環境負荷の割合
	運用における環境負荷削減手法	

〔注〕 くわしくは付表１（p.138）参照
日本建築学会地球環境委員会サステナブル・ビルディング小委員会提言，1999 年３月より

異常な寒波・大雪，夏の異常な高温・干ばつなど，最近の自然環境の異常や災害の多発の原因として地球環境の温暖化が指摘され，またそれらに対応する安全な住まい・住環境の確保も重要な課題となっている．自然との共生，健康的に生活できる住まいの確保と管理，生活術が必要である．

住まいづくり・住まい方に望まれる姿勢

いま，サステイナブルな住環境づくりにおいて，私たちがとるべき行動について要約する．

住まいづくりでは，生態系・環境への影響に対する配慮，太陽熱・太陽光・自然換気・自然採光など自然エネルギーの活用，建物の長寿命化，資源の循環性の確保，人体への安全性の確保，都市の構成要素としての認識，都市基盤施設への配慮などである．

日常の住生活では，冷暖房などの環境調整にもとづくエネルギー消費・環境負荷の軽減，資源やエネルギーの有効利用，**3R**（発生抑制・再利用・再資源化）**の推進**[†]，温暖化ガス（表 **0·1**）の環境への放出抑制，建物の健康維持，自然保護・資源循環による環境保全などの取組みが大切である．

OECD（経済協力開発機構）でもサステイナブル建築プロジェクトを 1998 年に開始し，サステイナブル建築を実現するため，建築政策の目標・目的領域として図 **0·5** のようにまとめている．

取り組むべき具体的技術展開を表 **0·2** に示す．

"サステイナブルな視点" での評価が必要

建築物が地球環境へ与える影響をどう総合的にとらえるか，という観点が今後ますます必要・重要になってくる．それには，目標と標準を設定し，誤った主張や認識を減らす，住宅・住生活が環境に与える影響を減らす，水・化石燃料・枯渇性資源の消費を削減する，室内環境の質を高め，居住者の健康・快適性を向上させる，などの点について自己評価し，他者評価も受ける．

私たちは，地球環境問題と資源利用，地域環境問題，室内環境問題，という三つの大きな観点で総合的に評価を下し，行動する必要がある．

0-2　住むということ，住まいとは

サスティナブル社会の住まいの必要性を述べる前に，まず住まい・住居について考えてみる．

動物のすみか

動物の巣の大部分は，眠るときの寝ぐらと子育ての場所という目的だけで造られており，雨や風を遮り，外敵を防ぐための必要最小限度の機能を備えているにすぎない．寝ているときと子供を育てているときが，外部に対して一番弱く，巣の中を借りて防御するためである（図**0·6**）．

人類の住まい

私たちの住居も，初期には睡眠，育児の場所という意味しかもたず，自然の洞窟などが住居として用いられた（図**0·7**）．文明が進歩して生活が複雑になると，住居の使用目的も，生活全体を入れる場所に変わってきて，生活のために営む全機能が，住居に求められるようになった．工場や学校・商業施設のような限られた機能にのみ対応する建築物とは異なり，住宅は，個人や家族の多面的な生活を満足させねばならず，対応する時間も長い．ゆえに，いまは最良の住宅でも，居住者の生活や家族構成，社会環境・自然環境が変われば，必ずしも良い住宅ではなくなる．

住まいは基本的人権

住居としての基本的な要求は，人間性豊かな内部空間で，人間性を回復できる健康的な内部環境を創造することである．住まいは人間形成，子供の教育の場である．乳幼児期は体験や見聞をもとに自己を形成していく時期であり，とくに生活環境の良否が重要な意味をもつ．内容の貧しい住宅は，精神の荒廃だけでなく，肉体的にもさまざまな影響をもたらす．最近の社会モラルの低下，校内暴力，家庭内暴力などの根源には，住環境の貧しさもあると考えられる．住宅水準と居住者の健康・精神衛生との間には密接な関係があり，住環境を日照・通風・騒音・振動・空気汚染・1人当たりの畳数の6項目でランク分けし，持病との関

図0·6　鳥・動物・虫の巣

（a）　初期の洞窟の住まい

（b）　外敵から防御するための樹上の住まい

（c）　外敵から防御するための水上の住まい

図0·7　人類の住まい

表 0·3　住環境と持病

住環境＼持病	頭痛持ち	神経痛	痔	ぜんそく	心臓病	高血圧	じんましん	リウマチ	糖尿病	その他不詳
上	3.3	6.4	2.7	1.2	2.0	5.2	0.8	1.4	0.7	5.7
中	6.6	10.5	6.5	2.1	2.7	6.5	1.9	2.2	0.9	11.0
下	29.8	71.9	23.4	10.6	18.5	62.2	6.2	13.1	4.3	48.9

厚生省：厚生統計地域傾向精密調査，1970

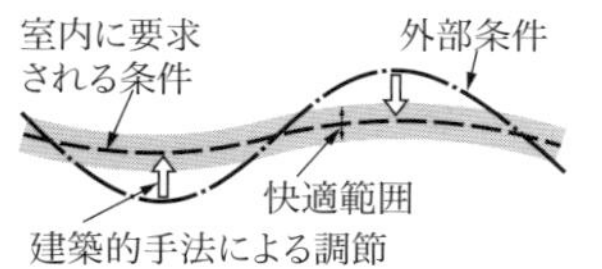

① 外部条件が穏やかな場合.

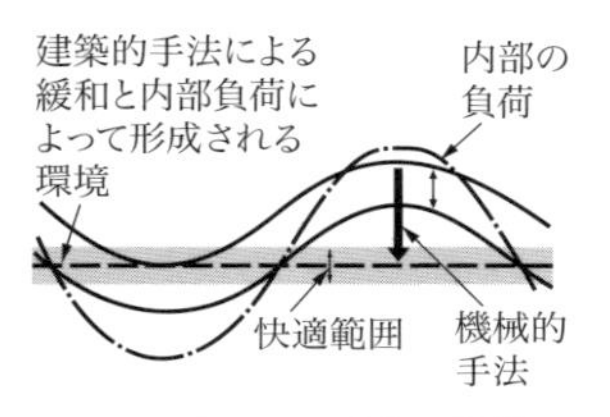

② シェルターの条件が弱いと機械的手法への依存度が大きくなる.

建築的手法による緩和と内部負荷によって形成される環境
内部の負荷
快適範囲
機械的手法

③ 室内条件としての要求度が高い，または内部の負荷が大きいと機械的手法への依存度が大きくなる.

図 0·8　建物や設備による外気温の緩和の例 [5)]

表 0·4　健康な住居の条件（住宅自体が備えるべき条件）

項　目	概　要	備　考
安全な生活環境の確保	充分な防災・防犯のための構造・設備	耐震・耐風・耐火構造，入口・窓・階段が適正な配置・構造である．電気・ガスなどの設備が完備されている．（安全な炊事や照明，暖房のための性能）．防犯灯，非常ベル，避難口が整備されていることが望ましい．
衛生的な生活環境の確保	衛生的な構造・設備	日照，換気などを得るに充分な空地を周囲に確保する．良質で充分な量の飲料水や雑用水の供給，清潔で合理的な浴室，便所，台所の構造・設備，ネズミや害虫の侵入を防ぐ構造，下水の排出や厨芥の処理のための設備の完備．有毒ガスや悪臭の排出．騒音の侵入の防止．
健全な家庭生活の保障	充分な広さと間取り，生活経済の満足	寝室と居間との分離．夫婦以外の思春期以降の男女の分離就寝．プライバシーの確保．同居する他世帯（例えば老人世帯）との分離．住居費が適正に保持できること．
快適な生活環境の確保	生理的に適切な屋内気候	温度条件，換気，日照，採光，照明などが人間の生理に適していること．能率的に冷暖房できるような構造・設備．
能率的な日常生活の保障	充分かつ合理的な付属設備	台所，浴室，便所，押し入れ，納戸などの構造や電気，ガス，水などの設備が充分に整い，かつ合理的に設計されていること．とくに家事労働が能率よく行われるためには，台所，納戸，押入れなどの大きさ，各部分の寸法，家具の配置などが人間工学的な配慮のもとに決められていること．

中根芳一：望ましい室内環境，建築と社会 59（7），1978

係をみると，表 **0·3** のように，上と下のランクでは約 10 倍もの差がある．

住まいの条件

私たちは，各自の部屋から自宅，隣近所，村，町，都市へと広がる住空間の中で，必要な道具や設備を配置し，これらの“モノ”と対応しながら，自分以外の人間とかかわりをもって生活している．このような生活が住生活であり，“住む”ということである．住まいは，きびしい外部環境条件を緩和し，遮断する単なるシェルター（殻）でなく，質的に充実したものでなければならない．人間が生活するためには，安全に，快適に，能率よく行えるように，必要な“もの”や“設備”が使いやすい状態で備わった空間を必要とし，それが住居をつくるうえで一番重要な内容になってきた（図 **0·8**）．きびしい自然環境を緩和して，より快適な生活環境を得るという，生理的な要求を満足させるだけでなく，安息・育児・教育・家事の場所であり，社交の場でもある．健康な住居の条件を考える場合，身体的健康だけでなく，精神生活や社会生活が健全に営めることも目標にしなければならない．WHO（世界保健機関）でも生活環境の設計，維持の目標として“安全”，“健康”，“快適”，“能率”をあげている．健全な住居が備えるべき要件を表 **0·4** に示す．

住居学とは

これまで述べてきた観点から，“住生活”の仕組みを解明し，住生活の中で生じた疑問や問題を究明し，個人的にも，社会的にも解決して生活の改善・向上・発展を図り，実現させるための手段・条件などを体系的に明らかにして，生活が安全・快適・文化的に行える空間を創造し，提供することと，生活者へよりよい住まい方を提言することをめざす学問が住居学である．今日，地球環境の悪化，温暖化が問題になって，自然環境の破壊が人類の生存を脅かすようになり，環境に優しい住生活，サスティナブルな住生活がとくに求められている．これが現代の住居学の重要な課題である．

0-3 サスティナブルな住まいをつくる

私たちは，建物のメンテナンス時以上に建設と解体時に多くのエネルギーを消費する．また，住生活を営む間にもさらに多くのエネルギーを消費する．ゆえに，環境共生を考えた場合，建設・解体時と，日常の住生活においてエネルギー負荷の少ない住まいをつくることが必須条件になる．(関連事項は **1** 章，**16** 章にも記述した)．

エネルギー消費が少ない住まいとは

設計段階から寿命の長い建物の設計をめざし (表 **0･5**)，国産材の使用やスケルトン インフィルなどを考え，また廃材・残土などの建設副産物のリサイクルを図り，住生活にともなうエネルギー消費の少ない設計をめざす (図 **0･9** ～図 **0･11**)．

住生活段階では，大きなエネルギー消費の原因となる冷暖房負荷の軽減を第一に図る．冷暖房負荷には，室内外の温度差と室内外を隔てている壁や屋根の断熱性が関係する．また熱負荷の原因になる建物の表面積を極力減らすため，室内容積の割に表面積が最小になる球形に近いサイコロのような立方体で総 2 ～ 3 階建ての，できるだけ凹凸のない建物づくりをめざす．風雨や外気・日射などに直接触れる外部仕上材は高い強度が要求され，単価も一般に高い．表面積を少なくすることは建設費・建設資源の削減にも貢献する．

さらに，日常生活で温暖化のもとになるエネルギーの消費を減らすため，温暖化ガスを発生しない自然エネルギーなどを極力使用するような設計を施す．とくに太陽光発電は，自家で使用した余剰の電力を電力会社に売電でき，夜間など電力が不足する時間帯には電力会社から買い戻して使えて，エネルギー的にも，経費的にも有利である．

水の使用でも，地球温暖化にもとづく天候異変で渇水が広がり，上水道が断水することも増えている．飲料用の水をつくるには，浄化用の各種薬品の製造や水の搬送などで上水 1 m^3 当たり 0.4 kWh，下水では同 0.5 kWh のエネルギーが消費

表 0･5 建物の長寿命化へのおもな方策

区分	項目	方策
建築	配置計画	増築スペースの確保（まちなみへの配慮）
建築	躯　体	耐久性および耐震性のある躯体計画
建築	外　壁	耐久性，保守性のある材料およびディテール
建築	平面計画	無柱空間，変化に対応しやすい整形な平面，きめ細かなモジュールの設定
建築	断面計画	余裕のある階高 ISS（インターステシャルスペース）の構築
建築	仕上げなど	改修時に耐用年数の違いによる道連れ工事を避けるディテール 建築と設備の分離
建築	機械室	更新に容易な大きさ（搬入，搬出ルートの確保）
建築	DS，PS	更新に容易な大きさ（DS：ダクトスペース，PS：パブリックスペース）
設備	機　器	容量の余裕，メンテナンスが容易，省エネルギー，耐久性のある機器の選択
設備	システム	フレキシビリティー，省エネルギー性のあるシステムの選択
設備	配　管	耐久性のあるシステム，材料の確保
設備	中央監視	BEMS（ビル エネルギー マネジメント システム）の採用

建築設備技術者協会（編）：建築・環境キーワード辞典，オーム社，2002

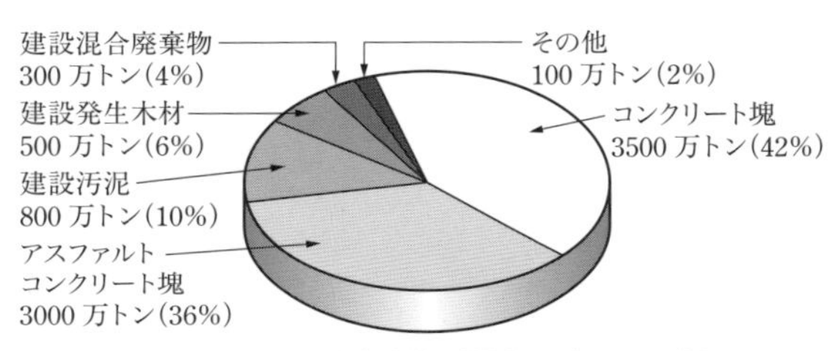

図 0･9 建設廃棄物種類別排出量（2002 年度）
（国土交通省調査）

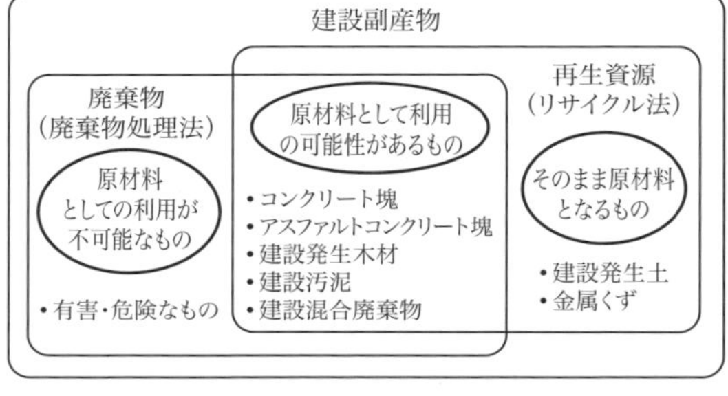

図 0･10 建設副産物と再生資源，廃棄物との関係
（国土交通省資料より）

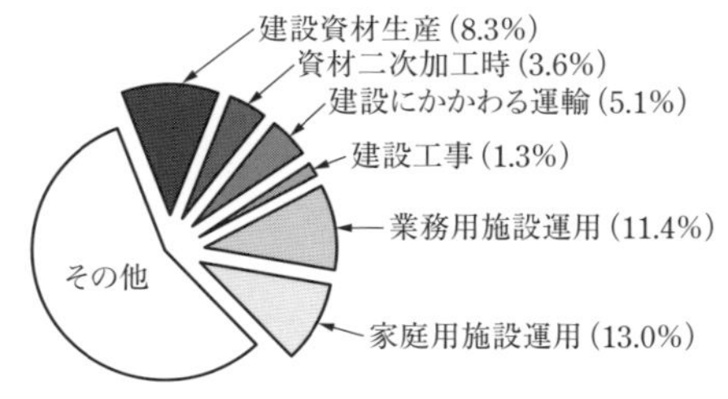

（1995 年度の日本の二酸化炭素排出量は 1.363×10^9 トン）

図 0･11 建設活動による二酸化炭素排出量
（政府資料より）

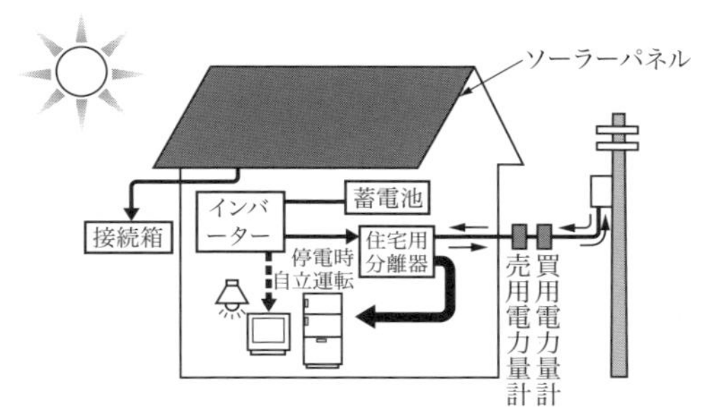

図 0·12　一般家庭での太陽光発電 [6]

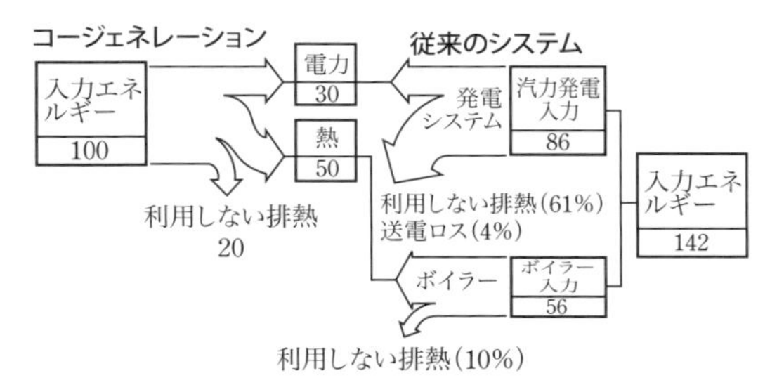

図 0·13　コージェネレーション システムの一般的熱収支
（環境庁：環境白書，1990）

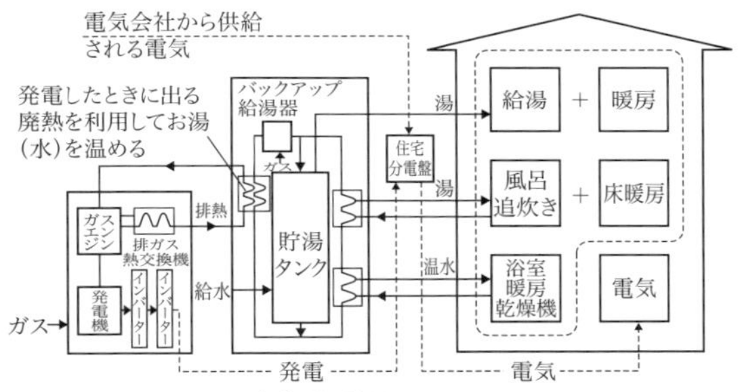

図 0·14　ガス発電・給湯システム

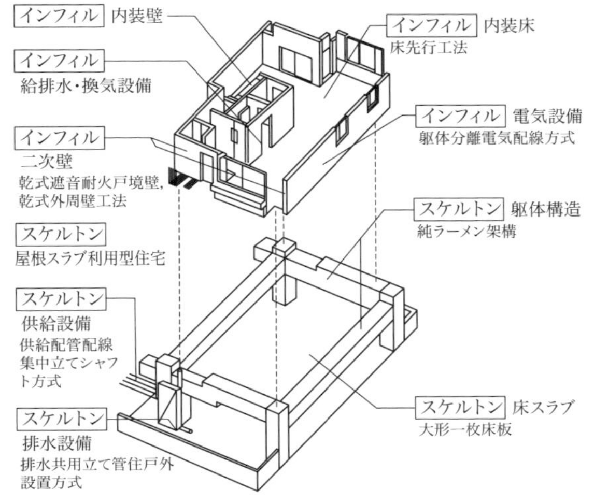

図 0·15　住宅実験棟のスケルトンとインフィルの分離システム [7]

される．ゆえに，洗車や庭の散水には天水を使用できるように設計し，公共下水道に放流できない地域では，**合併浄化槽**†を設置して，その処理水を庭の散水や便所の洗浄水に使うなどの工夫を建設時に施しておくことも有効である．

サスティナブルなエネルギー

太陽光・太陽熱・風力・地熱などは，利用してもとくに地球環境に新たな負荷を与えることはない．このうち，一般に家庭で直接利用できるのは太陽光・太陽熱である．

太陽光発電（図 **0·12**）は，太陽光エネルギーを電気エネルギーに変換する太陽電池を屋根などに設置し，必要な電力の一部あるいは全部を賄うものである．太陽電池の設置面積 1 m^2 当たり 100 W の発電量，年間 100 kW 程度の発電が期待できる．太陽光は変動するため，利用には蓄電あるいは電力会社への売買電が不可欠である．太陽熱も全体量は多いが，広範囲に薄く広がった熱であるため，利用には“集熱と蓄熱”が必要で，集熱装置・蓄熱装置の建物への設置が考えられる．

コージェネレーション†（図 **0·13**, 図 **0·14**）は都市ガスなどで発電機を動かし，発電時の排熱も回収して利用するシステムで，エネルギー効率は 60 ～ 80 %と高く，大気への放熱量が減じられる．発電機の代わりに**燃料電池**†を用いるシステムでは，発電効率がさらに高く，より効率的になる．

自然換気，自然採光，日射熱を用いるには，建物の設計時に形状・配置など，また空気の通り道や窓の位置などに十分配慮した設計を行う．

スケルトン & インフィル（SI）

建物の構造体部分の寿命は本来，比較的長い．一方，内装部分などは建物用途の変化などにより 10 ～ 30 年で改造される場合も多い．また設備も 10 ～ 20 年のサイクルで更新されている．そこで建物の構造体であるスケルトン部分から内装や設備のインフィル部分を切り離して，内装や設備だけを更新できるようにすることで，環境負荷を軽減するという設計手法で，一例を図 **0·15** に示す．

0-4 住まいの“サスティナブルな使い方・住まい方”

建物の運用による環境負荷

現代の日本人が家庭生活で直接消費するエネルギーに，家庭生活で必要な住宅や機器，衣類，食糧などの製造，運搬に要した間接消費エネルギーを加え，4人家族の中流家庭を想定して計算した結果を図0·16に示す．耐用年数なども考慮した上記モデル家庭における年間エネルギー消費量は約4330万kWとなる．建物・設備に投入された初期エネルギーは約1億1600万kW，年間住生活に消費されるエネルギーは約2000万kWで，工夫により消費エネルギーの削減は可能である．

人工照明の調整・在人認知による負荷削減

照明は冷暖房・冷蔵庫に並ぶ家庭のエネルギー消費の3大原因である（図0·18）．不在時にも点灯のままのことも多く，こまめに点滅するか，人感センサーで照明や空調設備などを制御することが望ましい．とくに細かい作業をする場所を照らす目的のタスク照明には人感センサーの利用は有効である．光源として以前はタングステンを用いた白熱電球か蛍光ランプが一般的であったが，白熱電球は省エネでないことから製造されなくなった．かわって発光効率が白熱電球の2.5倍，蛍光ランプの1.5倍のLEDが用いられるようになってきた．LEDは発光ダイオードという半導体をシリコーン系の樹脂に封入したもので，約4万時間（蛍光ランプは約4000時間）の寿命があり，省エネである．また明るさや光色の調節もできる．

日射熱の制御

屋根・外壁の緑化や断熱，窓への日射遮へい装置（図5·8参照）の装着によって夏期，室内への日射熱の流入を削減すると冷房負荷（図0·19）の削減にも寄与し，冬期には日射熱の導入を図ることで暖房負荷を削減できる．とくに植栽や窓装備でのコントロールが大切である．

節水制御

0-3節でも述べたように，上水の造水・配水に

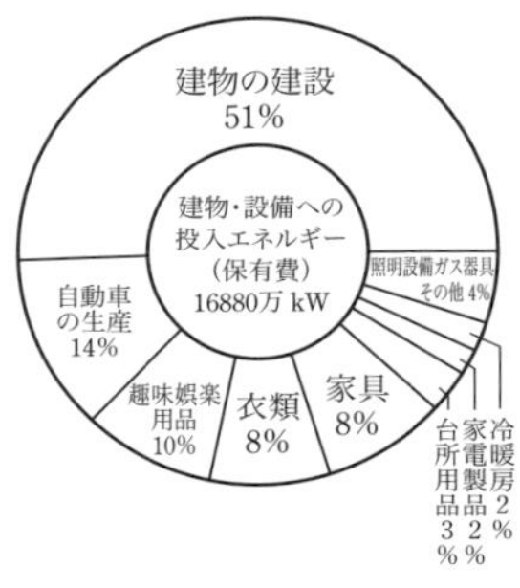

（a） 建物・設備への投入エネルギー

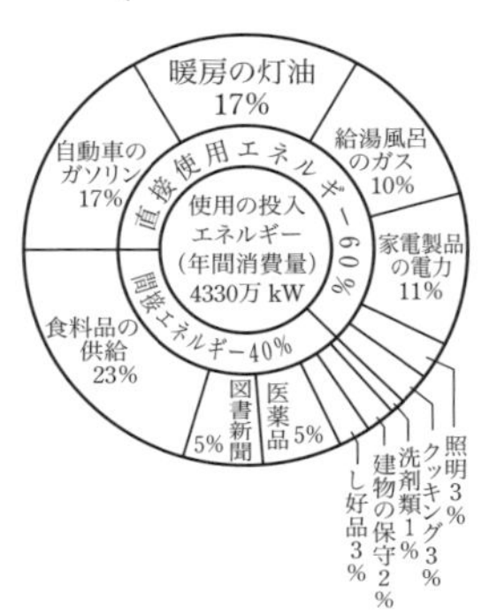

（b） 直接間接使用エネルギー

図0·16 モデル家庭の投入エネルギー[8)]

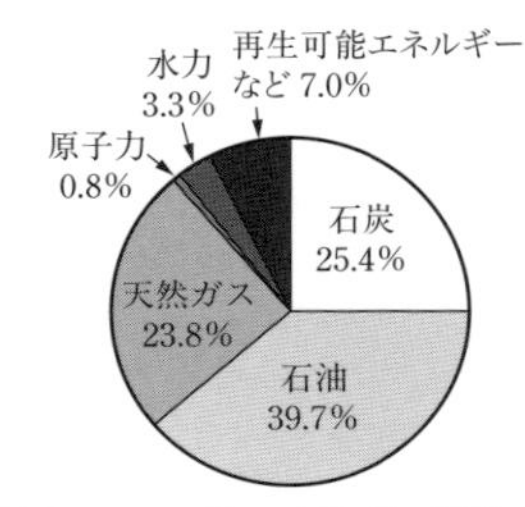

図0·17 一次エネルギー供給の構成（2016年度）
（資源エネルギー庁資料，2017より）

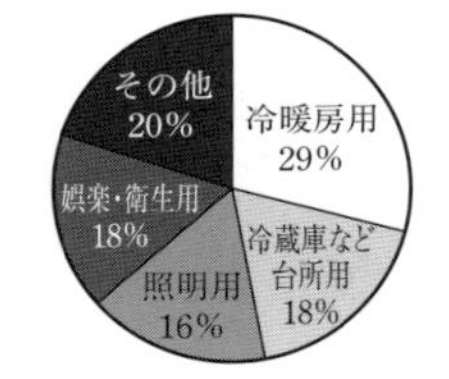

図0·18 電力需給の概要（2003年度推定実績）
（資源エネルギー庁資料，2004より）

図0·19 冷房負荷の内訳例（1995年）
（日本建築学会地球環境特別研究委員会資料，1992より）

表0·6 水の有効利用

方法	内容	対象
使用水量の削減	・使用者の節水意識 ・使用者の水栓など開閉・調整操作の円滑化・自動化 ・使用者への心理効果 ・水使用行為の機械代替化 ・洗浄・清掃の簡略化 ・機器・システムの少水量化・節水制御 ・汚物など搬送水の少水量化 ・給湯配管の残留水の利用 ・水使用様式の変更（ドライ清掃など）	使用者 水栓・弁・機器・システム 水栓・機器 機器 機器 水栓・弁・機器・システム 機器・システム 機器・システム 床
利用水源の増加	・水使用機器間のカスケード利用 ・雨水利用 ・排水再利用	住宅内水使用機器 雨水利用システム 排水再利用システム

建築設備技術者協会（編）：建築・環境キーワード事典，オーム社，2002

表0·7 使用者の意識と生活スタイルによる節水制御

使用用途・行為	節水方法
共通	節水型機器の採用，節水意識の高揚
調理・食器洗浄	ため洗いの励行，泡沫・シャワー水栓の採用
洗顔・手洗い	ため洗い，止水の励行
入浴・シャワー	無駄湯のない入浴方法，シャワー止水の励行，適正湯張り量の設定，残り湯の再利用
洗濯	まとめ洗いの励行，小物の手洗い洗濯，すすぎ水の再利用
排泄（便器）	デュアルフラッシュ（大小切替え）のある場合，適正操作の励行

出典：表0·6に同じ

表 0・8　機器・システムなどによる節水方法

節水方法	目的・手法など	適用機器・システム・方式	場所・設備など
使用者の操作の補助など	無駄水の防止	定量止水水栓・混合水栓 定量止水便器洗浄レバー・弁	浴室・ 便所
	容易な止水	一時止水機構付き水栓・混合水栓 一時止水機構付きフット水栓 シングルレバー水栓 シャワーヘッド止水スイッチ	台所・浴室 台所 一般水栓 浴室
	容易な調整	シングルレバー混合水栓（サーモスタット式）	浴室
	心理的効果	泡沫・シャワー切替え水栓 節水型シャワーヘッド 節水コマ	台所など 浴室 一般水栓
水使用行為の機械代替化	洗濯作業	全自動洗濯機（節水プログラム対応） ドラム式洗濯機	洗濯場 洗濯場
	食器洗浄作業	食器洗浄機	台所
洗浄・清掃の簡略化	清掃の簡便化	汚れ防止を表面に施した水使用機器	一般機器
機器の少水量化	洗浄水量	節水型大小便器	便器
	大小切替え	節水型大便器	便所
	容量	適正寸法の浴槽・洗面器・流し	留水器具
システムの流量制御	圧力調整	減圧弁・減圧定流量弁	給水設備など
	流量調整	定流量弁・減圧定流量弁	給水設備など
汚物など搬送水の少水量化	機械排水方式	真空排水方式 圧送排水方式	汚水排水設備 排水設備
	補助排水	排水横管のフラッシング排水方式	排水設備
捨て水の阻止	給湯配管	給湯栓近接加熱装置（管内残留水の有効利用）	洗面所など
利用水源の増加	水使用機器	浴槽残湯再利用装置（洗濯・便器洗浄） 洗濯すすぎ水再利用装置（便器洗浄）	浴室 洗濯場
	雨水利用	小規模雨水利用システム（便器洗浄）	水処理設備
	排水再利用	小規模排水再利用システム（便器洗浄）	排水処理設備

建築設備技術者協会（編）：建築・環境キーワード事典，オーム社，2002 より改変

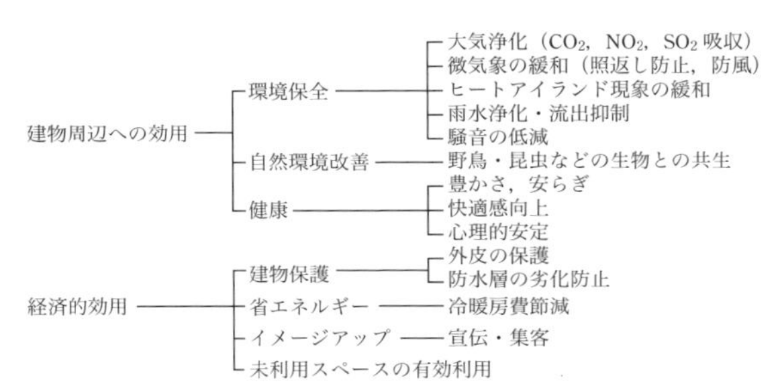

図 0・20　屋上・壁面緑化の有する効用 [2)]

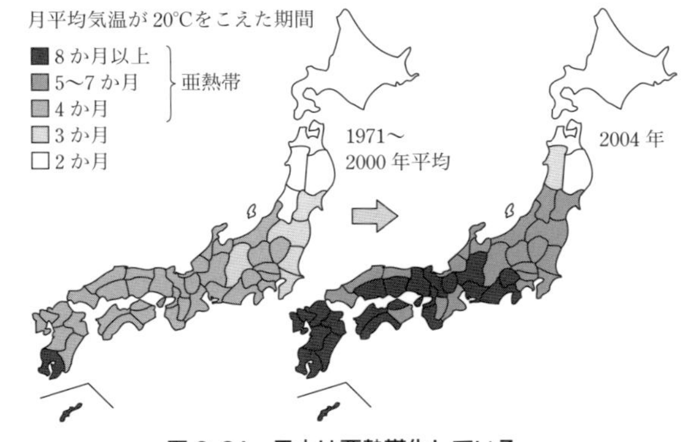

図 0・21　日本は亜熱帯化している
（朝日新聞：2005 年 9 月 29 日付朝刊より）

は多くのエネルギーとコストが投入されており，水の有効利用は水資源の保全ならびにエネルギーの低減につながる．水の有効利用法を表 0・6 に示す．まず重要なことは使用者の節水意識と生活スタイルである（表 0・7）．日常のため洗いやまとめ洗いなどの節水行為はもとより，節水型機器の採用も大切である．表 0・8 に機器・システムの節水方法を示す．水使用行為の機械代替には節水型洗濯機や食器洗浄機の使用などがある．雨水利用・排水再利用もそれぞれの水質に応じて散水・洗車・洗浄水などへの利用を考えるとよい．

エネルギー効率の良い設備

暖房に電気を使って直接暖める電気ストーブに比べ，外気の持つ熱を電気エネルギーでくみ上げて部屋を暖める**ヒートポンプ**†は，使用した電気エネルギーの約 3 倍の熱エネルギーを室内に供給できて，効率が良い．

また，室内で人間が生活すると空気を汚染し，換気が必要になる．しかし，換気するとせっかく冷暖房した室内空気を戸外に捨てることになり，エネルギーも損失する．そこで，換気する室内外空気のもつ熱を換気扇に組み込んだ熱交換器で交換し，換気にともなう熱負荷を軽減させるのが熱交換型換気扇である（6-4 節参照）．

緑化の効用

熱帯雨林の喪失は地球の温暖化に大きく影響している．わが国の都市からも緑が失われ，高温化して冷房負荷が増大しており，シロアリの生息域も北上して被害が拡大している．また，マラリア蚊の北上も危惧され，熱帯性の病気の増加が心配されている．この失われた緑を建物の屋上や壁面に取り戻す運動が推進されている．緑化の効用を図 0・20 に示す（16-3 節参照）．屋上を緑化して 20 ～ 30 %冷房負荷が削減された報告がある．樹木はとくに成長期に大気中の CO_2 を多量に炭酸同化作用で浄化する．成長期を過ぎた樹木は適宜伐採し，更新する必要があり，建設に国産材を使用することも温暖化対策に役立つ．

Chapter 1 住まいを取り巻く環境

1-1 世界の中での日本の自然環境

世界の気候と気候区分

日本の自然環境について考える前に，まず世界全体について考えてみよう．自然環境の中でも，住まいを取り巻く環境として重要なのは，気候・気象環境である．まず，第一に重要なのは気温である．気温は，海上ではおもに緯度によって決定されているが，陸上では，緯度だけではなく，海抜高度，海岸からの距離などによって異なっている．そしてこれらの条件が組み合わさって，気候の変化を生み出しているのである．第二に重要な要素は降水である．年間の降水量が同じくらいでも，年間を通して同程度の降水量がある場合と，雨期に降水量が集中する場合とでは，気候条件が異なるといえる．

地球上の大気は大きな循環によりかき混ぜられているが，対流圏の循環は北半球と南半球でそれぞれ二つのセルに分かれている．中・高緯度の循環を“ロスビー循環”, 低緯度の循環を“ハドレー循環”という．世界の気候区分を図 **1·1** に示す．

日本の気候の特徴

日本が存在する中緯度の大陸東岸では，熱帯気団と寒帯気団が接している．一般的に，熱帯気団に覆われた場合は，気温は緯度にそれほどの影響を受けない．わが国が，夏に小笠原高気圧からの熱帯気団に覆われると，全国的に最高気温が 30 〜 33 °C 程度になる．一方，冬にシベリアからの寒帯気団に覆われると，日中北海道では零下 10 °C でも，鹿児島，沖縄では 15 °C くらいになり，最低気温の差は，25 °C を上回ることにもなる．日本の気候区分の例を図 **1·2** に示す．また，その地の気候の特徴を各月の平均気温と湿度で表す都市気候図（クリモグラフ）がある（図 **1·3**）.

住まいの地域性

上記に見られるようにわが国の気候条件は，世界的に見れば比較的温暖であるが，それでもある程度の暖房は必要であるし，夏の暑さは，それな

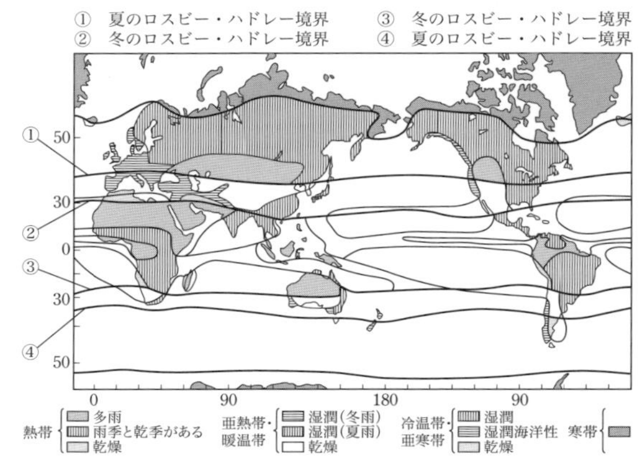

熱帯は，1 年中ハドレー循環系に支配される地域で，次の 3 気候区に細分される．（ i ）1 年中多雨（ ii ）雨期と乾期がある（ iii ）1 年中乾燥．亜熱帯および暖温帯は，夏はハドレー循環系，冬はロスビー循環系に支配される地域で，（ i ）降水量の比較的多い気候区と（ ii ）1 年中乾燥する気候区に分けられる．冷温帯および亜寒帯は，1 年中ロスビー循環系に支配される地域のうち，寒帯気団が卓越する地域で，（ i ）海洋性寒気団が卓越する気候区，（ ii ）大陸性寒気団が卓越する気候区，（ iii ）1 年中乾燥する気候区に区分される．寒帯は極気団が卓越する地域．

図 1·1 世界の気候区分 [1)]

日本の大部分は，夏と冬とで熱帯気団と寒帯気団が入れ替わるが，北海道北部だけは夏も冬も寒帯気団におおわれている．冬期，雪が必ず降るかによって裏日本，準裏日本，表日本に分けた．さらに地形の影響によって雨の降りやすい多雨区を設定した．

図 1·2 日本の気候区分 [1)]

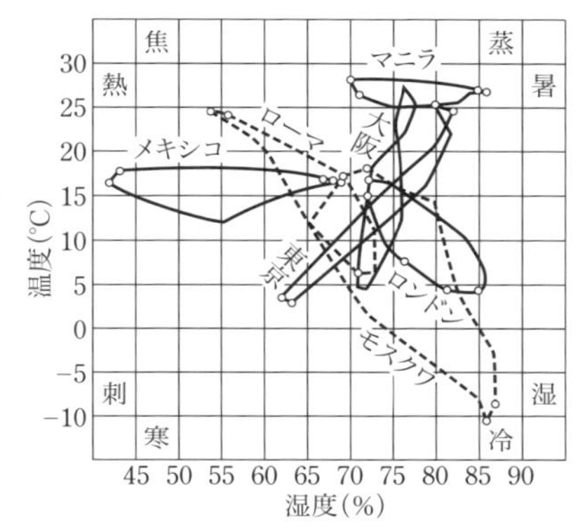

東京や大阪などの夏の暑さは，熱帯のマニラ並みの蒸暑環境であり，ロンドンやベルリンなどの欧米の多くの都市で冬の寒さが問題であることと対比される．伝統的な住宅や被服などにおいて，異なった形式のものが伝承・発達してきた背景の一つはここにある．

図 1·3　都市気候図表（クリモグラフ）

南から見た加藤家．右手前：サスヤ（物置），その奥：ウイヤー（母屋），左手前：カイコダナ（蚕棚），トーグラ（台所），ナカヤ（居室）

図 1·4　分棟農家 [2]

図 1·5　住居気候区 [3]

りにきびしい．また，日本国内でもかなりの気候条件の違いがあるので，伝統的民家は地域の気候・風土に適応してさまざまなものが建てられてきた．“家のつくりやうは夏を旨とすべし”といわれてきたが，“徒然草”が書かれたころのわが国の文化の中心は京都近辺であり，この記述は京都近辺の気候を前提とした表現であったことに注意する必要がある．京都を代表する伝統的な住まいに町家があるが，町家は，都市の低層密住に住む知恵と同時に夏の暑さをしのぐ工夫を併せもったものであった．また，より暑い地域の例として，奄美大島の分棟農家がある（図 **1·4**）．これは，茅葺き寄せ棟づくりによって，強い日射を遮ること，および分棟であるために，2 方向，3 方向の開口がとりやすく，通風を最大限に確保している，という特徴をもつ [2]．

日本では，寒さへの適応には，あまり積極的ではなかったが，それでも，積雪への対応などの特徴は，いくつか存在する．少なくとも，採暖的な考え方が中心であり，ヨーロッパのような暖房を意識した建物レベルでの寒さへの適応は，ほとんど見られなかった．その点，おもに第二次世界大戦後に北海道で進められた断熱·気密化の推進は，わが国にとっては，それまでの伝統にはなかった新しい技術を取り入れていく試みであった．

住まいにかかわる気候区分

上述したように，伝統的な住まいは，気候・風土との適応関係があり，住まいの設計を考えるうえでは，それらの違いを十分に考慮する必要がある．これらを表現するために，気候区という考え方があり，住まいに関連するものの一つに住居気候区（図 **1·5**）がある．また，その地域の寒さの程度は，暖房の設定温度と外気温との差を基準にして，**暖房度日**（**デグリー　デー**）† として，積算値によって表現できる．近年では，住宅の“次世代省エネルギー基準”において，全国を六つの地域に区分して，**断熱・気密性能の基準** † を定めており，今日の住居気候区ともいえよう．

1-2 都市の気候環境

都市気候とは

都市とは，人口や各種の人間活動が密集した地域であり，農村と対比される．気候とは，純粋に自然現象であって，人間活動とは無縁であると考えられるが，実はそうでないことが早くからわかっていた．都市気候として，もっともよく知られたものは，ヒートアイランド現象であろう（図**1·6**）．これは，都心部の気温が郊外よりも高くなる現象であり，大都市でなくとも，ある程度の規模の団地では，周辺よりも高温になることが知られていた．都市部のヒートアイランドは，都心部で生じる上昇気流が周辺で下降気流となり，一種の循環流を形成して，大気汚染物質が滞留してしまうことも好ましくない影響をもたらす．郊外と都心部との気温差は，とくに冬季の最低気温において顕著である．しかし，人間にとっては，夏季の最高気温が高くなることの悪影響が問題となっている．近年では，都市における熱中症の発生件数が増大しており，公害としての対策が必要である．今日では，環境省をはじめ，多くの自治体でもヒートアイランド対策が打ち出されている．

都市気候の特徴

ヒートアイランド現象が発生する原因として，いくつかの要因が挙げられている．まず，都心部では建物が密集して建っているために，凸凹が多く，日射の反射率（アルベド）が小さくなることである（図**1·8**）．また，地表面がコンクリートやアスファルトであるために，土と異なって蒸発による冷却効果が小さいこともある．また，このために都市全体の熱容量が大きくなっており，夜間も気温が低下しないことがある．さらに，大気汚染により，夜間の地面から宇宙への熱放射が少なくなることも，都市が高温となる原因である．また，人間活動にともなって，自動車などの交通機関からの排熱，暖冷房，照明その他，人工的な排熱による影響も大きい．人工排熱が，ヒートア

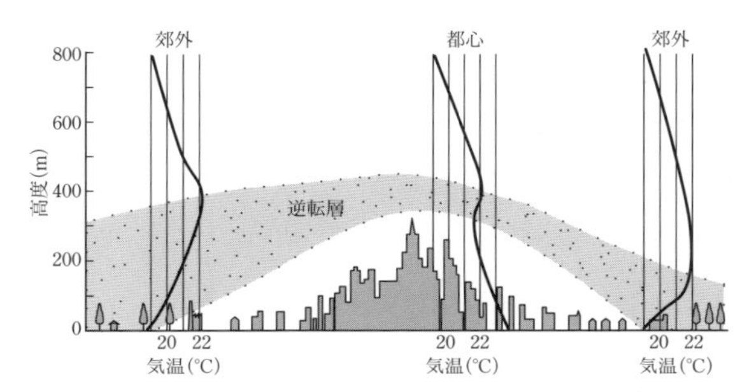

大都市の内外における大気の構造の模式図．アメリカやカナダでヘリコプターを用いて行った観測結果などにもとづいて描いてみた．気温の逆転層がドーム状に都市の暖かい空気を包んでいる．逆転層の下には汚染物質が大量にただよっている．

図 1·6　ヒートアイランドの模式図 [1)]

（a）　プランター壁面取付け

（b）　間接登はん（支持材自立）

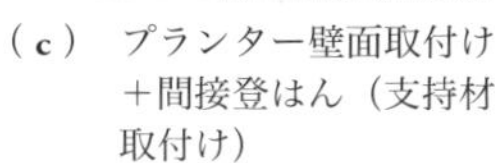

（c）　プランター壁面取付け＋間接登はん（支持材取付け）

（d）　直接下垂

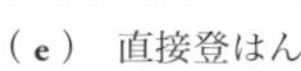

（e）　直接登はん

（f）　間接登はん（支持材取付け）

図 1·7　壁面緑化の例 [4)]

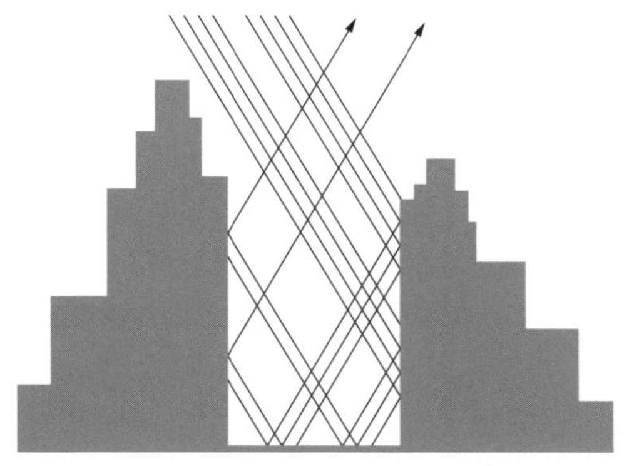

図 1･8　建物による日射の吸収[5)]

イランド現象の原因として認識されてきたのは，1970 年代以後といえよう．

都市の住まいのあり方

一般に都市居住に関しては，住居計画学，都市計画学などの分野でも研究されているが，ここでは，住居環境学，都市環境学，とくに熱環境という視点から論じてみたい．

先に述べたように，これまでの都市には，さまざまな問題が存在している．高層ビルの周辺では，風害が発生することも知られている．また，全般的に植物が減少して，生態系が改変されていることも問題とされている．しかし，都市に植物を増やすことは困難であり，近年注目されているのが，屋上緑化や屋根緑化，壁面緑化などである（図 1･7）．緑地を増やすことはヒートアイランド対策としても，有効である．ヒートアイランド対策としては，緑地だけでなく，水面の確保も重要であり，川，湖，ため池，運河などの配置も関心の対象となりつつある．近年は恒常的に存在する水面（川，湖，ため池など）だけでなく，打ち水などの人びとの行動にともなう冷却効果にも注目が集まっている．2003 年に“大江戸打ち水大作戦”という名称で取り組まれた活動も，今日では，名古屋，金沢，大阪など各地に広まっている．

しかし，自然共生型の住まいや住まい方が，都市においては困難であり，かなりの程度まで，人工環境を前提とした，住まいになっている．たとえば，住まいにおいて自然の通風は重要な要因であるが，都市に密集して建てられる住宅に，通風を期待することは困難である．このような場合，人工環境に頼らないとすれば，**温度差換気**[†]を利用する方法が考えられる．

空地や緑地と住居との関係を歴史的にみた場合，農村が都市化する中で，坪庭のように，住まいの中に緑地を取り込む傾向が見られる（図 1･9）．これからの都市の住まいのあり方を考えるうえで，都市気候との関連性を考えることは不可欠となろう．

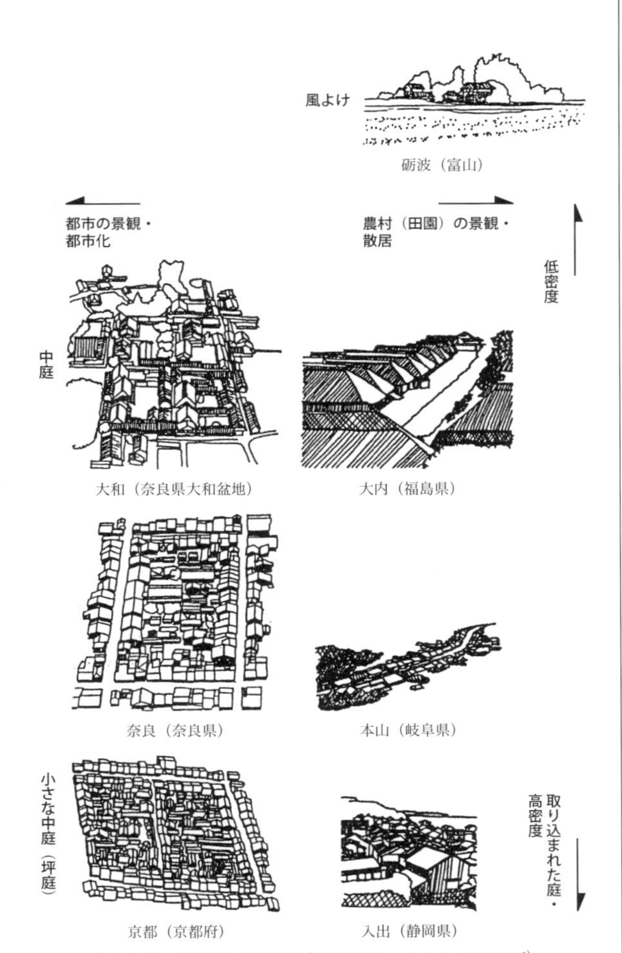

図 1･9　農村から都市までの集落（まち）の景観[6)]

1-3 人工環境の普及とライフスタイルの変化

住まいにおける伝統的な環境調節法

暑さや寒さは，単に不快なだけでなく，限界をこえると命にかかわるので，防暑・防寒という行為は人間にとって重要である．人間は身体の中心部で約 37 ℃という体温を維持することが，生存のために必要だからである．動物の巣づくりは，繁殖の場をつくることにすぎないが，人間が住まいをつくることは，体温調節行動の一種でもある．住まいを涼しく，あるいは暖かく過ごせるように，住まいの内外の環境を調節する工夫は，古くからいろいろとなされてきた．

防暑では，ひさし（庇），すだれ（簾），よしず（葦簀），庭木などの日よけによって，建物が太陽の日射エネルギーを直接受けることのないように，工夫されてきた（図 **1·10**）．また，打ち水による気化熱の作用で涼しくする工夫も行われてきた．夕涼みという行為によって，夕方から夜にかけては，暑い屋内を逃れて，屋外の冷涼な気候を楽しむということもあった．あるいは，屋内で横になって休むことも，代謝量を減らして，体感温度を低下させることになる．

防寒では，日当たりをよくして太陽熱をとりいれることが，もっとも重要である．寒さに対するためには，火鉢，こたつ，行火（あんか）などの器具も使用されたが，あくまでも採暖，あるいは暖身という程度のものにすぎず，今日の暖房とは，かなり異なっていた．寒さ対策の中でも，厚着をすること，身体を動かして代謝を高めること，などの暮らし方の工夫も重要であった．

建物の鉛直壁面が，一日に受ける直達日射を図 **1·11** に示す．南向き壁面に開口部をもつ部屋は冬受熱が多く，夏少なくなるので室内温熱環境面で有利で，窓方位の選択が重要であることもわかる．

住まいにおける人工環境の普及と環境調節行為の変化

その後，人類は，さまざまな技術を発達させて，

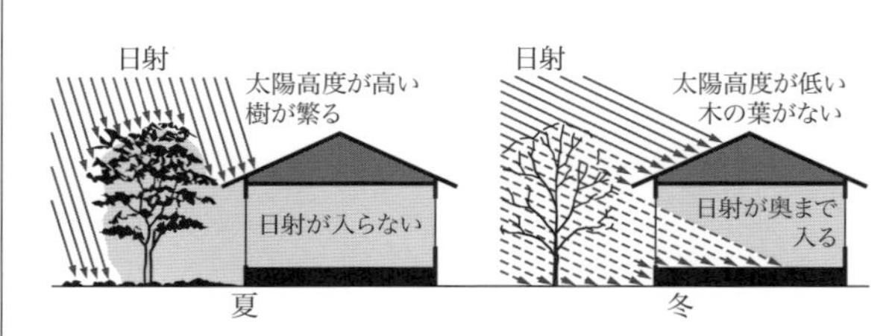

図 1·10 樹木および軒の出による日よけの効果 [7)]

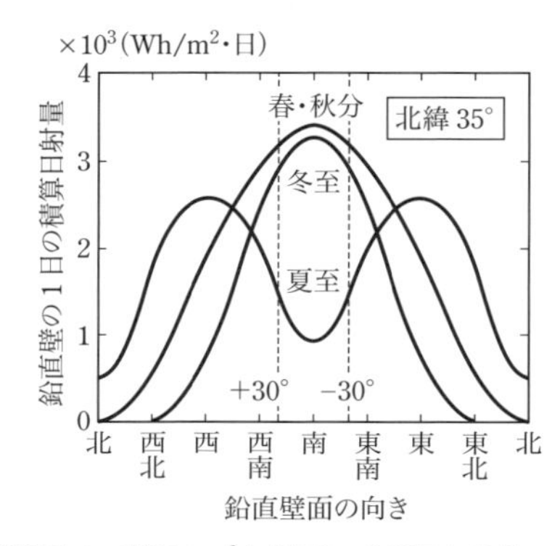

北緯 35°近辺で，南窓 1 m² に晴天の冬至日には約 3.2 kW，夏至日には約 0.9 kW の日射熱が室内に入射するので，南面する窓をもった部屋は冬暖かく，夏比較的涼しい環境になることがわかる．

図 1·11 建物の鉛直壁面の晴天の一日中の直達日射積算量 [8)]

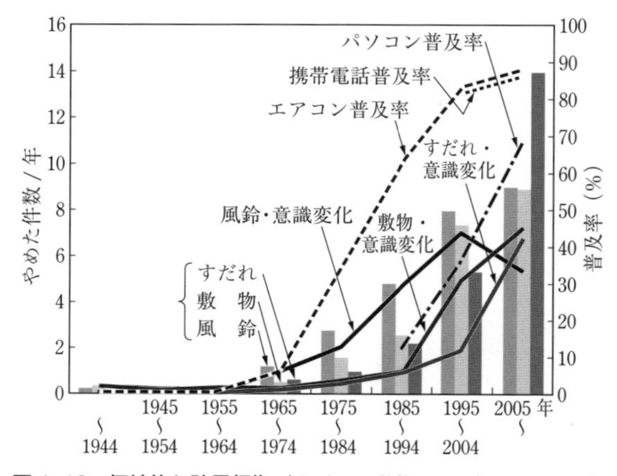

図 1·12 伝統的な防暑行為（すだれ，敷物，風鈴）をやめた時期とその理由およびエアコン等の普及率の関係 [9)]

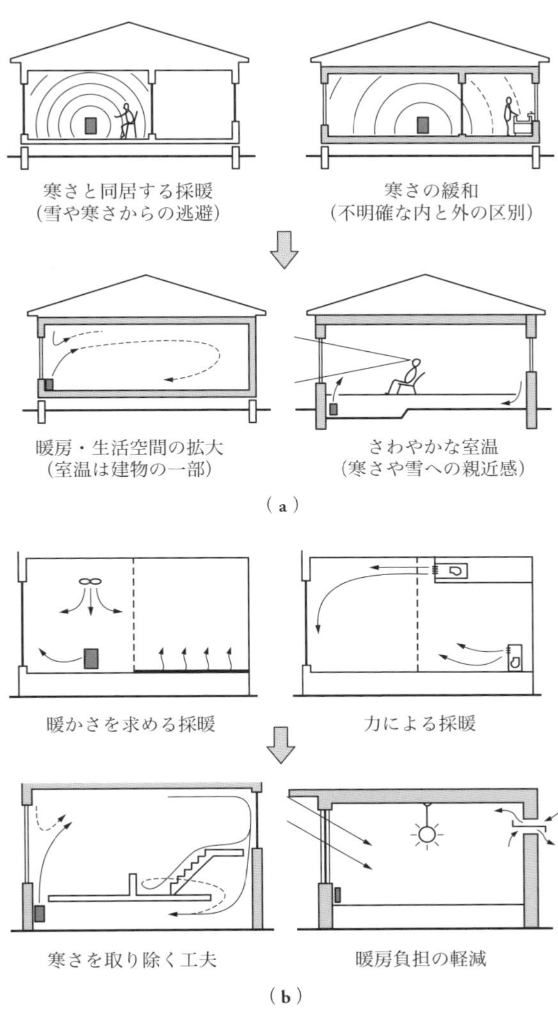

図 1・13　採暖と暖房 [10]

テレビ・エアコン・ラジカセなどの操作はリモコン，暖冷房はふんだん，ソファもたれてスナック菓子をポリポリ…になっていませんか．

図 1・14　ひたすら快適の図 [11]

環境を調節することを可能としていった．とくに，暑さに関しては，空気調和の技術により，涼しく暮らすことが可能になったことは，人類史上画期的な進歩であった．空気調和の技術が特許として登録されたのは，1906 年アメリカにおいてであるが，わが国の住宅に普及するのは，かなり後のことであり，1980 年代以後といってよかろう．

暖房は，冷房よりもはるかに歴史が古いが，わが国の歴史をみると，採暖の段階にとどまっていた期間が非常に長く，熱的に区切られた空間を暖房するようになるのは，建物の断熱・気密性能の向上が著しい比較的最近のことである（図 **1・13**）．

暖房，冷房の技術が発達し，器具の価格も低下することによって，これらの環境調節方法が急速に広まった．そのことによって，伝統的な環境調節方法が，衰退していったのは当然のことであろう．伝統的な防暑法をやめた時期とその理由をみると（図 **1・12**）意識の変化がとくに重要である．

ライフスタイルの変化

暑さや寒さをしのぐ方法が変化することにより，ライフスタイルが大きく変化しつつある．より快適で便利な生活に変わりつつあるのである．たとえば，夏の暑さは，冷房が普及するまでは，うちわや扇風機による気流の効果，あるいは，打ち水による冷却効果，はたまた避暑地へ行くくらいしか，しのぎようがなかったが，今日ではスイッチ一つで温度も湿度も下げられる（図 **1・14**）．また，冬の寒さについても，火鉢やこたつで採暖生活をしてしのいでいた時代と比較すると，部屋全体を暖房して，寒さを感じなくてもすむようになるのは，大きな変化である．快適な暮らしが当たり前になってしまうと，それ以前の暮らしに戻ることは，なかなかできなくなってしまう．

欲求の水準は，人類の歴史の歩みとともに高度化しつつある．とくに近年は，快適さを商品の一種，営利活動の一環として提供する傾向が強い．その変化は，多くの場合，エネルギー消費の著しい増大をもたらしている．

1-4 地球環境問題と日本の住まい

地球温暖化に関する情勢

地球温暖化は，住まいと関連の強い環境問題である．地球の温暖化にともない，海面の上昇も予想されている（図 **1･15**，図 **1･16**，図 **1･17**）．1980 年代以後，地球温暖化が重要な政策課題となった．1991 年に国連直轄の「気候変動枠組条約・政府間交渉委員会」（IPCC）が設置され，気候変動枠組条約は 1994 年に発効し，第 3 回締約国会議は，1997 年京都で開催され，先進国の温暖化ガス排出量について法的拘束力のある削減目標値を設定した（京都議定書）．京都議定書以後の枠組みとして，2015 年には「パリ協定」が採択され，温室効果ガス排出量ゼロである脱炭素社会をめざす必要が示された．環境配慮行動等の積み重ねにより，数％程度の温室効果削減をめざしていた京都議定書の時代とは，大きくフェーズが変わった．

建築物の温暖化対策として，わが国では，「建築物省エネ法」が 2015 年に制定され，住宅対策として省エネルギー基準が強化された（図 **1･18**，図 **1･19**，図 **1･20**）．これらの動きと並行して，各学会でも地球環境問題を学会活動の一環として取り上げる動きが活発化してくる．

伝統的住宅の問題点

わが国の伝統的民家には，夏涼しく冬暖かく暮らせる工夫が随所に取り入れられていた．またかつては，寒い冬にも火鉢やこたつで採暖をして暮らして，それなりに満足して暮らしていたといえる．しかし，断熱・気密性能は，それほど優れたものではないので，部屋全体を暖房，冷房するようになると，エネルギー浪費的な性質が露呈してくる．また，断熱・気密化をうまくしないと，結露によって建物の寿命を短くすることにもなる．

自然エネルギーの一つである太陽熱を十分に利用するためには，日中室内に十分に日射を取り入れるだけでなく，室内に蓄熱して，夜間に利用す

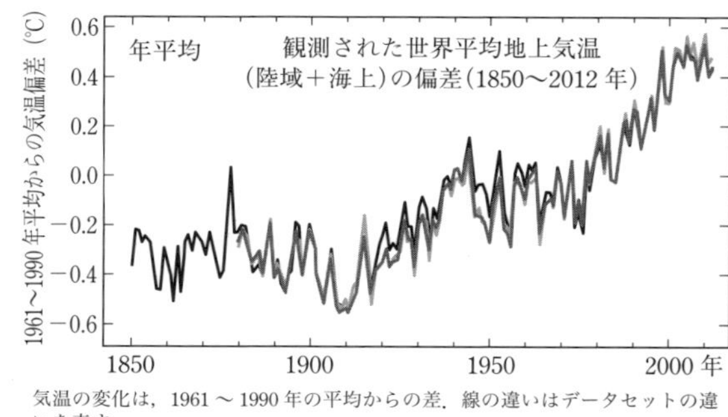

気温の変化は，1961 〜 1990 年の平均からの差．線の違いはデータセットの違いを表す．

図 1･15　世界平均地上気温の変化
（IPCC 第 5 次評価報告書より）

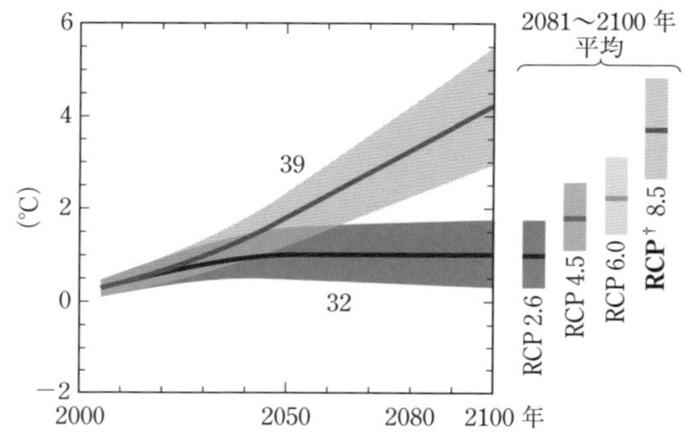

図 1･16　世界平均地上気温の変化予測

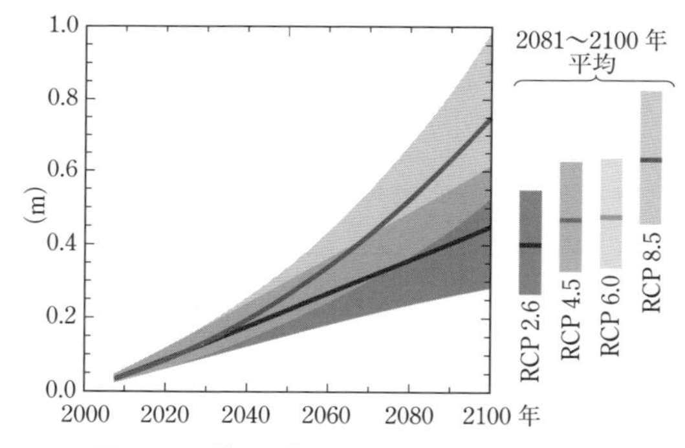

図 1･17　世界平均海面水位の変化の将来予測
（IPCC 第 5 次評価報告書より）

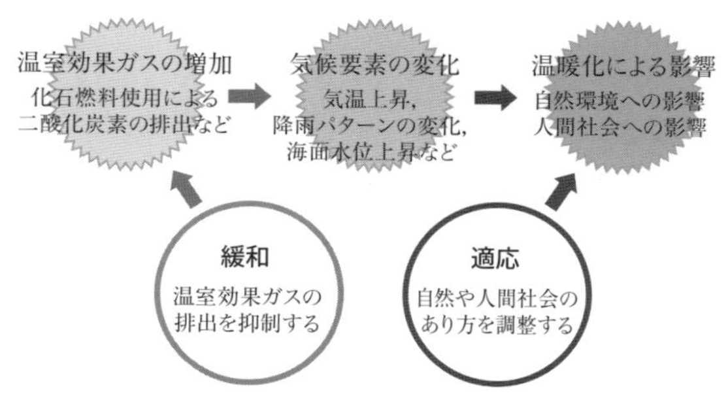

図 1･18　地球温暖化の二つの対策「緩和」と「適応」

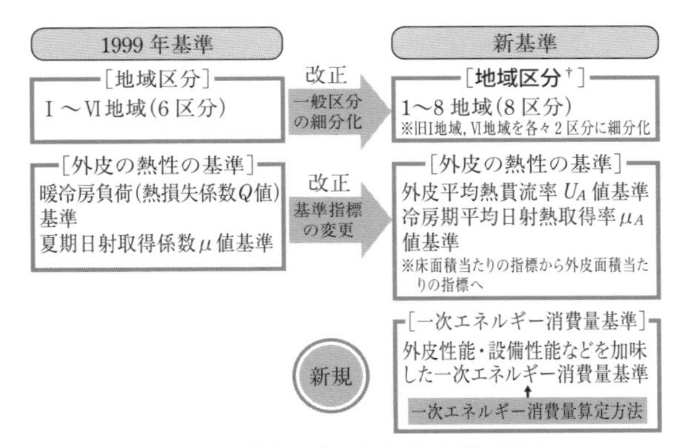

図 1･19　住宅の省エネルギー基準の改定

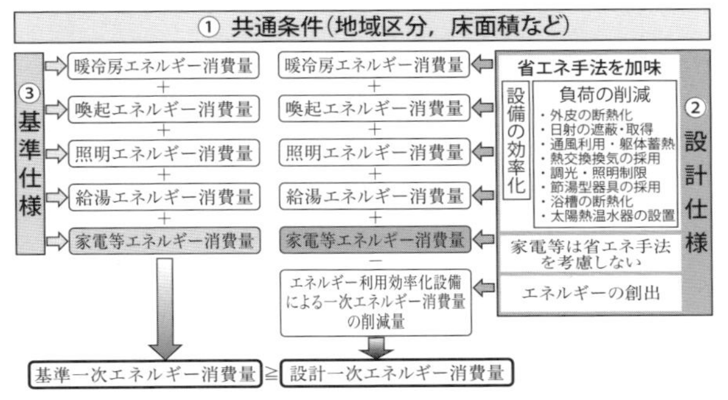

図 1･20　一次エネルギー消費量の評価基準

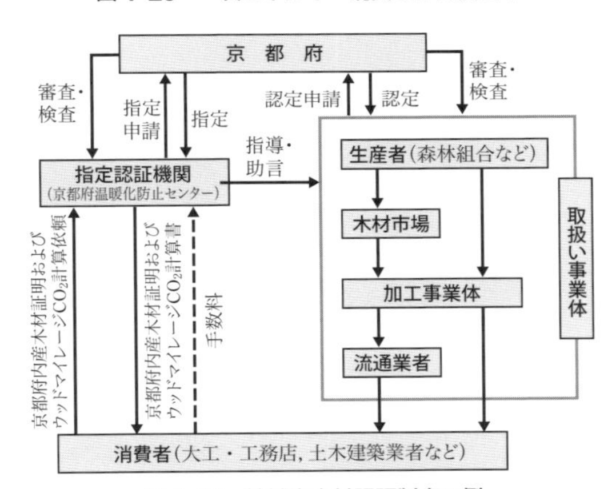

図 1･21　地域産木材認証制度の例
（京都府資料より）

図 1･22　断熱・気密改修した伝統民家の例[13]

る工夫も必要である．さらに，重要なことは，熱エネルギーをできるだけ逃がさないことであり，そのためには，断熱・気密性能が重要であるが，伝統的住宅ではそのような性能は，あまり優れてはいなかった．

環境負荷低減の必要性

地球温暖化問題への対応策として，CO_2 をはじめとする温暖化ガスの発生を抑制する必要がある．建物のライフサイクルで考えると，建設時・運用時・廃棄時の 3 段階での発生に分けられる．

建設時の発生量を減少させるために，建物の長寿命化が，注目されている．わが国の木造住宅の耐用年数は，20 ～ 30 年程度にとどまっており，これを大幅に延ばすことが当面の課題である．

また，環境負荷の低減の一つとして，材料の運搬に関する負荷を減らすことが重要であり，たとえば木造住宅に関して，材料である木材の運搬にかかわる負荷を計算するためのウッド マイレージ（使用した木材の量と移動距離の積をものさしとした指標）の取組みも開始されている．少なくとも，国産材を適切に活用することにより，環境負荷の低減とともに，わが国の林業の再生にもつながる可能性がある．

建物運用時の温暖化ガスでは，暖冷房・照明・給湯などのエネルギー消費量の抑制が必要である．

伝統を生かした住宅の変化の方向性

伝統を無視したエネルギー浪費的な住まいは，しだいに廃れていくであろうが，伝統的な住まいのままでは，ライフスタイルの変化や環境問題に対応できない．これからの住まいが，“次世代省エネルギー基準”で定められているような，断熱・気密性能を高める方向へ変化することは不可避であろう．また，長寿命化も進むであろう．また，安易に取り壊して，新築することは大幅に減少し，改修という仕事が増えると予想される．その仕事は，伝統を生かしつつ，新しい技術を取り入れたものとなっていくに違いない．住居学の専門家の仕事の内容も変化していくであろう．

Chapter 2 住生活のあり方とその変遷

2-1 伝統的な住まいと住まいの役割

気候風土と住まい

住まいの原初的な機能は，シェルター（避難所）である．住まいには，外敵から，また暑さや寒さ，風雨などから，身体や家財を守る役割が求められる．気候条件をはじめとする自然環境条件はそれゆえ，伝統的な住まいのかたちや意匠を方向付けてきた．

気候風土はまた，それぞれの土地で利用できる建築材料や，住生活を快適にするための工夫とも結びついている．たとえば，高温多湿の環境のもとで生みだされてきた伝統的な住まいは，木材を使った高床式の住居である（図**2･1**）．高温多湿の東南アジア地域では，人びとは住まいを高床式にすることで，風通しをよくするとともに，猛禽（もうきん）や毒虫などから身を守るのである．風通しをよくする工夫は，仕切りが少ない内部空間のつくりにもみてとれる．また，大量の雨に耐え，強い日差しを遮断するために，独自の工夫を凝らした屋根が架けられている．

乾燥した地域では，屋根の機能はそれほど重要ではない．木材は貴重品で入手が難しいので，石や日干しれんがを積みあげた住まいがつくられる．また，動物を囲い込んだり，風じんを避けたりするために，住まいが囲み型につくられる．都市部では，これを祖形として，中庭をもつコートハウスが発達した（図**2･2**）．

南北に伸びた日本列島は，気候風土も多様である．積雪の多い東北日本では，冬期の積雪に備えた一棟多室型を，高温多湿な西南日本では，夏の生活に適した別棟一室型を，それぞれ祖形とする民家が多い[1]ことが知られている．

職と住一体の住まい

農家や町家などの伝統的な住まいでは，かつて，住まいが生産活動や商売などの仕事の場を兼ねていた．たとえば，農家で一般的な広い土間は，炊事や食料の貯蔵などに使われるだけでな

クアラルンプールに移築，保存されている伝統的な住居．内部は仕切りが少なく開放的である．

図 2･1　マレーシアの高床式住居
(2003 年撮影)

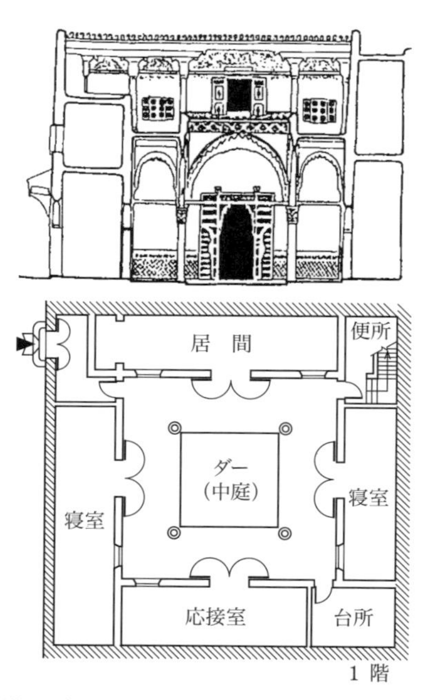

中庭型住居（コートハウス）の事例．“ダー”と呼ばれる中庭を矩形の部屋が囲んでいる．ダーの列柱廊やアーチ部分には繊細なアラベスクが施されている．

図 2･2　モロッコ，フェズの旧商家[2]

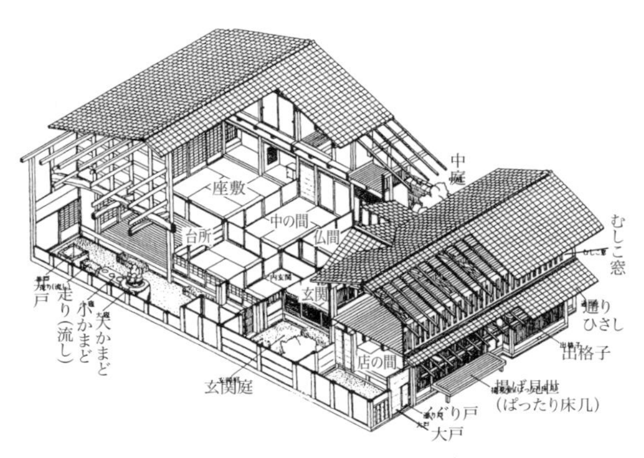

図 2･3　表屋造りの京町家[5)]

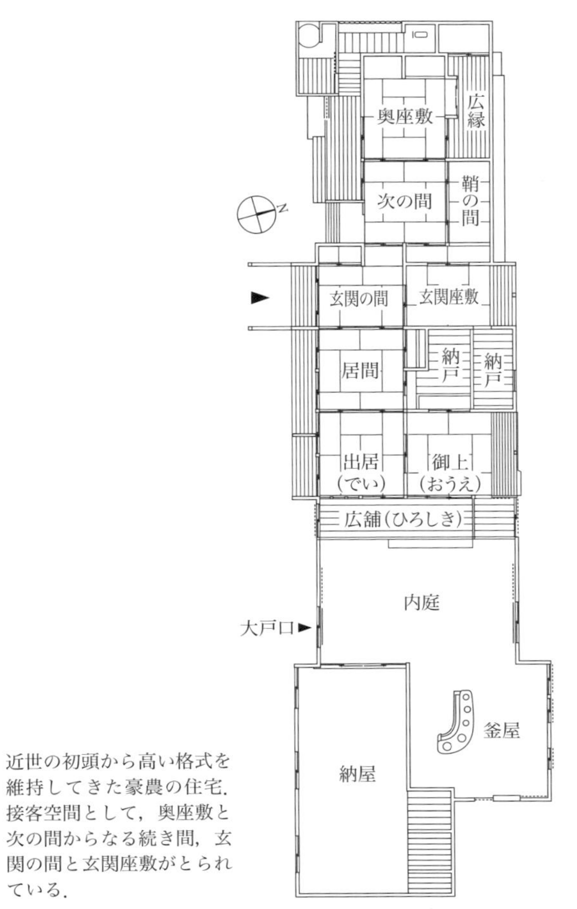

近世の初頭から高い格式を維持してきた豪農の住宅．接客空間として，奥座敷と次の間からなる続き間，玄関の間と玄関座敷がとられている．

図 2･4　吉村家住宅（17 世紀前半）[2)]

く，農作業の準備，農具・農産物の収納，また，牛馬の飼育や紙漉（す）きなどの副業をする作業空間としても使用された．

商人や職人の住まいである町家でも，店や作業場と住まいは一戸の建物の中に併存していた．店の間は，表通りに面した位置に設けられ，ここで家業が営まれた（図 **2･3**）．

庶民住宅において職住が分離されるのは，近代以降のことである．それ以前には，住まいは生産活動の場としても機能していた．

住まいの格式性

日本の伝統的な住まいには，ハレとケという概念に対応する空間が埋め込まれている．ハレとは，行事や主人の接客などの特別な出来事のある日で，そのために利用される特別な空間である玄関や座敷は，“オモテ”の空間である．

他方，ケとは，普段の日常生活であり，これに対応する“ウチ”とは，台所や寝間など，家族の日常生活空間をさす．“オモテ”の空間は，家の格式を表現するので，家の中でももっとも条件の良い位置にとられ，立派な意匠が施される．これに対して，“ウチ”は女や子どもの居場所であり，その居住条件は重視されない．台所は概して北側の暗くて寒い場所に追いやられていた．

床，棚，書院を備えた座敷が農村部に入ってくるようになるのは，近世以降である．支配層の住宅に取り入れられる過程で，“床の間のついた座敷のある家は格が高い”という意識が醸成され，農家住宅にもひろがっていったといわれる（図 **2･4**）．地方によっては現在でも，次の間と座敷からなる続き間を確保することが重視されている[3)]．また，その意匠は，玄関構えと並び，家の格式を表現するものと考えられている[4)]．

伝統的な住まいの形や意匠は，気候風土への対応や，生産活動を含む生活の全体的な営みを反映している．のみならず，住まいは，居住者の社会的地位や身分を表現する媒体としての役割をも担っていたのである．

2-2 住まいの近代化

洋風化の試み

日本の住まいには大抵，畳敷きの居室（和室）がある．日本人は長らく，下足を脱ぎ，そこに直接座るユカ座（床座）の起居様式（**4-2** 節参照）をとってきた．和室やユカ座の起居様式は，日本の住まいの特徴として理解されている．他方で，板敷きやカーペット敷きの洋室に家具をおき，イス座で生活する住まい方も広くみられる．

住まいの洋風化が中産階級を中心に一定のひろがりをみたのは大正期である．洋館は，明治政府の欧化政策により導入された．当初は支配階級の身分や地位を表示するシンボルであった．やがて，それが中産階級にもひろがっていく過程で，洋館は応接間に縮小され，和風住宅に接続される和洋折衷住宅が生み出された[6]（図 **2･5**）．

大正期にはまた，生活の近代化を進めようという生活改善運動が国策として推進された．この運動は，郊外に居住専用の住まいを求める中産階級に支持され，洋風住宅がそのモデルとして受容されていった（図 **2･6**）．

もっとも，住宅の外観やしつらいが洋風になっても，起居様式がただちに変化したわけではなかった．このころ開発されたある郊外住宅地の事例調査によれば，洋風の外観と洋室中心の間取りをもつ洋風住宅が供給され，洋室は，応接間から定着し，居間・食堂，書斎，勉強室に及んだが，寝室を洋室化したものは少なかったという[7]．また，生活改善同盟会が推進していた居間中心型の間取りを採用したものは少なく，住まい方からみても，生活の実態に即した和洋折衷が試みられていたようである．

プライバシーと個室化

伝統的な日本の住まいの内部空間は，障子や襖（ふすま）で仕切られている．こうした仕切りによって生み出される空間の伸縮自在性や開放性もまた，日本の住まいの特徴である．大きな土間や

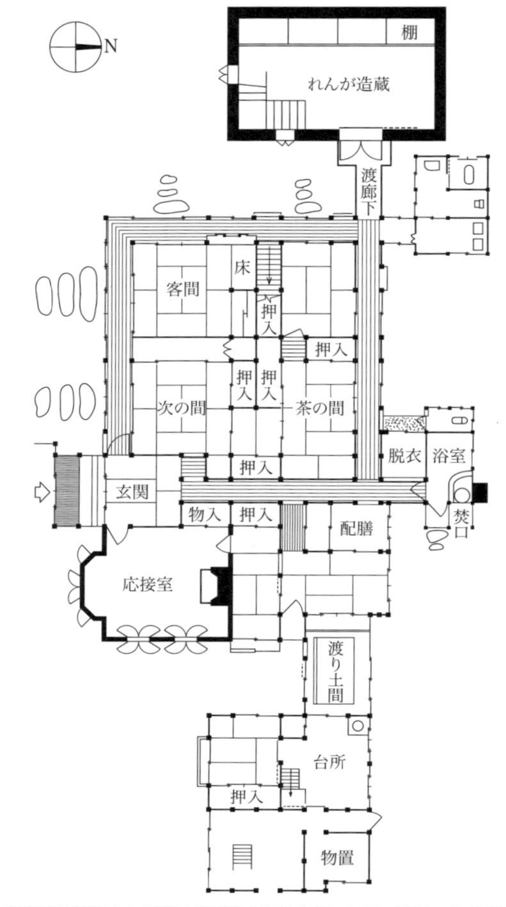

和風住宅の間取りに洋風の応接間を加えた例．1909（明治 42）年建設．

図 2･5 旧高津柳太郎邸[6]

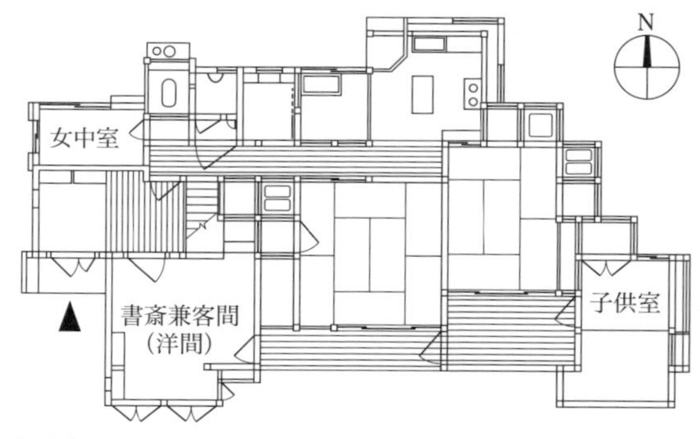

大正デモクラシーの台頭とともに生まれた生活改善運動の影響を受けてつくられた 1920 年代建設の住宅．洋風を基調とした外観と洋間をもつ．

図 2･6 あめりか屋の住宅[2]

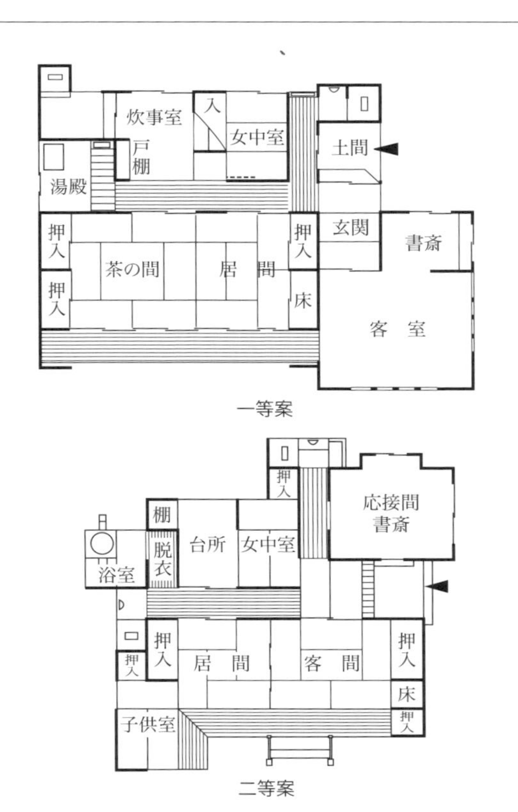

1917（大正 6）年の競技設計入選作．上，一等案，下，二等案

図 2･7　中廊下型住宅 [6)]

図 2･8　同潤会の青山アパートメント
（2002 年撮影）

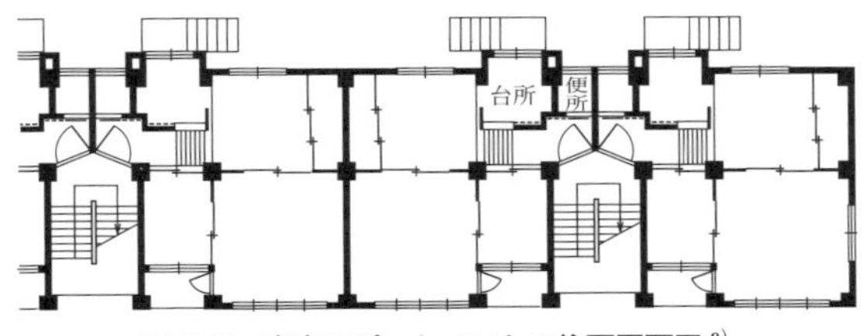

図 2･9　青山アパートメントの住戸平面図 [8)]

玄関，縁側は，住まいの内と外をつなぐ緩衝空間であり，住まいを外に開く役割を担っていた．

これに対して，西欧で生まれた近代住宅の思想は，夫婦生活や家族生活の親密性を重視し，外に閉じた排他的な居住空間を確保しようとする．家族の私事空間を，他者から干渉されない親密な空間として確保するためには，扉ひとつで遮断できる専用空間を設ければよい．家族居住専用の独立した戸建て住宅は，この住要求と合致している．プライバシー確保要求は，家族や夫婦という集団の次元のみならず，家族の構成員である個人の次元にも及ぶ．近代住宅の思想は，夫婦寝室の確保を優先するが，空間条件が整えば，子どもにも個室を与えることを良しとした．

西欧近代を範として進んだ日本の住まいの近代化は，室の独立性を高め，個室の確保を容易にする間取り，すなわち，個室と，それを成立させるための廊下を導入した中廊下型住宅を生み出した．1915 年ならびに 1917 年に実施された競技設計では中廊下型の間取りがいずれも第一等，第二等を受賞している（図 **2･7**）．

初期のアパートメント ハウス

近代化は，建物の構造や材料にも大きな変化をもたらした．伝統的な日本の木造家屋は火災に弱く，高密度な集住空間である都市を火災から守るためには，建物の不燃化が不可欠だと考えられたからである．関東大震災の住宅復興の一環として**同潤会**[†]が建設したアパートメント ハウスは，近代的な設備を備えた鉄筋コンクリート造の建物だった．

同潤会アパートメントの計画では，単身者用住宅をはじめ，さまざまなライフスタイルに対応する住戸プランが採用された．また，西欧の先進的な社会住宅事例などを参考に，居住者が共同で利用する集会室や社交室，大浴場など，多種多様な共用空間が設けられた．優れた居住空間モデルとして評価され，戦後も長く利用された [8), 9)]（図 **2･8**，図 **2･9**）．

2-3 住み方調査と住宅の計画

住み方調査と食寝分離の原則

同潤会のアパートメントハウスは，西欧諸国における住宅計画技術や住宅政策の動向を熟知する専門技術者によって構想され，実現をみたが，昭和期に入ると，庶民の住生活に着目し，そこにあらわれた法則性や課題をもとにして，庶民住宅を計画しようという試みがあらわれる．そのような目的意識をもち，庶民住宅をいちはやく調査，分析したのが**西山夘三**†（1911～1994年）である．

西山らが進めた住み方調査は，間取りの採取と，住生活の実態についての詳細な聞取り記録から成る．西山は，1930～40年代に，京都，大阪，名古屋などで庶民住宅を大量に調査し，食事や就寝など，住宅内での基本的な生活行為を，空間のつながりやしつらいと結び付けてとらえることにより，住宅の広さが圧縮された小規模な庶民住宅であっても，食事をする部屋と寝る部屋を分離する間取りのほうが庶民の住生活の実態と符合し，合理的であることを明らかにした．

西山の食寝分離論は，第二次世界大戦後の未曾有の住宅不足を背景に生まれた公営住宅制度や公団住宅制度のもとで生かされた（図**2·10**）．1951年に，食事の場と台所を一体化して独立させた51C型と呼ばれる住戸プランが登場する[10]．これは，ダイニングキッチン（DK）を採用した最初の公営住宅である（図**2·11**）．

DKはその後，公団住宅にも採用された（図**2·12**）．DKの誕生は，北向きの暗くて寒い台所を，居住条件のよい場所に移動させ，台所作業の快適性を高めることにも寄与した．

不特定多数のための住宅計画

個別の注文に応じて建設するのではなく，潜在化する住宅需要を予測し，これに対応した住宅を，あらかじめ企画・計画して供給するという方式は，大正期のデベロッパーによる建売・分譲事業に始まる．しかし，この方式が本格的に展開す

図2·10 階段室型の公営住宅棟外観
（大阪，2005年撮影）

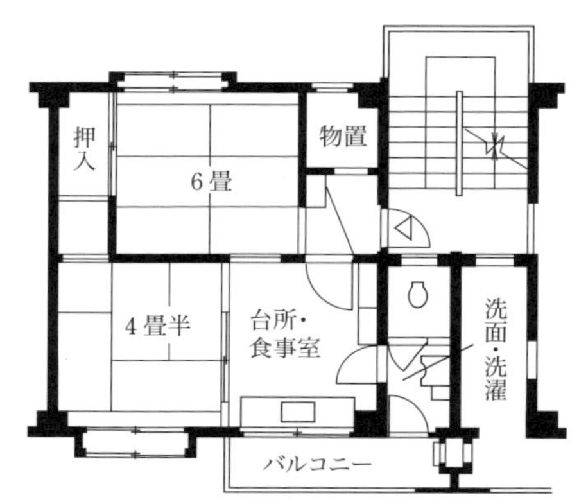

東京大学吉武研究室が提案したプラン（40.2 m²）．

図2·11 公営住宅51C[10]

昭和35年に建設された常盤台団地の2DKの住戸．ダイニングキッチンは炊事の場と家族の団欒の場を融合させた．

図2·12 初期のダイニングキッチン[11]

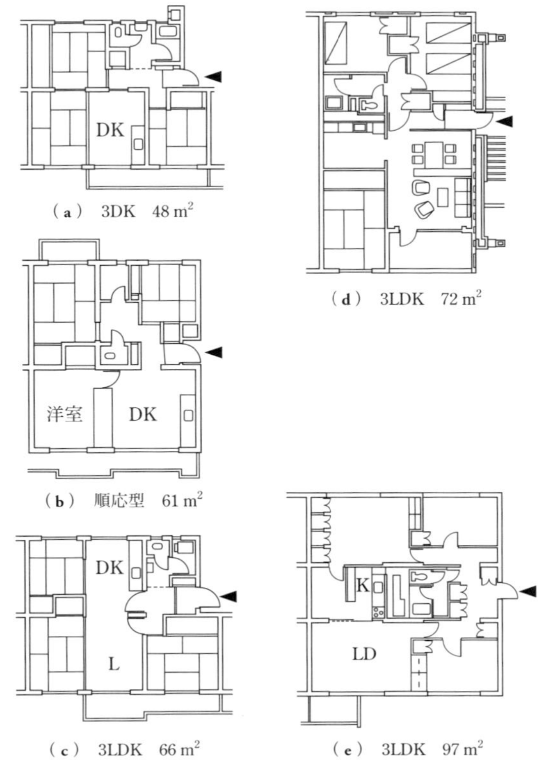

（a）は，公団標準設計による 3DK タイプの代表的プラン．（b）は，DK と洋間を可動式収納ユニットで間仕切りし，入居者の住要求の変化に合わせようとした順応型プラン．（c）は，DK を拡大し LDK としたもの．（d）は間口を狭くしたまま住戸規模を拡大させたプラン．（e）は，水回りを中心に配し，居室の居住性を確保したプラン．

図 2･13　公団住宅プラン例 [2]

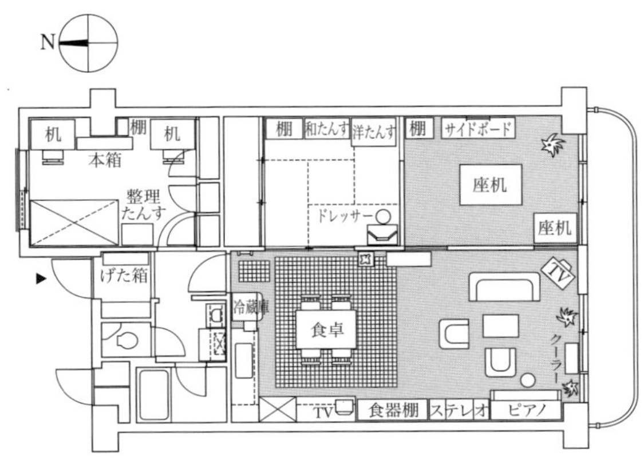

夫婦と小学生の子供 2 人からなる 4 人家族で，北側居室に子供室が確保されてる．リビングルームに連続する南側和室は，居間兼接客室として利用されているリビングルームと一体的に使われており，その機能を補っている．隣の 4.5 畳の和室は，夫婦の寝室として利用されている．

図 2･14　民間マンションにおける住み方（1977 年）[13]

るのは，戦後である．

都市に勤労者が集中した 1950 ～ 60 年代には，不特定多数の需要者に対応する住宅が大量に供給された．なかでも，1955 年に発足した日本住宅公団（現独立行政法人都市再生機構）は，標準設計をはじめとする計画技術を開発し，都市に流入する勤労者向けの集合住宅を効率的に供給した（図 **2･13**）．

公団は，1940 年代に西山によって提唱された“型計画”の考え方を応用し，住宅需要者をその家族形態や世帯人員によって類型化したうえで，これに対応する住宅を，*n*DK や *n*LDK と呼ばれる“型”として系統的に整理した．標準設計は，“食寝分離”，**就寝分離**† という近代的な価値観に依拠する住生活の合理化を方向付ける役割を果たした．

もっとも，現実の住宅供給においては，型計画の考え方が厳密に適用されたわけではなく，個々の世帯の家賃負担能力が居住できる住宅のタイプを制約した．また，標準設計で個々の世帯の多様な住要求やその変化に対応することは難しく，画一性や硬直性が問題視された．このため，1970 年代後半からはプランの標準化ではなく，個別設計の誘導ルールとして，標準化の効用を生かす道が探られる [12] ようになった．

集合住宅の間取りと住み方

1970 年代に入ると，住宅規模が拡大し，リビングルームのある住宅が普及する．民間マンションでは，効率よく多数の住戸を供給するため，間口を狭くし，奥行き方向で必要な床面積を確保した**公私室型**† の間取りが採用された．

民間集合住宅の住み方調査 [13] によれば，1977 年当時，リビングルームのある住宅では，家具の配置や室の使われ方からみて，リビングルームとこれに隣接する私室が一体的に使われる“ワンルーム化”がみられた（図 **2･14**）．間取りが想定する住み方と実際の住み方との間には，ずれが生じていたのである．

2-4 現代の住まいと住生活

住まいのバリエーション

2013年の住宅・土地統計調査によれば，日本の総住宅数は6063万戸，総世帯数は5246万世帯である（図**2･15**）．建て方別にみると，一戸建てが2860万戸で全住宅の55％を占める（図**2･16**）．戸建て住宅の割合は，郊外部や地方都市，農村部で高い．2000年前後からは，利便性の高い既成市街地においても，狭小敷地に建つ戸建て住宅（**ミニ戸建て**†）の供給が進んだ（図**2･17**）．地価の動向に左右されるものの，戸建て住宅には都市型住宅としてもなお根強い需要がある[14]．

共同住宅は2208万戸で，その87％が非木造である．共同住宅には，賃貸住宅と区分所有型の分譲マンションがある．後者は，1970年代以降に大きく伸長した住宅タイプである．とりわけ近年は，都心部でタワーマンション等，超高層の分譲共同住宅の供給が増えている．

最近のマンションには，ホテルのようなロビーやフロント，また各種生活サービスを提供するシニアマンション（図**2･18**）など，多様な共用施設，サービスを付帯するものがある．他方で，延べ床面積を最小限に削った単身者向けのワンルームマンションの供給も続いている．たとえば，ウィクリーやマンスリー単位で貸し出される短期居住用の賃貸住宅，台所や浴室などの設備を共用するシェアハウスなどである．住宅と，今までこのようなサービスを提供していた施設との間の垣根が低くなりつつある．

ライフスタイルと住まい

現代社会では，さまざまな生活資材やサービスを市場で商品として調達することができる．また，家事，育児，介護という家庭でこれまで担われていた機能の一部が社会化されるようになった．こうした変化は，個々人のライフスタイル選択の自由度を高めることに寄与している．ただし，現状では，性別や年齢，居住する地域などにより，利

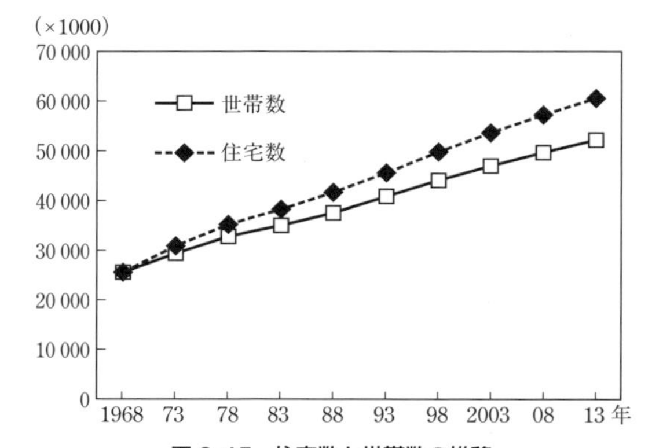

図2･15　住宅数と世帯数の推移
（総務省：住宅・土地統計調査，2013年）

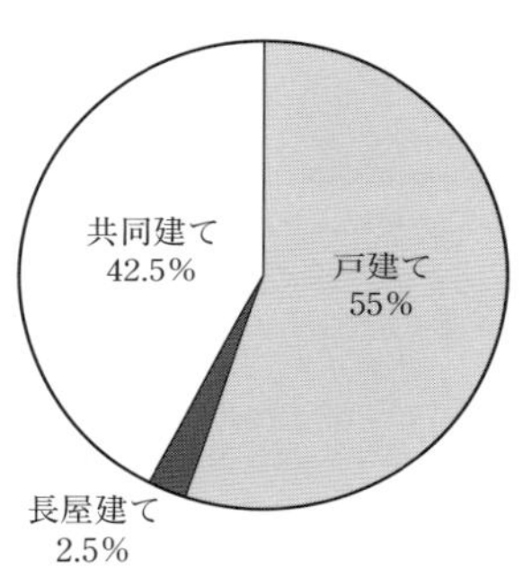

図2･16　住宅の建て方
（総務省：住宅・土地統計調査，2013年）

図2･17　ミニ戸建て住宅
（大阪，2004年撮影）

上：建物外観，下：2階の共用の食堂．高齢者向けの各種生活サービスが提供されているほか，多様な共用施設が設けられている．

図 2･18 シニアマンション

（滋賀，2008年撮影）

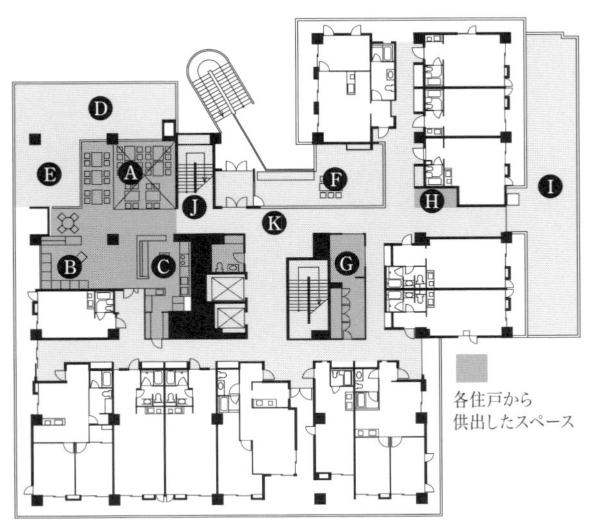

居住者による自主運営・自主管理の賃貸型コレクティブハウス．日常生活の一部を共同化するための共用空間（コモンルーム）をもつ．

Ⓐ コモンダイニング Ⓑ コモンリビング Ⓒ コモンキッチン
Ⓓ コモンテラス Ⓔ コモンデッキ Ⓕ 工作テラス Ⓖ ランドリー
Ⓗ キッズコーナー Ⓘ 菜園テラス Ⓙ 掲示板コーナー Ⓚ 廊下

図 2･19 かんかん森 2 階平面図 [16)]

用できるサービスの種類や量は大きく異なる．

住宅制度や政策動向は，そうした格差を縮めるだけでなく，拡大させることもあり，ライフスタイルの多様化を促進または阻害する．たとえば，低額所得層に供給される公営住宅には，所得要件のみならず，世帯構成や年齢等に関する入居要件があり，特定のライフスタイルを誘導している．また，利用できる公営住宅の立地や建て方には偏りがある．多様化するライフスタイルや時間の経過とともに変化する住要求に対応するためには，それらを柔軟に受けとめる住宅制度や支援の仕組みが求められる．

住まい手像の変化と新しい住み方

生活単位の個人化が進行するなか，三世代家族はもとより，夫婦と子どもから構成される核家族についても，全員が1つの住宅に同居して家庭生活を営むという住み方に変化が生じている．たとえば，単独世帯，夫婦のみ世帯などの小世帯が大幅に伸長している．住宅数が世帯数を大幅に上回る中で，家族と住宅との対応関係も変化しており，1家族が複数の住宅を適宜使い分けながら利用するなど，多様な住み方が出現している．

家族の情緒的な結びつきがこれまで以上に強まるとすれば，家族成員によるネットワーク居住という住み方も想定される．互いに適度な距離を保ちながら関係性を保つために，夫と妻や親と子が分散居住するという住み方である．職業上の理由による夫もしくは妻の単身赴任も含まれる．

一方で，家族が生活共同の場としての世帯を形成する必然性がさらに弱まるとすれば，血縁関係や婚姻関係にはない他者と住まいを共有するシェアハウスやグループリビング，住生活の一部を共同化する**コレクティブハウジング**†（図 2･19）など，居住の場を中心に構築される居住ネットワークに向かう人々も増えると予想される[15)]．こうした住まいや住み方は，家族生活のプライバシーの保護を最優先してきた従来の独立住宅とは異なる新しい居住モデルである．

Chapter 3 住まいの維持管理

3-1 住まいの寿命と維持管理

住まいの管理とは

住まいは生活を入れる器であり，家族が気持ちよく快適に生活できるように環境を整え，建物を長持ちさせるべく，毎日の管理をおこたらないことが必要である．管理には，清掃，改善・改修といった短い期間に繰り返し行われる行為の他，長い期間で考えると増改築なども含まれる．

住まいの寿命と長寿化の意義

人間と同じように住まいにも寿命があり，物理的寿命，社会的寿命，機能的寿命の3種類がある．

住宅の手入れや修繕を行うことによって，老朽化を防ぎ，長持ちさせることができる．これをメンテナンスという．初期性能とメンテナンスの関係は，図**3･1**のようであり，手を加えることにより，性能を回復させ，寿命を延ばすことができる．住宅は多くの材料を使ってつくられており，丈夫な材料であっても年月とともに傷んだり朽ちるため，定期的な点検と修理が必要である．寿命が短い材料は，他の部品に影響を与えずに取替えできるよう，計画時に配慮しておく．傷みが小さいうちに修理や改善を行うと，手間と時間が節約でき，経済的負担が少なくて済む．

傷みの原因と対策

日本は高温多湿な環境条件にあるので，住宅が傷みやすく，腐朽菌やシロアリが繁殖しやすい（図**3･2**）．とくに，湿気対策（図**3･3**）は重要であり，雨漏り，外壁のひび割れ，床下の通風・換気，土台回りの水はけ，庭の排水の点検を定期的に行うことが重要である．また，日常では浴室や台所に湿気がこもらないよう換気に気をつける．虫害の代表的なものはシロアリによる被害である．わが国の場合，ヤマトシロアリやイエシロアリが多い（**8-3**節参照）．床下の乾燥，日当たりに気を配ることのほかに，4～6月に羽アリに注意をし，見つけたら専門業者に相談し，床下に薬剤散布をしておくことも効果的である．

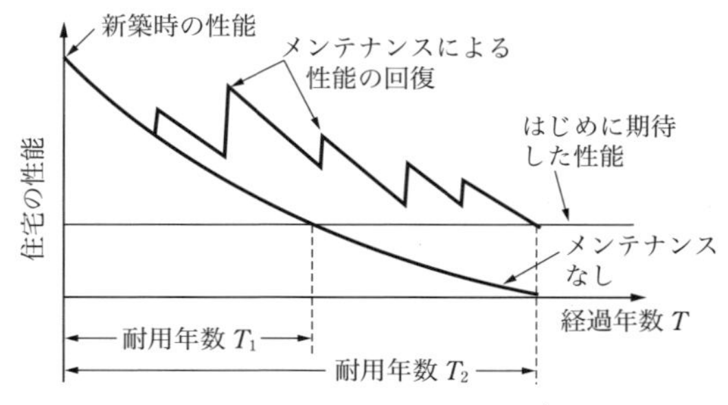

図 3･1 メンテナンスの効果 [1)]

表 3･1 住まいの周期点検

		点検整備	修理サイクル	取替えなど再生	チェックポイント
内装	床	1～2年 小傷補修	10年 小傷摩耗	20～30年	浮き・傷・はがれ，摩耗，きしみ
内装	壁		10年 浮き・張替え・塗替え		汚れ・カビ・浮き・傷・はがれ・結露（とくに北側注意）
内装	天井		5年 浮き・たわみ・はがれ	浴室・天井 10～15年	浴室・天井・下地（天井裏より点検）
浴室（左官壁・タイル壁）			1年	10年	タイル目地脱落・亀裂（浴槽と壁，壁と床接合目地にとくに注意）
台所・洗面所タイル壁			2年	15年	タイル目地脱落・亀裂 配管貫通部のすき間
玄関・勝手口・木部の床接触部			5年		木部の腐食
建具	間仕切	1年注油		金物 5～10年 パネル 10～20年	建付け・きしみ・蝶つがい・錠
建具	外仕切	S	5年		
屋根		1年 部分さび落し塗装 S	2～3年 くぎしめ 再塗装	瓦・銅板 30～40年 塗装鉄板 15年	瓦：ずれ・割れ・脱落 銅板：さび落とししない 塗装鉄板：傷
軒					内部結露・雨漏りによる内側からのさび発生 幕板の腐食 軒天井の浮き・たれ・亀裂・しみ
屋根裏			適時		北側屋根・下地の結露，雨漏り
雨どい		S	2～3年	10～20年	はずれ・曲がり・水勾配・支持金物の取付け，土・落葉づまり
外壁（左官）		S	1～3年	15年	亀裂・配管貫通部のすき間 金物の取付け部
土台 柱脚部		1～2年	3～5年	20～30年	浴室・台所・洗面所・洗濯所・便所などにとくに注意 腐食・さびの発生（外部，床下から点検）
床下部材		1～2年	5～10年	20～30年	腐食・さびの発生，とくに木部とコンクリート接触部
排水ためます					排水管接続部すき間・底コンクリート，土づまり
配水管		10年			沈下による水勾配・漏水
給水・湯管		10年		20～30年	漏水・断熱巻のゆるみ・脱落（凍結・結露・放熱防止）
ぬれ縁・ベランダ・外部手すり・門塀・さく	木部	1年 部分塗装 S	2～3年 再塗装	5～10年	腐食 さび・傷 取付け部
	塗装金属			10～20年	

Sは梅雨，台風・降雪シーズン前の時期．
国民生活センター：くらしの豆知識，1982年版

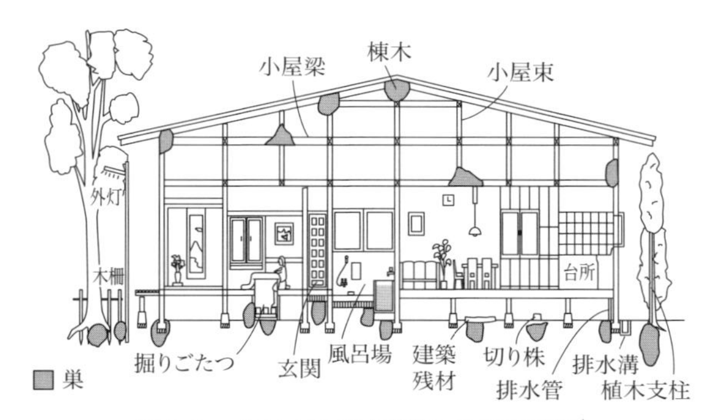

図 3·2　イエシロアリが営巣しやすい場所 2)

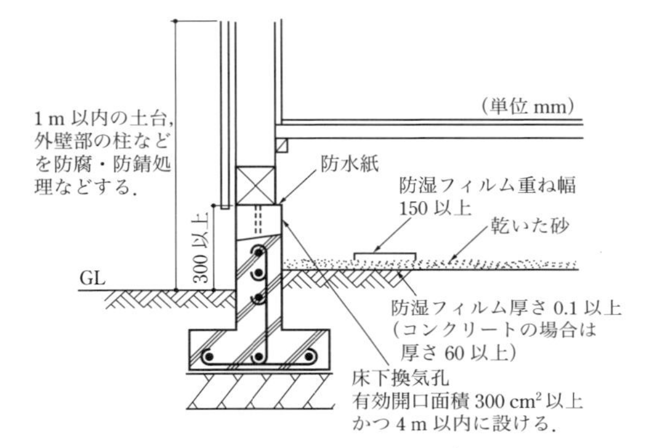

図 3·3　床下の湿気対策 3)

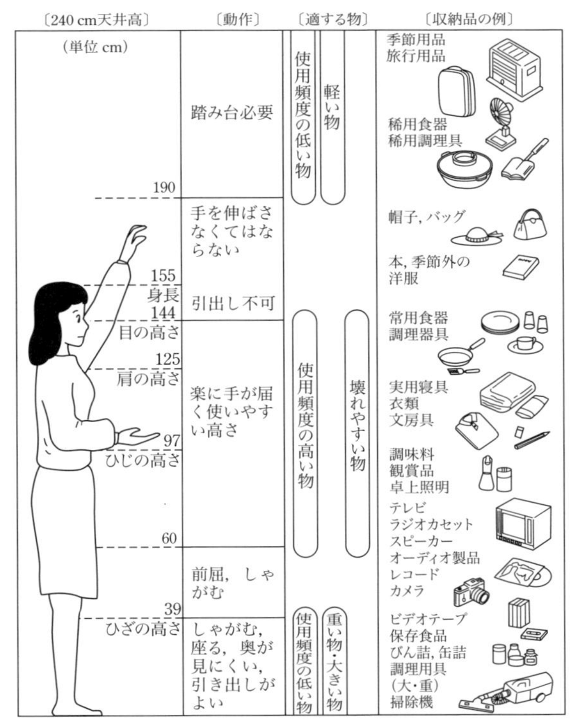

図 3·4　使いやすい高さと収納位置
(改訂新版 新感覚の収納インテリア，講談社，1995)

住まいの管理と修繕計画

表 **3·1** に住宅の点検・補修の目安の時期を示している．新築時から 2 〜 3 年の間は，ほとんど傷みに気づかないが，5 年を過ぎると目につくようになり，年数がたつほど維持管理に要する費用がかかるようになる．集合分譲住宅では，管理組合が修繕費用の積立てを行っているが，戸建住宅においても修繕計画を立て，計画的な準備をしておくことがのぞましい．

住まいの管理主体と管理能力

従来，住宅の管理や修繕は，大工などの専門家に任せることが多かった．しかし，昨今では，住宅メーカーなど住宅産業の手によって建築されることが増加してきたので，販売されてから後の管理は居住者自身が責任をもたねばならない状況になってきている．住宅の管理を適切に行い，快適・健康に住まうには，家族の協力が必要である．掃除や家事を分担し，みんなで住まいに関心をもつことが，管理の第一歩である．

生活財の増加と管理

私たちの暮らしは，何千という生活財によって支えられており，その質や量によって暮し方は異なる．それらの生活財は，かならずしも生活必需品とはかぎらず，あれば便利であるとか，いつか使うと考えて所有している品物も数多くある．たしかに，他人には価値のないものであっても自分には大切な宝物であったりする．しかし，収納空間には限りがあり，また，多くの物を所有していると，本当に必要な物がみつかりにくいことにもなりかねない．図 **3·4** に使いやすい収納の例を示す．

ライフスタイルの表現としての持ち物

各家庭の生活財の保有方法や保有量は，家族構成，住宅条件，生活水準，家族の価値観に応じてさまざまであるが，何をわが家では重要と考えて所有するのか，また空間全体の大きさとその中で所有できるものの量を考えて，コントロールしていく必要がある．

3-2 家計と住居費

家計の中の住居費

住生活を営むために必要な費用を住居費と呼ぶ．その内訳を考えると，持ち家・借家という所有関係によって異なる．借家は家賃・地代と修繕・維持費，家具代がおもな支出であり，持ち家では土地家屋取得費，ローンの支払い，修繕・維持費のほか固定資産税などの税金が支出される．分譲マンションの場合は，さらに管理費と修繕積立金を含む共用部分の維持管理費が必要である（表3･2）．

住居費負担の現状

賃貸住宅では，公営住宅や公団・公社といった公的借家，および給与住宅・社宅の家賃が低めで安定しているのに比べ，民間借家は全体に高い．

それは，民間借家と他の借家との家賃の算定方法が異なるからである．家賃は，立地と建物の構造（木造か非木造か），設備（専用か共用か）の状態によって著しく異なっている．同じ関東圏，近畿圏であっても中心部からの距離や鉄道の路線によっても変わり，市場経済の中で決まる．

一方，公営住宅は市場だけでは決められない．公営住宅の家賃は原価主義を基本としており，賃貸住宅を適正に維持管理していくための費用を計算して家賃算定をしている．その内訳は，建設費用，修繕費，管理事務費，地代相当額，公租公課などである．そのため，図3･5に示すように他の借家タイプと比較しても極めて低額であり，地域による差もほとんど見られない．

住居の購入に係る負担金

住居を購入するのに，多くの勤労者世帯では貯蓄だけではまかなえず，住宅ローンを借りている．その金額をグラフにしたものが図3･6である．

全国平均では年収の1.7倍，近畿圏では年収の約2倍の貯蓄を蓄えているが，年収とほぼ同じ額の負債を抱えており，その多くは住宅・土地に係る負債であることがわかる．

表3･2　家計支出における住居費および住居関連費

<table>
<tr><th colspan="3" rowspan="2">支出費目</th><th rowspan="2">借家</th><th colspan="2">持ち家</th></tr>
<tr><th>一戸建て</th><th>共同建て（マンション）</th></tr>
<tr><td rowspan="7">実支出</td><td rowspan="6">消費支出</td><td rowspan="3">住居費</td><td>家賃・地代（謝礼金，仲介料，維持管理費，共益費を含む）</td><td colspan="2">—</td></tr>
<tr><td colspan="3">設備修繕・維持費
設備材料，工事その他のサービス，火災保険料</td></tr>
<tr><td colspan="2">—</td><td>修繕積立金</td></tr>
<tr><td>光熱・水道代</td><td colspan="3">電気代，ガス代，その他の光熱費，水道料</td></tr>
<tr><td>家具・家事用品</td><td colspan="3">家庭用耐久財，室内装備品，寝具類，家事雑貨，家事用消耗品，家事サービス</td></tr>
<tr><td>その他の消費支出</td><td colspan="2">—</td><td>住宅管理組合費</td></tr>
<tr><td>非消費支出</td><td>税金</td><td>—</td><td colspan="2">都市計画税，固定資産税</td></tr>
<tr><td colspan="2" rowspan="4">実支出以外の支出</td><td>貯金</td><td>住宅購入・新築準備金</td><td colspan="2">住宅維持・買い替え準備金</td></tr>
<tr><td>土地家屋借金返済</td><td>—</td><td colspan="2">土地家屋借金返済</td></tr>
<tr><td>財産購入</td><td>—</td><td colspan="2">土地家屋の購入，新築，増改築</td></tr>
<tr><td>その他</td><td>敷金（保証金）</td><td colspan="2">—</td></tr>
</table>

総理府："家計調査" 収支項目分類表より．

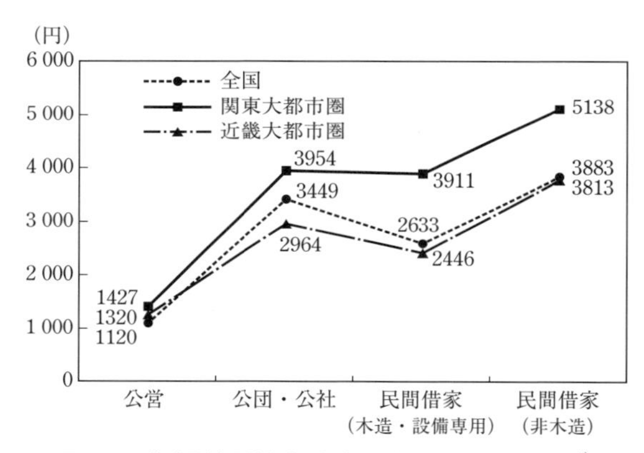

図3･5　住宅所有関係別・都市圏別1畳当たりの家賃[4)]

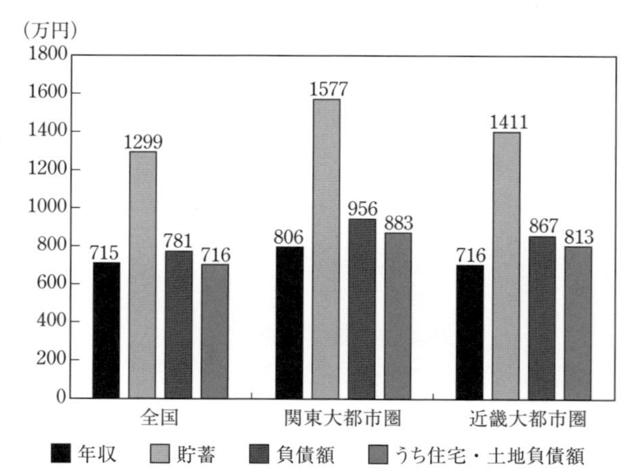

図3･6　都市圏別にみる勤労者世帯の平均年収・貯蓄額・負債額[5)]

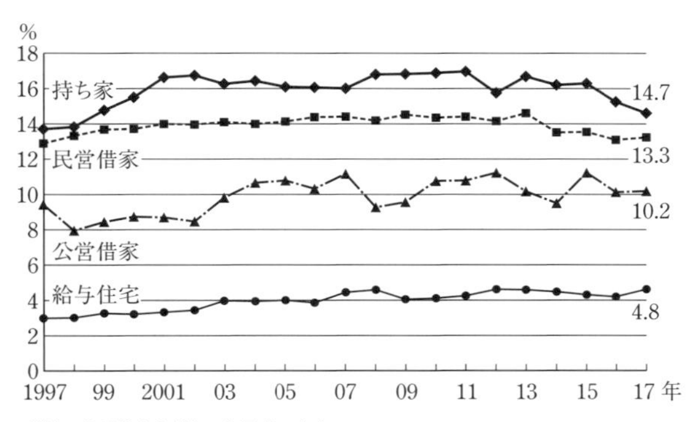

〔注〕 住居費支出割合＝住居費 / 実収入
持ち家の住居費は，住宅ローン返済世帯における土地家屋に係る借入金の返済である．
民営借家，公営借家，給与住宅の住居費は，家賃・地代である．
（資料）「家計調査」（総務省）より作成

図 3･7　住宅の所有関係別住居費支出割合の推移

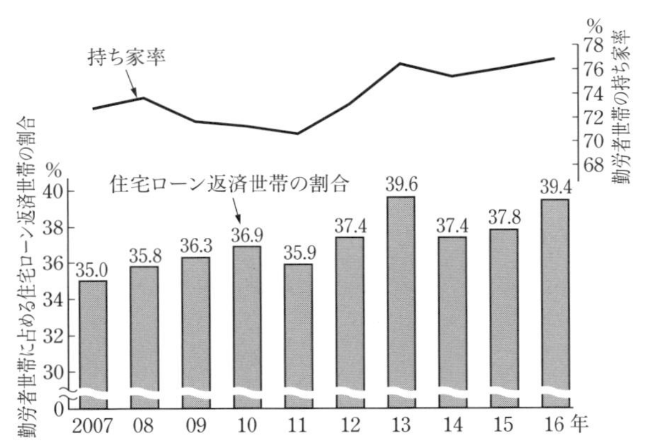

図 3･8　住宅ローン返済世帯の割合および持ち家率の推移

表 3･3　世帯主の年齢による住宅ローン返済額の違い

世代間の比較	20 歳代	50 歳代
ローン返済額	71776 円	99126 円
世帯収入	444155 円	689788 円
返済負担率	16.2%	14.4%

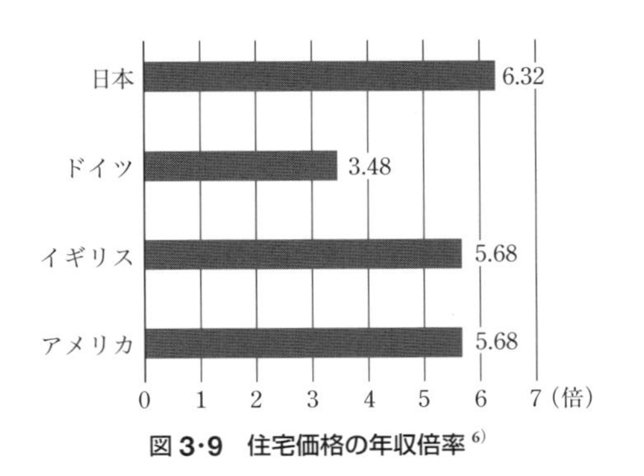

図 3･9　住宅価格の年収倍率 [6)]

住居費の負担

住居費の負担は，持ち家と民間借家の負担率は，ほぼ 13 ～ 14% と同率で，収入の格差を考えると，とくに民間借家世帯に，その負担割合が大きいことがわかる．公営住宅世帯は 10% 前後，給与住宅世帯は 5% と低く抑えられている（図 **3･7**）．

住宅ローンのある世帯の家計

住宅ローン返済のある世帯の割合は，持ち家率の上昇もあり，39.4%（2016 年）となっている（図 **3･8**）．世帯主の年齢別にみると，40 歳代までは年齢が高くなるに従って上昇している．50 歳以上になると，持ち家率は 80% 台で概ね一定しているのに対し，住宅ローンのある世帯の割合は低くなっている．

住宅ローンの返済額および返済割合

住宅ローン返済額の平均は，1 世帯当たり 1 か月平均 90,723 円（2017 年）である．可処分所得に対する住宅ローンの返済額を 20 歳代と 50 歳代で比較をしてみる．返済額は 20 歳代が 7 万円強で低いが，世帯収入は 50 歳代の方が多い．そこで，返済負担割合をみると 50 歳代の方が家計に占める割合は少なくなっている．可処分所得の少ない若い世帯では，収入に占める住宅ローン返済額を考えてローンを組むことが重要である（表 **3･3**）．

住宅価格の国際比較

住宅取得のしやすさをはかる指標のひとつとして，年収倍率（住宅価格/年収）がある．日本においては，40 歳代前半の平均勤労者世帯が住宅をもてる範囲は，年収の 5 倍程度といわれている．しかし，近年における地価や住宅価格の高騰は，大都市やその周辺での住宅取得を困難なものにしている．住宅価格の国際比較をしてみると，日本では 6.32 倍と高い（図 **3･9**）．アメリカ，イギリスでは 5.68 倍，ドイツは 3.48 倍である．調査年によって変動があるので，単純な比較は難しいが，数年にわたって比較をしてみても日本の倍率は高い傾向にある．このことは，若年世帯の持ち家取得の意欲にも影響を与えると考えられる．

3-3 集合住宅の管理

集合住宅の共同管理とその困難性

集合住宅とは，一棟の建物の中が壁や床によっていくつもの区分に区切られ，それぞれが独立した住戸となっている住宅のことである．これらの住宅は大都市部の土地の有効利用を図ることを目的に建設されてきており，その供給量は年々増加し，今や全住宅供給量の約3割を占めるまでになっている．

集合住宅の建物の中には，専有部分と共用部分という区分がある．専有部分は特定の居住者が専用に使う居室の部分であり，共用部分は，壁や床，屋根などの構造部分や設備，施設などである．この共用部分があることにより，住宅管理を居住者による共同管理で行う必要が生じている（図3･10）．

住宅管理には，四つの側面がある（表3･4）．まず，維持管理（メンテナンス）である．建物の性能を維持していくために必要な行為である．自動車でいえば法定点検のような技術的な管理行為である．二つ目に運営管理（マネージメント）がある．集合住宅の管理方針を決める頭脳的な行為であり，管理方針の決定，管理費用の徴収と予算決定などの行為である．三つ目に経営管理である．賃貸集合住宅の居住者の募集・決定，退居の手続き，家賃の徴収などの営業的仕事である．最後に生活管理がある．複数の世帯が一つの建物で共同生活を営むことから発生するトラブルや生活習慣，人間関係の調整，またコミュニティの形成が必要となる．

維持管理と修繕計画

集合住宅をつくっている材料や設備は，それぞれに異なった耐用年数をもっている．この耐用年数を知って，適切な時期に手入れをしてやれば長持ちをするが，その一方，手入れの時期を間違えると早々と傷みがくる．維持管理の体系は，大きく分けると保守・点検と修繕に分けて考えること

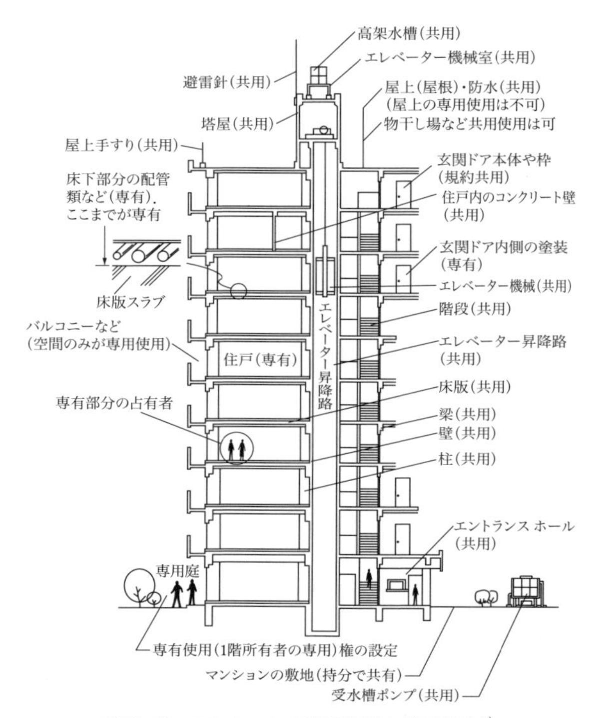

図3･10 マンションの専有部分と共用部分 [7)]

表3･4 集合住宅管理の内容

維持管理（メンテナンス）	建物の共用部分や共用施設などの故障，老朽化を防ぐための清掃，保守，点検，修繕の行為
運営管理（マネージメント）	管理方針の決定，費用の徴収と支出，居住者組織の役員の会合開催，生活ルールづくりなど管理のかじ取り行為
経営管理	入居者の募集・決定や家賃の決定・徴収などの行為
生活管理	トラブルを防ぎ，良好な近隣関係をつくり，豊かなコミュニティ活動の展開と人間関係の調整を図る行為

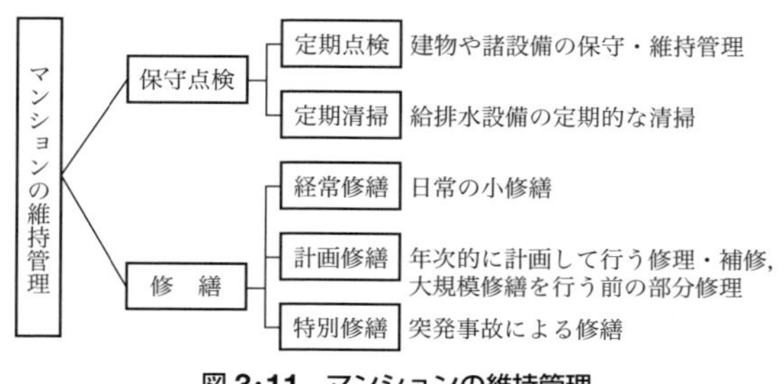

図3･11 マンションの維持管理

表 3·5　大規模修繕の項目と周期（単位：年）

区分		項　目	周期	区分		項　目	周期
建築	塗装・外壁	鋼製手すり塗替え	3	機械設備	汚水	汚水ポンプ修理	3
		鋼製建具塗替え	6			汚水処理等・機械装置修理	5
		鋼製玄関扉塗替え	6			台所配水管取替え	15
		外壁塗替え（モルタル）	10			浴室・洗面所配水管取替え	30
		外壁タイル修繕	10			屋内汚水管取替え	36
	防水	PC 外壁目地防水取替え	7		ガス	屋外ガス管取替え	20
		PC 外壁目地防水取替え	10			屋内ガス管取替え	36
		バルコニー床防水層取替え	10		消火・警報	消火ポンプ取替え	5
		PC 屋根防水取替え	10			消火器取替え	10
		屋根露出防水層取替え	12			屋内消火栓・配管取替え	30
		屋根断熱防水層取替え	20			警報設備取替え	25
	その他	鉄製ノンスリップ取替え	15	電気設備	屋内	蓄電池取替え	5
		集合郵便受箱取替え	20			テレビアンテナ取替え	6
		鋼製建具取替え	30			共用灯，外灯取替え	10
	集会所	集会所たたみ取替え	3			各戸分電盤取替え	15
		集会所ふすま紙取替え	3			屋内電気配線取替え	20
		集会所内壁塗装	5			開閉機取替え	25
		集会所外壁塗替え	10		屋外	屋外電気配線取替え	10
機械設備	給水	鋼製水槽外面塗替え	3			制御盤取替え	16
		鋼製水槽内面塗替え	6	土木・造園		遊技施設修繕	15
		吸水ポンプ修理	5			道路外渠修繕	20
		各戸量水器修理	8			屋外汚水管取替え	24
		壁内給排水管取替え	15			屋外雨水管取替え	30
		壁内給排水取替え	20				

〔**注**〕 団地型中層アパートを対象としている．
日本総合住生活マンション相談センター（編）：マンションの修繕計画 作り方の実際（改訂新版），日本総合住生活，1997

表 3·6　マンション管理に関するトラブルの例

生活 ・管理規則，使用細目 ・騒音 ・共用部分の使用，清掃 ・モラル ・非居住利用	・小鳥，犬，猫を飼う ・ベランダに干物 ・ごみの処理 ・ピアノ，ステレオ，テレビの音 ・上，下階の生活音 ・上階からの物の落下 ・毎月の清掃，庭の手入れに，当番になっても出てこない人がいる ・勤め人は毎月の清掃にこまる ・共有地の駐車場の分譲，使用権の分譲，賃貸方法への不満と転売者の問題 ・転売者がふえ，入居者の質が低下
運営（費用） ・社宅，借家化 ・管理費，修繕積立金 ・管理組合 ・管理業務，管理人	・借家の場合，連絡に時間を要し，不十分 ・駐車場が分譲，管理組合の収入とならず，管理費が高くつく ・居住者の移動が半数あり，今後の管理組合のあり方に不安 ・何事も全員の同意がないと管理水準をあげられないのがこまる ・管理会社のサービスがわるく，会計なども不明確 ・管理人の権限を，もっと住人主体に ・管理人が一定していない
維持・修繕計画	・年数がたつにつれ，大きな故障が起こり，その修繕がスムーズにいかない ・修繕などについて借家人と足並がそろわない ・下水とか給湯タンクが定期的に掃除されない ・住宅の仕様中に一般に販売されていないものがあり，取替えにこまった ・分譲会社のアフターケアがわるい
防災・防犯	・非常時が心配 ・ベランダづたいに泥棒がはいってきた ・外来者の飛下り自殺 ・自動車，自転車へのいたずら ・屋上の物干しのいたずら ・エレベーター内でのいたずら ・裏のほうに外灯がない ・郵便物の盗難

梶浦恒男（編）：マンション管理を問う，都市文化社，1983

ができる（図 **3·11**）．

大規模修繕工事

大規模な修繕工事については，実施時期と工事費用を明確に示した長期修繕計画を作成しておくことが必要で，それによって資金の準備もあらかじめ，めどを立てることができる．表 **3·5** に大規模修繕のおもな項目をあげたが，いくつかの工事が重なる時期のあることがわかる．一度に多くの工事が重ならないよう配慮が求められる．

工事を進めていくうえで大切なことは，居住者一人ひとりに納得をして，積極的に協力をしてもらうことである．たとえば，工事には多額の費用を要するが，この点については居住者の合意形成が欠かせない．また，居住しながらの工事であることから，生活上の不都合や事故などが生じないよう，居住者の理解を得ることが必要である．また，管理組合の中に専門委員会組織をつくり，中心になって工事を進めていくことが望ましい．

住み方と共同生活のルール

集合住宅には，多くの居住者が住んでおり摩擦が起きやすいことから，さまざまな管理問題が生じやすい（表 **3·6**）．また，住宅の構造上，上下左右の住戸の物音や気配が伝わりやすいという物理的な面もある．トラブルになりやすいのは，生活騒音，駐車場の問題，ペットの害，水漏れ，子供のいたずら，などである．

トラブルの解決方法を考えると，いくつかの方法がある．一つは，危険行為や迷惑行為などの徹底した禁止である．二つ目には技術的な対処がある．三番目に利用の制限，四つ目にしつけや指導を行うことである．五番目の方法は，人間関係上の工夫である．これらの近隣生活上の問題に対応する一つとして，生活ルールを定める方法がある．一般的には，“住まいのしおり”や“生活ガイドブック”と呼ばれ，冊子の形になっていることが多い．諸外国の事例では，ルールをこまかく設定し，違反者には罰金を科すなどのきびしい措置を講じているところもある．

3-4 居住地の管理

住み手による居住地管理の取組み

人びとが生活している場所，地域で個人や家族の生活が営まれるのが住居であり，住居が集まって一つの地域をつくる，それが居住地である．

WHO は健康な生活環境の基本的な目標として，① 安全性，② 保健性，③ 能率性，④ 快適性，⑤ 持続性を上げている．わが国では，第 8 期住宅建設 5 カ年計画（2001 ～ 2005 年度）で，地域に応じた良好な住環境のために，① 安全性，② 利便性，③ 快適性，④ 持続性についての指標を定めている（表 **3･7**）．

居住地を構成するものには物的なもの（ハード面）と非物的なもの（ソフト面）がある．ハードなものとしては，住宅・道路・公園・集会所・商店・学校や病院など多くのものがある．ソフトとしては，それぞれの自治体での条例や，各地域でのしきたりや約束事，ルールなどがある．また，人間関係やコミュニティ形成，社会形成に役立つ集団，つまり自治会や子供会活動なども含まれる．

居住地管理・まちづくりへの参加

戸建て住宅地の居住者が，もっとも多く問題だと感じているのは，ごみの出し方や路上駐車，ペットの飼育，地域の共有物の管理などの生活管理上の問題である．

生活管理の問題は，それぞれの居住者が意識的に取り組むことが重要である．しかし，地域によっては新規の住宅地開発などにより，従来から居住している住民と新しい住民とが入り混じって住んでいる地域もあることから，“皆がわかっている問題”として片付けるのでなく，つねに皆の意識に上るよう，継続的に働きかけ続ける取組みが重要である．

図 **3･13** は，住民参加のまちづくり活動の過程で作成されたマップである．住民自身が感じている街の改善希望ポイントを地図上に表現すること

表 3･7 住環境水準の指標（第 8 期住宅建設 5 カ年計画）

項目		指標（共通指標，選択指標の別）
① 安全性	地震，大規模な火災に対する安全性	（共通指標） 住宅の密度または狭小敷地の割合，倒壊危険性の高い住宅の割合，耐火に関する性能が低い住宅の割合，幅 4 m 以上の道路などに適切に接していない敷地の割合，および消防活動が困難な敷地の割合
	自然災害に対する安全性	津波，高潮，出水，がけの崩壊，土石流などの危険性のある区域の有無
	日常生活の安全性	道路から住棟内に至るまで安全に移動できるよう配慮された道路を有する共同住宅の割合
	公害の防止	騒音，大気汚染などに関する環境基準に適合しない区域の有無ならびに振動および悪習に関する規制基準などに適合しない事業場などの有無
② 利便性	交通機関の利便性	（共通指標） 最寄りの公共交通機関（鉄道駅，バス停）までの距離
	生活関連施設などの利便性	〈選択指標〉 1. 教育，医療，福祉，購買などの生活関連施設までの平坦距離 2. 健康・文化施設，交流・余暇施設までの平均距離
③ 快適性	自然環境に関する快適性	（共通指標） 地区面積に対する緑に覆われた面積の比率
	市街地の空間のゆとりに関する快適性	〈選択指標〉 1. 人口 1 人当りの空地面積 2. 建築物の延べ面積に対する空地面積の比率 3. 有効空地率
	美観的快適性	1. 風雅地区，建築協定，地区計画など美観の形成，保全を目的とした区域の指定比率 2. 建築物の壁面の位置，高さ，その他の建築物などの形態もしくは意匠，または垣もしくはさくの構造の統一性
④ 持続性	良好なコミュニティーおよび市街地の持続性	〈選択指標〉 1. 幅員 4 m 以上の道路などに適切に接していない敷地の割合 2. 狭小敷地の場合 3. 世帯規模と住宅規模の適合比率
	環境への負荷の低減の持続性	1. 地区面積に対する雨水の浸透性のある地盤面積の比率 2. 地区面積に対する緑に覆われた面積の比率

国土交通省 HP より

東山・白川まちづくり憲章

東山の麓，白川の清流を前にしたのわたくし達の町．川沿いの柳並木と調和したたたずまい．蛍が飛び交い，鴨や白鷺が水面であそぶ大都会の中の小さな自然，幾多の故人の足跡が偲ばれる石畳の橋．長い歴史の中で培われた，人情こまやかな庶民の町．私たちは東山と白川，そしてこの町に限りない愛着をいだき，親から受け継いだこの恵まれた景観の保存とよりよいまちづくりのために力を合わせつとめてきました．そして，これを子どもたちに残すためにこれからも努力していく決意です．

高層マンション乱立の昨今にあっても4階以上のマンションはつくらせないという不文律を町の誇りとして守りつづけてきました．

わたし達は長い年月にわたって守りつづけてきたこの環境を破壊したり，社会生活の秩序や伝統を乱したりするようなこととしないために，そしてさせないために「東山・白川まちづくり憲章」を定め，今後一層協力しあって，よりよいまちづくりと環境の保存につとめるとともに，私たちの生活と暮らしを守りつづけていきます．

憲章

一，豊かな環境を守り育てることは私たちのつとめと権利です．
一，地域の環境を破壊する4階建て以上の高層マンション建設は認めません．
一，自然を守り恵まれた環境の保存につとめます．
一，社会生活の秩序とルールを尊重して相互の連帯と協調のもとに暮らしと生活を守ります．

昭和六十三年六月十一日

堤町　町内総会
東山・白川のまちなみを守る会

図 3･12 京都“東山・白川のまちづくり憲章”（抜すい）[8]

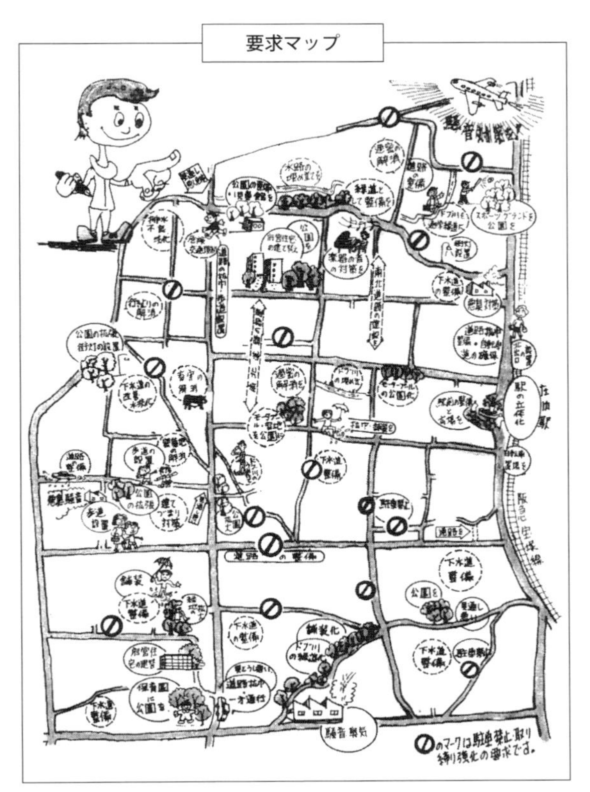

図 3･13　庄内のまちづくり参加
（COM 計画研究所：豊中市庄内北地区整備計画，1983 年）

表 3･8　笹屋町の地区計画案

<table>
<tr><td colspan="3">名　称</td><td>中京魅屋町通笹屋町地区計画</td></tr>
<tr><td colspan="3">位　置</td><td>京都市中京区魅屋町通竹屋町下る笹屋町</td></tr>
<tr><td colspan="3">面　積</td><td>約 0.8 ha</td></tr>
<tr><td rowspan="4">区域の整備・開発及び保全の方針</td><td colspan="2">地区計画の目標</td><td>当地区は，御所の緑が望見できる魅屋町通に面し，家具商が並ぶ夷川通を南の境とする町で，職と住が共存する落ち着いた市街地を形成している．
今後とも，この職と住が共存し，各世代がともに生活できる快適なまちづくりを進めるため，地区計画を決定する．</td></tr>
<tr><td colspan="2">土地利用の方針</td><td>子供から老人までの各世代がともに定住できる住商混在型の中層の市街地形成を図る．</td></tr>
<tr><td colspan="2">地区施設の整備方針</td><td>—</td></tr>
<tr><td colspan="2">建築物等の整備方針</td><td>定住環境の整備を図るとともに，当地区の落ち着いたまちなみを保全するために，建築物の用途および高さについて必要な規制・誘導を行う．</td></tr>
<tr><td rowspan="2">地区整備計画</td><td rowspan="2">建築物等に関する事項</td><td>建築物の用途の制限</td><td>次の各号に掲げる建築物は，建築してはならない．
1. 地上階数が 3 以上の寄宿舎又は下宿
2. 住居戸数のうち，住居専用面積（バルコニーに係るものを除く．）が 39 m² 以上のものが 3 分の 2 未満である共同住宅．
3. 劇場，映画館，演芸又は観覧場
4. 待合，料理店，キャバレー，舞踏場その他これらに類するもの
5. 個室付浴場業に係る公衆浴場</td></tr>
<tr><td>建築物の高さの最高限度</td><td>建築物の高さは 15 m（商業地域内にあっては，20 m）以下とする．</td></tr>
</table>

榎田基明ほか：住まいづくり・まちづくりの仕事，昭和堂，1999

で，問題点を皆で共有できる．

居住地管理のルールづくり

現在，緑がゆたかで，ゆったりした住宅地でも，これから建替えや増築などにより居住地の環境が悪化していく事態が生じるかもしれない．そこで，現在の良好な環境を維持・向上していくためのルールが必要になる．逆に過密化が進んでいる地域では，日照不足，通風の悪さ，空地不足の問題を解消していくための手立てが必要になる．

このような居住地管理を進めていくためのルールに，建築協定，地区計画，緑化協定，まちづくり協定などがある．

建築協定　建築基準法†にもとづくルールで，土地の所有者や借地権者などが全員賛同することにより，土地の利用，敷地規模，建築物の用途，形態，構造，意匠，設備などに関するルールをつくり，お互い守ることを約束するものである．

地区計画　都市計画法†と建築基準法によって決められているルールで，居住者が話し合って，土地の用途，形状，敷地の最低規模などのほかに，公共用地（道路や公園･緑地など）の位置や広さをあらかじめ定めておき，その運用を行政が行うものである（表 **3･8**）．

緑化協定　都市緑地保全法†によって決められているルールで土地の所有者や借地権者などの居住者が全員賛同した場合に，樹木の種類，植える場所などのルールをつくり，お互いに守ることを約束するものである．

まちづくり憲章　法律にはもとづかないが，居住者間で申し合わせるルールや憲章がある．ハードな面でのルールばかりでなく，住み方，生活の仕方などソフトな面でのルールについても定めることができる．図 **3･12** に示すのは，京都市東山・白川のまちづくり憲章（抜すい）である．京都らしい景観の良さをマンション建設などで崩されないよう，住民たちが自主的に定めたルールである．居住者自らが，自分たちの住む町をより良くしようと定めるルールづくりの取組みである．

Chapter 4 住生活のための人間工学

4-1 人体寸法と単位空間

日本人の体型

日本人の体型・体格は，時代とともに変化している．これは，摂取する食事が変化したことなどによるもので，50年前と比較すると，日本人の身長・体重は，男女ともに増加傾向にあることがわかる（図4･1，図4･2）．男性に比べて女性の体重変化が小さいのは，おそらく意図的にコントロールし体重の増加を抑えたことによると考えられる．

衣服や家具，乗物などの設計に必要となる標準的な人体寸法を把握することを目的として，人体寸法の計測が全国的に行われている．第1回目は，1966～67年に4～29歳の男女約32000人を対象として行われ，これに1971～72年に補足測定された25～65歳の男女約9000人のデータを追加し，延べ41000人分のデータにより人体寸法の統計値が示された．第2回目は，約10年後の1978～81年に，0～69歳の男女約46000人を対象として行われた．これらの測定結果の比較により，思春期における男女の体格が，ひとまわり大きくなっていることなどが明らかとなった．

第3回目は，1992～94年にかけて，6～97歳の男女約34000人を対象として，人体寸法の計測が行われた．手計測だけでなくレーザー光測定により計測が行われたため，178項目の人体寸法のデータベース（図4･3）や，人体形状の三次元座標データとしてまとめられた．このデータを，性別・年齢別にみると，11～12歳ころにおいては，女子の方が男子よりも，第二次成長期が早期に訪れるために，人体寸法が大きいのに対し，13歳以降になると，男子の方が女子よりも大きくなることがわかる（図4･4）．

体型・体格指数

“やせている”，“太っている”などの体型・体格をあらわす代表的な指数として，BMI（body mass index）がある．BMIは，身長と体重から求めることができ，BMI = 体重(kg) ÷ 身長$(m)^2$で計

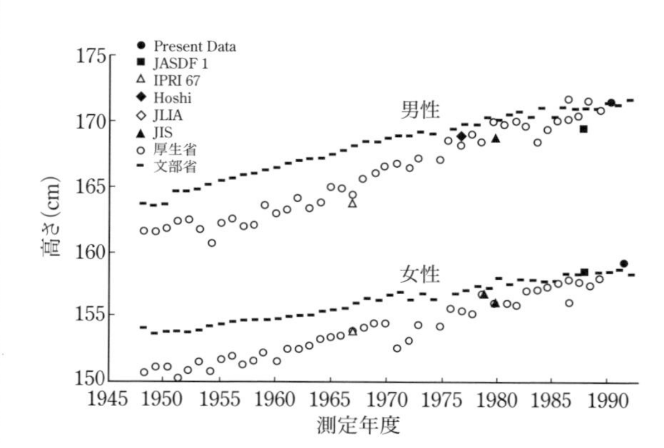

図4･1　日本における身長の時代変化[1)]

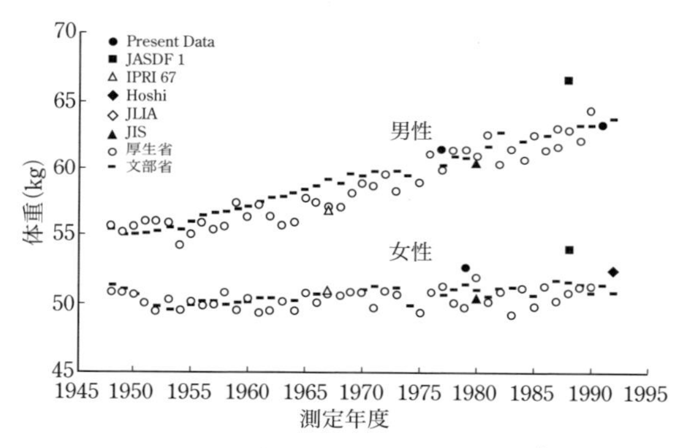

図4･2　日本における体重の時代変化[1)]

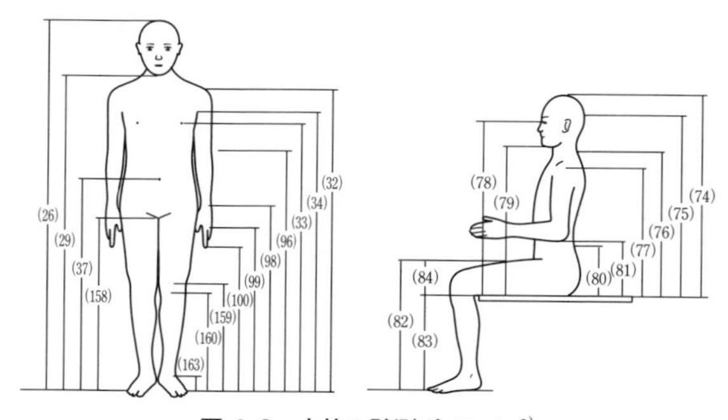

図4･3　人体の計測ポイント[2)]

表 4·1　BMI 換算表

身長（cm）＼体重（kg）	34	36	38	40	42	44	46	48	50	52	54	56	58	60	62	64	66	68	70	72	74	76	78	80
140	17	18	19	20	21	22	23	24	26	27	28	29	30	31	32	33	34	35	36	37	38	39	40	41
142	17	18	19	20	21	22	23	24	25	26	27	28	29	30	31	32	33	34	35	36	37	38	39	40
144	16	17	18	19	20	21	22	23	24	25	26	27	28	29	30	31	32	33	34	35	36	37	38	39
146	16	17	18	19	20	21	22	23	23	24	25	26	27	28	29	30	31	32	33	34	35	36	37	38
148	15	16	17	18	19	20	21	22	23	24	25	26	26	27	28	29	30	31	32	33	34	35	36	37
150	15	16	17	18	19	20	20	21	22	23	24	25	26	27	28	28	29	30	31	32	33	34	35	36
152	15	16	16	17	18	19	20	21	22	23	23	24	26	26	27	28	29	29	30	31	32	33	34	36
154	14	15	16	17	18	19	19	20	21	22	23	24	24	26	26	27	28	29	30	30	31	32	33	34
156	14	15	16	16	17	18	19	20	21	21	22	23	24	26	26	26	27	28	30	30	30	31	32	33
158	14	14	15	16	17	18	18	19	20	21	22	22	23	24	26	26	26	27	28	30	30	30	31	32
160	13	14	15	16	16	17	18	19	20	20	21	22	23	23	24	25	26	27	27	28	29	30	30	31
162	13	14	14	15	16	17	18	18	19	20	21	21	22	23	24	24	25	26	27	27	28	29	30	30
164	13	13	14	15	16	16	17	18	19	19	20	21	22	22	23	24	25	25	26	27	28	28	29	30
166	12	13	14	15	16	16	17	18	19	19	20	21	22	22	22	23	24	25	25	26	27	28	28	29
168	12	13	13	14	15	16	16	17	18	18	19	20	21	21	22	23	23	24	25	25	26	27	28	28
170	12	12	13	14	15	16	16	17	17	18	19	19	20	21	21	22	23	24	24	25	26	26	27	28
172	11	12	13	14	14	15	16	16	17	18	18	19	20	20	21	22	22	23	24	24	25	26	26	27
174	11	12	13	13	14	15	15	16	17	17	18	18	19	20	20	21	22	22	23	24	24	25	26	26
176	11	12	12	13	14	14	15	15	16	17	17	18	19	19	20	21	21	22	23	23	24	25	26	26
178	11	11	12	13	13	14	15	15	16	16	17	18	18	19	20	20	21	21	22	23	23	24	25	26
180	10	11	12	12	13	14	14	15	15	16	17	17	18	19	19	20	20	21	22	22	23	23	24	25

※白色部が，身長と体重との組合わせが適切である値

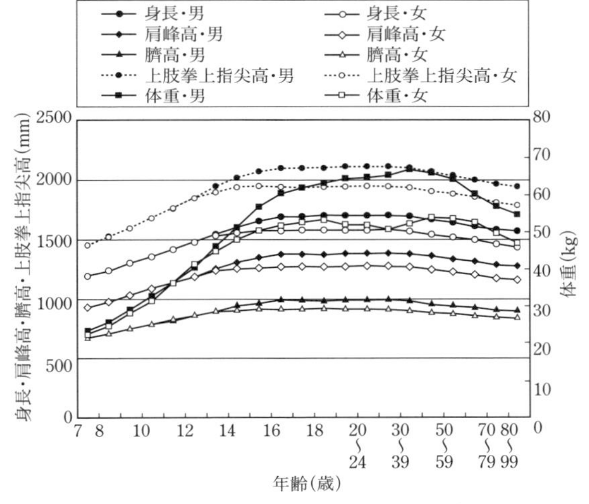

図 4·4　加齢による人体寸法の変化 [2)]

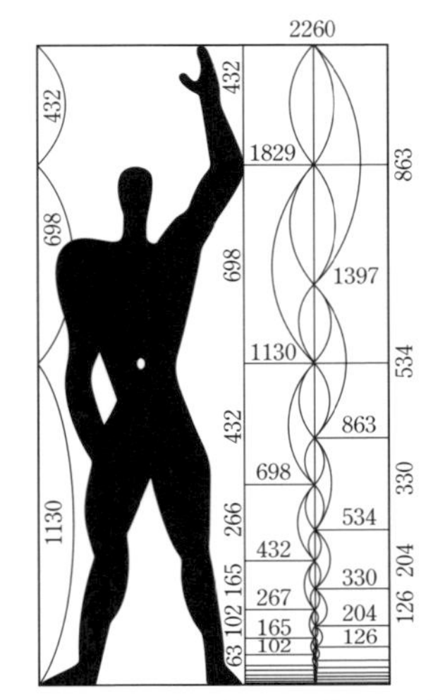

図 4·5　コルビュジェのモジュロール [3)]

算される．標準的な BMI 値は，20 ～ 24 であるとされ，この範囲であれば，病気にかかりにくく健康的な体型・体格であるといえる（表 **4·1**）．この値より小さいと体力の低減や免疫機能の低下などがみられ病気にかかりやすく，この値より大きいと糖尿病などの肥満と関係が深い病気にかかりやすくなるといわれている．そのため，美しいプロポーションを保つこと以上に，適切な体重を維持することのほうが重要であるといえる．

単位空間

古来の計測単位は，人体寸法を基準として普及してきた．古代エジプトでは，指の先からひじまでの長さを 1 キュービットとして用いていた．また，欧米で使用されているフィートは，日本の尺にほぼ相当（1 尺＝ 0.99 フィート）し，1 フィートは一足の長さを基準としている．3 フィートは 1 ヤードであり，1 ヤードの幅があれば，人一人が通ることができるため，これが路地幅を示す単位とされている．

日本古来の計測単位である尺貫法においては，3 尺× 6 尺が畳 1 畳であり，“立って半畳，寝て一畳” といわれ，これが人一人の行動における最小単位とされた．また，6 尺 ＝ 1 間で，部屋の間口の大きさを示し，1 間 × 1 間が 1 坪となる．このように長さや広さについて，人体寸法をもととした単位系を用いて表現することで，空間の大きさを容易に把握することができる．

国際的な計測単位の体系であるメートル法が一般に普及した現代においても，設計の現場では習慣的に，**尺貫法**†やそれに類するものが使われることが多く，建築材料も，伝統的寸法体系により規格化されていることが多い．

このような身体の各部位の長さを規準とした尺度体系として，コルビュジェのモジュロールが世界的に有名である（図 **4·5**）．このモジュールは，西洋でもっともバランスがとれて美しい比率とされている**黄金比**†も内在し，比率の重要性を示している．

4-2 行為空間と姿勢

動作寸法と動作空間

私たちが日常生活する空間を把握するときは，無意識に自らの身体と家具などの大きさを比較して，最適な空間かどうか判断していると考えられる．また，人間は動くものであり，空間の中でいろいろな姿勢をとったり，行動したりするため，静的な人体寸法だけでなく，人体動作についても考慮する必要がある．人体寸法をもとに，手足の動作を加えた空間の大きさを動作寸法といい，これに家具などの物の寸法と，ゆとりの寸法を加えた空間の大きさを動作空間という．また，複数の人間の動作が同時に行われる場合に必要となる空間を複合動作空間という（図 **4·6** ～図 **4·8**）.

起居様式

住生活において，人間がとる姿勢はおもに，① 立位姿勢（立っている状態），② 椅座位姿勢（椅子などに腰掛けている状態），③ 平座位姿勢（床面に座っている状態），④ 臥位姿勢（寝ている状態）の 4 種類の姿勢に分類することができる（図 **4·9**）．住生活に用いられる姿勢は，椅子やベッドなどの大型家具を使用し，椅座位姿勢を中心とするイス座と，床面に直接座るなど，平座位姿勢を中心とするユカ座に分類される．このように，住生活に用いる姿勢によって分類される生活様式を起居様式という．ユカ座の生活では，室をさまざまな用途に使用することができるため転用性が高いといわれる．また，くつろぐ時には，男女や年齢を問わず，ユカ座が好まれている．しかし，就寝時においては床面付近で呼吸をするため，衛生上好ましくないともいわれる．また，同面積の室では，イス座よりもユカ座の方が，収容人数を多くすることができる．

住生活における姿勢

住生活における姿勢の実態調査の結果によると，各姿勢をとる割合は，椅座位姿勢：平座位姿勢：臥位姿勢＝ 26：42：32 であり，40 歳以上に

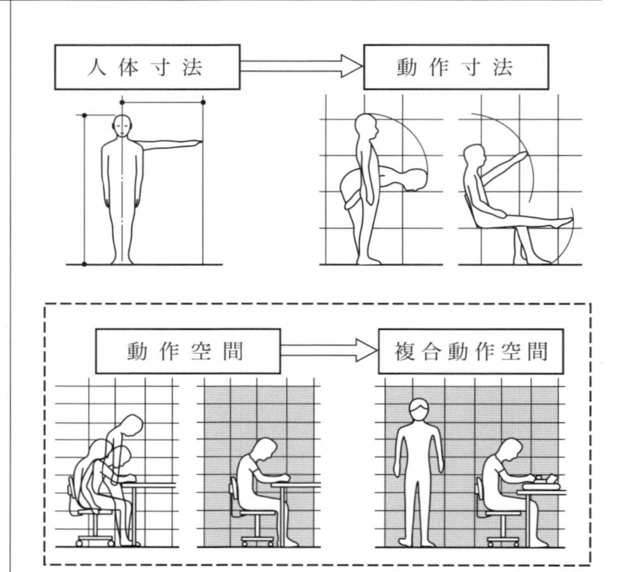

図 4·6 人体・動作寸法，動作・複合動作空間 [4)]

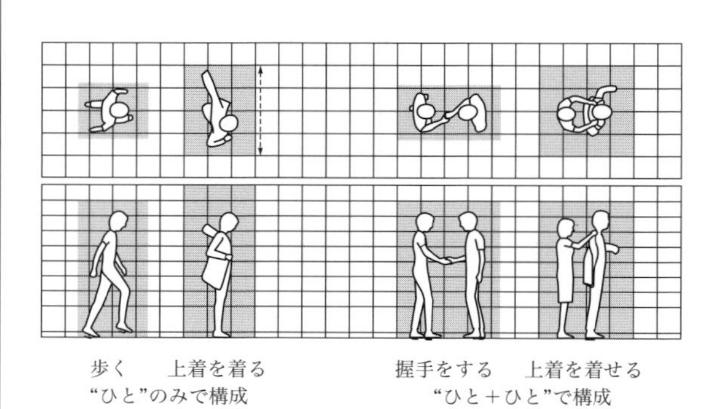

図 4·7 動作空間の例 [4)]

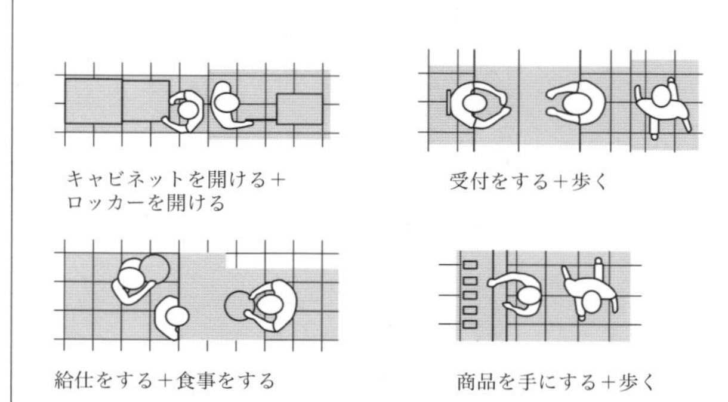

図 4·8 複合動作空間の例 [4)]

なると，椅座位の比率が高くなる．これは，膝を折り曲げて座ることが苦痛であることや，立ち上がる際の労力が必要になることが原因であり，したがって，高齢者にはイス座の生活が好まれている．また，姿勢によって，床と接触する面積は大きく異なる（図 **4・10**）．椅座位では足の裏のみが床と接し，体表面積の約 1 ％であるが，平座位では 2 〜 5 ％，臥位では 10 ％弱の体表面が床と接することとなる．そのため，床からの熱の移動や床材の肌触り感など床から受ける影響が大きくなる．

姿勢と目線の高さ

日本の住宅では，室内で靴を脱ぐ“上足の文化”であるため，床に直接座る平座位や臥位姿勢が，比較的多く用いられる．青年の場合，立位での床面から目線までの高さは約 1519 mm であり，椅座位では約 1147 mm，平座位では約 762 mm である（図 **4・11**）．このように，姿勢に応じて目線の高さが異なるため，これを利用して空間を区切ったり，つないだりすることができる．イス座を主とする空間とユカ座を主とする空間がつながっている場合，目線の高さを合わせることを目的に，二つの空間の床面に段差をつけることもある．

知覚と空間認識

空間は，人が手で触れることができる範囲だけではなく，視覚・聴覚・嗅覚・触覚・温冷感覚・運動感覚などによって知覚される範囲をも含む．

空間を知覚する際には，視覚がもっとも重要な役割を果たしているといわれている．人の視線は横方向には動きやすく，縦方向には頭や体がともなわなければ動きにくい．したがって，縦方向の空間の印象は，第一印象で短時間に定まるのに対して，横方向の空間の広がりは，歩き回ることなどにより時間をかけて認識する傾向がある．

住環境においては，光・温熱・音・空気環境などが不快でなく，快適な空間であることが要求されるため，環境の物理的要因と人の知覚メカニズムの関係を学ぶ必要がある．

いす（軽休息姿勢）
いす（作業姿勢）
正座
横座
あぐら
投げ足
仰臥
側臥・ひじ立て

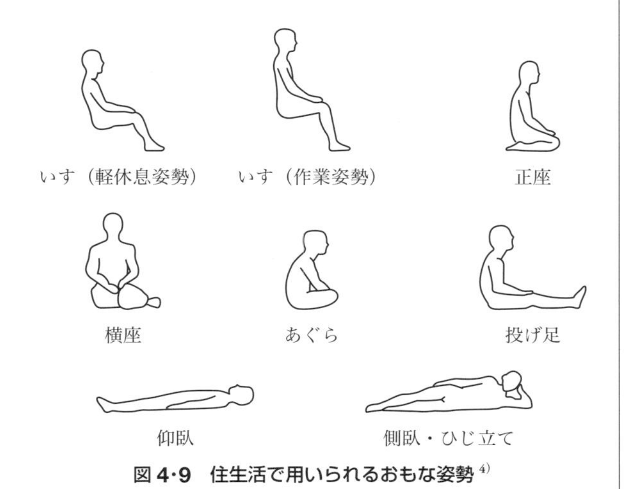

図 4・9　住生活で用いられるおもな姿勢 [4)]

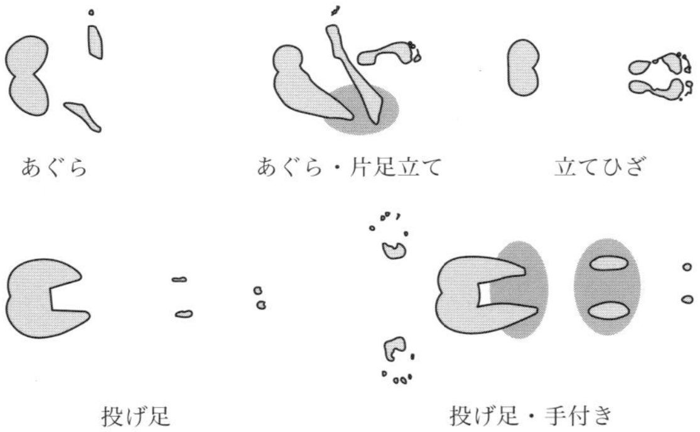

あぐら
あぐら・片足立て
立てひざ
投げ足
投げ足・手付き

図 4・10　平座位姿勢での床との接触面形状と面積 [5)]

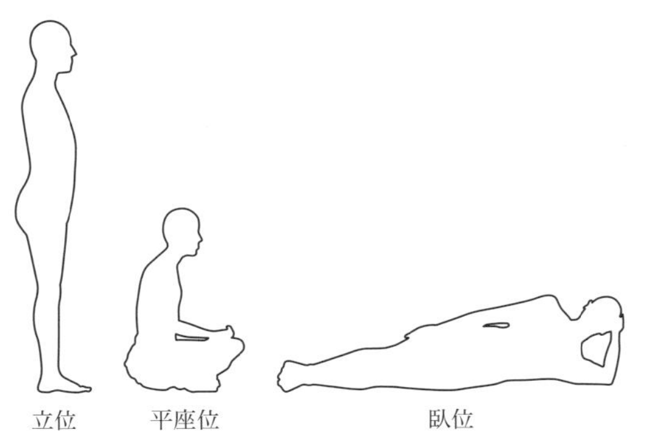

立位
平座位
臥位

図 4・11　床面からの目線の高さ

4-3 人間の生理機能と環境

視　覚

視覚は知覚の中でもっとも重要な役割を担う感覚であり，人間が得る情報の約8割が視覚から得られているともいわれている．人間の目には，眼球内に入る光の量を調節する虹彩，光を屈折させて網膜上に結像させる水晶体，焦点を調節する毛様体筋，光を感じる視細胞が分布している網膜などがあり，これらのはたらきにより，ものを見ることができる（図**4･12**）．網膜上には，錐状体と桿状体の2種類の視細胞があり，380～780 nmの可視光線に対して光感覚をもつ．錐状体は，網膜の中心に密集しており，おもに明るい環境下でものの形や色を感じ，また桿状体は，おもに暗い環境下で，明暗のみを感じることができる．

光の物理量には，光束・光度・照度・輝度などがあるが，これらはすべて人間の視感度に対応した物理量であり，人が感じる明るさや，ものの見やすさに対応する物理量は輝度である．また，ものの見やすさは，周辺の明るさ（順応輝度），対象物の大きさ（視角），対比（輝度対比），視認時間の4要素により決定され，これらを明視4要素といい，図**4･13**の等視力曲線図のような関係がある．周辺が明るいほど，対象物が大きいほど，対比が大きいほど，視認時間が長いほど，視対象物は見やすい．

聴　覚

聴覚は，人間が情報を得る上で，視覚に次いで重要なはたらきをするといわれている．人間は，20～20000 Hzの空気の振動を音として感じることができ，音の大きさは最小可聴音を基準値としたデシベル（dB）という単位で表される．外耳道から入った音波は鼓膜を振動させ，その振動が聴神経に伝わって大脳へと伝わることで音の知覚が生じる（図**4･14**）．人間の聴覚では，音の物理的強度が同じであっても，周波数が異なると，異なる大きさの音として知覚される性質があり，等

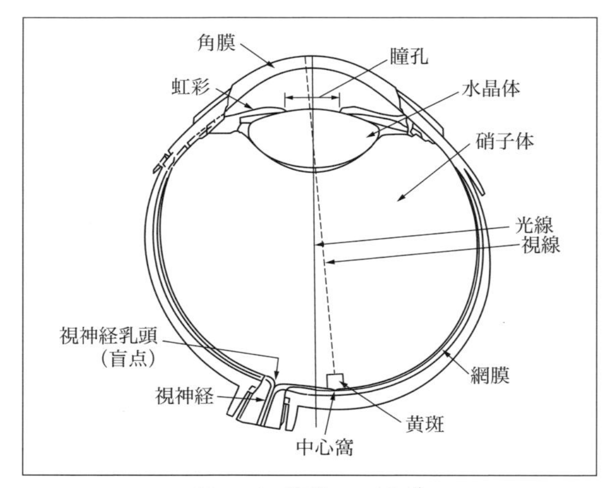

図4･12　眼球のつくり[6)]

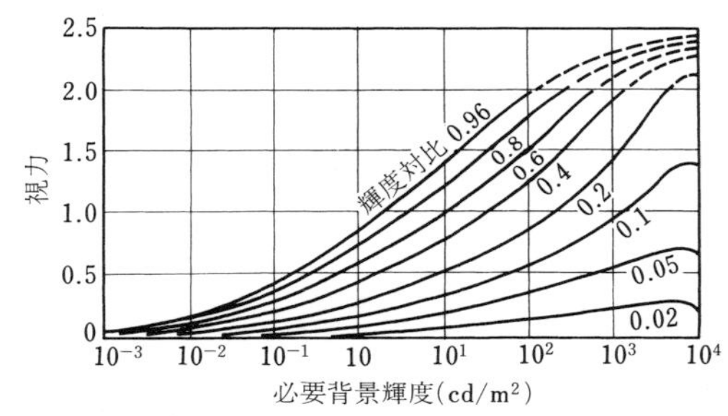

図4･13　等視力曲線[7)]

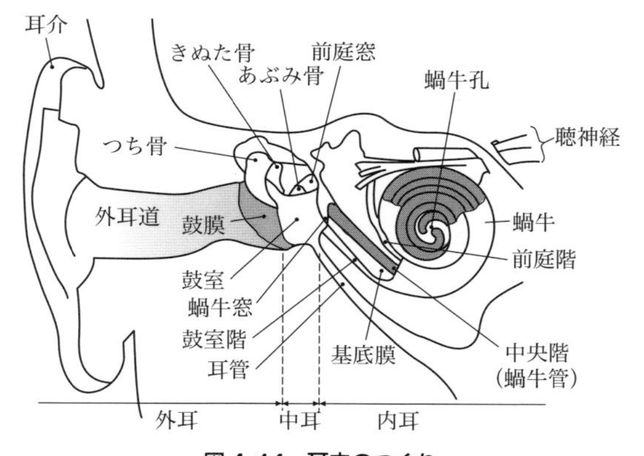

図4･14　耳内のつくり

〔日本音響学会（編）：音のなんでも小辞典，講談社，1996〕

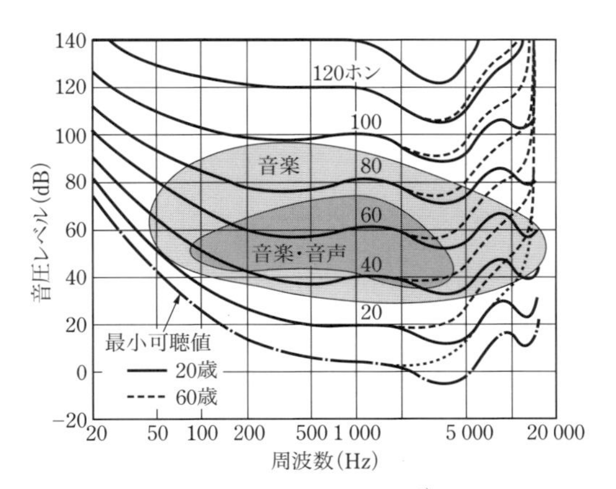

図 4・15　音の等音曲線 [8)]

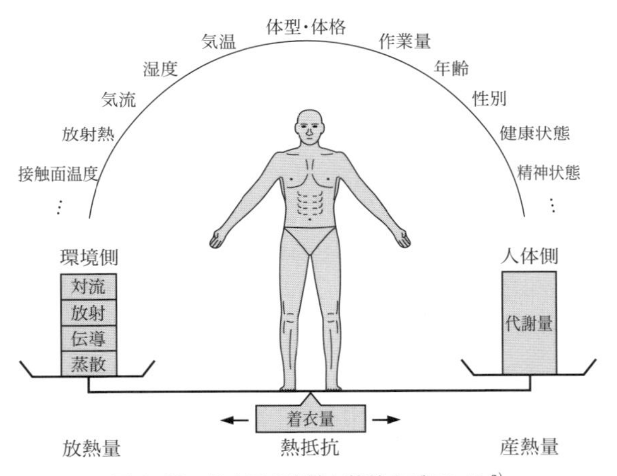

図 4・16　体内での産熱と放熱のバランス [9)]

表 4・2　温熱環境指標

	環境側要素				人体側要素	
	温度	湿度	気流	熱放射	代謝量	着衣量
不快指数	○	○	×	×	×	×
	TV の天気予報などで用いられている					
作用温度	○	×	○	○	×	×
	熱平衡式から求められる					
ET（有効温度）	○	○	○	×	×	×
	被験者の主観申告により求められている					
WBGT（湿球黒球温度）	○	○	×	○	×	×
	熱中症の予防のために用いられている					
PMV（巻末“用語解説”参照）	○	○	○	○	○	○
	温熱 6 要素を含み，熱平衡式から求められる					
新有効温度（ET *）	○	○	○	○	○	○
	温熱 6 要素を含み，熱平衡式から求められる					

しい大きさに知覚される音を周波数別に表したものを，音の大きさの等音曲線という（図 **4・15**）．騒音計で音の大きさを測定するときに，A 特性で測定（**5-3** 節参照）をすると，人間の聴覚に対応した騒音レベルを測定できる．

温冷感覚

気温が同じであっても，風の強い日には寒く感じられたり，湿度の高い日には蒸し暑く感じられたりすることがある．暑いや寒いなどの温冷感は，温度・湿度・熱放射・気流の環境側の 4 要素と，代謝量・着衣量の人体側の 2 要素で決定され，これらの要素を温熱 6 要素という．扇風機による気流増加，クーラーによる温度低下，電気ストーブによる熱放射増加などの冷暖房機器と着衣により，体内の熱の放熱量を調節して，快適な温熱環境とすることができる（図 **4・16**）．

温熱 6 要素のうちのいくつかを組み合わせることにより温熱環境指標が算出される（表 **4・2**）．温熱環境を評価する指標としては，温度と湿度を考慮した不快指数があり，70 をこえると不快に感じる人が出はじめ，75 で半数以上，80 を超すと全員が不快に感じる．温熱 6 要素をすべて考慮し，熱平衡式により算出される指標に，**新有効温度**（**ET***）†や **PMV**†があり，温熱環境設計などに用いられている．冬期において，住宅の温熱環境をとくに注意しなければならない空間として，脱衣室とトイレがある．ともに，あまり暖房がなされない空間であり，着衣を脱ぐ空間であるため，急激な血圧上昇による脳溢血などで，倒れる事故が起きやすくなる空間である．

嗅　覚

住宅内で発生するにおいには，体臭や口臭，汗のにおいなどの人間から発生するものや，生ごみや調理時に発生する煙，ペットなどのにおいがあり，これらを消臭する製品・機器が開発されている．

あるにおいの環境に長い間いると，そのにおいに順応し，においを感じなくなる．自分の家のにおいに気付かない人が多いのは，このためである．

4-4 色彩と心理的特徴

色がみえる仕組み

われわれを取り巻く環境には，さまざまな色彩が用いられており，対象物の状態や種類を理解したり，複数の対象物を区別したりするための視覚情報として利用される．色とは通常，対象物がもつ視覚特性の一つとされているが，そもそも物体の色は，物体を照らす光，物体の表面，人間の感覚の三つの要素が組み合わされることで生まれる感覚であり，これらのうちの一つが異なれば，異なった色として認識されることとなる．

人間は380～780 nmの光を認識することができるが，ある波長の光（単色光）のみを見ると，その波長に応じて，波長の長い方から順に，赤・橙・黄・緑・青・藍・紫色として見える（表**4·3**）．太陽光線にはこの範囲内のすべての波長の光が含まれており，白色光として認識される．

可視光の各波長での視細胞の感度を示す曲線を比視感度曲線という（図**4·17**）．明所ではたらく錐状体は560 nmの光に対してもっとも感度が高く，暗所ではたらく桿状体は510 nmの光に対してもっとも感度が高い．このように，明所と暗所で感度がずれることによっておこる現象をプルキンエ現象といい，暗所では青が相対的に明るく，赤が暗く見える．

色の表現

日常生活では，色名で色を表現することが一般的であり，通常では20～30色を使い分けている．色名を分類すると，黒・白・赤・黄などの基本色名や，基本色名に修飾語をつけて表現する系統色名，動植物や鉱物などの名前に由来する固有色名，社会でよく使われている慣用色名がある．これに対して，あるルールにもとづき，色を体系的に表現するものが表色系であり，その体系を立体的に表したものを色立体という．マンセル表色系は，色相（色み）・明度（明るさ）・彩度（鮮やかさ）の3属性にもとづいて，物体色を系統的に

表4·3　波長と色

波長範囲（nm）	色名	
380～430	青みの紫	bluish Purple
430～467	紫みの青	purplish Blue
467～483	青	Blue
483～488	緑みの青	greenish Blue
488～493	青緑	Blue Green
493～498	青みの緑	bluish Green
498～530	緑	Green
530～558	黄みの緑	yellowish Green
558～569	黄緑	Yellow Green
569～573	緑みの黄	greenish Yellow
573～578	黄	Yellow
578～586	黄みの黄赤	yellowish Orange
586～597	黄赤（オレンジ）	Orange
597～640	赤みの黄赤	reddish Orange
640～780	赤	Red

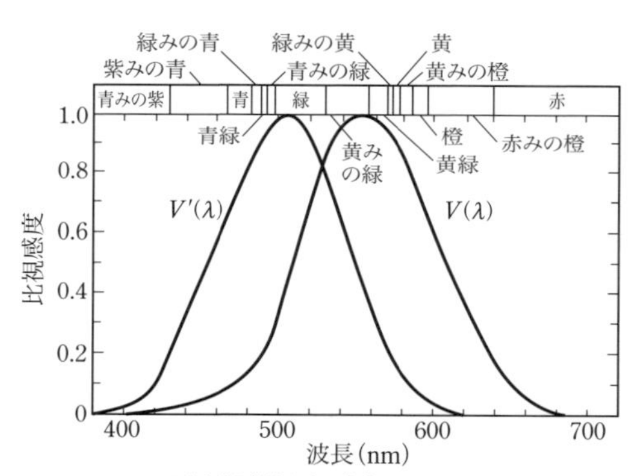

$V(\lambda)$　：明所視〔最大視感度　683 lm/W(555 nm)〕
$V'(\lambda)$：暗所視〔最大視感度 1725 lm/W(507 nm)〕

図4·17　比視感度曲線 [10)]

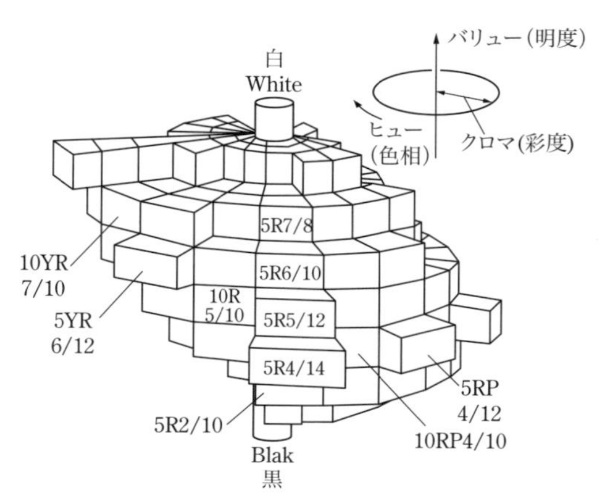

図4·18　マンセル色立体 [10)]

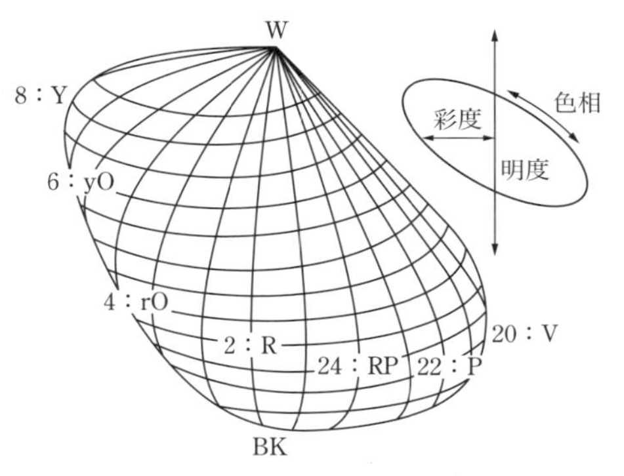

図 4·19　PCCS 色立体 [11)]

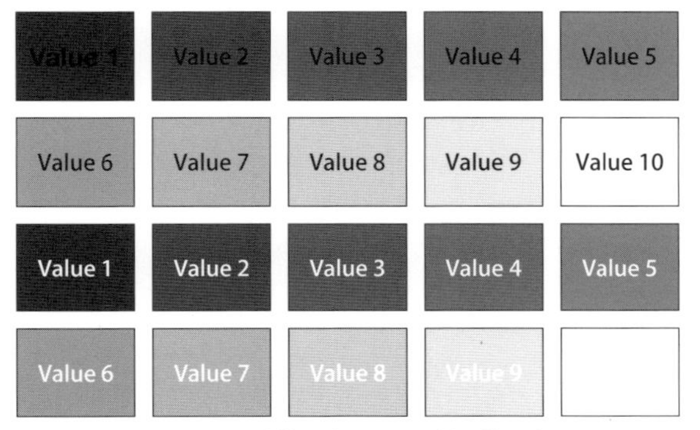

図 4·20　明度差の違いによる視認性の違い

表 4·4　日本人の色の連想調査データ

Y	明るさ	まぶしさ	レモン	月	黄
Y20R	山吹	みかん	マリゴールド	オレンジ	楽しい
Y40R	オレンジ	みかん	花	ひまわり	柿
Y60R	暖かい	オレンジ	みかん	太陽	朝日
Y80R	太陽	夕焼け	みかん	暖かい	派手
R	バラ	ハイビスカス	口紅	太陽	日の丸
R20B	ぶどう	あずき	落ち着いた	暖かさ	女性
R40B	ぶどう	しょうぶ	紫式部	着物	京都
R60B	着物	すみれ	みやび	帯	闇
R80B	海	湖	落ち着いた	冷たい	制服
B	海	青空	湖	トルコ石	さわやか
B20G	海	水	湖	空	トルコ石
B40G	沼	海	空	くもり空	静かな
B60G	湖	空	トルコ石	ギリシャ	着物
B80G	葉	湖	宝石	静かな	宝石
G	草原	森	五月	新緑	さわやか
G20Y	草	草原	新緑	野菜	山
G40Y	若葉	新緑	若草	草原	青春
G60Y	レモン	芽	若葉	春	希望
G80Y	レモン	タンポポ	光	信号	傘
0600N	雪	雲	ウェディングドレス	シャツ	清潔
XXXX	くもり空	雨の日	服	静かな	霧
9000N	暗やみ	喪服	暗い	無	髪

近江源太郎・日本色彩研究所（監修）：カラーコーディネーターのための色彩心理入門，日本色研事業，2003

整理し，できるかぎり感覚的に等間隔に配列することをめざしてつくられた表色系である（図 **4·18**）．また，配色調和の考え方をもとに，より実用性を高めるためにつくられた **PCCS 表色系**[†]（図 **4·19**）や，あらゆる色をつくり出すことのできる三つの原色の成分量の組合わせとして表される **XYZ 表色系（CIE1931 標準表色系）**[†]など，さまざまな表色系がある．

色の視認性・誘目性

対象物の存在が，その場においてどの程度わかりやすいかということを視認性といい，一般に，対象物の存在を確認できる最遠距離（視認距離）や，見やすさの評定値などで表すことができる．物体表面色の視認性は，対象物と背景との明度差に大きく影響され，彩度差や色相差も影響するが，その効果は明度差に比べると小さい．白い紙に書かれた黒い文字は，明度差が大きいために視認性が高い（図 **4·20**）．また，対象物が文字や記号などの場合には可読性といい，その読取りやすさが問題となる．

色彩の心理効果

色彩の心理効果は，色相・明度・彩度のいずれかに大きく依存する．赤や黄の暖色は暖かく，青や紫の寒色は冷たく感じさせる効果がある．例えば，北向きの部屋のインテリアに暖色を使用すると，暖かく感じさせる効果がある．また，明度の高い色彩は軽く，明度の低い色彩は重く感じられ，彩度の高い色彩は強く派手に，彩度の低い色彩は弱く地味に感じられる．

色彩の連想とイメージ

赤い色を見るとリンゴや太陽を思い浮かべるように，色彩にはある概念を引き出す力がある．色彩を提示して，思い浮かんだものや感じたことを回答してもらう（自由連想法）と，さまざまなものが挙げられる（表 **4·4**）．また，複数の反対語の対をスケールとして設定して評価（SD 法）させることにより，色彩のイメージをより多面的に表現することができる．

Chapter 5 住まいに必要な環境調整

5-1 住まいの熱環境

住まいと太陽エネルギー

太陽エネルギーは地球上の生命や気象現象の根源であり，室温に影響したり，窓から光が差したり，住まいの環境とさまざまにかかわる．太陽放射には赤外線・可視光線・紫外線が含まれ（図5･1），熱や明るさのほか，健康にも影響を及ぼす．太陽放射を熱としてとらえたとき日射と呼び，太陽から直接地表に届く直達日射と，空全体からの天空日射とに分離できる．このうち直達日射があたることを日照（日当たり）という．

各方位鉛直面への日射量をみると，冬季に南面に入射する日射量が大きく，天候によっては夏期の東西面への日射量より大きいことがわかる．夏に西日が差すのと同程度の熱が室内に入るということになる．一方，夏期の南面の日射量は小さく，南に窓をもつ部屋が，夏，冬ともに過ごしやすいことがわかる．季節によって太陽高度が変化するため，図5･5のように壁への入射角も変化するためである．

暖かい住まい

日本の民家は，蒸し暑い夏に過ごしやすいよう開放的な構造であるといわれるが，一方，冬期には気密性や断熱性に乏しいことから，暖房には適さない，過ごしにくい住まいであった．また冬期には住宅内に著しい温度差が生じるため，**ヒートショック**†による心筋こうそくや脳こうそくを起こす危険もあった．

現在では，アルミサッシの普及によって住宅の気密性は高まったが，さらに室内を快適かつ健康に保ち，効率よく暖房をおこなうためには，壁や窓などから，室内の熱が失われるのを防ぐ必要がある．外気に接する壁，床にすきまなく断熱材を施工したり，窓をペアガラスや二重サッシにしたりして断熱性を高めることの効果は大きい．断熱性，気密性を高めて住宅の**熱損失係数**†を小さくすれば，少ないエネルギーで快適に暖房できるだ

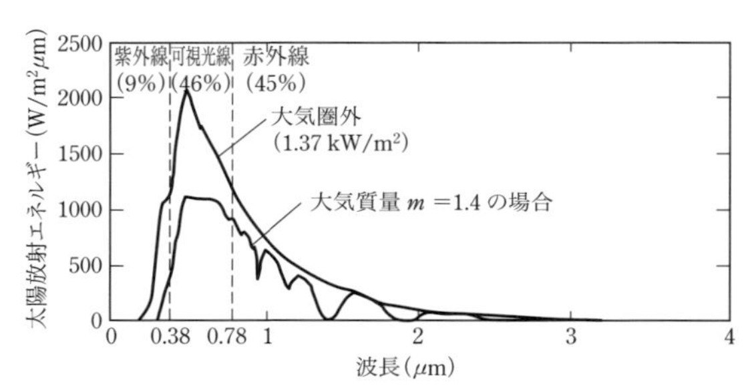

図5･1 太陽エネルギーの分光分布[1)]

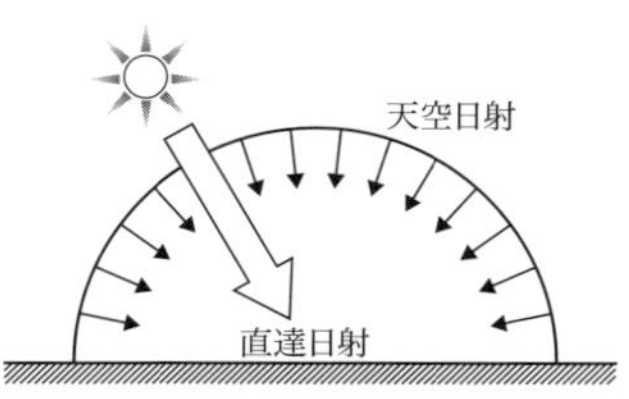

図5･2 直達日射と天空日射

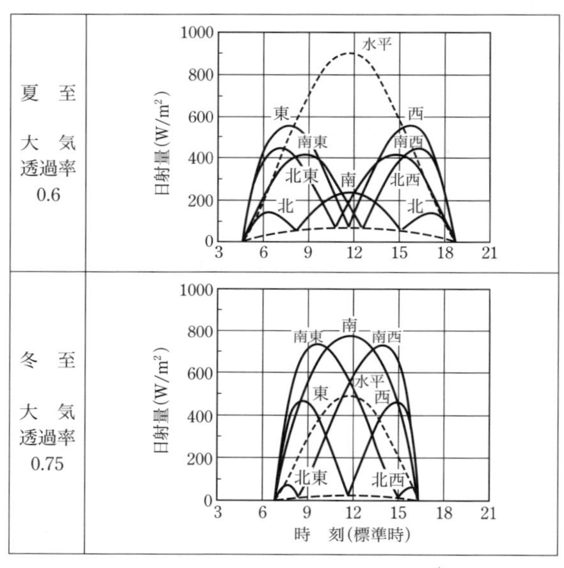

図5･3 東京の季節別晴天日日射量[2)]

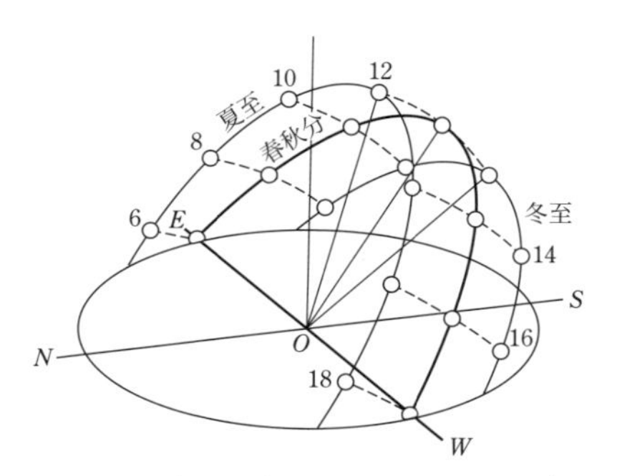

図5･4 太陽の動き（季節による違い）[3)]

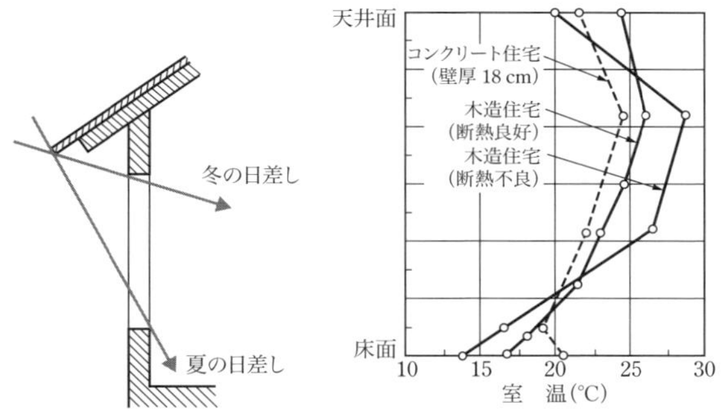

図 5·5　夏と冬の日射 [2)]　**図 5·6　断熱と室温分布** [2)]

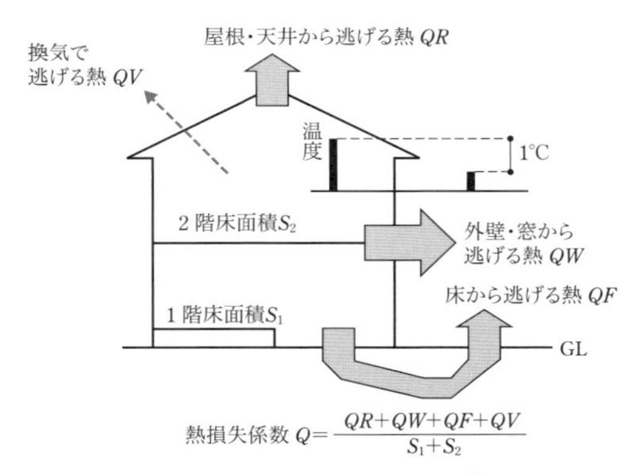

図 5·7　熱損失係数（Q 値） [4)]

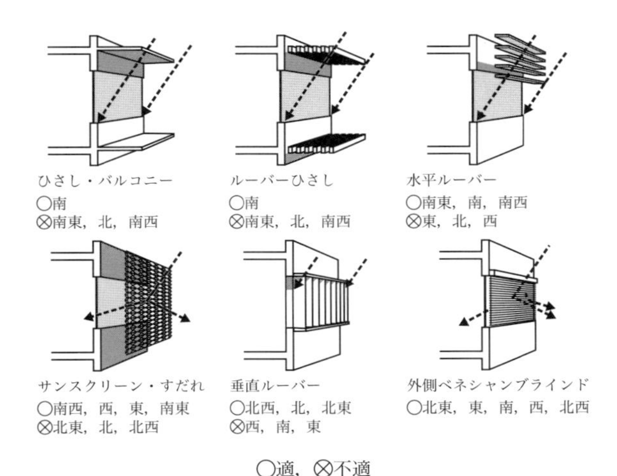

図 5·8　各種の日よけと適する方位 [2)]

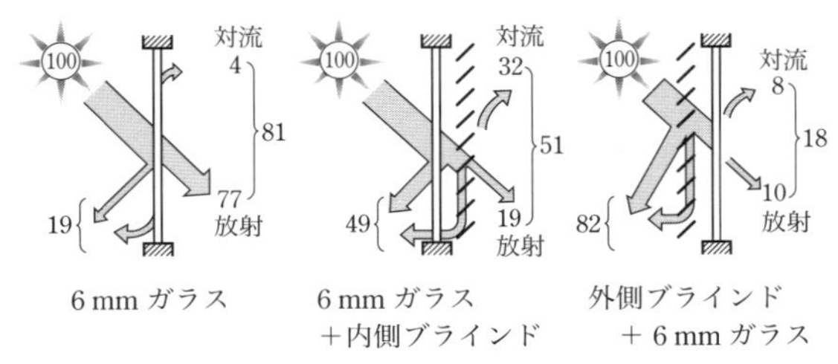

図 5·9　ブラインドの日射熱遮へい効果比較 [2)]

けでなく，足下が冷えるような温度分布も起こらず，住宅全体の温度差も小さくできる．また，厚手のカーテンをつるしたり，ベッドの位置を窓際から離すことで**コールド ドラフト**[†]による不快を防いだりといった，身近な工夫も効果的である．

暖房器具のうち，エアコンやストーブ，ファンヒーターは空気の対流で部屋全体を暖めるが，垂直方向温度分布が均一になりにくく，ガス，石油の開放型燃焼器具は室内空気汚染や，結露の原因にもなる．一方，床暖房は立上がりは遅いが，空気汚染はなく室内温度は均一になりやすい．また床からの放射と伝熱によって体感温度が高くなるので，15 ～ 18 ℃程度の低めの室温でも快適である．

涼しい住まい

断熱性，気密性を高めれば，冷房の効率が高まることは冬期の暖房と同様であるが，日本の住まいが“夏を旨”として発展したことを考えれば，冷房以外にも室温を上げない工夫を取り入れたい．

まず，適切な日よけによって，室内への日射の侵入を防ぐことが必要である．南向きの窓へは夏期には上方から侵入するため，ひさしや軒といった窓上部の日よけが適する．眺望は確保でき，冬期には入射角の小さい日射を室内に取り入れることができる．一方，東，西向きの窓では，窓全体を覆うすだれやブラインドなどで，低い位置からの日射を防ぐ必要がある．とくに気温の高い午後に強い日射を受ける西側では，西日を避けるよう心掛ける．ただしブラインドを窓の内側に取り付けた場合，日射遮へいの効果は少ないので注意したい．朝顔やへちまなどつる植物を日よけとして利用することも有効である．

また，室内の熱や湿気を排出したり，体感温度を下げたりする通風の効果も大きい．京都の町屋には，間口の狭い敷地の中と奥に庭を配置し，日当たりの違いで温度差を生じることによって，二つの庭の間で気流を起こす工夫が見られる．さらに，打ち水や植物の蒸散による**気化熱**[†]の作用にも期待したい．

5-2　住まいの空気環境と湿気

湿気と結露

空気の湿りぐあいを湿度といい，飽和水蒸気量に対する実際の水蒸気量の割合が相対湿度（%），空気中の水蒸気量が絶対湿度（kg/kg′）である．室内の湿度は気候や天候の影響を受けるが，生活から発生する水蒸気も多い．炊事，洗濯，洗面，入浴のほか，ガス，石油ファンヒーター，人体，植物からも発生する．昔の開放的な住宅と異なり，気密性の高い現代の住宅では，水蒸気がそのまま室内にとどまるので，冬季には屋外が乾燥していても，室内の湿度を過剰に上げないよう，湿度を確認しながら換気，加湿を行いたい（図 **5·10**）．

水蒸気量が飽和状態のとき相対湿度は 100 % で，それより水蒸気量が増えたり，気温が露点温度以下になったりしたとき，結露が起こる．冬の朝，窓ガラスを覆う水滴がそれである．暖房した室内の温度に対して，窓ガラスや熱伝導率の大きな金属サッシは外気に熱を奪われ低温になる．つまり飽和水蒸気量が小さくなるため，結露が起こりやすいのである．窓ガラスや窓回り以外にも，部屋の隅角部，押入れ内部など水蒸気がとどまりやすい個所で，やはり結露は起こりやすい．このようにガラスや壁の表面で発生する表面結露は，壁クロスのはがれや，カビを発生させ，壁体内に侵入した水蒸気による内部結露は，カビやシロアリ，腐朽の原因になり，住宅の耐久性を著しく損なう．結露の発生を防止するには，まずは無駄に水蒸気を発生させない，発生した水蒸気は換気により屋外に排出する，タンスなど家具を壁から離して配置したり押入れにすのこを敷いたりして，空気の流れをつくり，水蒸気がこもるのを防ぐなどの対策をとる．また，断熱材を適切に施工したり，ペアガラスを用いたりして低温の個所を作らないことも有効である．また夏期には，高温多湿の空気が地下室の壁や土間床など低温部で結露を起こすこともある（夏型結露）．

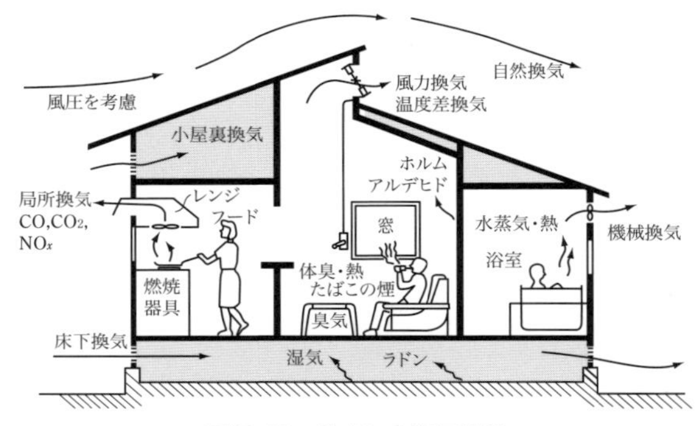

図 5·10　住まいの空気循環

表 5·1　室内で発生する主要な汚染物質

発生源	汚染物質の例
人　体	体臭，CO_2，アンモニア，水蒸気，ふけ，細菌
タバコ煙	粉じん（タール，ニコチン，その他） CO，CO_2，アンモニア，NO，NO_2 炭化水素類，各種の発がん物質
人の活動	砂じん，繊維，かび，細菌
燃焼機器	CO_2，CO，NO，NO_2，SO_2，炭化水素，煙粒子，燃焼核
事務機器	アンモニア，オゾン，溶剤類
殺虫剤類	噴射剤（フッ化炭化水素），殺虫剤，殺菌剤，殺鼠剤，防ばい剤
建　物	ホルムアルデヒド，アスベスト繊維，ガラス繊維，ラドンおよび変壊物質，接着剤，溶剤，かび，浮遊細菌，ダニ
メンテナンス	溶剤，洗剤，砂じん，臭菌

厚生省環境衛生局企画課（監修）：空調設備の維持管理指針（空気環境のために），ビル管理教育センター

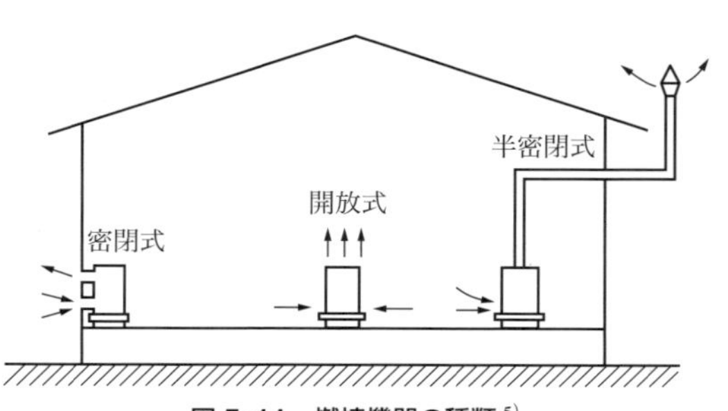

図 5·11　燃焼機器の種類 [5]

表5･2　一酸化炭素（CO）の人体影響

濃度(ppm)	ばく露時間	影　響
5	20 min	高次神経系の反射作用の変化
30	8 h 以上	視覚・精神機能障害
200	2 ～ 4 h	前頭部頭痛，軽度の頭痛
500	2 ～ 4 h	激しい頭痛，悪心・脱力感・視力障害・虚脱感
1000	2 ～ 3 h	脈はくこう進，けいれんを伴う失神
2000	1 ～ 2 h	死亡

一酸化炭素による中毒の許容濃度は，濃度・ばく露時間・作業強度・呼吸強度・個人の体質の差などで，それを設定することはむずかしいが，Henderson によれば，次式であるといわれている．

濃度（ppm）× 時間（h）< 600

東京都公害局（編）：公害防止管理者ハンドブック，1973 および
生活環境審議会（編）：大気汚染研究，7(4)，6，1972 より作成

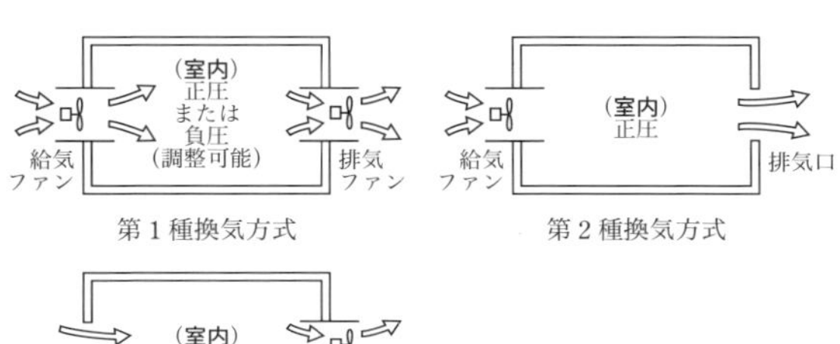

図5･12　換気方式の分類

表5･3　建築基準法による室内環境基準（中央管理方式の空気調和設備を設ける場合）

項　目	基　準
浮遊粉じんの量	空気 1 m^3 につき 0.15 mg 以下
一酸化炭素の含有率	10 ppm 以下
二酸化炭素の含有率	1000 ppm 以下
温度	1. 17℃以上 28℃以下 2. 居室内温度を外気温度より低くする場合はその差を著しくしないこと
相対温度	40 %以上 70 %以下
気流	0.5 m/s 以下
ホルムアルデヒドの量	空気 1 m^3 につき 0.1 mg（0.08 ppm）以下

表5･4　空気汚染の指標としての二酸化炭素（CO_2）濃度

濃度(%)	意　味
0.07	多数継続在室する場合の許容濃度（燃焼器具を使用しない場合）
0.10	一般の場合の許容濃度（燃焼器具を使用しない場合）
0.15	換気計算に使用される許容濃度（燃焼器具を使用しない場合）
0.2 ～ 0.5	相当不良と認められる（燃焼器具を併用する場合）
0.5 以上	最も不良と認められる（燃焼器具を併用する場合）

本表は，二酸化炭素そのものの有害限度を示すものではなく，空気の物理・化学的性状が，二酸化炭素の増加に比例して悪化すると仮定したときの許容濃度を示すものである．

佐藤鑑：室内環境計画，新訂建築学大系 22，彰国社，1976 より作成

室内空気汚染と換気

室内空気は，表5･1 に示す原因によって汚れているが，長時間在室していると臭覚が鈍り，汚染に気付かないことも多い．呼吸や燃焼に必要な酸素を供給したり，室内で発生した汚染物質を屋外に排出したりするためには，換気が欠かせない．

石油ファンヒーター，小型瞬間湯沸器など開放型燃焼機器は，燃焼にともなって室内の酸素を消費し，二酸化炭素（CO_2），水蒸気などを室内に排出する．気密性の高い住宅で連続使用すると酸素不足で不完全燃焼を起こし，一酸化炭素（CO）が発生する．安全のため換気しながら使用するか，屋外から給排気をする密閉型の燃焼機器を使用したい（図5･11）．

設備を用いない，室内外の温度差や風力による換気を自然換気という．開放的な住宅ではすきまが多いため，自然換気で十分な換気量が確保できたが，現代の気密性の高い住宅では，計画換気なしで室内空気を清浄に保つことはむずかしく，シックハウス症候群の原因にもなる．ファンを用いる機械換気には図5･12 の方式があり，給排気両方にファンを用いる第1種換気が最も確実に換気できる．第3種換気は排気のみファンを用い，台所や便所など排気を行いたい個所に設備を設けるが，気密性の低い住宅では給気口以外のすきまから外気が侵入し，暖冷房の効率を損なう．

建築基準法では，表5･3 の室内環境基準を設けている．二酸化炭素はかなり高濃度でなければ人体に害はないが，在室者による空気汚染の指標に用いることが多い．汚染物質の許容濃度にもとづく，在室者1人当たり，1時間の換気量を必要換気量（m^3/h 人）と呼び，部屋の大きさによらない目安として，1時間に部屋の空気が何回入れ替わるかを示す換気回数（回 /h）を用いることもある．また，2003 年 7 月，建築基準法の改正で，ホルムアルデヒドとクロルピリホス（防蟻剤）の居室内装材への使用制限，機械換気設備による計画換気が義務付けられた．

5-3　住まいの光環境・音環境

光

日当たりのよい庭や，窓から光が差す明るい室内は心地よい．また，照明によって読書や作業しやすい明るさにしたり，室内の安全を確保したり（明視照明），部屋の雰囲気づくりに明かりを用いたり（雰囲気照明），光は住まいの環境とさまざまにかかわる．光とは，太陽放射のうち 400 ～ 770 nm の波長域の可視光である．光の色合いは，太陽光なら天候や時刻，人工光ならランプの種類によって異なり，これを色温度（ケルビン：K）で表す．明るさは，光源の明るさを光束（ルーメン：lm），照らされた面の明るさを**照度**†（ルクス：lx）などの指標で表す．

照　明

室内の照明には，窓から太陽光を取り入れる昼光照明（採光）と，照明器具による人工照明とを組み合わせ，適切な明るさを得る．昼光は季節，時刻，天候による差が大きいので，図 **5･8** のような日よけによってまぶしくないよう直射光を遮る．建築基準法では，採光上有効な窓の面積を居室床面積の 1/7 以上と規定している．天窓は採光に有効であるが，直射光が侵入すると，**グレア**†を生じたり，室温を著しく上昇させることがある．

図 **5･13** に JIS の照度基準を示す．全般照明と局部照明との組合わせで，作業や各部屋に応じた明るさを確保するが，全般照明と手元の明るさとの差が 10 倍以上にならないよう注意したい．

光源からの光を直接用いる直接照明は効率が良いのに対し，光を壁や天井に反射させる間接照明は，まぶしさがなく，やわらかい光になる．照明器具によって配光が異なるので，目的に合わせて器具を選ぶ（図 **5･14**）．

家庭用ランプとして，白熱電球と蛍光灯の特性を表 **5･5** に示す．また，省電力で長寿命の **LED**†（発光ダイオード），電極のない長寿命の蛍光灯も開発されている．

照度(lx)	2000　1000　500　200　100　50　20　10　5　1
居間	手芸・裁縫　読書　団らん　全般照明
子供室・勉強室	勉強・読書　遊び　全般照明
食堂・台所	食卓・流し台　全般照明
寝室	読書・化粧　全般照明　深夜
浴室・脱衣所	ひげ剃り・化粧・洗面　全般照明
便所	全般照明　深夜
廊下・階段	全般照明　深夜
玄関(内側)	鏡　靴脱ぎ　全般照明
内・玄関(外側)	表札・郵便受け　通路 防犯

図 5･13　住宅の照度基準
（JIS Z 9110 より）

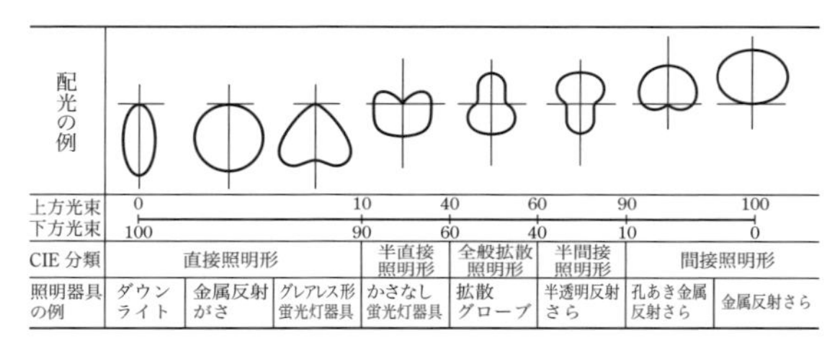

図 5･14　照明器具の配光分類（CIE による）[6)]

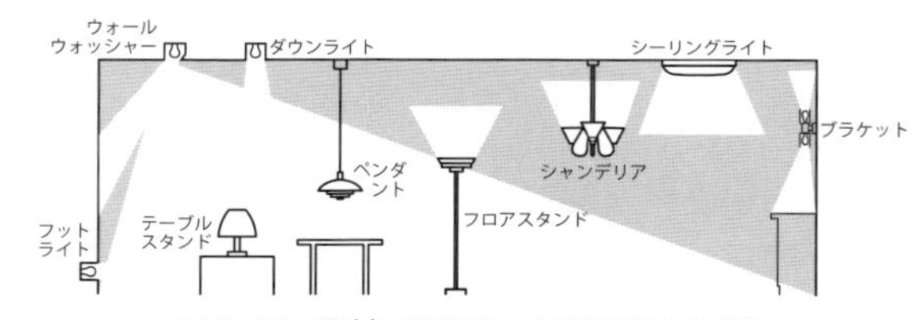

図 5･15　取付け器具による照明器具の分類

表 5･5　おもな光源の特徴

ランプの種類	白　熱　灯	蛍　光　灯
発光効率* ［lm/W］	9 ～ 18	24 ～ 92
平均寿命［時間］	1000 ～ 3000	6000 ～ 12000
演色性†* （平均演色評価数 *Ra*）	100（良い）	普通形　60 ～ 74 3 波長形　84 ～ 88 高演色形　90 ～ 99
色温度［K］	2850 （赤みがかった暖かい感じ）	昼光色 6500 （青みがかった冷たい感じ） 昼白色 5000 （直射光に近い色） 電球色 3000 （電球に近い色）
特　徴	温度放射によって発光するため，発熱量が大きい．	管内で放電を起こすことにより発光し，発熱はほとんどない．白熱灯の代わりに電球型蛍光灯を使用すると省エネルギー．ただし，点灯消灯を繰り返すと寿命が短くなるので，長時間使用する部屋に適する．

*　松浦邦男：建築環境工学，朝倉建築工学講座 11，朝倉書店，1976 より．

表 5·6　騒音に関する環境基準

地域の類型	基準値	
	昼間	夜間
AA	50 dB（a）以下	40 dB（a）以下
A および B	55 dB（a）以下	45 dB（a）以下
C	60 dB（a）以下	50 dB（a）以下
A のうち道路に面する地域	60 dB（a）以下	55 dB（a）以下
B，C のうち道路に面する地域	65 dB（a）以下	60 dB（a）以下

AA：とくに静穏を要する地域
A　：もっぱら住居の用に供される地域
B　：主として住居の用に供される地域
C　：相当数の住居と併せて商業，工業などの用に供される地域

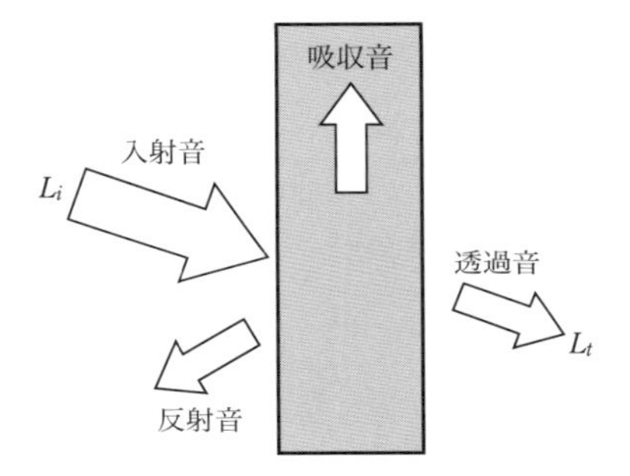

透過損失 $TL(\mathrm{dB}) = L_i(\mathrm{dB}) - L_t(\mathrm{dB})$

図 5·16　壁に入射する音と透過損失

図 5·17　空気音と固体音

表 5·7　建築基準法による集合住宅の界壁の遮音構造

振動数［Hz］	125	500	2000
透過損失［dB］	25	40	50

騒　音

会話や音楽など好んで聞きたい音もあれば，睡眠や会話を妨げたり，他人に不快感を与えたりする望ましくない音，騒音もある．交通騒音や工場騒音，近隣騒音など，騒音源はさまざまであるが，その感じ方には個人差があり，心理的影響が大きい．

空気中を伝わる音は，声帯や弦の振動が空気に伝わり（音波），それを鼓膜が受けて音と認識される．音波のエネルギーは音の強さ（デシベル：dB），音波の周波数は音の高低（ヘルツ：Hz），また音波の波形の違いは音色として感じられる．

騒音の大きさは音の強さと関係するが，人が感じる音の大きさは周波数により異なり，3500～4000 Hz 付近が最も感度がよい．そこで騒音は，人の聴覚に合うよう周波数別に補正した（A 特性）騒音計で測定する．40 dB（**a**）ではとくに気にならず，50 dB（**a**）で騒音を感じる程度である．表 **5·6** に騒音に関する環境基準を示す．

騒音防止

騒音を防ぐには，音源をなくしたり，音源から離れたりできればよいが，通常は塀や壁によって音を遮る．たとえば寝室を音源から離すような平面計画や，遮音性の高い壁にしたり，気密性を高めたりする．壁に入射した音は，その一部が反射，吸収され，残りが壁を透過する．このとき，壁の両側での音の強さの差を透過損失（dB）といい，壁の遮音性能を表す（図 **5·16**）．密度が高く重い材料ほど遮音性は高く，壁を二重にすることでも透過損失は大きくできる．

また，床を走る衝撃やピアノの音などが，床や壁，給排水管を伝わる固体音（図 **5·17**）も騒音になる．対策として，カーペットなど軟らかい材料で衝撃を吸収するとよい．さらにピアノ室などでは，穴あき板のような表面が多孔質の吸音材により外部に漏れる音を小さくし，自身が騒音源になることも避けたい．とくに集合住宅では，隣戸や上下階との間の遮音性能が重要になる．

5-4 住まいの設備

給排水

生活環境をより快適，便利にするため，住まいにはさまざまな設備や機器が備わっている．衛生的な生活に不可欠な水は，図**5･18**のような方式で給水される．給水設備は，水が汚染されることのないよう十分な注意が必要で，水槽は年1回の清掃や水質検査が義務付けられている．トイレ，洗面所，浴室，台所を水回りとよび，給排水管，換気ダクトなどの配置のため近い個所にまとめる．水回りの便器，洗面器，浴槽，水栓などは衛生器具と呼び，水栓には図**5･19**の方式がある．

生活排水には，台所，洗面，洗濯からの雑排水，便所からの汚水，雨水があり，図**5･20**の方法で処理される．都市域では下水道がほぼ100％で整備されているが，未整備地域では浄化槽方式による(**合併処理浄化槽**† など)．排水管に設けるトラップは，途中の封水による下水からの悪臭・虫の侵入防止が目的で，図**5･21**のような種類がある．

また，雑排水を浄化処理した中水や，タンクにためた雨水を，便器洗浄や屋外散水など雑用水に利用する例もみられる．

給　湯

給湯方式には使用する個所で沸かす局所式と，まとめて1か所で沸かす中央式（図**5･22**），またガスや灯油の燃焼によって使用時に湯を沸かす瞬間式と，高温の湯をタンクに蓄えておく貯湯式がある．ガス瞬間式給湯器は，1 l の水を25 ℃/分上昇させる能力を1号としてその能力をあらわす．たとえば24号では，厳冬期で水栓2か所，シャワー1か所の同時使用が目安である．貯湯式では深夜電力を利用するものが多いが，使用量に対して余裕をもった容量の機種を選択する．太陽熱利用給湯システムも貯湯式であるが，地域，季節によって得られるエネルギーに差があり，天候によってはほとんど利用できないこともあるので，補助熱源が必要になる．

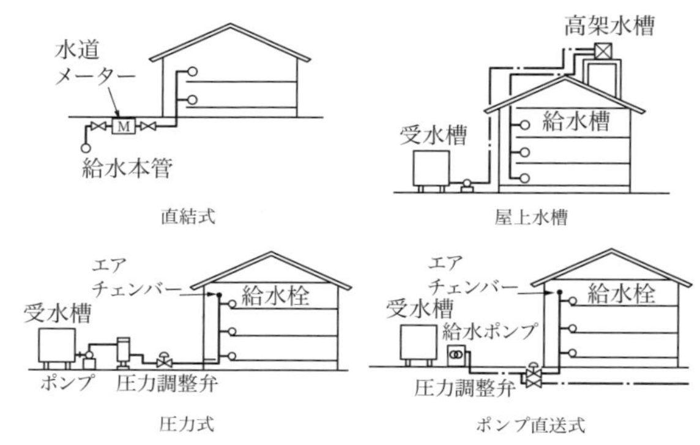

図 5･18　給水方式 [7]

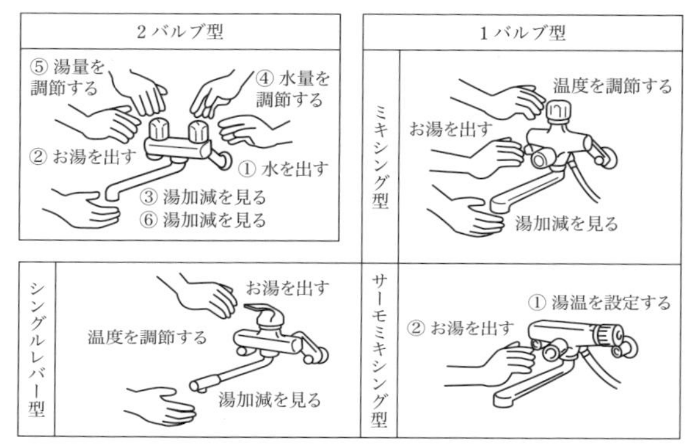

図 5･19　混合栓の方式 [8]

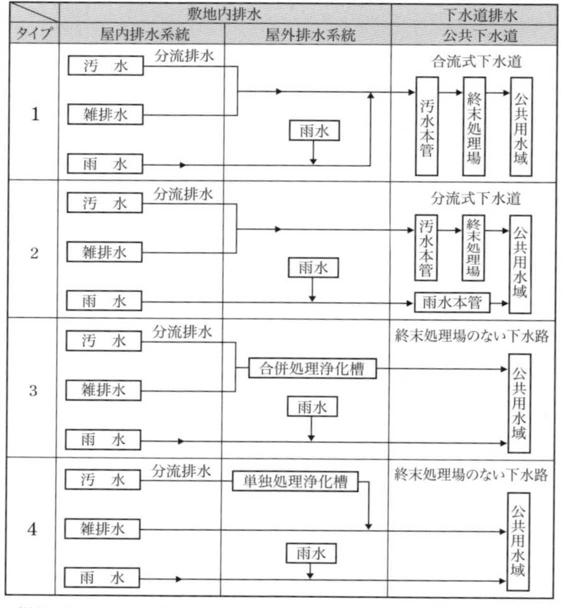

〔注〕最近ではタイプ1～3において，汚水と雑排水は屋内で合流する場合も増えている．

図 5･20　排水方式 [9]

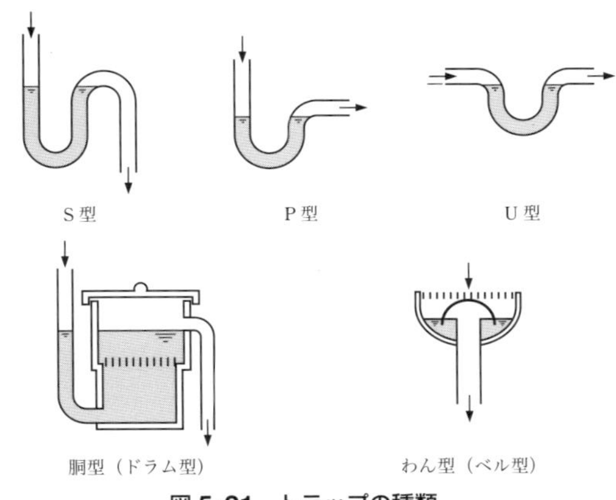

図 5･21 トラップの種類

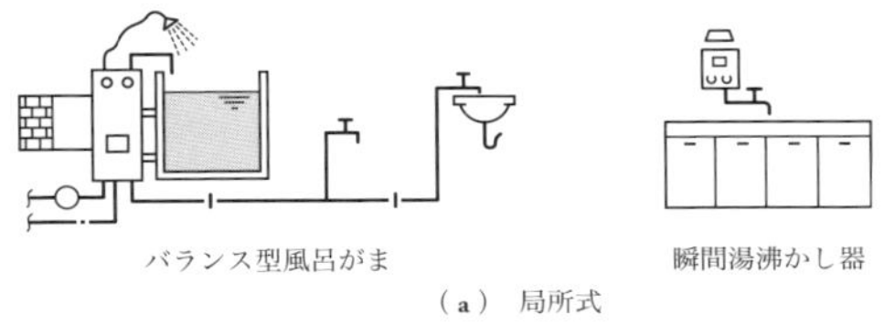

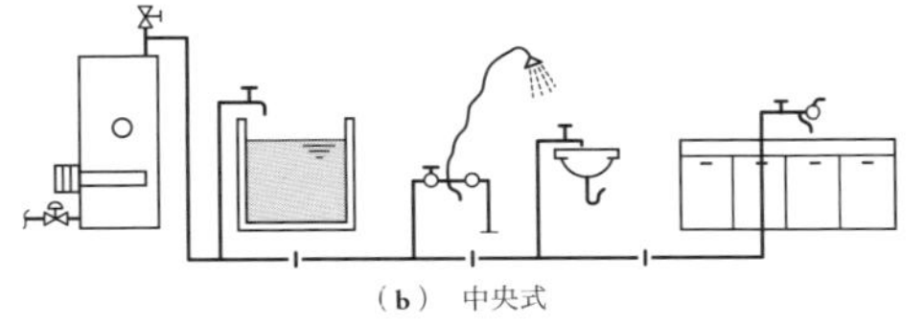

図 5･22 給湯システム [7)]

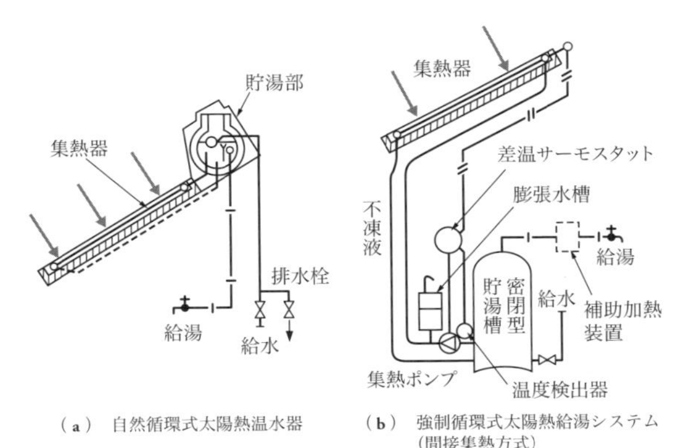

図 5･23 太陽熱利用給湯システムの例 [8)]

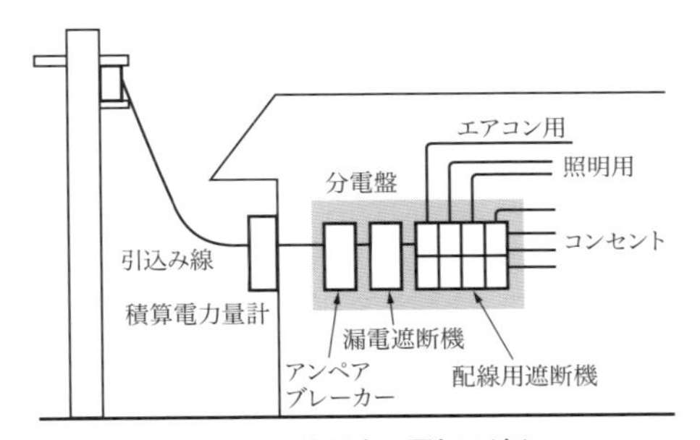

図 5･24 住居内の電気の流れ

ガス

給湯，調理などに使用するガスには，都市ガスとプロパンガスとがある．都市ガスは気化したLNG（液化天然ガス）にLPG（液化石油ガス）などを混ぜて熱量調整したもので，ガス会社により種類が異なる．都市ガスはガス管を通して，プロパンガス（LPG）はガスボンベで供給される．どちらも必要空気量の違いから，ガスの種類に適合しないガス機器を使用すると，不完全燃焼を起こすことがあるので注意を要する．

電気

配電線から引き込まれた電気は積算電力量計を通り，分電盤で各部屋のコンセントに分岐される（図 5･24）．分電盤には，許容量以上の電流が流れたときに回路を閉じるブレーカーと，屋内配線で漏電が起こったとき回路を閉じる漏電ブレーカーとがあり，住居内の安全を図っている．

ガスや灯油などの燃料と比べて安全と思いがちな電気だが，使用方法を誤れば事故につながる．電気が原因の事故の多くは，コンセントやコードまわりの火災である．たこ足配線によって許容量以上の電流が流れたり，コードを束ねることで熱がこもったりして発生する火災や，コンセントとプラグのすきまにほこりがたまり，そこに水分が加わることで起こるトラッキング火災などである．また，乳児のいる家庭ではコンセント キャップを使用することで感電を防止できる．

オール電化とガスによる発電

従来，主としてガスを使用してきた調理や給湯にも，ハロゲンヒーターや電磁調理器，深夜電力を使用する電気温水器，**ヒートポンプ**†による給湯など，電気の使用が増えてきた．また太陽光発電によって，電力の一部をまかなう例もみられる．

一方，ガスエンジンやガスタービンで発電し，排熱を給湯や暖房に利用する家庭用ガスの**コージェネレーション**†システムや家庭用**燃料電池**†も，エネルギーを有効利用する方法として今後期待される．

Chapter 6 アレルギーやシックハウス現象を起こさない住まい

6-1 アレルギーとシックハウスの要因

アレルギーとは

人体の防御機能のうち，過敏な免疫反応を指す．ぜんそく・花粉症・アトピー性皮膚炎などのアレルギー疾患は，治療が必要な普通の慢性病といえる．近年アレルギーを患う人が増えた原因に，空気汚染が考えられる．NO_x などによって汚染された空気を呼吸すると，汚染物質が体内に入り，その異物に対する抗体ができて，その後何らかの異物が体内に入ってきたとき，アレルギー反応を引き起こしやすくなる．卵白や牛乳への抗体が乳児期に多いのに対し，ダニ・ハウスダストへの抗体は乳児期以降に増加する（図 **6・1**）．異物自体の害以上にアレルギー反応そのものが問題になる．アレルギー反応が現れる部位は，呼吸でアレルゲン（人にアレルギー反応を引き起こす物質）を吸い込むと鼻や気管支に，目の表面にアレルゲンが触れた場合には目に症状が出る．食物として摂取したアレルゲンは消化器の働きを乱し，また血液に取り込まれて体のあちこちで問題となる症状を起こす（表 **6・1**，表 **6・2**，図**6・2**）．

アレルギーの原因物質

室内のアレルゲンには，ダニ・ゴキブリ・ペットやカビに起因しているものが多い（図 **6・3**）．室内の湿気やほこり・ペットのフケはカビの発生を増やすだけでなく，ダニやゴキブリの繁殖を助けて問題になる．衣服などに付着した花粉，室内に置かれた鑑賞植物の花粉も原因となるが，花粉には戸外で接触することが多い．

大気汚染・室内空気汚染

大気汚染物質として，硫黄酸化物（SO_x），窒素酸化物（NO_x），浮遊粒子状物質などがある．NO_x が強い紫外線照射を受けて発生したオゾンもアレルギー反応を助長し，光化学スモッグ現象を起こす．ディーゼルエンジン排気からは，NO_x や微粒の浮遊粉じんが発生し，工場の排煙からも，NO_x や SO_x が発生する．わが国では産業活

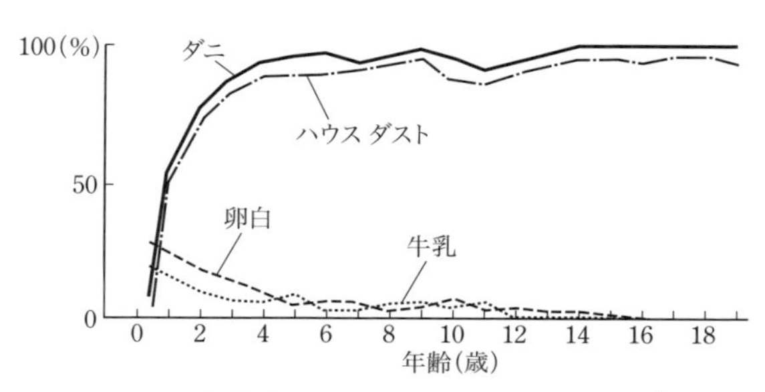

図 6・1　年齢別にみた特異抗体（IgE）陽性頻度 [1)]

表 6・1　おもなアレルゲンとアレルギー疾患

アレルゲン	体内への侵入方法	おもなアレルギー疾患
ダ　ニ	吸引，経皮	気管支喘息，アレルギー性鼻炎，アレルギー性結膜炎，アトピー性皮膚炎
ハウスダスト	吸引，経皮	気管支喘息，アレルギー性鼻炎，アレルギー性結膜炎，アトピー性皮膚炎
花　粉 スギ，ヒノキ，ハンノキ，カモガヤ，ブタクサ，ヨモギなど	吸　引	アレルギー性鼻炎，アレルギー性結膜炎，アトピー性皮膚炎
カビの胞子	吸　引	気管支喘息，アレルギー性鼻炎，アレルギー性結膜炎，アトピー性皮膚炎
イヌやネコのふけ，唾液	吸引，経皮	気管支喘息，アレルギー性鼻炎，アレルギー性結膜炎，アトピー性皮膚炎
羽毛，羊毛	吸引，経皮	気管支喘息，アレルギー性鼻炎，アレルギー性結膜炎，アトピー性皮膚炎
そばがら，もみがら	吸引，経皮	気管支喘息，アレルギー性鼻炎，アレルギー性結膜炎，アトピー性皮膚炎
食　品 卵，牛乳，大豆など	消化吸収	気管支喘息，アレルギー性鼻炎，アレルギー性結膜炎，アトピー性皮膚炎
穀　物 ソバ，コメなど	消化吸収	気管支喘息，アレルギー性鼻炎，アレルギー性結膜炎，アトピー性皮膚炎
植　物 うるしなど	接　触	接触性皮膚炎
抗生物質 ペニシリンなど	服用，注射	薬物アレルギー
金　属 合金，めっきなど	接　触	接触性皮膚炎

表 6・2　室内で発生するさまざまな汚染質

汚染質	発生源または原因
二酸化炭素	人体，燃焼器具，タバコ
一酸化炭素	燃焼器具，タバコ
窒素酸化物	燃焼器具，タバコ
粉じん	タバコ，人体，掃除，
臭　気	人体，調理，タバコ，排泄，ごみ
オイルミスト	調理
ホルムアルデヒド	建材，家具
ラドン	土，建材
微生物，菌類	結露，高湿度
水蒸気	人体，調理，入浴，洗面，洗濯，燃焼器具

日本建築学会（編）：シックハウスを防ぐ最新知識，2005

(1) 大気汚染の問題
・工場からのばい煙
・自動車やバイクの排気ガスなど
(2) 室内汚染の問題など
非木造化・高層化住宅の増加
→ アルミサッシの普及 → 住宅の気密化 → 室内汚染物質やアレルゲンの増加
→ 学童の屋外での運動量低下 → 基礎体力低下
(3) 食生活の問題など
・食生活の欧米化
・過剰栄養
・母乳栄養の減少など
(4) 肉体的・精神的ストレスの増加

図 6･2　アレルギー増加の要因 [1)]

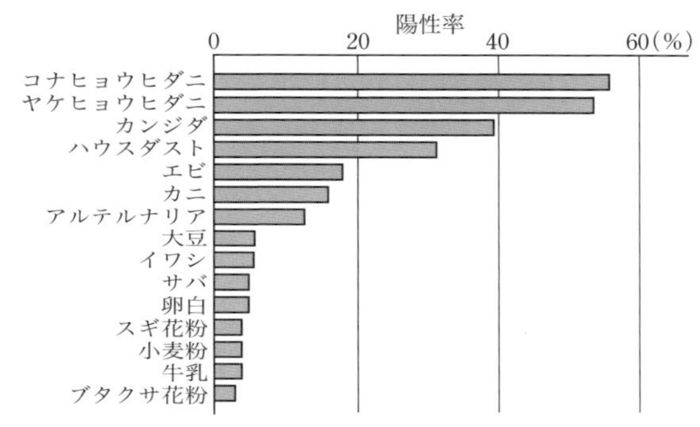

図 6･3　アトピー性皮膚炎における各種アレルゲンのパッチテスト成績 [1)]

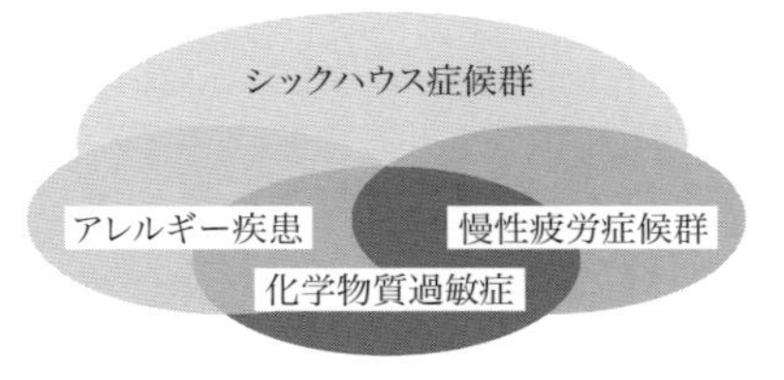

図 6･4　シックハウス症候群とほかの疾病との重複 [2)]

表 6･3　シックハウス症候群のおもな症状

①	手足が冷え，疲れやすく，疲れがとれないなどの自律神経疾患のような症状がでる．
②	頭痛，睡眠障害，意欲低下，イライラ，関節痛，筋肉痛などの神経，精神症状が現れる．
③	喉，鼻の痛み，風邪などの症状がでる．
④	下痢や便秘などの消化器系の症状がでる．
⑤	目や鼻に刺激を感じ，目の疲れ，味覚異常などが生じる．
⑥	動悸（どうき）や不整脈，胸部痛などの循環器系の症状がでる．
⑦	ぜんそくや皮膚疾患などのアトピー性皮膚炎やアレルギーのような症状が生じる．
⑧	生理不順，更年期障害，インポテンツなど老化のような症状が生じる．
⑨	精密検査を受けても異常が見つからないのに体調が悪く，薬を飲んでも良くならない．
⑩	家で休んでも良くならないか，かえって悪くなる．

中根芳一（編著）：目で見る私たちの住まいと暮らし，化学同人，1995

動が盛んになった 1955 年ころ以来，大気の汚染が著しく，規制も強化されて来たが，まだ問題がある．家庭の開放型ストーブやコンロなどの燃焼器具からも環境基準値の 10 倍以上という NO_x が発生（図 **6･16**）している．さらに近年建物が気密化されたことも室内空気の質的悪化を助長し，アレルギー疾患が増える一因となっている．

シックハウスとは

住宅の高気密化や化学物質を放散する建材・内装材の使用などにより，新築・改装後の住宅やビルで，化学物質による室内空気汚染などのため，居住者にさまざまな体調不良を生じさせている．症状は多様で，発生の仕組みをはじめ，未解明な部分も多い．他の疾病との複合要因（図 **6･4**）も考えられ，シックハウス症候群と呼ばれている．室内空気の化学物質汚染を抑制するため，2003 年に建築基準法が改正され，居室で使用する建材のホルムアルデヒド発散速度が表 **6･5** のように規制され，換気設備の設置も義務付けられた．めまいや吐き気，下痢などの生理的症状から，記憶力・集中力の低下など精神的な症状まで表 **6･3** のようにさまざまで，厚生労働省のガイドライン値以下でも症状を訴えることもある．しかし，発症の詳しいメカニズムはまだ正確には解明されていない．

シックハウスの原因

原因としては建物の気密化と新建材の普及，大気汚染の進行により人体に抗体ができた，などが挙げられる．化学物質が接着剤などとして建材に使用され，省エネルギー･防露に有効な建物の高気密化技術が，適切な換気の確保がないまま建築に用いられた結果，シックハウスなどが生じている．

シックハウスを生む汚染化学物質

基本的には接着剤・可塑剤・有機溶剤・防菌剤・防虫剤・殺虫剤・ワックス・難燃剤・各種樹脂を含んだ建材などから汚染化学物質は発生する．その他化粧品・洗剤・柔軟剤・防カビ剤などからも発生する．

6-2 健康に良い建築材料・家具材料を選ぶ

アレルギーを防ぐ建築材料・家具材料の選択

木やリノリウムの床はほこりをためないため，ダニやカビの少ない低アレルゲン住宅に適した建材といえる．畳は内部でダニが増殖しやすくアレルギー防止の面では好ましい床材ではない．床に敷物を敷かない方が良いが，敷く場合は洗濯しやすい木綿のラグ（rug）にする．

シックハウスを防ぐ建材・家具材料の選択

厚生労働省が指定する有害物質（表6･4）を含まない建材を選ぶことが第一である．しかし，含有する有害物質の発散濃度が等級別に表示され，事前に判断できるのはホルムアルデヒドくらいである．建築基準法が2002年7月に改定され，シックハウス対策として，居室を有する建物にはホルムアルデヒドなどの発散の少ない建材を用いることを義務付け，建材には国土交通大臣認定の取得を定めた．等級区分“F☆☆☆☆”（表6･5）に認定された建材・家具材料では，ホルムアルデヒドの発散速度が5 $\mu g/m^2h$以下に規制されており，この等級区分のものを選ぶことが肝要である．ホルムアルデヒド濃度が既存の住宅の約40％で厚労省基準の0.08 ppm以上になるという測定結果がある．しかし，最近の建物では一般に基準値以下になっているが，家具が入るとホルムアルデヒド濃度が上がる．家具，とくに輸入家具には問題のある物もあり，家具の扉を開けたとき，鼻にツンと来るような刺激のあるものは避ける．有機化学物質では自覚症状がある場合だけでなく，けん怠感・がんなど明確な自覚症状なくシックハウスにかかっていることもある（表6･6）．

室内空気の汚染を軽減する材料・機器

化学物質を吸着・分解する材料や機器も市販されている．壁装材料では珪藻土・漆くい・シラスなどを原材料にしたもの，火山灰土壌に含まれる粘土鉱物を焼成し，ボード状にして貼付け用にしたものなどがある．これらの原材料は微細な穴が表

表6･4 厚生労働省ガイドライン値（単位：$\mu g/m^3$）

揮発性有機化合物	室内濃度室内濃度指針値
ホルムアルデヒド	100
アセトアルデヒド	48
トルエン	260
キシレン	870
パラジクロロベンゼン	240
エチルベンゼン	3800
スチレン	220
クロルピリホス	1ただし小児の場合は0.1
フタル酸ジ-n-ブチル	220
テトラデカン	330
フタル酸ジ-2-エチルヘキシル	120
ダイアジノン	0.29
フェノブカルブ	33
総揮発性有機化合物量（TVOC）	暫定目標値400

厚生労働省資料より

表6･5 ホルムアルデヒドの発散速度と等級区分

ホルムアルデヒドの発散速度	告示で定める建築材料		大臣認定を受けた建築材料	内装仕上げの制限
	名　称	対応する規格*		
5 $\mu g/m^2h$ 以下		F☆☆☆☆	規則対象外とみなす	制限なし
5 $\mu g/m^2h$ 超 20 $\mu g/m^2h$以下	第3種ホルムアルデヒド発散建築材料	F☆☆☆	第3種建材とみなす	使用面積を制限
20 $\mu g/m^2h$ 超 120 $\mu g/m^2h$ 以下	第2種ホルムアルデヒド発散建築材料	F☆☆	第2種建材とみなす	使用面積を制限
120 $\mu g/m^2h$ 超	第1種ホルムアルデヒド発散建築材料	無等級		使用禁止

* JIS・JASなどによる等級付け
日本建築学会（編）：シックハウスを防ぐ最新知識，2005

表6･6 建材の有機化学物質による人体への影響

化学物質	使用されている建材	人体への影響（毒性・症状など）	使用される薬剤名
ホルムアルデヒド	合板　壁紙　建材用接着剤　壁紙の接着剤	発がん性　発がん性促進作用　アトピー　ぜんそく　アレルギー	ホルマリン
有機リン系化学物質	壁紙の難燃材　シロアリ駆除剤　畳の防ダニ加工　合板の防虫剤	発ガン性　変異原性　急性毒性　慢性毒性　遅発性神経毒性　接触毒性　頭痛　全身倦怠感　胸部圧迫感　発汗流涎　下痢　筋萎縮　意識混濁　視力低下　縮瞳　神経毒性	フェニトロチオン フェンチオン クロルピリホス ホキシム リン酸トリクシル リン酸トリエステル類
有機溶剤	塗料　接着剤　シロアリ駆除剤の溶剤　ビニールクロス	発ガン性　変異原性　麻酔作用　頭痛　めまい中毒　目・鼻・喉への刺激吐き気　皮膚炎　高濃度で興奮　麻酔作用　中枢神経系障害	酢酸ブチル トルエン キシレン デカン アセトンほか
フタル酸化合物	壁紙の可塑剤　塗料	発がん性　ホルモン異常　生殖異常　催奇形性　中枢神経障害　胃腸障害　細胞毒性　麻痺　下痢　嘔吐	DOP（DOHP） DBP BBP
有機塩素化合物（ダイオキシンを発生させる）	ビニール壁紙の素材	脳腫瘍　肝臓がん　肺がん　乳がん　めまいリンパ腫　肝血管肉腫　手足の灼熱感	モノ塩化ビニル
	合板の防虫剤　防腐処理木材	腫瘍　白血病　胎児の奇形　皮膚障害　肝臓障害　食欲不振　多量発汗　不眠　倦怠感　関節痛	ペンタクロロフェノールほか

能登春男・能登あきこ：住まいの汚染度完全チェック，情報センター出版局，1997

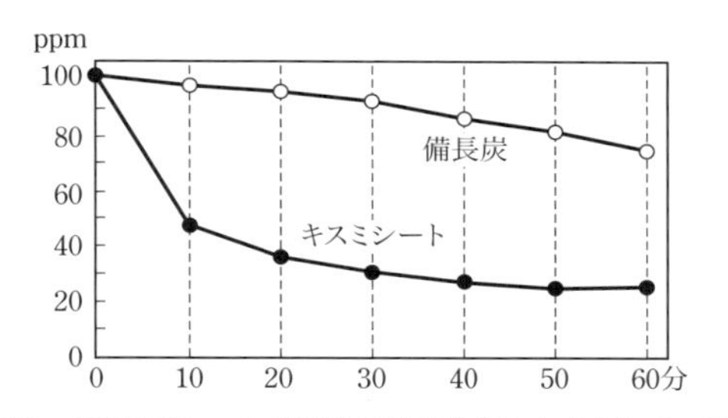

〔注〕 木炭建材シートは悪臭の吸収能力にもすぐれている．

図 6･5　アンモニアに対する吸着能力（残留濃度減少試験）[3)]

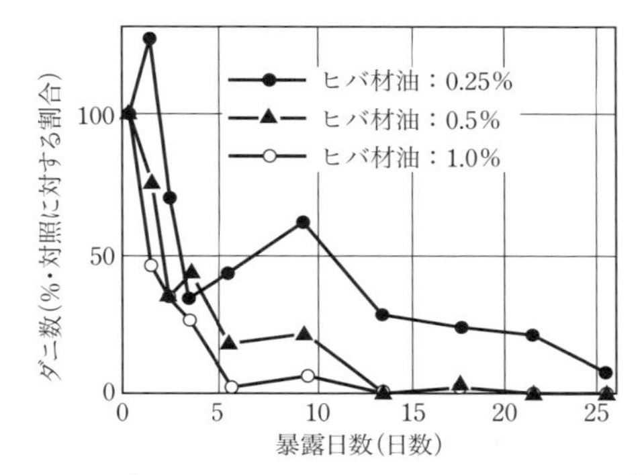

図 6･6　低濃度のヒバ材油によるダニの行動抑制効果 [3)]

表 6･7　住宅に使用される環境ホルモンのリスト

ポリ臭化ビフェニール	難燃カーテン	布を燃えにくくする難燃剤に含まれる．生産量は年間 30 トンに及ぶ
マラソン	たたみ	有機リン殺虫剤の成分で，防虫･防カビのために使用したものが多い
ビスフェノール A	サンルーフ	ポリカーボネート樹脂の原料で，カーポートの雨よけなどにも使用
フタル酸ジオクチル	壁紙用クロス	クロスを柔らかくするための可塑剤．電気コードの被覆剤にも使用
フタル酸ブチルベンジル	床壁用タイル	タイルを柔らかくするための可塑剤．ビニールクロスにも使用
フタル酸ジブチル	ラッカー接着剤	クロスなどを貼る際に使用する．殺虫効果もあり，揮発性が強い
フタル酸ジシクロヘキシル	アクリルラッカー塗料	外壁，内壁ともに大量に使用される．揮発性が強く，部屋中に充満
フタル酸ジエチル	合板接着剤	酢酸ビニルの原料として，床や壁に使用．隙間埋めにも使われる
ヘキサクロロシクロゲキサン	木材保存剤	家庭用殺虫剤としては 1972 年に使用禁止に．防虫処理で木材に使用
ポリ塩化ビフェニール	電気製品の絶縁体	1972 年に生産禁止となるが，その毒性は 100 年以上消えないという
ペンタクロロフェノール	除草剤	造園の際，大量に使用される．残留性が高い．1990 年に生産中止．
クロルデン	床下防虫剤	1986 年に使用禁止．シロアリ，ダニ，カビ防止用．毒性は 100 年残留
オキシクロルデン	床下防虫剤	クロルデンと同様，有機塩素系の殺虫剤として床下に使用された

週刊宝石：1998. 3.21 号より

面に並ぶ多孔質であり，ガス分子がこの穴に物理吸着される．塗料・塗布液体には，微粉末木炭を特殊液状化して，ローラー刷毛で塗布し，ホルムアルデヒドを脱水反応によって分解除去するものがある．畳・床下調湿材には木炭・粒状炭や珪藻土を主成分としたものがあり，防蟻剤・ホルムアルデヒド・トルエンなどの化学物質も除去するという．また粉末状のホルムアルデヒド捕捉剤・木炭粉・吸着剤＋光触媒の粉体などをクラフト紙に塗布した浄化シートも市販されている．ホルムアルデヒドを吸着する有機アミド系複合物を用いた製品も市販されている．空気清浄機は，ほこり・ちり・ペットの毛・タバコの煙・花粉・カビ・ダニなどの粒子状物質を捕捉・除去する機能や悪臭を除く脱臭機能を持ち，さらにホルムアルデヒドの除去性能も持たせた製品がある．一例として木炭の悪臭吸収能力・ヒバ材油のダニ抑制効果を図 **6･5**，図 **6･6** に示す．その他，建材には表 **6･7** のように環境ホルモンを使用している物があり，注意したい．

建物を購入する場合の注意

使用された仕上げ材料や接着剤に化学物質発生の少ないものが選ばれているか，造付けの家具・戸棚やシステムキッチンなどについてもチェックする．24 時間換気システムなどの有無や，窓を開けて換気する場合，効率よく換気できるような窓配置になっているかなどのチェックも大切である．

寝具・衣類・おもちゃ・化粧品などの選択

すべての寝具や布張りの家具などはダニを通しにくい高密度織物のカバーで覆う．ぬいぐるみも布団やカーペット・布張りの家具同様にダニの繁殖に絶好の環境になるので，毎週 60 ℃以上の湯で洗うか，3 ～ 4 時間フリーザーに入れてダニを殺すなどの工夫をする．アレルギー体質は遺伝しやすいので，その疑いがある場合，低アレルゲン環境づくりに努める．化粧品でもパーマ液など強いアルカリ性のものは皮膚に触れるとトラブルを起こすおそれがある．またある種の保存剤は接触性の皮膚炎を起こす．

6-3 アスベストとタバコの煙は身近なリスクファクター

アスベストの人体影響

アスベストもタバコの煙も，潜伏期間の長いきわめて有害な物質である．アスベストは図**6･7**に示す天然の無機繊維状鉱物の総称で，柔軟性・不燃性・耐熱性・防音性・電気絶縁性などの特性から，耐火被覆・吸音・結露防止などの材料に，石綿スレートや石綿セメント管など主として建材に，また電気製品や自動車などにも広く使われてきた．アスベスト繊維は吸い込むと中皮腫など特有のがんを発症する危険性があり，1975年に建設での吹付け使用は禁止された．しかし，発症までの潜伏期間が15〜40年にもなる．世界11か国のアスベストの消費量と中皮腫での死亡者数の関係（170トンにつき1人が死亡）から，今後日本では中皮腫での死亡が年間2000人以上，2040年までに10万人に上るとの推計もある．図**6･8**に石綿の輸入量と規制の年譜を，石綿吸引により発症する病気と部位を図**6･9**に示す．

2005年に石綿を使用した製品を製造していた工場の社員，周辺住民，吹付け石綿が使用されている建物内で勤務していた人などにも中皮腫に罹患・死亡した人が出ていることが明らかになり，全面的な石綿の使用禁止が図られた．従来使われた建材中のアスベスト含有量を表**6･8**に示す．

既設の石綿スレートや石綿セメント管は，その建物の改造・解体時に注意が必要になる．吸音材・断熱材などとして吹付け使用されている場合には，表面に石綿が露出していて飛散しやすいので，早急に除去や飛散防止措置をとる必要がある．アスベストが0.1 %以上使われている建物では，解体する場合，飛散防止措置が義務づけられている．従来，撤去した石綿は管理型最終処分場に埋立て処理されてきた．現在アスベストを安全に処理する技術の開発が相次ぎ，アスベストの内部に浸透して固まる飛散防止塗料の開発や，除去した石綿を数秒で溶かして無害化する技術などが

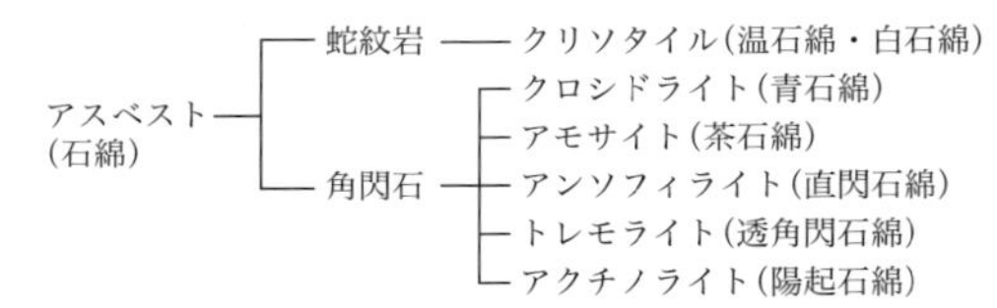

図 6･7　アスベスト（石綿）の分類
（大気汚染物質レビューより）

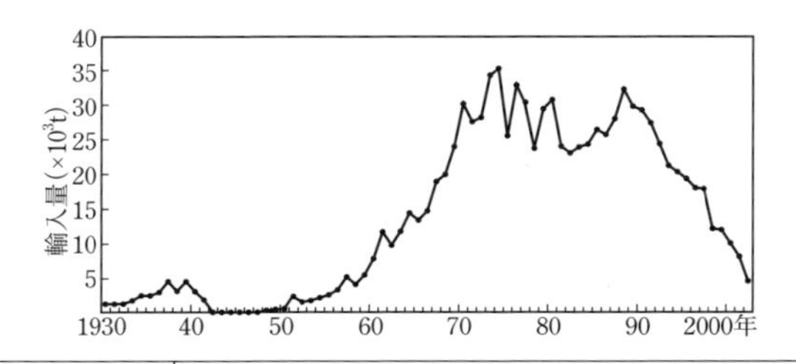

1900年代	初頭からアスベストの健康被害を指摘する論文が多数報告あり
1972年	世界保健機構（WHO）が石綿の発癌性を指摘
1975年	日本国内での石綿の吹付けが原則禁止
1976年	スウェーデンが石綿の使用を全面禁止
1983年	アイスランドが石綿の使用を全面禁止
1986年	国際労働機関（ILO）が石綿条約採択（青石綿の使用を原則禁止）
1987年	学校での石綿使用が社会問題化
1989年	大気汚染防止法で工場の石綿排出規制
1996年	青石綿・茶石綿の輸入・製造・使用を禁止
2004年	石綿の輸入・製造・使用を原則禁止
2005年6月末	クボタがアスベストを扱っていた工場の従業員や周辺住民が中皮腫を発症・死亡していた事実を公表
2005年7月以降	他社からも作業着を洗濯した妻や，アスベストが吹き付けられた店舗での勤務者が中皮腫を発症・死亡していた事実が明らかとなる．

図 6･8　石綿の輸入量およびおもな規制の年譜
（財務省：貿易統計）

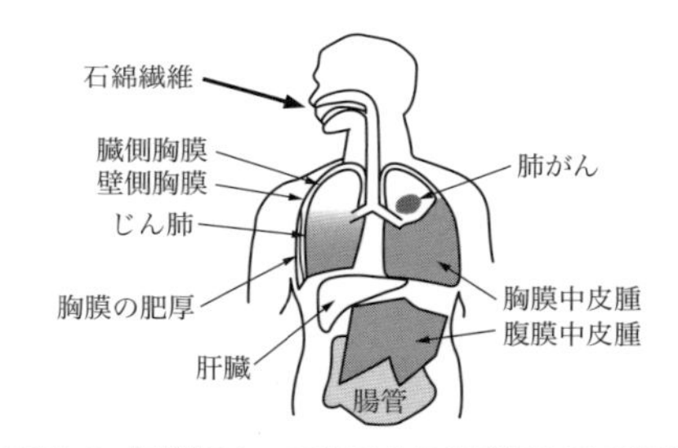

図 6･9　石綿によって起こされる病気とその部位
（石綿読本より）

表 6･8　建材中のアスベストの含有量

	種　類	用　途	一般的含有率
石綿スレート	波　板	工場･倉庫の屋根，外壁	15 %
	フレキシブル板	工場･住宅の外壁，軒天井	35 %
	軟質フレキシブル板	工場･住宅の内部天井，内壁	30 %
	平　板	工場･住宅の内部天井	15 %
	軟質板	工場･住宅の内部天井	15 %
石綿セメントパーライト板		工場･住宅の内部天井，内壁	20 %
石綿セメント珪酸カルシウム板		工場･住宅の内部天井，間仕切，内壁	20 %
パルプセメント板		工場･住宅の軒天井，内部天井，内壁	5 %

表 6·9　タバコが原因で死亡する割合（%，男）

喉頭がん	95.8	胃潰瘍	39.2
肺がん	71.5	くも膜下出血	38.2
末梢血管疾患	64.7	虚血性心疾患	35.5
動脈瘤	50.0	肝臓がん	28.3
食道がん	47.8	膵臓がん	28.3
肺気腫・気管支拡張症	47.8	胃がん	25.1

平山雄：予防がん学，その新しい展望，1987

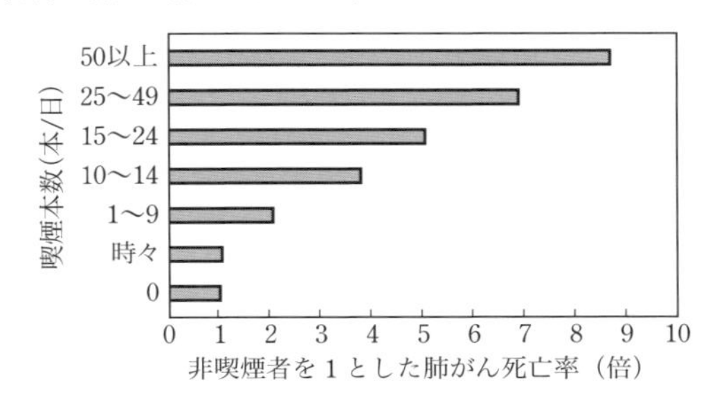

図 6·10　喫煙と肺がん死亡率（男性）
（厚生省：喫煙に関する調査報告書，1980）

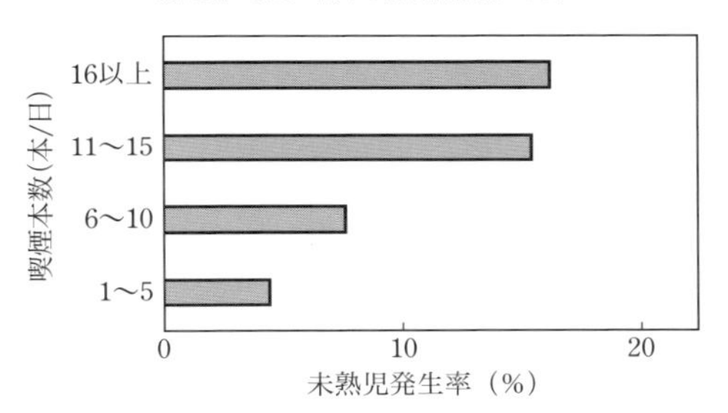

図 6·11　妊婦の喫煙量と未熟児の発生率
（厚生省：喫煙に関する調査報告書，1980）

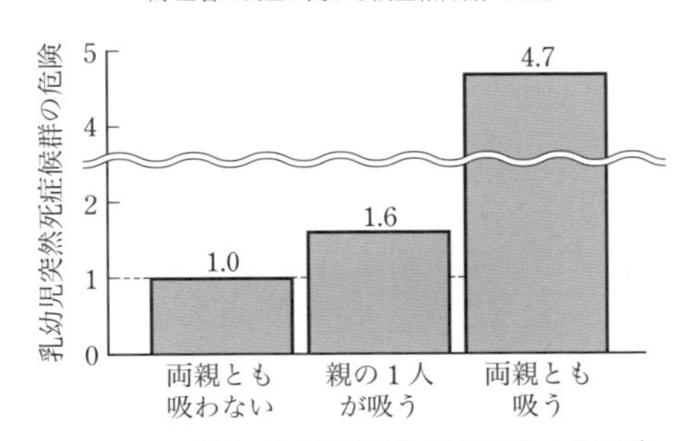

図 6·12　喫煙と乳幼児突然死症候群との関係[4]

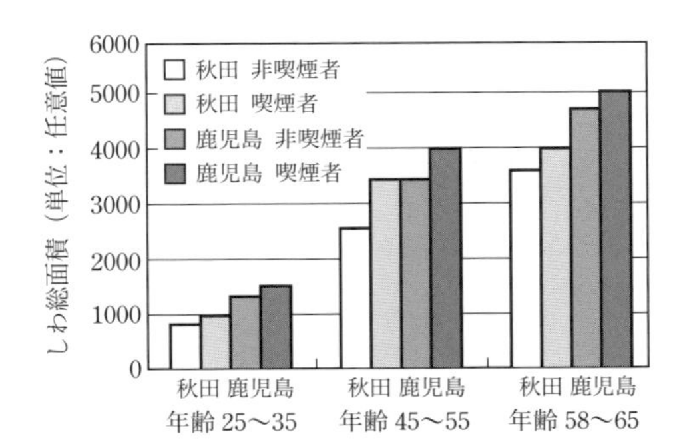

図 6·13　喫煙者と非喫煙者のしわの量の比較
〔マックス・ファクター（株）資料より〕

開発されてきている．建物の石綿を除去して，安全な住環境を構築していかなければならない．

タバコの煙による人体影響

タバコの害はよく知られている．ニコチンは覚せい剤と同じ依存性があり，室内では禁煙にしたい．タバコの**受動喫煙**[†]は喫煙者本人より周囲の人に多くの健康被害を与える．2020年の東京オリンピック開催を控え，受動喫煙防止を強化するため，改正健康増進法が2019年から施行され，2019年夏から学校・病院・行政機関などでは，原則禁煙となる．飲食店などの規制は2020年4月から始まる．東京都では2020年から施行される．

健康被害　タバコの煙には4000種類以上の化学物質が含まれ，うち200種類以上は有害で，なかでもニコチン，タール，一酸化炭素は3大有害物質である．全世界で死因の第4位になっている**COPD**[†]の原因でもある．タールには40種類に及ぶ発がん物質が含まれる．表**6·9**に喫煙が原因で死亡する割合を疾病別に示す．タバコを50本/日以上吸う人は非喫煙者に比べ肺がん死亡率が9倍にもなる（図**6·10**）．

胎児・子供への影響　近年，若い女性の喫煙率が増えている．妊婦の喫煙は妊娠異常・出産異常を増加させ，低体重児が生まれる危険率は喫煙本数が10本/日をこえると約4倍にも増加する（図**6·11**）．乳幼児突然死症候群と喫煙との関係でも両親が喫煙する場合4.7倍（図**6·12**）にもなる．その他親が喫煙すると子供に咳やぜん鳴などの症状が出やすく，感冒・肺炎・気管支炎などの感染症にもかかりやすく，タバコによるやけどや誤飲事故も起こりやすい．喫煙者の妻は非喫煙でも肺がん死亡率が2倍になる．

タバコで皮膚の老化・しわが増える　加齢や紫外線を浴びるとしわが多くなることは周知であるが，喫煙も老化を促進する．図**6·13**に喫煙としわの量の関係を示す．喫煙でしわ・染みが増えて老人のような顔貌になり，ヘビースモーカーでは5倍もしわができやすい．

6-4 室内空気の質を改善する工夫

室内空気の改善

健康な住まいの実現には，“室内の汚染物質を持ち込まない”“健康に負荷をかけない建材の選択”と“十分な換気”とが不可欠になる．室内空気を汚染させる物には，揮発性有機化合物やタバコの煙，ダニの糞や死骸，ゴキブリの糞，ペットのふけ・毛・唾液・尿に含まれるアレルゲン，カビの胞子などがある．有害物質を出さない建材や家具を選んでも，電気製品・生活用品・印刷物・芳香剤などからも有害物質がでる．揮発性有機化合物の指針値を表 **6･4** に示した．また私たち自身が呼吸などで，炭酸ガスや水蒸気・臭気などを室内に放出し，炊事・暖房などでも炭酸ガスや窒素酸化物・水蒸気などを室内に放出している．このように，室内では人体や燃焼器具，家具や壁・床・建具などからも有害物質が発散し，またテレビやパソコンなどからも有害揮発性物質が発散する．したがって，つねに換気を行わないと室内空気は清潔に保てない．人間は大体 20 〜 30 m^3/h･人の換気を必要とする．人間は暑さ・寒さには割合敏感であるが，空気の汚れには案外鈍感で，室内空気の汚れに気付かないことが多いので，意識的に換気を図る必要がある．わが国古来の建物はすきまが多く，換気についてそれほど配慮する必要がなかった．しかし，近年の**高断熱・高気密化**†された建物では，快適な室内温熱環境形成には有利でも，積極的に機械換気設備を利用した計画換気を行わないと，揮発性有機化合物によるシックハウス症候群のほか，結露・カビ・ダニの発生などによるアレルギー症状発生の原因になる．

シックハウス対策

汚染の原因をまず考える．現代住宅には，① 汚染物質の発生削減，② 換気不足の改善が，居住者には日常生活で，① 汚染源を持ち込まない，② 換気を心掛ける，などの配慮が必要である．表 **6･10**，図 **6･14**，表 **6･11** に室内空気汚染を改善させ

表 6･10　室内空気汚染を改善する方法

① 換気に心がける．
- 換気システムがある場合は常時運転する．
- フィルターやファンの掃除に気をつける．
- 自然換気口を開ける．
- 換気システムがない場合には，こまめに窓を開ける．
- 換気システム，換気口，窓を利用して留守や就寝時にも換気する．

② 汚染源を持ち込まない．
- 刺激臭のある家具を持ち込まない．
- 芳香剤や殺虫剤など汚染源となる生活用品の過度の使用を避ける．
- 開放型ストーブをできる限り使用しない．
- 喫煙を控えるか，喫煙場所を限定して排気設備を設ける．
- 開放型ストーブやタバコからも汚染物質が発生する．

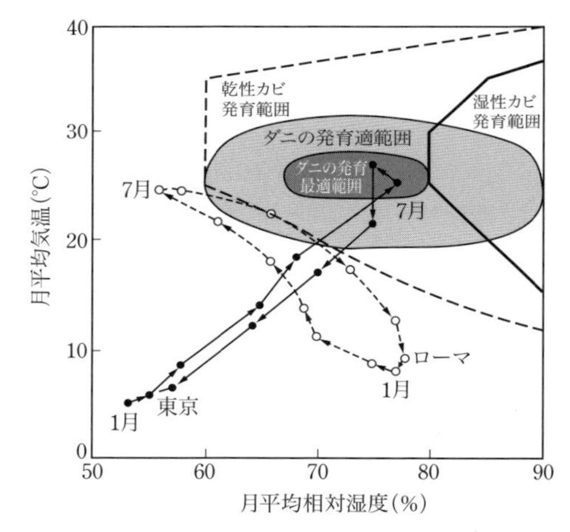

図 6･14　カビおよびダニの好む条件 [5)]

表 6･11　カビ・ダニの防除法

① 輻射熱利用法（日光干し）
② 加熱乾燥法（布団，畳加熱乾燥車の利用）
③ 高周波法（マイクロウェーブ）
④ 遮断法（防カビ，防虫紙の利用）
⑤ 除湿法（除湿器，除湿剤の利用）
⑥ 除去法（掃除機による除去）
⑦ 洗濯法（衣類，じゅうたんの洗浄化）
⑧ 除カビ剤，除ダニ剤の使用

ジョンソン（編）：わが家のカビウォッチング，洋泉社，1987

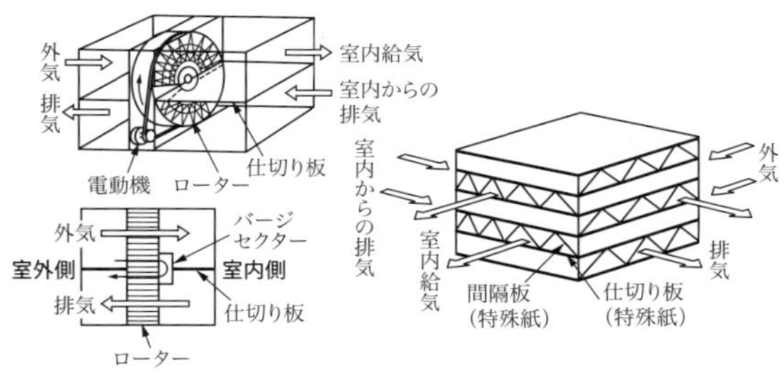

（a）熱交換器

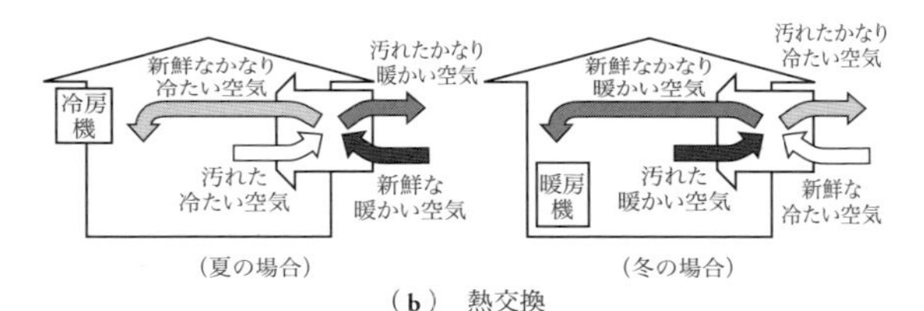

（b）熱交換

図 6·15　熱交換の説明図 [5]

表 6·12　燃焼型個別暖房機の形式

形式	長所	短所
（1）開放型 （図：排気，給気）	手軽に移動ができるものが多い．安価である．	部屋の空気を排気ガスで汚す．また燃焼にも部屋の空気中の酸素を使うため，部屋の換気を多くして，新鮮な外気を多量に取り入れる必要がある．暖房負荷も増大する．
（2）半密閉型 （図：排気，給気，排煙，給気孔またはすきま）	部屋の空気を汚さない．そのため比較的大型も使用できる（内部に送風機をもち，強制的に熱交換を行うものもある）．	燃焼に部屋の空気を使うため，開放型ほどではないが，部屋の換気量を多くする必要があり，暖房負荷が増大する．位置が固定される（煙突が必要）．隙間風に注意が必要．
（3）密閉型 （図：排気，給気）	部屋の空気を汚さない．（バランス フルー型器具，強制給排気型（FF型）器具がこれに属する）．気密性の高い建物の暖房に適する．	給気・排気口が必要のため，取付け位置が固定される． 燃焼効率が開放型よりやや悪い（熱が煙突より少し逃げる）．

石堂正三郎・中根芳一：新住居学概論，化学同人，1995

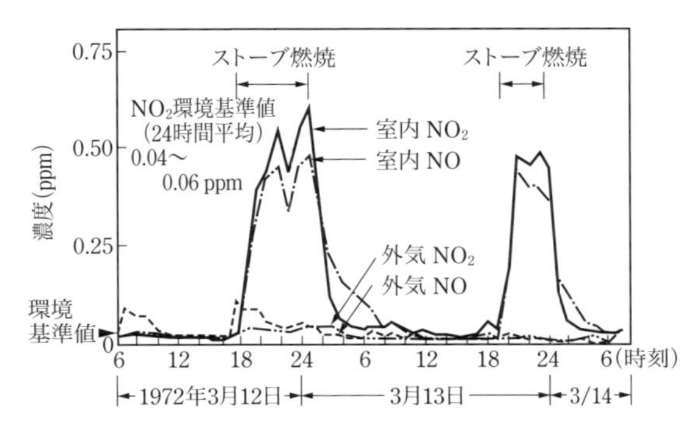

測定機：KIMOTO 212型・1時間バッチ方式，測定室：6畳
石油ストーブ（開放型）：芯上下式反射型，発熱量 2200 kcal/h
〔注〕ガスの場合も開放型であれば結果はほぼ同じである．

図 6·16　開放型ストーブ燃焼による室内空気汚染の測定例 [6]

る工夫，ダニの繁殖条件およびダニ防除法を示す．

室内空気汚染を防ぐ設備

換気システム　換気装置については **5-2** 節に解説しているので，ここでは室内空気の質にかかわるものをとり上げる．最近の建物は高気密化されていて，自然換気で計画的な換気量を期待することはできないので機械換気が必要になる．換気すると当然，暖冷房した室内空気は室外に放出され，暖冷房負荷が増大する．この負荷を軽減する目的で開発されたのが図 **6·15** にメカニズムを示す**熱交換型換気扇**†である．熱交換によって換気にともなう熱負荷の約 2/3 が回収される．また台所や浴室で発生する多量の排気ガスや水蒸気も，居室に拡散する前にその場で排気するのがよい．

暖房システム　暖房方式についても **5-2** 節に解説しているので，ここでは室内空気の質にかかわるものをとり上げる．燃焼型個別暖房機の排ガスには室内空気を汚染する有害ガスが多く含まれているが，燃焼にともなう吸気と排気の取扱い方の違いにより，表 **6·12** のように 3 区分される．開放型を使用すると図 **6·16** のように室内空気の NO_x 濃度は環境基準の 10 倍にも達するので，排気を室内に放出しない密閉型を使うのが望ましい．電気をエネルギー源とする暖房では，エネルギーを直接熱に変換して暖める電気ストーブはコストがかさむ．エアコンは外気がもつ熱を電気で室内にくみ上げて暖房する方式であるため，電気ストーブに比べて電気代は約 1/3 に軽減される．太陽熱などで暖めた温水を用いて行う床暖房なども室内空気を汚染しなくてよい．

その他の機器　空気清浄器を用いたときの室内空気の質は使用するフィルターの性能で変わる．極細繊維を使った超高性能の微粒子除去フィルター（HEPA）と強力なファンの付いた空気清浄器が最適で，多くのアレルゲンを除去できて有効である．除湿器も室内の過剰な水分を除去し，相対湿度を下げるのでダニやカビを減らすのに効果がある．

Chapter 7 住まいの構造・材料・施工

7-1 住まいをつくる材料

建物を支える役割を担う構造材料と，使用に適した表面をつくる仕上げ材料に大別される．その他，必要な設備を構成する設備材料などがある．

構造材料

住宅の主要な構造をつくる材料は，その地域で入手容易な材料がおもに用いられてきた(図**7･1**)．またそれは，建築の手法を制約し，各地で造られる建築物の形式を特徴的なものにした．工場生産された鉄･セメントを主材料とするコンクリートは，画一化した建物を各地に建ててきた．

現在の住宅を主要構造材で分類すると，木造･れんが造･石造･鉄骨造（S造）･鉄筋コンクリート造（RC造）･鉄骨鉄筋コンクリート造（SRC造）･コンクリートブロック造などになる(図**7･2**)．1階RC造，2階木造のように組み合わせる場合もある．

わが国の住宅は，現在でも約半数が木造である．木材は加工が容易で，比重の割に強度は高いが，火災や腐朽・虫害に弱い．土地の高度利用・防災性が求められる都市部とその周辺でRC造・SRC造が必然的に増加している．

RC造・SRC造は鉄・セメントという工業製品を材料にし，各地で入手しやすく，世界的に建造されている．とくに鉄は引張の応力が大きく，コンクリートは圧縮応力が大きいうえ，鉄とセメントの熱膨張率が近似していて，気温変化に対しても一体となって変化するため，構造にかかる応力に相補完して働く，合理的な構造である．8階建以下くらいの中層建にはRC造が，高層建物ではSRC造が，超高層建築にはS造がおもに使われる．ただ，鉄骨は熱により変形しやすく，耐熱のために熱に強い材料で鉄骨を被覆する必要がある．

仕上げ材料

建物の内部と外界とを遮断するのは，おもに屋根と外壁である．したがって屋根と外壁の遮断性能が建物内の環境を大きく左右する．外部仕上げは建物の形態とともに建物の外観を決定し，使用

図 7･1 いろいろな材料で作られた住まいの例 [1]

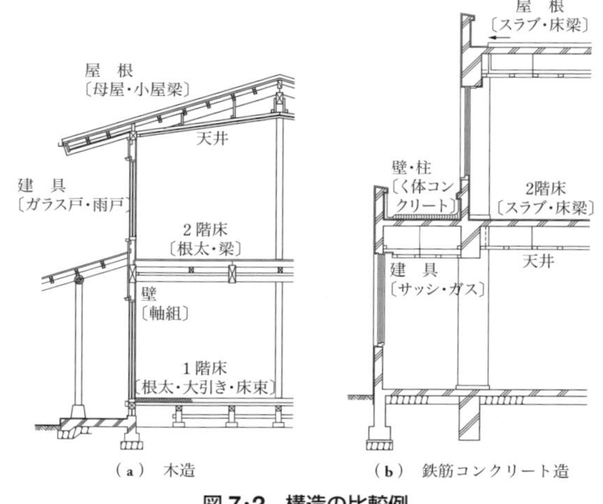

図 7･2 構造の比較例

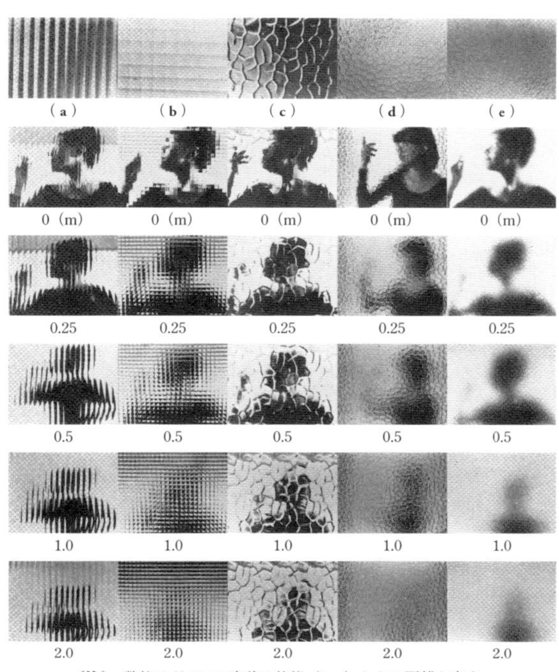

〔注〕 数値はガラスに密着の状態（0 m）からの距離を表す．

図 7·3　型板ガラスによる透視像

〔旭硝子（株）提供〕

表 7·1　代表的な断熱材と主な特徴

無機質系	グラスウール	ガラスの原料を高温処理して繊維状にしたもの．厚みが増すと断熱性能が高まる．床・壁・天井と住宅のほとんどの部位で使用可能，断熱材の中でも最も多く使われている．断熱材の室内側に防湿層が必要．不燃材の認定商品，燃えても有毒ガスを出さない．吸音性・防音性に優れる．軽量で柔軟性があり切断施工も容易，など．
	ロックウール	耐熱性の高い鉱物を高温処理して繊維状にしたもの．断熱材の内側に防音層が必要．断熱性が高いのでグラスウールより薄くできる．不燃材認定商品．耐熱性に優れ延焼防止に効果発揮．吸音性・防音性に優れる．切断が簡単なので間隙をつくらず簡単に施工できる．グラスウールより若干費用が高い．
発泡プラスチック系	硬質ウレタンフォーム	微細な独立気泡で形成された断熱材．気泡には熱伝導率が極めて低いガスが含まれているので，最も優れた断熱性能をもっている．ボード状に加工された製品のほか，施工現場で直接吹き付ける現場発泡品がある．大きな火では燃えるので下記に注意．紫外線で劣化するから，長期直射日光にさらさないこと．
	ポリエチレンフォーム	細かな独立気泡で発泡された耐吸湿，耐吸水性の高い断熱建材．柔軟性に富むのでさまざまな形状の製品がある．現場の施工制度に合わせて隙間なく施工可能．床，壁，屋根，屋上，配管カバーなど，断熱・防水と用途も多彩．紫外線で劣化するので長期間直射日光にあてない．火気に注意．
	ポリスチレンフォーム	1つ1つの粒の中に独立した気泡構造を持った断熱建材．水や湿気に強いのが特徴で軽量，緩衝特性，断熱性，耐水性に優れる．金型による成型品のため自由な形に仕上げ可能．火炎に弱いので火気に注意．紫外線にも弱いので長期直射日光にさらさないこと．
木質系繊維	セルロースファイバー	天然の木質繊維を利用した断熱材．天然パルプに加え古新聞紙などリサイクル素材が主原料．繊維の中の気泡に含まれる空気が，優れた断熱性，防音性を発揮する．木質繊維なので素材そのものに吸湿性・調湿性がある．断熱材の内部結露を防止し，快適な住環境をつくる．
	インシュレーションボード	軟質繊維板とも呼ばれる．木材から取り出した繊維質をボード状に成形加工した断熱材．原材料にはリサイクルされた木材や未利用木材を使用しているので，エコマーク認定を受けている．高い断熱性と吸放湿性を備え，内部結露を防ぐ．ホルムアルデヒド未使用．

中村義平二（監修）：家づくりの基礎知識，建築資料研究社，2005

価値・経済価値・耐久性を強く支配するので十分に配慮し，地球環境に優しいことも要求される．材料・部品の寸法特性を付表 **2**（**p.138**）に示す．

屋根は，雨・風・日射などを防ぐためのもので，構造上からも雨仕舞いからも単純な形ほどよく，各面の屋根勾配も統一し，雨漏りを防ぐために谷が生じないよう注意することも大切である．

壁は建築空間を鉛直に区画し，壁のもつ性能・位置・役割により，耐力壁，カーテンウォール（非耐力壁・間仕切壁），外壁，内壁，防火壁などに区別する．壁はふつう，骨組と壁下地と壁仕上げからできている．とくに外壁には，耐力性・耐水性・防火性・耐久性・美観が要求される．熱遮断性があり，遮音性の大きいことも重要である．

内部仕上材は人間の生活に直接触れる部材であるため，居住性・快適性につながる性能が強く求められる．防寒・防暑・防音・防火・防じん・美観などの面から，十分検討することが大切である．内壁面は外壁の内面と間仕切壁の表面に大別される．前者にはとくに結露防止に注意する必要がある．壁面は断熱・防音・光の反射特性などに十分な機能をもつと同時に，もっとも人体や目に触れる場所なので，その仕上げには肌触りや色彩・吸音性などの心理的効果への考慮も必要である．

建物には遮断性が要求される一方，室内での生活が外部環境と生理的にも精神的にもつながることが望まれ，外壁に開口部が必要になる．人や物の出入りを目的とする出入口，光の入射（採光）や透視・通風・換気のための窓である．

環境調整材料など

窓には，光を調整するルーバー・日よけ・すだれ・カーテンなど（図 **5·8** 参照）や風雨の遮断・防犯目的の雨戸，熱線吸収ガラスや複層ガラスによる日射熱・外気熱の流入，音の流入，透視性（図 **7·3**）の調整なども必要である．軽い，多孔質の材料は吸音性・断熱性に富む．平滑で，重たい材料は遮音性に富み，音の反射も強い．目的にあった材料を選ぶ．断熱材の主な特徴を表 **7·1** に示す．

7-2　地域に適した構造・構法計画

まずその建物が地域環境に対応しているか，使用目的に適しているかが重要になる．

地域環境への適応は，自然環境条件と材料的条件になるが，建築材料は世界的にその土地で得られやすい材料が選ばれ，わが国では一般に木材が使われてきた．しかし，近代工業の成立によって鉄・セメント・ガラスが安価で多量に供給されたことから，近年では構造材料に鉄とセメントを使い，開口部にガラスを使用した建物が各国で造られるようになった．さらに最近ではプラスチックも建材として使われている．現在構造材料としては，おもに木材・鉄・コンクリートが，わが国では地域に関係なく利用されている．自然環境条件では，わが国がユーラシア大陸の東の，季節変化が激しい位置にあり，中央に3000 m級の山脈をもつ島国で日本海側と太平洋側との地域差も大きく，しかも南北に細長いことから，南北の地域差も大きい．ゆえに住宅建築に対する要求条件にも地域環境を緩和する顕著な地域的特性があり，図**1·5**（**p.11**）に示す住居気候区に大別され，農家建築でも気候による地域特性が見られる（図**7·4**）．

寒冷地の住宅構造

寒冷地に建つ住宅では当然，寒さ対策が第一になる．建物の外気に面する部分の断熱性や気密性を高めること，断熱性の低下につながる結露の防止が要点になる．実験住宅の例を図**7·5**に示す．

断熱性を高めるには構成部材に中空層を設けたり，構成部材の内部に断熱材を入れる．また開口部は熱的に弱点となりやすいから，二重サッシ・断熱サッシなどを用い，気密性を高める．さらに建物の外気に面する部分では，内部結露を防ぐ目的で，防湿層を一般に室内側（高温側）に入れる．気密性を高めると室内の湿度が高くなりやすく，結露現象を起こしやすいから，換気を図る必要がある．このとき熱交換型換気扇（**6-4**節参照）を使うと換気にともなう熱負荷の増加を抑えられ，

その地方の気候・風土の住まいへの影響を最も特徴的に示す伝統的農家住宅の地域による差異を示す．気候の違いによる営農への影響でも住まいの形態に違いがでる．寒さをしのいで馬を飼うために馬屋も一体化した南部の曲り家や養蚕保温のために大屋根にした飛騨の合掌造りなどである．富山の砺波や島根の簸川では強風から家・屋敷を守るために松などの高い生垣を屋敷の周りの風上側に巡らしている．台風が常襲する沖縄や南九州などでは石垣で家を囲み，雨や日射を遮る大きな屋根の風通しの良い開放的空間をつくってきた．

図 7·4　日本各地の農家の伝統形式 [2]

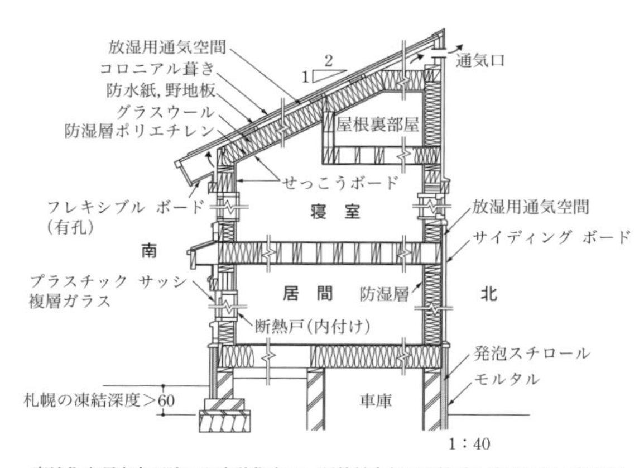

寒地住宅研究会が建てた実験住宅で，断熱材内部での結露を防ぐ目的で室内側（高温側）に防湿フィルム，屋外側に下見板や野地板に通気層を設けている．

図 7·5　ツーバイフォーの寒地実験住宅（札幌）[3]

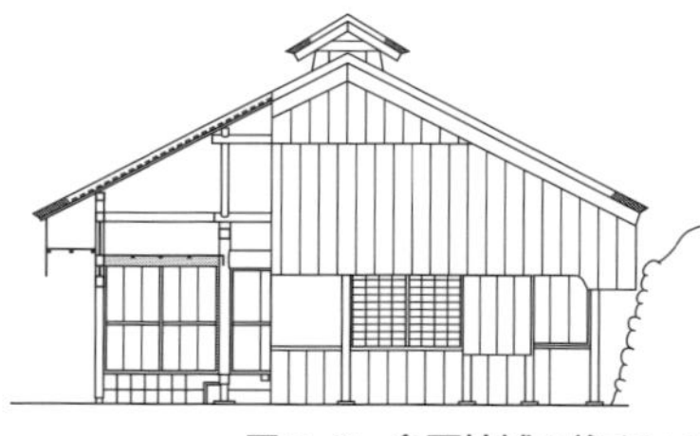

急勾配屋根で雨水を早急に排除する．軒の出を深くし，雨水を建物から離れた位置に落とす．周囲に敷石の犬走りを設け，雨がはねて建物の足元が汚れるのを防ぐ．濡れ縁を設け，軒雁木板や建物の裾に瓦を張り，建物を保護する．

図 7·6　多雨地域の住まいの例 [3]

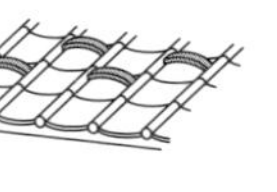
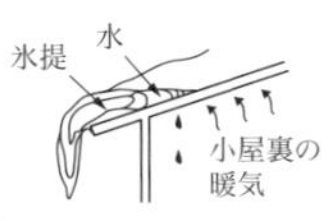

一般に緩勾配で雪下ろしをする．出長のひさしには支柱が必要．積雪が融解し，軒先で再結晶して氷堤を形成，後からの融雪水が室内に水漏れする“すがもり”が問題．豪雪地では積雪時の通路確保のために雁木（がんぎ）が用いられてきた．

図 7·7　多雪地域の住まいの特徴 [4)]

夏の高温多湿，梅雨・秋霖の多雨が問題．夏の日射を防ぎ，風通しの良い住まいづくりが基本．木造の架構式構造は開放的で，蓄熱量も少なく適切．軒の出を深くして日射を遮り，開口部には簾などを吊るして日射を遮る．深い軒の出は多雨を遮るのにも好都合．濡れ縁を設け，犬走りや雨囲いでの下部が濡れるのを防ぐ．

図 7·8　温暖地域の住まいの特徴 [5)]

台風が常襲する沖縄や南西諸島などでは，強風で住宅が壊されないように，屋根ひさしを低く，周囲の石垣の高さに近い所まで下げて，風が屋根の上を流れるようにつくられている．また，屋根瓦は漆喰で塗り固めて，風で飛ばされないように配慮されている．

図 7·9　強風地域の住まいの特徴 [6)]

有効である．

多雪地の住宅構法

乾いた雪の降る地域では雪も軽く，風で飛ばされやすく，積雪は少ない．重たい雪の降る地域では，数メートルも積もり，その重さが問題になる．屋根を急勾配にし自然落下させる場合もあるが，不意の落雪で事故になるおそれもあり，雪止めのある緩勾配にして雪下ろしをするのが一般的である．屋根に融雪装置を付けて雪を排除する場合もある．また，“すがもり”がある．雪が凍ってできた軒先の氷堤部に後から流れてきた融雪水が堰止められて建物内部に漏れる“すがもり”や外壁が積もった雪の圧力で室内側に押されて破壊される問題もある（図 7·7）．

温暖地域の住宅構法

わが国の場合比較的に緯度が低く，温暖地域とはいえ，夏の高温多湿への対応が求められる．古くから開けた地域で，暑さ対策として開放的な，ひさしの深い木造住宅が造られてきたように，日射熱をいかに遮断し，通風を図るかが家づくりの第一の要点になる（図 7·8）．樹木やつる草などの葉で日射を遮断すると，吸収した熱は蒸散作用や光合成（炭酸同化作用）によって処理され，日射を受けた割には温度は上昇しない．さらに落葉樹を使うと夏は日射を遮断し，冬は日射を通し，西窓にも有効な日照調整装置になる．

強風地域の住宅構法

台風や強い季節風の吹く地域では強風の当たらない立地を選び，また建物の周囲を石垣や垣根・塀・樹木などで囲み，強風が直接建物に当たらないように計画する．建物の高さを抑え，風圧に強い構造・平面形・飛散しにくい屋根材料を選び，開口部には雨戸やシャッターなどの防御装置を付ける（図 7·9）．

多雨地域の住宅構法

屋根を急勾配にし，雨仕舞いを入念にし，雨が掛かるのを防ぐ目的でひさしを深くし，土台石や敷石で土台部分を保護する（図 7·6）．

7-3 住まいの構造と構法

木構造

従来，木造は建築基準法で棟高 13 m に制限されていたが，2000 年の法令改正で，耐火建築物にすれば木造でも高さ制限は排除された．再生可能な木材を使う木造が見直されてきている．木造の建物を構造様式により分類すると，軸組構造と枠組壁構造に大別される．軸組構造には図 **7·10** に示す和風構造と洋風構造があり，小屋組と壁構造に差異がある．伝統的な和風軸組構造の小屋組は小屋梁と束（つか）で構成され，小屋梁には曲げの力が掛かるので一般に太い桧材などが使われる．壁構造は桁（けた）・柱・貫・土台で構成され，柱が表面に露出する真壁構造となる．伝統的な和風構造には斜材がなく，接合部の金物もかすがい程度である．洋風軸組構造の小屋組には，小屋梁と小屋束のほかに合掌という斜材が入り，壁は梁・柱・間柱・土台と筋かいという斜材とで構成され，柱が表面から見えない大壁構造となる．

桁・柱・土台といった直線部材を組み合わせた軸組構造では，矩形の架構が構成され，地震や風などの横力を受けると，図 **7·11** のように変形しやすい．そのため，洋風軸組だけでなく和風軸組の場合も，構造材が垂直・水平に直交する要所には筋かいや火打材の斜材を入れて三角形(トラス)を構成し，接合部を金物で補強して変形を防ぐように，建築基準法で規定されている．この建築基準法や**金融公庫仕様**† などに対応したものが在来木造である．

外来木造

2 × 4（ツー バイ フォー），枠組壁構法といわれるアメリカやカナダなどの在来工法で，わが国では地震国に適応する基準を定めて 1977 年に認可された，2 インチ × 4 インチの部材を基本に単純な仕口で，接合部を金物で組み上げる構法である．和風在来構法のような熟練した技術を必要としない点に特徴がある．2 × 4 材で組み上げた枠

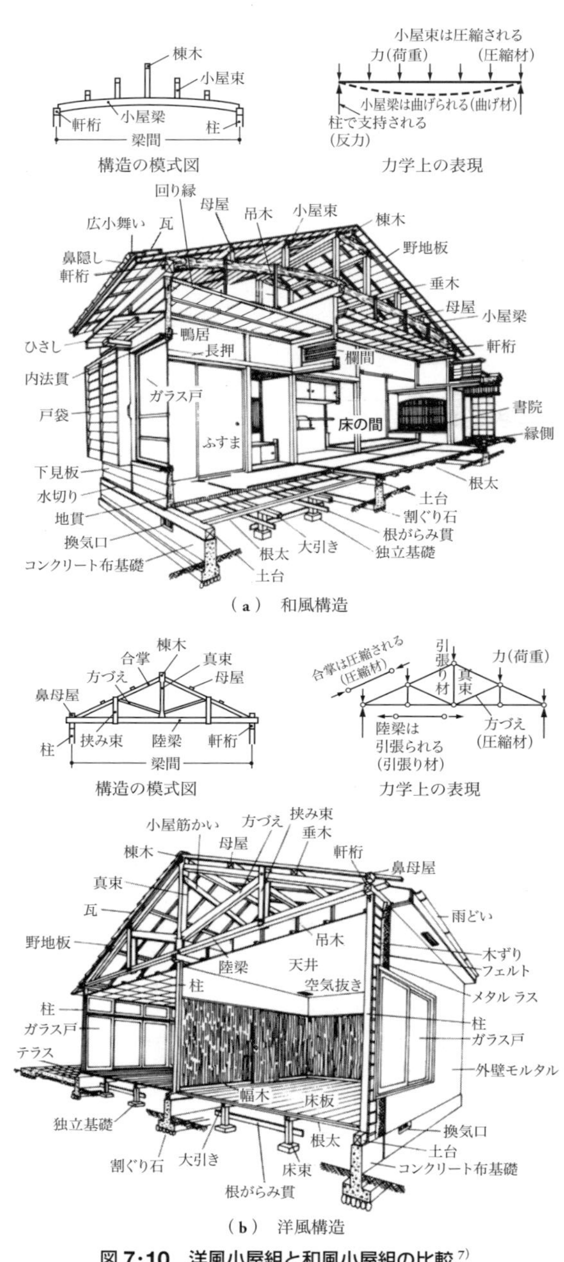

図 7·10 洋風小屋組と和風小屋組の比較 [7)]

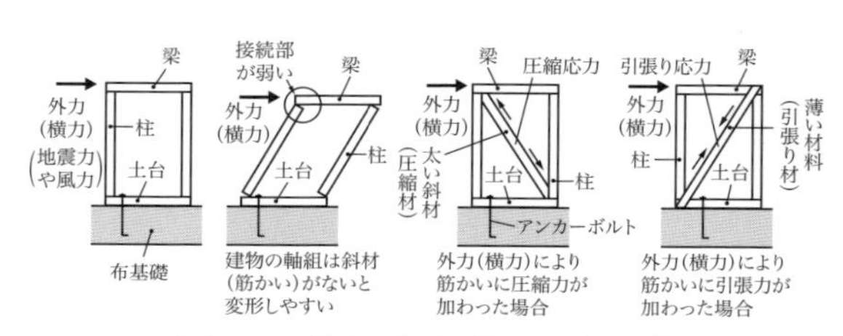

図 7·11 横力に対する筋かいの働き [7)]

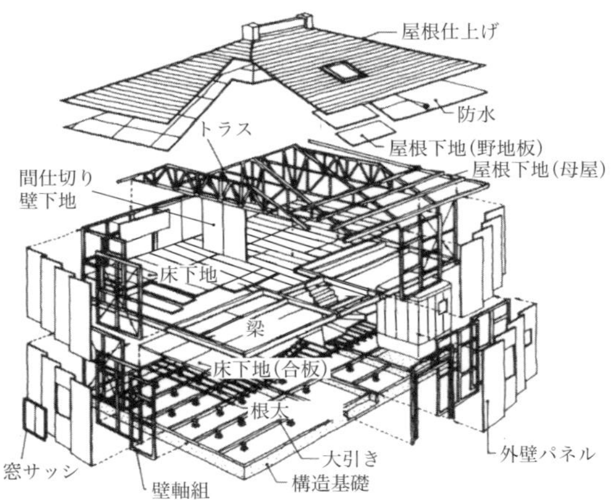

図 7・12　工業化住宅の部品分割例 [8)]

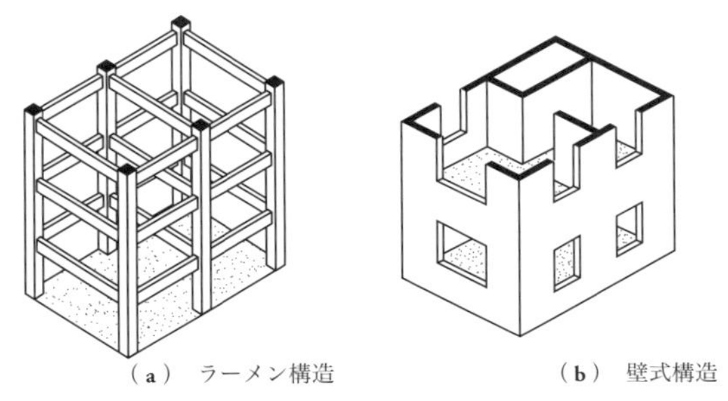
（a）ラーメン構造　（b）壁式構造

図 7・13　鉄筋コンクリート造のラーメン構造と壁式構造

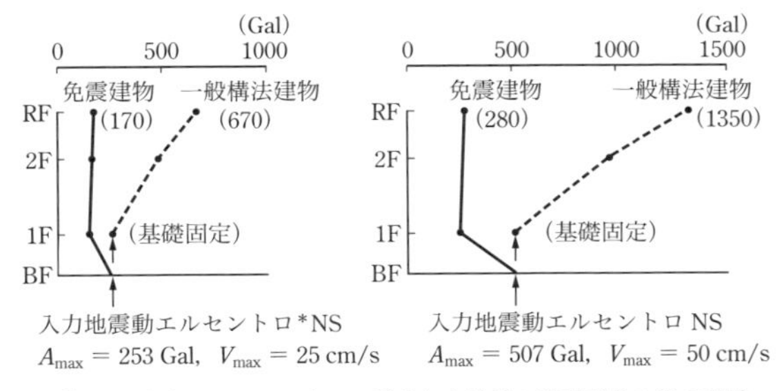

* アメリカのエルセントロで発生した地震の波形がその後の耐震設計時のモデル地震波としてしばしば用いられている．

図 7・14　免震住宅と一般構造建物の地震応答比較 [9)]

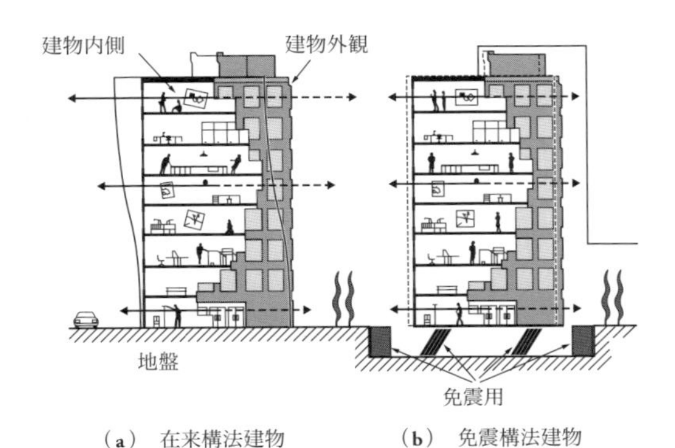

（a）在来構法建物　（b）免震構法建物

図 7・15　在来構法と免震構法で建てた建物の揺れ方の比較 [10)]

組みに構造用石こうボードなどを両面から打ち付けて，構造材とし，同時に木骨を耐火被覆する．

工業化構造

一般に“プレファブ”といわれ，在来構法の現場施工に対し，事前に加工し，現場で組み立てるという意味をもつ．わが国の在来木造も現在では，ほとんど事前加工，現場組立てされている．わが国で一般にプレファブというのは工業化構法を指し，構造材料によって木質系・鉄鋼系・コンクリート系に区分される．一例を図 7・12 に示す．工業化によって生産は標準化・専門化・単純化され，生産の効率化・品質の安定化が図られる．さらに工場で建築部材としてパネルを造って現場で組み立てる物と，工場で部屋空間のボックスをつくって現場で組み合わせる種類に大別される．阪神淡路大震災では，プレファブ住宅や，1981 年に改正された建築基準法に適合したわが国の**在来構法木造住宅**[†]にもほとんど被害は出ていない．

鉄筋コンクリート構造（RC 造）

圧縮力には強いが引張力には弱いコンクリートと，引張りには強いが圧縮力を受けると座屈を生じる鉄筋を組み合わせ，それぞれの弱点を補完して強い建材とした構造である（図 7・13）．鉄とコンクリートの熱膨張率が近似していて，環境の温度変化に対してつねに一体化したまま変化し，また酸化してさびやすい鉄に対し，アルカリ性のコンクリートが鉄を包んで保護し，鉄がさびびるのを防ぐという合理的な点にある．

免震・制振建築

近年，地震に強い建物をつくる技術の開発が進んでいる．“免震建築”は建物の基礎と建物本体の間をダンパーなどで分離し，地盤からの地震の振動を和らげようとするもので，その効果の一例を図 7・14 と図 7・15 に示す．地震によって生じた建物の最大応答加速度値が従来の建物に比較して，約 1/5 に軽減されている．また，建物内に設置した重りを建物の動きと逆方向に動かして揺れを小さくしようとする“制振建築”もある．

7-4 わが家の着工から完成まで

欠陥住宅を生まない注意

日本弁護士連合会の欠陥住宅110番に寄せられた相談件数をみると，欠陥住宅は建物の構造や構法にかかわらず発生している．入手形態別の欠陥発生数は，注文建築が半数弱，建売分譲・分譲マンションが1/3で，東京・大阪圏では注文建築より建売分譲住宅の方に多い．欠陥個所は骨組（18%）・基礎（16%）・地盤（10%）・屋根（9%）をはじめ，建物全般にわたっている．下請け・孫請けによる施工も多く，販売・施工会社の大手・中小の別なく発生している．1998年に建築基準法が改正され，欠陥の発生を防ぐ目的で工事中での中間検査を義務付けた．表7·3の内容に注意する．

品質・コスト・工期・安全・周辺環境へも配慮した，バランスのとれた工事が良い施工といえる．

そして，建築主の希望する建物を，責任をもって建設するための調整・管理作業が施工管理である．

2005年10月に構造設計の耐震強度偽装を建築確認で発見できず，震度5程度で倒壊の恐れのある建物が建ち，社会問題化した．建築確認や建築士資格の見直しなど，再検討が進められている．

工事監理・施工管理が大切

工事中，設計図通り施工されているかをつねに確認するのが工事監理で，施工者が設計図通りの建物をつくるために組織・資機材・資金を総合的に工事の調整を行うのが施工管理である．施主が望む建物をつくるためには，この工事監理・施工管理が大切といえる．工事工程の一例を図7·16に示す．工事中の中間検査が義務付けられているが，工事監理者の建築士が“適正に監理された建物”と証明すれば中間検査は省略できる点に問題がある．施工と監理を一括して発注すると，監理者も同一会社の人間になるため，十分なチェック機能がはたらかないことがあり，発注者は施工者に関係のない建築士に監理を依頼するのがよい．

8-2節に詳述するように“住宅の品質確保の促

表7·2 建てた時から強い家と弱い家がある（単位：mm）

各部	強い家	弱い家
地盤	・平坦で地質が硬くよく締まっている ・硬くて荒い砂地でよく締まり水はけがよい ・道路より一段高い	・埋立地で軟らかく締まりが悪い ・半分は切土で硬く，半分は埋立地で軟らかい ・粘土質で水がたまりやすい ・道路より一段低い
地業	・硬質の割栗石を張り込み目つぶし砂利とも十分突固めた ・支持地盤が深いので杭を打って基礎を支えた	・砂利や砕石だけを敷き並べ，申し訳程度に突固めた ・支持地盤は深いが杭は打たず砂利敷きして転圧した
基礎	・布基礎は鉄筋コンクリートでフーチングを設けた ・腰壁と一体の鉄筋コンクリート布基礎 ・べた基礎と一体の鉄筋コンクリートの布基礎	・布基礎は無筋コンクリートでフーチングはなし ・布基礎は鉄筋コンクリートでフーチングはなし ・布基礎は無筋コンクリートでフーチング付き ・布基礎はコンクリートブロック鉄筋入りにした
土台	・埋込長さ十分のアンカーボルトで柱と同寸材を緊結 ・アンカーボルトはZマークの表示品を使用した ・火打土台を土台の隅々に取り付けた	・埋込長さ不十分なアンカーボルトで留めた ・アンカーボルトは規格のない品を使用した ・火打土台は見える所だけの隅に取り付けた
柱	・通し柱12 cm角，管柱10.5 cm角の材を使用した ・力のかかる化粧柱に化粧ばり構造用集成材を使用した	・通し柱も管柱も10 cm角の材を使用した ・力のかかる化粧柱造作用集成材を使用した
横架材	・隅，平部ともZマーク表示品の補強金具を使用した ・軒桁を105×105の材を使用し，はりの取付けは京呂改良組とした	・隅・平部とも市販の規格のない金物を使用した ・軒桁を105×105の材を使用し，はりの取付けは京呂組とした
通し貫	・断面105×15を使用した	・断面90×15を使用した
筋かい	・断面45×105を使用し端部はZマーク表示品の補強金物を使った	・断面30×90を使用し釘打で止め付けた

七星建築懇話会：建物を強くする新しい知識，学芸出版社，1995

木造2階建て　延べ面積　120 m²（36.3坪）

種別	4月	5月	6月	7月	8月	9月	10月
解体工事	解体工事						
仮設工事	地鎮祭 仮		仮設 外部足場		仮設 足場撤去		・竣工検査
地業工事	地業工事						・引渡し
基礎工事		基礎工事					
木工時		木工事					
屋根工事			上棟式 屋根工事				
建具工事			鋼製建具			木製建具	
板金工事				板金	板金工事		
左官工事					左官工事		
防水工事			防水				
タイル工事					タイル工事		
内装工事					内装工事		
塗装工事					塗装	塗	
雑工事					雑工事		
電気設備工事		電		電気		電気	
給排水設備工事		給排	給排水設			給排	
空調設備工事			空調設備			空調	
外構工事		外構工事			外構工事		
ダメ工事						ダメ工事	

図7·16 工事工程表の一例[11)]

表 7·3　施主が注意すべきポイント

・施工業者の説明や確認を求めるときは，必ず工事責任者と行う． ・施工工程は工事の段取り，天候などにより変わる． ・②の段階で現場に行かないときは，③の段階で説明を受ける． ・⑤⑥⑦の時期には現場に行かない場合でも打合わせはをする．	
①地縄張または地鎮祭のとき次の事項を確認する．	1　境界杭の位置 2　敷地境界線と建物との間隔 3　工事工程と段取り 4　近隣への挨拶
②基礎コンクリートを打つ日に現場で説明を受ける．	1　基礎寸法，アンカーボルト位置，換気孔位置 2　上棟の日を確認，上棟式の打合わせ
③上棟式の日に次の事項の説明を受け，打合わせをする．	1　柱，通し柱，土台，はりなど構造材の寸法，材種，位置などの概要 2　内外の壁，床，天井の仕上材の見本などによる打合わせ 3　外回り建具・ガラスの種類 4　屋根工事完了予定日と金融公庫の現場審査予定日 5　請負契約にもとづく中間金の支払い
④屋根葺工事完了時に次の事項の説明を受ける．	1　筋違・火打土台・火打はりなど，耐風・耐震の構造の概要 2　屋根の防水性能の概要 3　土台・柱・筋かいなどの防腐処理状況 4　公庫の現場審査の結果 5　今後の施工工程
⑤外部建具が取り付けられたころに現場を見て現場を見て次の事項の打ち合わせをする．	1　スイッチ，コンセント，給水栓，ガス栓などの数および位置 2　ペイントなど塗装の色の打合わせ 3　断熱材の施工状況（床，外壁，天井）
⑥木工事の終わりごろに施工業者と工事の進捗状況を打ち合わせて次の事項を確認する．	1　内部建具，襖の取手，錠，ガラスの種類，仕上など 2　建具の開き勝手 3　台所，浴室，洗面所などの設備機器 4　照明器具（各室） 5　工事の進捗状況（予定と実際の比較）
⑦施工の２週間くらい前に現場で工事の仕上がり具合を見て次の事項を確認する．	1　竣工予定日 2　現状での工事の仕上がり具合（住んだつもりになって） 3　竣工後の予定（諸手続き・引越など）
⑧竣工の検査を施工業者の立会いのもとに行う．	1　建物内外の清掃，後片付け，整地 2　外部仕上のよごれやむらなどの有無 3　内部仕上のよごれやむらなどの有無 4　建具，襖，物入扉等可動の状態 5　電気，ガス設備の可動の状態 6　台所，浴室，洗面所など水回りの給水・排水の状態 7　外構工事（門，塀，車庫，テラス，造園など） 8　設備機器などの使用方法 9　建物の手入れ方法，後日の連絡先（ガス，水道，電気など） 10　手直し部分の文書による施工業者との確認 11　竣工後の諸手続き(工事完了届,登記,残金支払など)

住宅金融公庫（監修）：マイホーム新築チェックシート，住宅金融普及協会，1997

不同沈下，水はけが悪い，湿気がひどい，土地の造成・擁壁の不良
基礎の亀裂，鉄筋の露出・腐食，粗悪なコンクリート，養生期間不足
床のたわみ，きしみ，床組の施工不良，不良材の使用，床板のきず
仕口・継手の接合不良，部材が細い，補強金物の取付け不良，防錆不良
造作材の不良，壁の浮き，はがれ，階段のきしみ，がたつき，汚れ
外壁材の亀裂，浮き，はがれ，反り，塗装材の剥離，塗りむら
雨漏り，防水工事不良，屋根の不揃い，軒の垂下がりなど
カビ発生，内壁・天井・押入・窓に結露発生，木材の腐食
給排水管の接合不良のため水漏れ発生，排水管の勾配不足，詰まり
電車・トラック・バスの運行による振動，隣家・上階からの騒音
建具不良，タイルの割れ，塗装の脱落，木部の虫食い

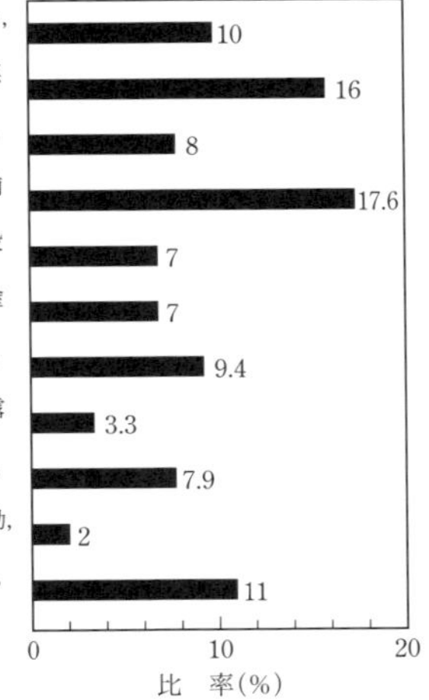

図 7·17　手抜き・欠陥によるトラブル相談
（全国住宅協会，1997 より作成）

進等に関する法律”が施行され，建物の基本的な構造に欠陥があれば，建物の引渡し時点から 10 年間保証される，住宅の客観的な品質評価が導入された．また，新築住宅の性能表示制度についても定めている．近年，欠陥住宅問題が顕在化しており，住宅購入者は，建築時にこの評価を受けておくと，住宅の欠陥について紛争が生じたとき，紛争処理機関にあっせんや調停を依頼できるメリットがある．また評価結果が最低の等級でも建築基準法の基準を満たしている証明になる．建築にあたってはこの評価制度を活用したい．

着工から竣工までのチェックポイント

わが家ができるまでについて，着工からの手順を付図 1（**p.139〜141**）で写真・図を添えて解説する．また，地鎮祭から竣工検査までの施工中の節目の時点で，表 **7·3** に示す項目についてチェックし，写真などの記録に残して置くのが，良い家をつくるための要点であり，のちにトラブルが発生したときの解決に役立つ．建築工事の完了までは施工業者によって管理されているが，建物の引渡しを受けると施主の物になるため，施主はとくに引渡し時のチェックを入念に行う必要がある．

建築トラブル対策

トラブルは建築工事契約に関するもの，建物そのものに関するもの，建設工事にともなうものに大別できる．工事でトラブルを生じさせないためには，建築士など専門家を加えて契約書などをチェックして工事契約するのが肝要である．建物の欠陥に関するトラブルを避けるには，専門家による工事中の監理と引渡し時のチェックが大切である．入居後，欠陥を発見した場合，当事者間で話がつかない場合は，自治体の建築指導課や建築審議会などに諮り，公的に解決するのが良策である．手抜き・欠陥によるトラブル相談の内容と割合を図 **7·17** に示す．また，建設工事にともなう騒音・振動・地盤沈下・日照障害・通風障害・風害・電波障害・粉じん障害などに起因する紛争が，施主側と近隣住民との間で増加している．

Chapter 8 安心・安全の住まい

8-1 丈夫な住まい ①

構造の安全性

建築物には，それを構成する柱や梁などの構造体や，壁や床，屋根などの重さ，自重がある．また，家具什器（じゅうき），居住者などの積載荷重や積雪による荷重のほか，風によって生じる風圧力や地震力など，建物の外側から加わる力，外力を受ける．構造の安全性とはこれらの荷重や外力に対して，耐えて壊れないように，安全な建築物を構築することである（図**8·1**）．

耐力要素

建築物を全体的に支える部分を一般的には構造体という．構造体は，いろいろな荷重や外力を受け止めて，力を伝達，分散して建築物の安全性を確保する役割を担っている．構造体はその構成材料によって，木造，鉄筋コンクリート造，鉄骨造などと呼ばれる．また，その構成が水平面と鉛直面などの面によってなされる場合と，柱，梁など線状材料による軸組みでなされるものがある．

線状材料で構成された垂直の枠組みの接合部が変形しない剛(ごう)で接合されて構成されている構造をラーメン構造という．木造建築物も線状材料で構成されているが，材料の特性から剛接合がむずかしく，鉄骨や鉄筋コンクリート，鉄骨鉄筋コンクリート造のものが一般的である（表**8·1**）．

四辺形の対角線の方向に入れる斜材を筋かいあるいはブレースという．また，回転はできるが，鉛直と水平方向の移動は拘束されているピン節点で接合された三角形で構成される構造をトラス構造という．これらの構造の壁体は，水平方向や鉛直方向の力を負担するため耐力壁とよばれる．耐力壁など構造体には柱，梁などの線状部材で構成する軸組構造と，柱，梁と壁，梁と床が一体化した壁式構造とがある（図**8·2**，図**8·3**）．

伝統構法と在来軸組構法

構造体は各種材料で構成される．しかしながら，材料の持続的循環利用，地球温暖化防止の観点か

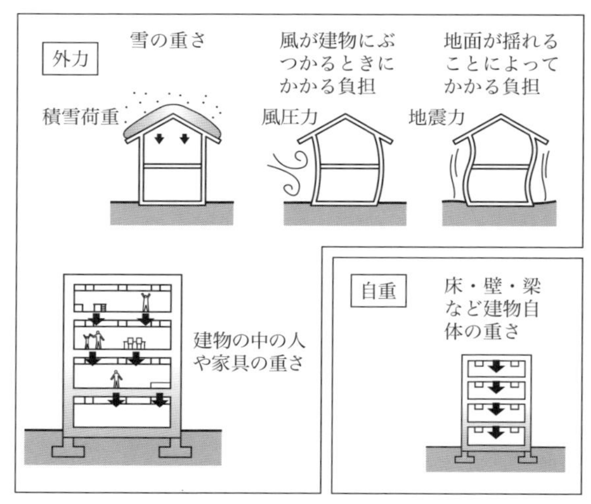

図 8·1 建築物にかかる力 [1]

表 8·1 トラスとラーメン

種　類	架構造
（a） トラス（truss） 直線部材の接点をピンで接合し，三角形状に組まれた骨組．木造・鉄骨造の小屋組，鉄骨の橋，鉄骨の橋に用いる．	ピン接合　ピン接合 支点　支点　支点　支点
（b） ラーメン（rahmen） 各部材が剛で接合された骨組．鉄筋コンクリート造・鉄骨鉄筋コンクリート造・全溶接の鉄骨造の建築物がこれにあたる．	剛接合　剛接合 支点　支点

山田修：やさしい建築の構造力学，オーム社，1996

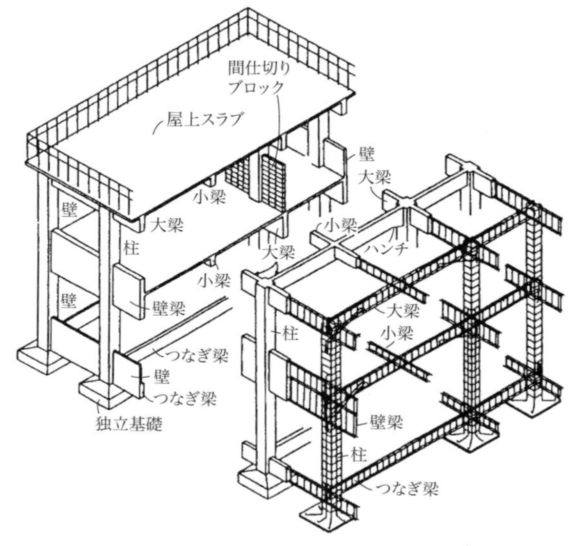

図 8·2 軸組構造（鉄筋コンクリート造）[1]

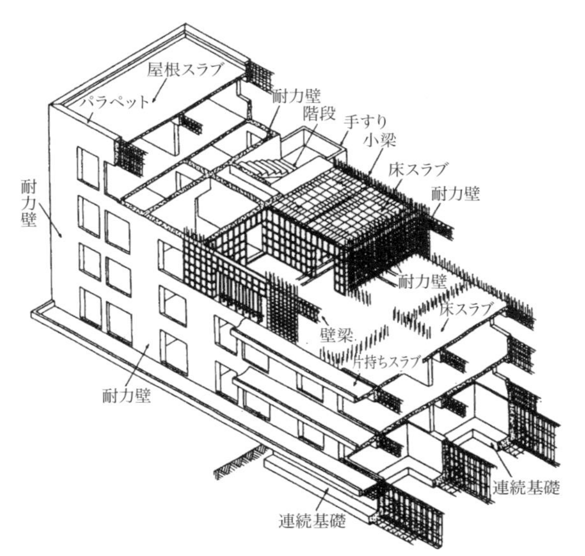

図 8·3　壁式構造（鉄筋コンクリート造）[3]

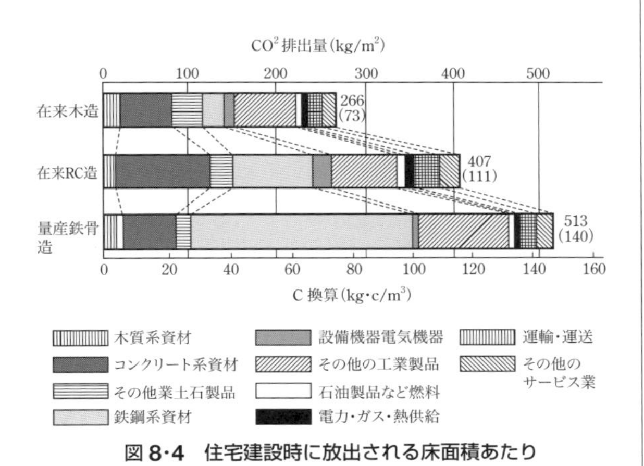

図 8·4　住宅建設時に放出される床面積あたり CO_2 重量（構法別）

（木質系資材等地球環境影響調査報告書，日本木材総合情報センター）

表 8·2　木造建築物の構造的思想

伝統的建築	在来軸組構法
柳に風 力に逆らわない 変形許容 貫 柔床 仕口継手 釘金物を避ける 強固な基礎がない	力には抵抗 変形させない 接合金物・釘 筋かい・耐力面材 剛床 強固な基礎・土台と緊結

らみると，水と空気，太陽エネルギーによって再生産され，炭酸ガス収支も中立である木材やそれに由来する木質材料が 21 世紀の建築物の構成材料として，もっともふさわしいものと考えられている．また，建設時の炭酸ガス排出量も小さい（図 **8·4**）．構造耐力上主要な部分，柱・梁・壁・床などを製材や木質材料で構成する構造を木質構造とよぶ．木質構造には，軸組構法・**枠組壁工法**†・丸太組構法・木質プレファブ構法などがある．

軸組構法のうち，神社仏閣や古民家に見られるように，柱，梁などの部材が大きいものを伝統建築という．一方，在来軸組構法は伝統建築の流れをくみ，柱，梁で構造体を構成するものの，部材の大きさや，荷重や外力への抵抗の仕方に大きな違いがある．この“在来構法”という言葉は，1960 年代以降に導入された木質プレファブ構法，枠組壁工法や丸太組構法など新しい構法に対して，従来からある構法の意味で使われている．

伝統構法は柳に風のように，力には逆らわずに構造体を変形させることによって力を分散させることを構造的原理としている．そのため，柱間には貫とよばれる横架材を貫通させ，容易に脱落する小舞い下地の土塗り壁で構成し，基礎もつくらず玉石や切り石の上に直接柱を建てる構造となっている．これは，わが国の建物が夏を旨とすべしといわれるように，夏季の蒸暑気候に適応して，通風を確保するためにできるだけ外壁をつくらず，建具などで大開口部をしつらえ，床下もまた風通しのよい構造としたためである．

建物自重など通常の鉛直力には変形せず，風や地震力を受けた場合に軸組を変形させるために，木を組み合わせた仕口・継手で接合し，釘などの金物をできるだけ使用しない．柱を貫通している貫は，通常はくさびによって固定されているが，地震力などの水平力が加わると変形するようになる．土塗り壁は，脱落して衝撃を吸収するとともに，軸組の変形を容易にし，玉石に固定されていない柱は免震に似た働きをする（表 **8·2**）．

8-2 丈夫な住まい②

耐震基準の変遷

1891（明治24）年，わが国の内陸部では最大といわれる濃尾地震が発生し，木造建物の全半壊22万棟以上の大被害となった．当時の木造建築はすべて伝統的な軸組構法であった．その後の地震被害も踏まえて，震災予防調査会は木造耐震家屋構造要項を作成し，今日に至るまでの木質構造の耐震性を規定する提案を行っている．すなわち，① 柱脚部に足固めや土台などを配し，基礎に注意をする，② 接合部はできるだけ切り欠きを避け，金物で補強する．③ 大壁造として，筋かいなどの斜材を入れる，などで，構造思想の転換を迫るものであった．その後，市街地建築物法の制定，関東大震災などを経験するものの，その耐震性については，1950（昭和25）年に建築基準法が制定されるまで具体化しなかった．

建築基準法の制定

1948年の福井地震の被害調査から，壁の多寡によって建物の被害度が左右されると指摘され，水平力を壁によって抵抗させることになった．そこで，床面積に応じて必要な筋かいなどを入れた軸組の長さ（壁量）が規定された（表**8·3**）．

地震や風圧など建物に作用する水平力を耐力壁の面内せん断性能で抵抗させる構造方式であり，**構造計算**†によって安全性が確認されることが原則である．しかしながら，一般的に大工職によって建てられている規模の木造建物については，**壁量計算**†による簡易設計法が認められることになった．そのため，簡易計算の前提となる軸組の種類と壁倍率が定められ，その種類を使えば接合の精度に関係なく，見かけ上，耐力が認められることになり，仕様規定とよばれてきた（表**8·4**）．

建築基準法は，個々の建築物の構造安全性など技術的な基準を定めた**単体規定**†と，建築物が密集して建てられた場合の調和を考え，地域ごとに可能な建築物の用途や，都市火災の危険性や日影

表8·3　構造耐力上必要な軸組などの長さ

制定・改正	建築物の種類	平屋	2階建て		3階建て			倍率1倍の強度
			1階	2階	1階	2階	3階	
1950年	屋根および壁の重い建築物	12	16	12	20	16	12	130 kgf/m
	屋根の軽い建築物	8	12	8	16	12	8	
1981年	屋根および壁の重い建築物	15	33	21	50	39	24	130 kgf/m
	屋根の軽い建築物	11	29	15	46	34	18	
2000年	屋根および壁の重い建築物	15	33	21	50	30	24	200 kgf/m
	屋根の軽い建築物	11	29	15	46	34	18	

階の床面積に乗ずる値：cm/m²
建築基準法施行令第46条

表8·4　在来軸組構法耐力壁の倍率

耐力壁の種類			倍率
① 片筋かい		9 φ以上の鉄筋	1.0
		1.5 cm × 9 cm 以上の木材（大貫筋かい）	1.0
		3 cm × 9 cm 以上の木材（三ツ割筋かい）	1.5
		4.5 cm × 9 cm 以上の木材（二ツ割筋かい）	2.0
		9 cm 角以上の木材（柱同寸筋かい）	3.0
たすき掛け筋かい		9 φ以上の鉄筋	2.0
		1.5 cm × 9 cm 以上の木材	2.0
		3 cm × 9 cm 以上の木材	3.0
		4.5 cm × 9 cm 以上の木材	4.0
		9 cm 角以上の木材	5.0
② 面材張り壁（大壁） 横架材，柱，受け材，間柱，土台，ボード ボード類を，横架材・土台・柱・間柱・受け材などの片面に右の釘および間隔で打ち付けた壁 （注） N釘：JIS A 5508， GNF釘・GNC釘：JIS A 5552， SN釘：JIS A 5553	N 50 @15 cm 以下	構造用合板特類 7.5 mm 厚以上（耐候措置した場合 5 mm 厚以上）	2.5
		パーティクルボード 12 mm 厚以上	
		構造用パネル	
		ハードボード 5 mm 厚以上	2.0
		硬質木片セメント板 12 mm 厚以上	
	GNF40 または GNC40 @15 cm 以下	フレキシブルボード 6 mm 厚以上	
		石綿パーライト板 12 mm 厚以上	
		石綿珪酸カルシウム板 8 mm 厚以上	
		炭酸マグネシウム板 12 mm 厚以上	
		パルプセメント板 8 mm 厚以上	1.5
		石こうボード 12 mm 厚以上	1.0
	SN40 外周 @10 cm 以下 その他 @20 cm 以下	シージングボード 12 mm 厚以上	
	N38 @15 cm 以下	ラスシート（角波亜鉛鉄板 0.4 mm 厚以上，メタルラス 0.6 mm 厚以上）	
③ 胴縁壁（大壁） ボード類，間柱，柱，胴縁，胴縁間隔，土台		断面 1.5 cm × 4.5 cm 以上の胴縁材を，31 cm 間隔以下に土台・柱・はり・間柱に N50 釘で留め付ける ②欄のボード（どれでもよい）を，同縁に N32 以上のくぎで 15 cm 間隔以下に留め付ける	0.5

このほか大臣が認める仕様　0.5～5.0の範囲で国交大臣が定める数値
杉山英男（編著）：木質構造（第3版），共立出版，2002

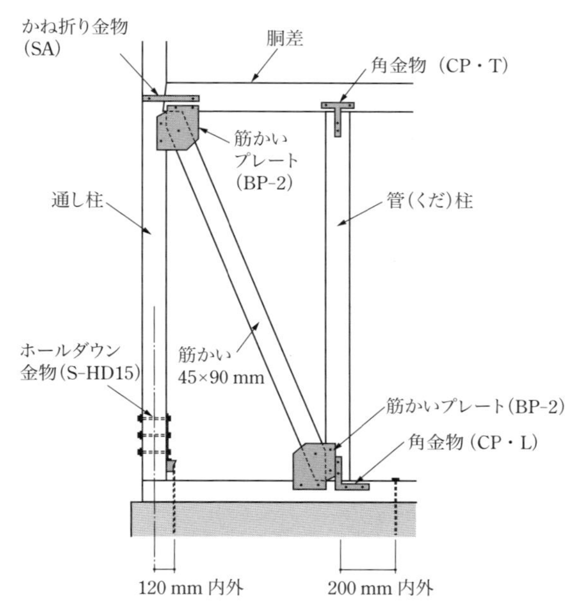

図 8･5　筋かいを用いた耐力壁の各端部における接合方法の例
〔住宅金融支援機構：フラット 35 対応木造住宅工事仕様書 平成 28 年版，2016 より〕

① 構造の安定（耐震等級 等級○ など）
② 火災時の安全（耐火等級 等級○ など）
③ 劣化の軽減（劣化対策等級 等級○ など）
④ 維持管理への配慮（維持管理対策等級 等級○ など）
⑤ 温熱環境（省エネルギー対策等級 等級○ など）
⑥ 空気環境（ホルムアルデヒド発散等級 等級○，濃度測定など）
⑦ 光・視環境（単純開口率○% など）
⑧ 音環境（重量床衝撃音対策等級 等級○ など）
⑨ 高齢者等への配慮（高齢者等配慮対策等級 等級○）
⑩ 防犯（開口部の侵入防止対策）

図 8･6　住宅性能表示の10分野
（国土交通省住宅局パンフレットより）

など好ましくない影響を一定限度以下に抑えるルールを定めた**集団規定**†とに大別できる．

性能規定化

建築基準法の制定以後，地震による建物倒壊によって 100 人以上の死者が出ることはなくなり，人的被害は出さないという，法律の目的は達成されたかに見えた．しかしながら，1995(平成 7) 年阪神・淡路大震災では 6400 人余りの死者を出すことになった．この教訓を受けて 2000 年に建築基準法は大改正され，原則として，所定の性能を満たしていることが計算によって証明できれば，どんな材料を使ってどんなつくり方をしても認められるようになった．これが性能規定化とよばれるものである．一方，耐力壁の配置は釣合いよくするなど非常にあいまいであった仕様規定は，基礎仕様の特定，耐力壁配置の規定，継手・仕口の特定と，より詳細に規定され，構造安全性が確実に評価できるようになった（図 **8･5**）．

品確法と住宅性能表示制度

品確法†とは，正式には**住宅の品質確保の促進等に関する法律**†といい，瑕疵担保責任の強化，裁判によらない円滑な紛争処理と並んで，住宅性能表示制度を定めている（図 **8･6**）．

住宅性能表示制度は，良質，安全でかつ長持ちする住宅をめざし，“構造の安定に関すること”，“温熱環境に関すること”，“火災時の安全に関すること”，“劣化の軽減に関すること”，“維持管理への配慮に関すること” など 10 分野の項目について住宅の性能を等級化したものである．“構造の安定性に関すること” の項目では，地震時などの倒壊のしにくさや損傷の受けにくさのほか，強風や大雪に対する強さに関する評価も行っている．構造躯体の倒壊防止の項目では，きわめてまれに（数百年に一度程度）発生する地震による力の 1.5 倍の力に対して倒壊・崩壊などしない程度とされる等級 3 から，建築基準法が定めるレベルで，きわめてまれに発生する地震による力に対する等級 1 までの等級が定められている．

8-3 長持ちする住まい

構造の安全性を長期間保持する耐久性

竣工時点で構造安全性を有する建物であっても，その建物が使用される期間，安全性が確保されるには，構造体を構成する材料の耐久性について十分な配慮が必要である．木材は有機物であるから環境条件による遅速はあっても，さまざまな劣化作用を受けて分解崩壊する．劣化要因には，熱・空気・光・水・放射線・温湿度・風雨・薬品・微生物や昆虫などがある．

構造の安全性に影響を与えるものには，生物劣化とよばれる腐朽菌やシロアリなどによる構造体の断面欠損がある．阪神・淡路大震災では，木造被害や人的被害にその影響があったと報告されている（図 **8･7**，図 **8･8**）．

構造材料の劣化防止

腐朽菌やシロアリの共通した生育要因である木材中の水分を抑制するために，地面から発生する水蒸気の影響を少なくする目的で，建築基準法施行令第 22 条は，最下階の居室の床が木造である場合の床の高さや，床下換気孔の設置を定めている．さらに同 49 条では構造耐力上主要な部分である，柱，筋かいおよび土台のうち，地面から 1 m 以内の部分に有効な防腐措置を講ずるとともに，必要に応じてシロアリなどの害を防ぐための措置を義務付けている（図 **8･9**）．

住宅性能表示制度における“劣化の軽減に関する”劣化対策等級では，通常想定される自然条件，維持管理条件の下で等級 3〔大規模な改修工事を必要とするまでの期間が 3 世代（おおむね 75 ～ 90 年）にまで伸長する〕，等級 2〔同 2 世代（おおむね 50 ～ 60 年）にまで伸長する〕，等級 1（建築基準法に定める対策が講じられている）が規定されている．これらには，① 外壁に壁体内通気工法を施すか，軒の出 90 cm 以上の真壁造りとする（いずれも断面が 13.5 cm 以上の製材か，12 cm 以上の高耐久性樹種を使用する），② 薬剤

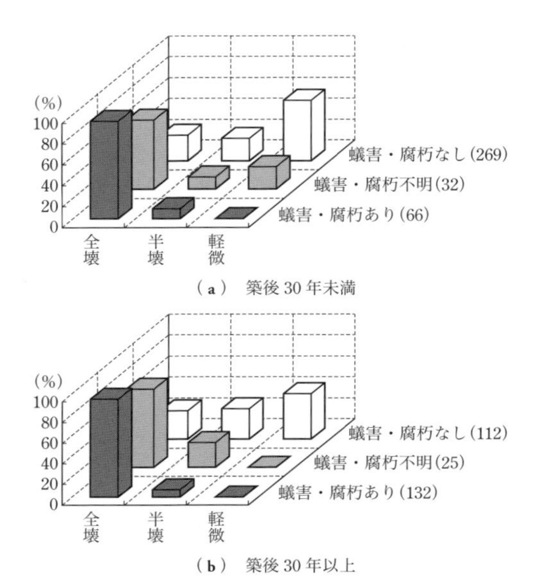

図 8･7　東灘区における蟻害・腐朽と家屋被害の関係

図 8･8　阪神・淡路大震災の倒壊家屋にみられるシロアリ被害

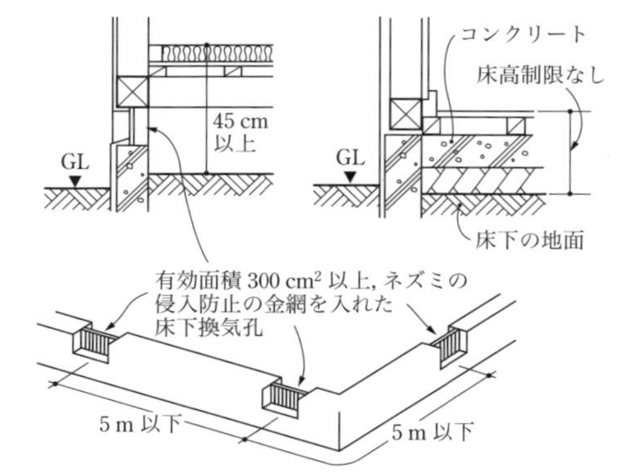

有効な防湿層によって床高制限を受けない場合にも，メンテナンスのためには床高をとることが必要である．

図 8･9　床の防湿方法（建築基準法施行令第 22 条）[4]

表 8·5　日本において経済的に重要なシロアリの種類

項　目		ヤマトシロアリ	イエシロアリ
分　布		北海道北部を除いて日本全土（現在の北限は北海道上川支庁付近）*	神奈川以西の温暖な海岸地域と南西諸島および小笠原諸島.
有翅虫	体　長 体　色 群飛時期 走 光 性	4.5 ～ 7.5 mm 黒褐色（胸部は黄褐色） 4 ～ 5 月（沖縄 2 月，東北 6 月）の昼間，とくに午前中 なし	7.4 ～ 9.4 mm 黄褐色（胸部は暗褐色） 6 ～ 7 月の夕方から夜 あり
兵　蟻	体　長 頭部形態 防御物質	3.5 ～ 6 mm 淡褐色，円筒形で体長の 2 分の 1 の長さ. 出さない.	3.8 ～ 6.5 mm 淡褐色，円筒形で体長の 3 分の 1 の長さ. 出す.
職　蟻	体の大きさおよび頭部の色	小型で頭部は乳白色.	やや大型で頭部は乳白色.
巣		加害個所が巣を兼ねていることが多く，特別に加工した巣はつくらない.	多くの場合，地中や壁中に特別に加工した塊状の大きな巣をつくる.
コロニーの個体数		数万～最大 50 万頭	数十万～最大 300 万頭
加 害 習 性		湿潤で腐朽した材を好んで食害するため，とくに水回りに被害が多いが，雨漏りがある場合は小屋組材まで加害することもある．加害速度はそれほど速くない．日本全土に広く分布するため被害件数は最も多い.	水を運ぶ能力があるため，被害は建物全体に及ぶ．加害速度は速く，世界中で最も被害の激しい種類の一つである．古い材よりむしろ新しい材を好む.
項　目		ダイコクシロアリ	アメリカカンザイシロアリ
分　布		奄美大島以南の南西諸島および小笠原諸島.	東京都，神奈川県，神戸市，および和歌山県で局所的な発生が報告されている.
有翅虫	体　長 体　色 群飛時期 走 光 性	5 ～ 6 mm 黄褐色 5 ～ 8 月の夕方から夜 あり	6 ～ 8 mm 赤褐色 7 ～ 9 月の昼間 なし
兵　蟻	体　長 頭部形態 防御物質	3.5 ～ 5.5 mm 黒色で前面が裁断状であり体長の 4 分の 1 の長さ. 出さない.	8 ～ 11 mm 濃褐色，円筒形で体長の 3 分の 1 の長さ. 出さない.
職　蟻	体の大きさおよび頭部の色	小型で頭部は乳白色.	大型で頭部は乳白色.
巣		特別な巣はなく，乾燥した木材中に穿孔して生活する.	
コロニーの個体数		数百～数千頭	
加 害 習 性		乾燥材のみを食害する．被害の発見は難しいが，被害材の孔道から乾燥した砂粒状の糞を落とすことがあり，他のシロアリとは容易に区別できる．家屋の暖房化にともなって被害の拡大の可能性が高い.	

屋我嗣良ほか(編)：保存・耐久性，木材化学講座 12，海青社，1997(*筆者改変)

現況と性能を評価します

■住まいの劣化や不具合が分かります
（現況調査により認められる劣化等の状況に関すること）

・現況調査では，外壁などに生じている「ひび割れ」や床の「傾き」，壁や天井の「漏水のあと」などについて検査を行います（部位等・事象別の判定）.
・また，住宅の劣化などの状況を容易に把握しやすいように，一定の項目の個々の検査結果に基づいて，その住宅全体の総合的な判定も行います（総合判定）.
・さらにオプションとして木造の部分を有する住宅の場合，土台や柱などの腐朽や蟻害の詳細検査（特定状況検査）も用意されている.

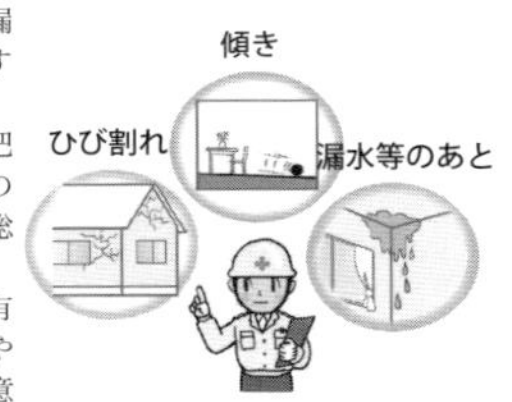

このほかに，新築住宅の性能表示制度と同様の個別性能項目ごとの評価も受けることができる（個別性能評価）.

図 8·10　既存住宅の住宅性能表示制度
（国土交通省パンフレット）

による有効な防腐・防蟻処理をすることが求められている.

木材腐朽菌およびシロアリ

木材腐朽菌は担子菌類のものが多く，相対湿度 90％以上，木材の含水率が**繊維飽和点**[†]以上の 30 ～ 60％でよく腐朽し，含水率 150％以上あるいは 20％以下では腐朽しない．生育温度は 5 ～ 40℃と比較的広く，酸素が必要な好気性菌である.

このうち，褐色腐朽菌は構造部材として多く使用される針葉樹材のセルロースを分解するため，材料強度の低下が著しい．一方，シロアリはゴキブリと近縁の昆虫で，高温多湿を好み，繊維飽和点以上の湿材を食害する．日本に生息する 10 数種のうち，比較的低温に対応して，上川支庁以南の北海道を含め，日本全土の 90 ％で生息するヤマトシロアリと，房総半島以南の温暖な本州太平洋岸・瀬戸内・四国・九州・南西諸島・小笠原諸島にいるイエシロアリが主である（表 **8·5**）.

ヤマトシロアリは湿潤で腐朽した木材を好むため，風呂場など水回りで被害が多い．近年，ユニットバス・防湿コンクリート床・べた基礎などの工法の変化によって被害は減少傾向にあるが，玄関回りは土壌に近いことや薬剤処理がしにくい場所のため，依然として被害が認めれる.

イエシロアリは，水分運搬能力が高いため，乾燥した胴差し，梁などの上部横架材まで食害することが多い．その加害力はシロアリ中で最大であり，構造安全性に影響が著しいものとなる.

さらに，外来種であるアメリカカンザイシロアリによる被害も顕在化してきている．これは文字通り乾燥した木材を加害するもので，小屋組材などが多く加害されているが，小コロニーで多数分散して生息するため，駆除が困難な場合がある.

既存住宅の住宅性能表示制度（図 8·10）

適切な維持管理，修繕・リフォームを支援するために，住まいの傷み具合などを適切に把握し，できるだけ長く使用することを目的に制定された．柱や土台の腐朽や蟻害調査も設定されている.

8-4 安心できる住まい

防犯対策

地震や台風など自然災害に対する建築物の安全性は，建築基準法などで規定されているが，住宅侵入盗などの犯罪行為に対する対策は，住まい手個人に委ねられている．

空き巣ねらいの約 30 %が共同住宅など，70 %が一戸建て住宅となっている．共同住宅などの侵入口は出入り口が約 50 %，窓からが約 40 %に対して，一戸建て住宅では逆に出入り口 35 %に対して，窓からが 57 %と，窓からの侵入が多くなっている．またその侵入方法については，ガラス破り 38 %，無防備（施錠忘れ）45 %と，窓周辺の防犯対策と日ごろからの確実な施錠が大切なことがわかる（図 **8·11**）．また，合鍵以外のピッキング用具を使った解錠，サムターン回しなどの手口があり，これらに対応した高性能の錠前を複数取り付けることが有効な対策となる．

防犯対策の基本は，家族全員が関心をもち，無施錠や隠し鍵など無防備な状態にしないこと，手口をよく知り，犯罪者の弱点を理解して，それに応じた防犯設備を設置するなど，ハードとソフトのバランスよい組合わせが重要である．

犯罪者は音・光，人の目，時間がかかることを嫌っている．音が出る仕組みには，住宅の周囲に玉砂利を敷いたり，ドア・窓に警報機などを取り付けることなどがある．犯罪者は自分の姿を見られることを嫌う．**防犯灯**† など街路照明の整備だけでなく，庭園灯や門灯などで住宅周りを明るく照明し，姿を隠すことができる“闇だまり”をなくすことの効果が高い（図 **8·12**）．良好なコミュニティーを形成して不審者に人の目，気配を感じさせることができれば，犯罪の抑止を行うことができる．さらに，複数の錠前は解錠に時間がかかり，2 枚の板ガラスの間に樹脂製の特殊中間膜を加熱圧着した防犯ガラスは破るのに時間がかかり防犯性能が高い．網入りガラスは火災時の延焼防

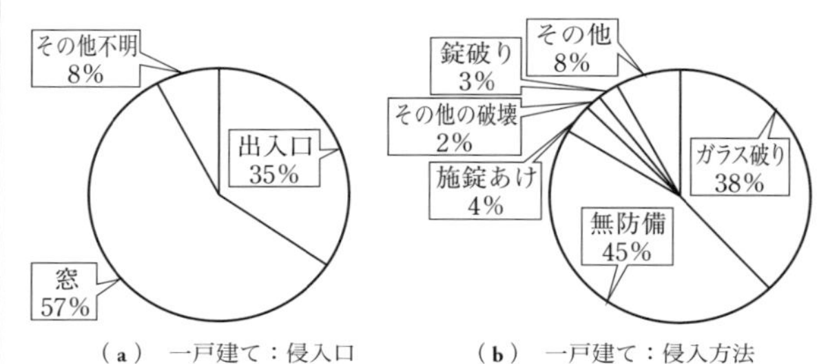

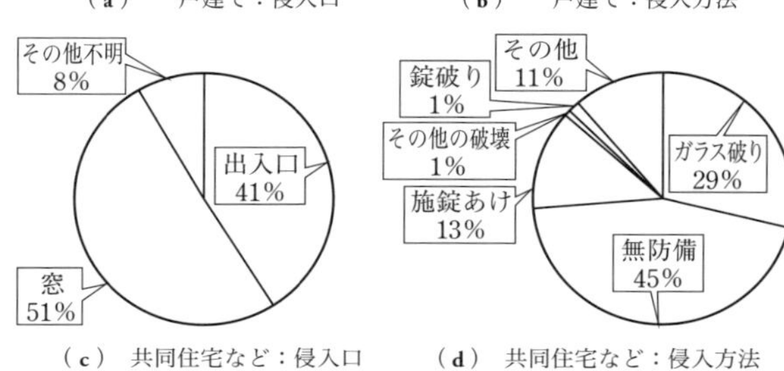

図 8·11 空き巣ねらいの侵入口とその手口
（平成 29 年度の犯罪，警察庁より，2018）

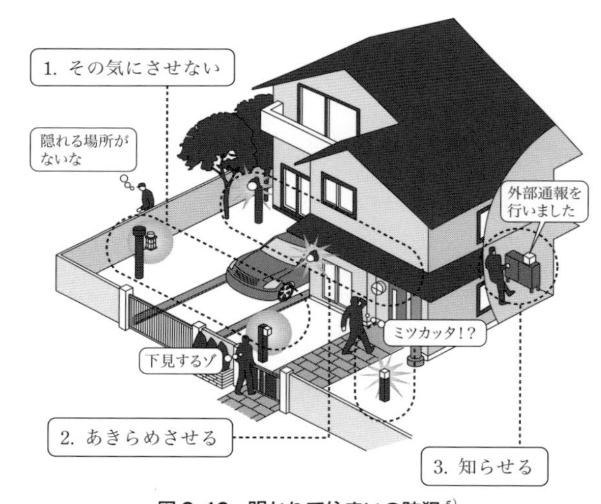

図 8·12 明かりで住まいの防犯 [5)]

表 8·6 準耐火性能に関する技術的基準

延焼抑制の性能が求められる部位		火熱が加えられても構造耐力上の支障を起こさない時間
壁	間仕切壁（耐力壁に限る）	45 分
	外壁（耐力壁に限る）	45 分
柱		45 分
床		45 分
はり		45 分
屋根（軒裏を除く）		30 分
階段		30 分

建築基準法施行令第 107 条の 2 より

表 8·7　準耐火性能の部位別の必要性能と仕様

<table>
<tr><th colspan="4" rowspan="2">部　位</th><th colspan="2">通常の火災</th><th>屋内側からの通常の火災</th></tr>
<tr><th>構造耐力上支障のある変形，溶融，破壊その他の損傷を生じない（一号，〔非損傷性〕）</th><th>加熱面以外の面（屋内に面するもの）の温度が可燃物燃焼温度以上に上昇しない（二号，〔遮熱性〕）</th><th>屋外に火災を出す原因となる亀裂その他の損傷を生じない（三号，〔遮炎性〕）</th></tr>
<tr><td rowspan="5">壁</td><td rowspan="2">間仕切壁</td><td>耐力壁</td><td>—</td><td>45 分</td><td rowspan="4">45 分</td><td rowspan="2">—</td></tr>
<tr><td>非耐力壁</td><td>—</td><td>—</td></tr>
<tr><td rowspan="3">外　壁</td><td>耐力壁</td><td>—</td><td>45 分</td><td rowspan="2">45 分</td></tr>
<tr><td rowspan="2">非耐力壁</td><td>延焼のおそれのある部分</td><td rowspan="2">—</td></tr>
<tr><td>上記以外の部分</td><td>30 分</td><td>30 分</td></tr>
<tr><td colspan="2">柱</td><td>—</td><td>—</td><td>45 分</td><td>—</td><td>—</td></tr>
<tr><td colspan="2">床</td><td>—</td><td>—</td><td>45 分</td><td>45 分</td><td>—</td></tr>
<tr><td colspan="2">はり</td><td>—</td><td>—</td><td>45 分</td><td>—</td><td>—</td></tr>
<tr><td rowspan="5">屋根</td><td>下記以外</td><td>—</td><td>—</td><td>30 分</td><td>—</td><td rowspan="5">30 分</td></tr>
<tr><td rowspan="3">軒　裏</td><td rowspan="2">下記以外</td><td>延焼のおそれのある部分</td><td rowspan="2">—</td><td>45 分</td></tr>
<tr><td>上記以外の部分</td><td>30 分</td></tr>
<tr><td>外壁によって小屋裏または天井裏と防火上有効に遮られているもの</td><td>—</td><td>—</td><td>—</td></tr>
<tr><td colspan="3">階　段</td><td>—</td><td>30 分</td><td>—</td><td>—</td></tr>
</table>

—：制限なし　　時間：加熱開始後の時間
建築基準法第 2 条七号の 2，同施行令第 107 条の 2 より

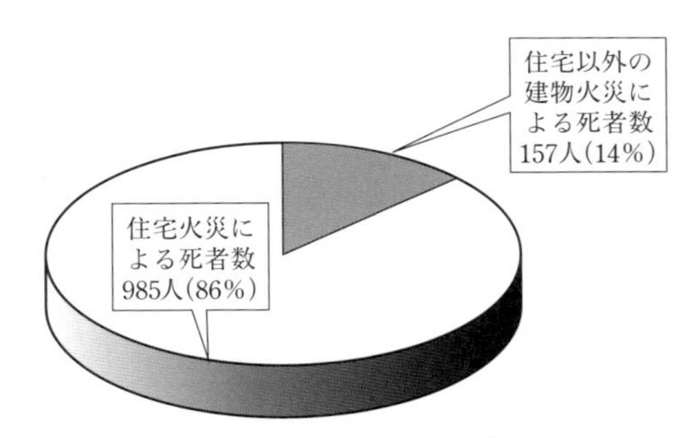

（a）　建物火災による死者数 1142 人

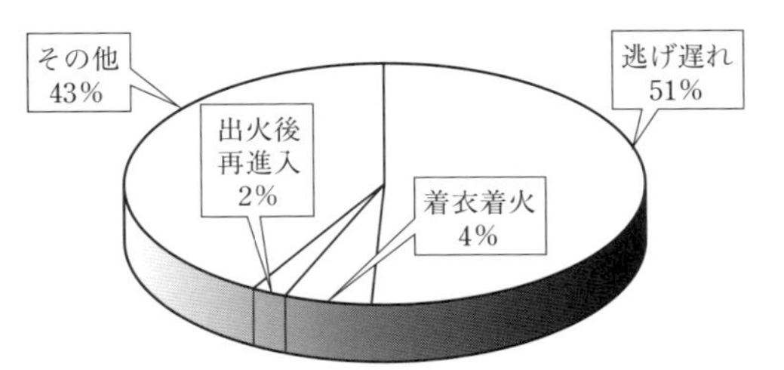

（b）　住宅火災による死者（放火自殺等を除く 889 人）

図 8·13　建物火災による死者数とその原因
（総務省消防庁平成 29 年における火災の状況，2018）

止用であって，破壊行為には弱く，防犯性能は低い．防犯（開口部の侵入防止）対策は，住宅性能表示制度の第10項目として2006年に追加された．

防火性能

建築基準法では，火災の拡大を防止し，その進展を遅延させるための構造制限や，避難と安全確保のための構造基準が定められている．“性能規定化”によって，耐火構造とは鉄筋コンクリート造，れんが造などの構造で，通常の火災が終了するまでの間，当該火災による建築物の倒壊および延焼を防止するための性能を有するものとされている．一方，木造住宅などは準耐火構造に該当する場合，通常の火災による延焼を抑制するための性能が求められる．具体的には，耐力壁などが通常の火災によって損傷しない（非損傷性），壁・床・軒裏は加熱面以外の面の温度が可燃物燃焼温度以上に上昇しない（遮熱性），外壁・屋根は屋外に火炎を出す原因となる亀裂その他の損傷を生じない（遮炎性）ことが求められ，部位ごとに必要な耐火時間が規定されている（表 **8·6**，表 **8·7**）．

しかしながら，住宅火災による死者数が増加し，その死因の 7 割が逃げ遅れで，これらを防止するための火災の早期発見と警報の必要性が指摘された．さらに高齢化の進展により住宅火災による死者数の増大が予測されることから，消防法を改正して，これまで火災警報器などの設置義務がなかった一般住宅にも，住宅用火災警報器を 2011 年5月までに設置するように義務付けた．その結果，逃げ遅れによる死者が減少している（図 **8·13**）．

住まい方と床下点検商法

被害が社会問題化している点検商法とは，“点検を口実に販売勧誘する商法”であり，シロアリ被害・床下湿気・排水管の漏水・雨漏りなど住まいの安全性や維持管理にかかわる事柄を口実に，消費者の不安を引き起こしてつぎつぎと不要過剰な工事施工や物品の設置販売を行うものである．住み手の巨大地震に対する不安から，“耐震補強金物”に関する被害事例も急増している．

Chapter 9 欠陥住宅問題と住まいの選択

9-1 住まいの問題

住生活問題

住生活問題とは，広義にいうと物理的な空間としての住まいとそこで暮らす人びとの生活の相互間で起こる問題をいう．この住生活問題の解決を考えるうえでは，① 家族・家庭生活をいれる“器”としてのあり方の側面，② 社会的・経済的側面，③ 地域の中での居住地形成の側面，④ まちや村の中でのまちなみや景観を構成する側面，から検討する必要がある．

ここでは，主として ② と ③ の側面に関する問題を扱うことにした．

住宅事情

わが国の住宅の状態を統計的に把握した資料としては，5 年に 1 度，政府が実施する指定統計としての“住宅・土地統計調査”と“住生活総合調査”がある．2013 年実施の“住宅・土地統計調査”結果によると，わが国の住宅戸数は約 6063 万戸となり，世帯数の 5245 万世帯を大きく上回り，空き家が 820 万戸，13.5 %に達している（図 **9･1**）．住宅の構造は木造が 57.8 %，である．30 年前には木造が 77.4 %を占めていたが，しだいに非木造化が進んできた（図 **9･2**）．また，大都市圏では，中高層の共同住宅が増え，1991 年以降に建てられた住宅のほぼ半数が共同住宅である（図 **9･3**）．住宅の規模は年ねん大きくなり，専用住宅の延べ床面積の平均は 92.97 m^2 であり，40 年前に比べるとほぼ 20 m^2 強増えている．持ち家住宅率は全国平均で 61.7 %であるが建て方別に異なり，一戸建てでは 9 割が持ち家で，長屋建ておよび共同住宅では借家が 7 割を占めている．

一方，住宅の水準は，均一ではなく，次の 3 点で格差がある．第一に，所有形態によって大きな差がある．持ち家の平均規模が 2013 年で 120.93 m^2 であるのに対し，借家のそれは 45.59 m^2 であり，その差は年ねん広がっている（図 **9･4**）．借家の中でも民間木造の借家において，規模，設備

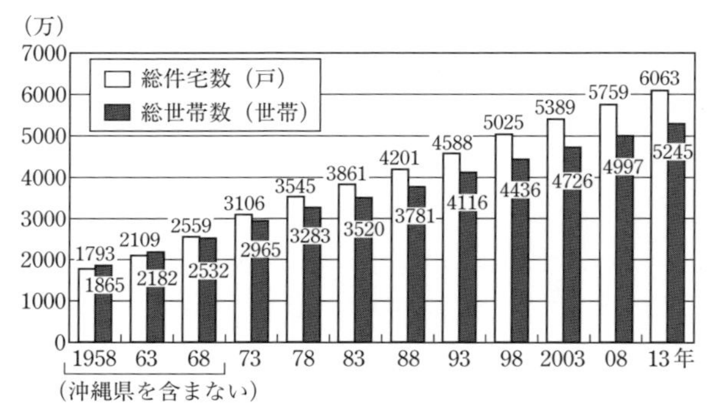

図 9･1 総住宅数および総世帯数の推移（全国）
〔総務省統計局：平成 25 年 住宅・土地統計調査（確報集計）結果の概要，2015 年〕

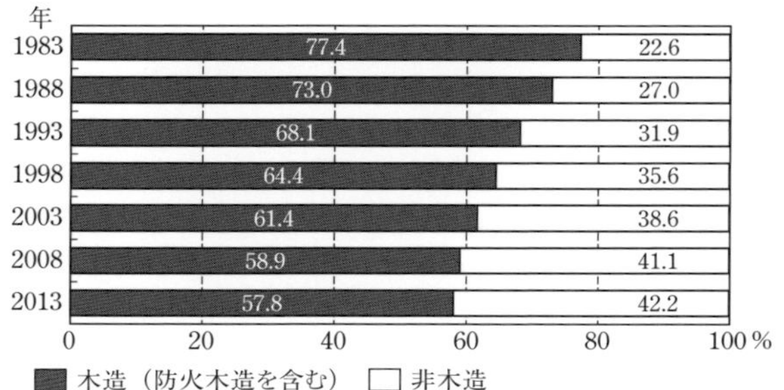

図 9･2 住宅の構造別割合の推移（全国）
（出典：図 **9･1** に同じ）

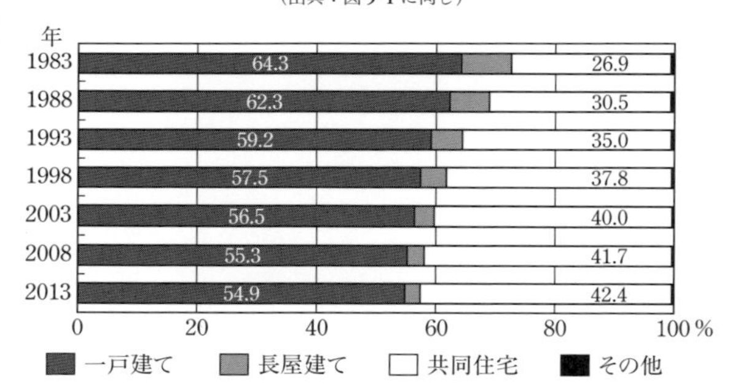

図 9･3 住宅の建て方別割合の推移（全国）
（出典：図 **9･1** に同じ）

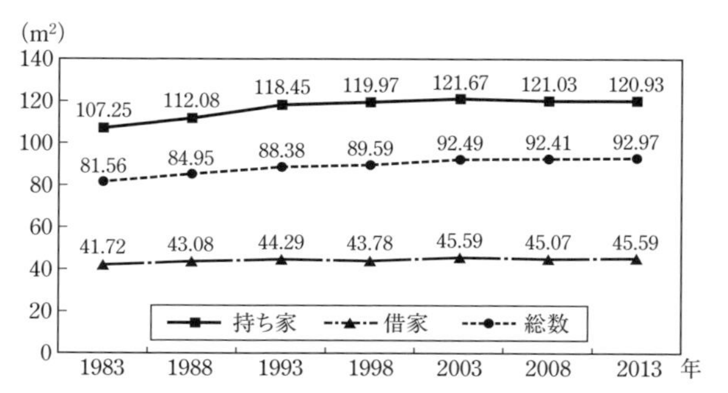

図 9･4 持ち家・借家別にみた専用住宅の 1 住宅当たり延べ面積の推移（全国）
（出典：図 **9･1** に同じ）

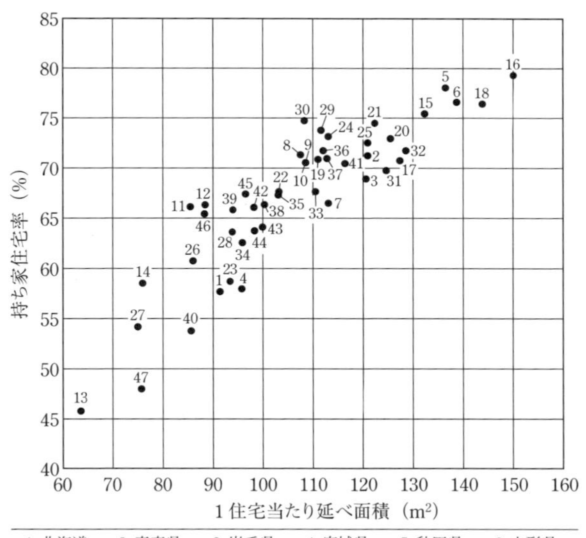

1. 北海道	2. 青森県	3. 岩手県	4. 宮城県	5. 秋田県	6. 山形県
7. 福島県	8. 茨城県	9. 栃木県	10. 群馬県	11. 埼玉県	12. 千葉県
13. 東京都	14. 神奈川県	15. 新潟県	16. 富山県	17. 石川県	18. 福井県
19. 山梨県	20. 長野県	21. 岐阜県	22. 静岡県	23. 愛知県	24. 三重県
25. 滋賀県	26. 京都府	27. 大阪府	28. 兵庫県	29. 奈良県	30. 和歌山県
31. 鳥取県	32. 島根県	33. 岡山県	34. 広島県	35. 山口県	36. 徳島県
37. 香川県	38. 愛媛県	39. 高知県	40. 福岡県	41. 佐賀県	42. 長崎県
43. 熊本県	44. 大分県	45. 宮崎県	46. 鹿児島県	47. 沖縄県	

図 9·5　都道府県別住宅の規模（全国）
（出典：図 9·1 に同じ）

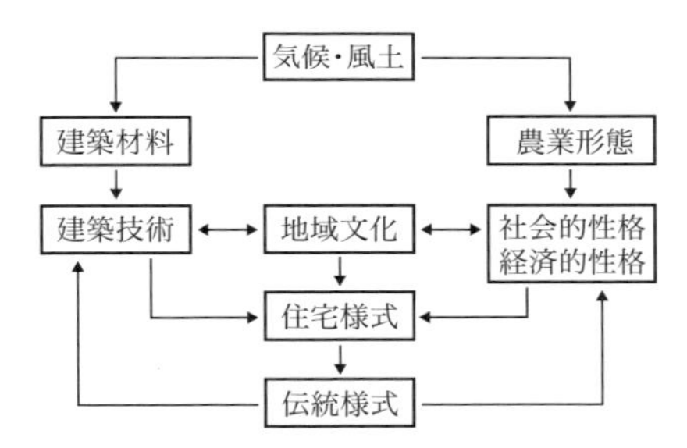

図 9·6　現代住宅の居住水準の地方差の要因（模式図）[1]

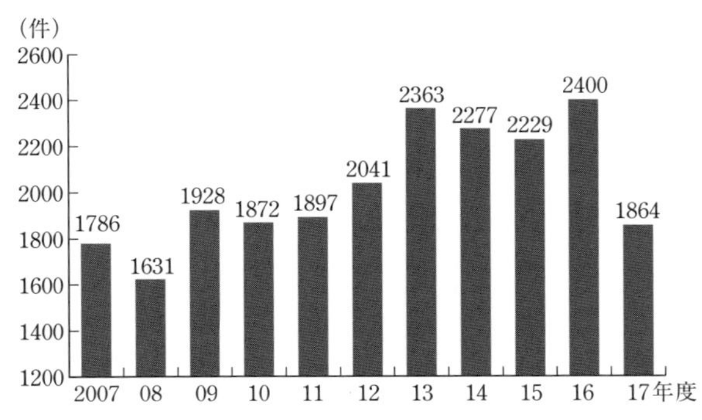

図 9·7　点検商法をきっかけにしたリフォーム工事等の年度別相談件数
〔独立行政法人 国民生活センター：報道発表資料（平成 30 年 3 月 1 日）より〕

の状況が悪く，改善が遅れている．第二に，地域による差がある．気候・風土・生産様式・文化・人口集中度によって，住宅の規模が異なっている（図 9·5，図 9·6）．第三に，日本の住宅政策が所得対応策をとっていることを反映して，持ち家は高所得者向け，借家は低所得者向けというように住宅が社会階層をあらわしている．

さらに，1990 年代半ば頃から急増したホームレスの問題がある．厚生労働省の 2018 年調査によると全国での数は 4977 人で，調査開始時（2003 年）の 25296 人と比べると 8 割減少している．しかし，これは平日昼間に目視で判断された路上生活者であり，安定した住居がなく日中働く者やネットカフェ生活者等は含まれていない．そんな中で若者のホームレスの増加も懸念されている．

住居は，人間・家庭生活の器であり，子どもたちが育つ場所であり，福祉の基盤となるものである．そのためには，すべての人に保障され，社会階層や貧富の差で差別されるものであってはならない．1996 年イスタンブールで開かれた第 2 回国連人間居住会議“HABITAT II”では，居住の権利は独立した基本的人権として承認された．2006 年にわが国で制定された“住生活基本法”は住居の理念を明らかにはしたが，市場重視の住宅政策の枠組を示したもので，人権としての住まいの視点は弱い．

消費者相談にみる住宅に関する問題

消費生活センターや紛争処理センターに寄せられる，住宅に関する消費者からの相談件数は近年増加している．相談の内容は取得方法によって異なる．“建築”や“購入”に関しては，品質，機能と接客対応に関する内容が多く，欠陥住宅や不良工事に悩む消費者の実態が現れている．“賃貸”住宅における契約に関するものでは，とくに退去時の敷金の返還や現状復帰などをめぐってのトラブルが目立っている．また，最近では，高齢者を対象にした“訪問販売”によるリフォーム工事が社会問題となっている（図 9·7）．

9-2 欠陥住宅の問題

欠陥住宅

欠陥住宅とは，住宅として人びとが当然期待する品質や性能を備えていない住宅のことをいう．一般的には構造上重大な瑕疵（不良個所）がある住宅を示すとされている．具体的には建築基準法や日本建築学会の標準仕様書，住宅金融公庫の標準仕様書に違反した構造や材料の使用，その他，安全・衛生上，重大な支障のある住宅のことをいう．これらは，雨漏りのように日常生活に直接支障が出るような場合は発見されやすいが，多くは目視されない部分に原因があるため，すぐには気付かずに過ごし，入居後かなり経過した時点や地震などの災害時にわかる場合が多い．

事実，1995 年 1 月 17 日に起こった阪神大震災では，欠陥住宅の存在が人びとに大きな衝撃を与えた．

確かに，地震により倒壊した住宅の多くは老朽家屋であり，木造アパートや，文化住宅などの安普請の住宅であったといわれている．しかし，建築的な調査によると，構造上・材料上の欠陥がかなり存在していたことが明らかとなった．木造住宅では，① 筋かいの不足や緊結方法，② 基礎と床組における接合不良，③ 壁の配置の偏り，鉄骨住宅においては溶接不良（図 **9·9**），鉄筋コンクリート造住宅においては，① コンクリートの打継ぎ不良や締固め不良，② アルカリ分の異常に多いセメント使用や水増しなどの品質不良，③ 塩分を除去していない海砂の使用，④ 配筋不良などである．

また，欠陥住宅を広義にとらえ，豪雨時や火災時に避難が困難な住宅，危険な場所に建てられた住宅，シックハウスやアスベスト関係の材料を使用した住宅や電磁波の危険にさらされている住宅もその範ちゅうとしてとらえる必要がある．

住宅に欠陥があると，自然から“生命”や“生活”を守るべき住宅が，災害時には逆に凶器とな

鉄筋の入れ方バラバラ
コンクリート厚み不足
柱の中から空き缶まで
欠陥工事、震災が暴く
被災ビル 施工不良
行政の目
「信用 裏切られた」
「偽装の連鎖」本格解明
姉歯元建築士
「一人の責
住民、

図 9·8　欠陥住宅問題の新聞記事
〔（上）読売新聞 1995 年 6 月 20 日付朝刊より〕
〔（下）日本経済新聞 2005 年 12 月 20 日付夕刊より〕

表 9·1　耐震強度偽装のひろがり

都道府県	姉歯元建築士の関与物件					
	合計	誤り		偽装なし	調査中	計画中止所在不明等
			偽装あり			
茨城県	2			2		
群馬県	3	3	3			
埼玉県	2	1	1	1		
千葉県	52	13	13	36		3
東京都	81	35	35	41		5
神奈川県	24	17	17	6		1
新潟県	2			2		
長野県	4	3	3			1
岐阜県	1	1	1			
静岡県	6	5	4	1		
愛知県	8	7	7	1		
三重県	1	1	1			
京都府	2	2	2			
大阪府	1	1	1			
兵庫県	2	2	2			
奈良県	2	2	2			
和歌山県	1	1	1			
福岡県	3	3	3			
佐賀県	3	2	2			1
鹿児島県	1	1	1			
不明	4					4
総計	205	100	99	90	0	15

〔注〕 2006 年 7 月 21 日時現在（国土交通省資料より）

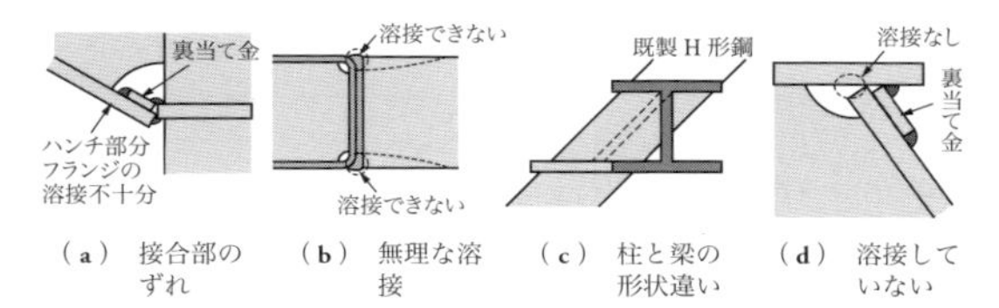

図9·9　東京都内で行政の検査によって見つかった不良鉄骨[2)]

表9·2　行き過ぎた価格競争の下での不当な圧力の例

例1	ゼネコンと鉄骨製作会社は地主と小作人の関係．真面目に品質管理をした鉄骨もいい加減につくった鉄骨も対価が同じだと"それでいいんだ"という気持ちになる（岐阜県鉄構工業協同組合理事長談）（日経アーキテクチュア，2002. 3. 4.，p.53"鉄骨　コストダウンに潜む溶接不良の影–品質に見合った対価が得られない"より）．
例2	"構造設計への不当な圧力を経験したことがあるか"のアンケートを構造設計者120人にしたところ，"ある"と答えた人は37%の45人にのぼった．自由記述でも"業界のコスト競争の中で，竣工後見えなくなる構造分野に対するコストダウンへの要求圧力が高まっている"，"躯体コストが下がらなければ設計を変えると言っているディベロッパーは多数ある"との声が挙がった．"不当な圧力"までいかなくても，"元請けに'計算書を見てもわからないから，確認申請が通ればいいよ'と言われた"（Ashahi Shinbun Weekiy AERA，2005. 12. 19.，"構造設計者衝撃の実体"より）．
例3	コスト削減要求厳しく…公共工事の削減が続き，民間の工事受注を競っている．技術力で劣る中小ゼネコンも含めて，ダンピング受注が横行しているという．複数の建築関係者は，設計事務所が施主から直接頼まれたり，建設会社から発注されたりする際，低コストで建てられるように求められることは頻繁にある，という（朝日新聞；2005. 12. 19. 夕刊，15面より）．

図9·10　白川郷の"結い"にみられる家づくりの共同作業
（世界遺産"白川郷合掌造り集落"パンフレットより）

る．平常時でも，その影響は大きい．物的被害にとどまらず，日々その中で居住しなければならないため，その不便さや苦痛は大きい．また，紛争が長びくと精神的疲労は蓄積され，健康被害，家庭生活崩壊に至ったケースもみられる．

さらに，同じ地域で，同じ業者による住宅に欠陥があった場合でも，住宅は個別生産性が強く，末端の現場で直接工事した担当者によって具体的な内容が異なるため，被害が異なる．このような場合には，交渉をめぐって互いに利害が一致せず，近隣関係を崩すこともある．逆に，消費者が団結して共通の業者と交渉することで，個人では相手にされなかった問題が解決できたケースも多い．

発生要因

欠陥住宅が発生する背景・要因としては，第一に，住宅の商品化の進展がある．かつての農・漁村における家づくりは，"結い"にみられるように，親戚や近隣の多くの人びとの労力と大工たち専門家によって担われてきた（図**9·10**）．また，町においても，出入りの職人が決まっており，地縁的な信頼関係が成立していた．ここでは，個別のトラブルはあっても，社会的な問題とはならなかった．ところが，高度成長期以降，大都市への未曾有の人口集中の下で，生産・供給構造が大きく変わっていった．重層的な下請け構造の中で，下請けの下部になるほど工事費は値切られ，工事期間の短縮が強制されるため，手抜き工事が余儀なくされるという仕組みが生まれてきた．第二に，大工職の後継者不足や季節労働者，外国人労働者の雇用などによる現場建設労働者の技能不足の問題がある．第三に，設計・施工・監理の一括請負の問題や監理の形骸化の問題がある．第四に，消費者側の知識不足，住まいに関する教育不足がある．第五に，規制緩和・市場での激しい競争の下で，建築士，検査機関に生じたモラルハザードの問題がある．その典型が2005年に発覚した耐震強度偽装事件であった（表**9·1**，表**9·2**）．

9-3 住宅に関するトラブル

契約トラブル

新築分譲マンションや建売住宅などは，一般的に，出来上がりの予想図や現場とは違う場所にモデルルームをつくって広告し，販売する，いわゆる“青田売り”の場合が多い．このため，実際に出来上がったものが当初の広告や契約時に業者から聞いた重要説明と異なることによるトラブルが起こることがある．広告については，“不動産の表示に関する公正競争規約”によって，開始時期，取引態様，誇大広告の禁止などの規制がある．ところが，この規定を守らない広告が，主としてちらしや折込み広告などに見受けられる．また，宅地建物取引業法では，業者は消費者との契約前に“重要事項説明書”によって物件の概要を説明しなければならないことになっている（図 **9･11**）．説明すべき事項は，登記されている権利の種類および内容・公法上の制限・私道負担・給排水設備など取引物件に関する内容と，金銭の授受・契約解除・手付金など取引条件に関する項目である．この他にも購入者の意思決定に重大な影響を与える事項や購入者に不測の損害を与えるおそれのある事項についても説明しなければならない（図 **9･12**，図 **9･13**，表 **9･3**，表 **9･4**）．

なお，言葉巧みな誘いに乗って考える間もなく契約した後でも，泣き寝入りしないで，解約できるクーリングオフ制度がある．宅地建物取引については８日間である．また，一方的に不利な契約各項については，消費者契約法によって無効となる場合もある．疑問におもう場合には，各地方自治体の消費者センターや弁護士会に問い合わせてみることが大切である．

住宅ローン破綻

住宅を購入する際に，多くの人は住宅ローンを利用して取得するが，住宅ローンの割合は購入価格の平均約７割である．住宅ローンの返済額は2016年総務省“家計調査年報”によると，１世帯

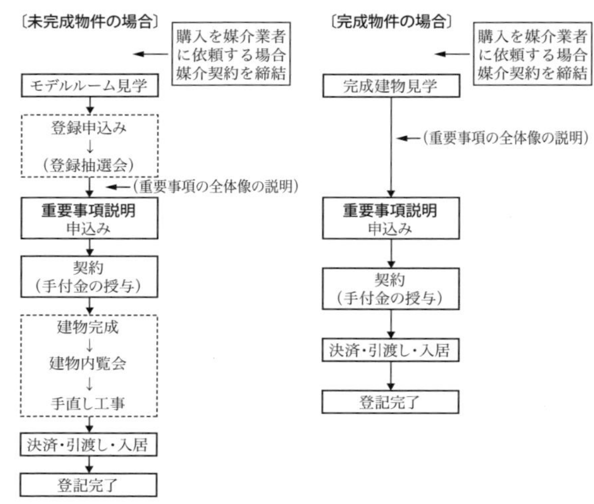

図 9･11 不動産取引の一般的な流れ（新築戸建住宅・マンション分譲）

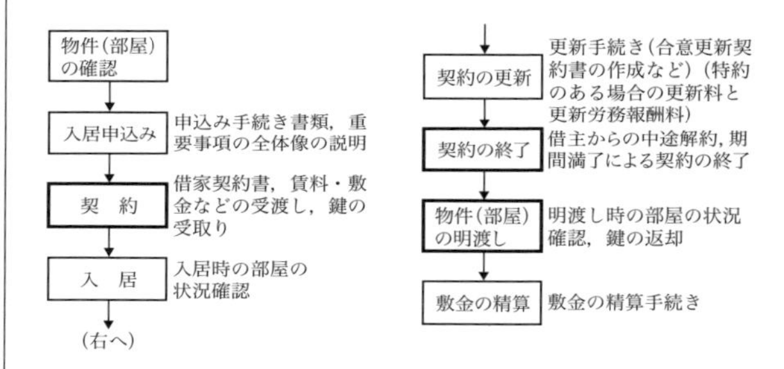

図 9･12 契約から明渡しまで（普通借家契約の流れ）

表 9･3 普通借家契約と定期借家契約との比較

	普通借家契約	定期借家契約
契約方法	書面でも口頭でも可（宅建業者の媒介などにより契約を締結したときは，契約書が作成され交付される）．	① 書面（公正証書等）による契約に限る． ② “更新がなく，期間の満了により終了する”ことを契約書とは別にあらかじめ書面による説明が必要．
更新の有無	原則として，更新される．	期間満了により終了し，更新はない（再契約は可能）．
契約期間の上限	2000年3月1日より前の契約…20年，同日以降の契約…無制限．	無制限
1年未満の契約	期間の定めのない契約とみなす．	1年未満の契約も有効
賃料の増減	事情が変われば，貸主と借主は賃料の額の増額や減額を請求できる（特約がある場合はそれに従う）．	特約の定めに従う（特約がない場合は，事情が変われば貸主と借主は賃料の増額や減額を請求できる）．
借主からの中途解約	中途解約に関する特約があればそれに従う．	① 床面積 200 m² 未満の住居用建物で，やむを得ない事情により，生活の本拠としての使用が困難となった借主からは，法律により中途解約ができる． ② ①以外の場合は特約があればそれに従う．

表 9・4　契約時に必要な費用

① 敷金 （保証金）	敷金の要否や額などは地域により慣行が大きく異なる．敷金とは，借主が賃料の未払いや不注意により部屋に損傷を与えたり，破損させた箇所がある場合の修繕費用や損害賠償などの債務を担保するために貸主に預け入れるお金．したがって，明渡しの際，貸主に対して負担すべき債務がない場合や余剰金がある場合は，返還される．保証金という名目の場合も通常敷金と同様のもの．
② 敷引き （償却）	敷引き（償却）とは，敷金（保証金）につき，あらかじめの約定にもとづいて，精算時においてその一部を返還しない取扱いをするもの．
③ 礼金	地域の慣習により，一時金として授受が行われることがある．ただし，礼金の性格については必ずしもはっきりしないため，国土交通省の標準契約書では，定期借家契約についてはなじまないとしている．礼金の額は，一般的には月額賃料の 1 〜 2 ヵ月のようで，明渡し時に返還されないもの．
④ 共益費 （管理費）	一般に共用部分の清掃費，電球の取替え，修繕費，エレベータなどの維持費や電気代などに当てる費用として各入居者が分担して負担するお金．

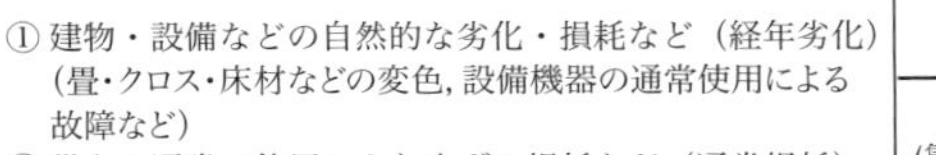

図 9・13　敷金精算と原状回復義務（貸主負担と借主負担）

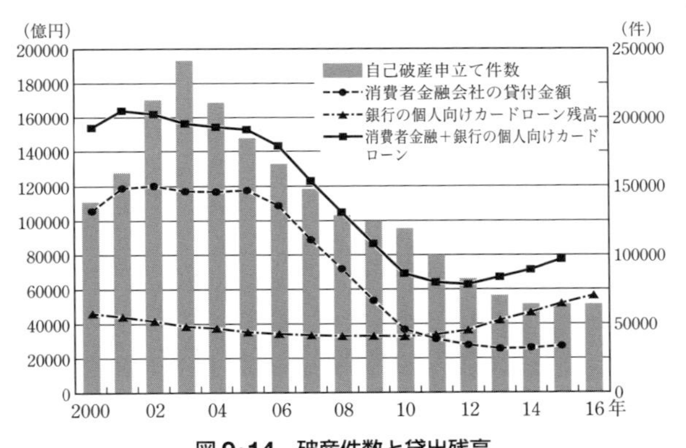

図 9・14　破産件数と貸出残高

〔司法統計（裁判所），貸金業関係資料集（金融庁），貸出先別貸出金（日本銀行）〕

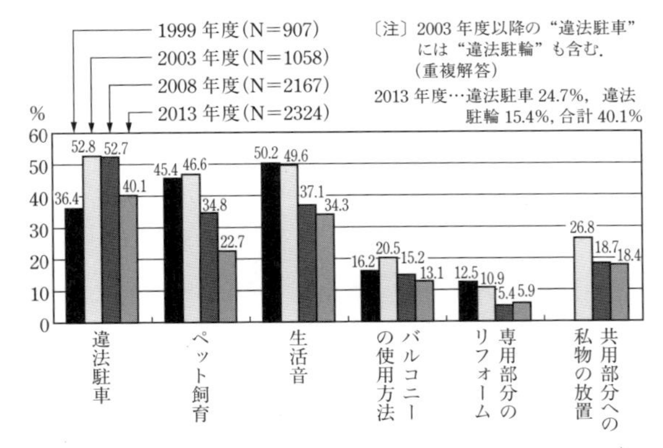

図 9・15　居住者のマナーをめぐるトラブルの具体的内容 [3)]

当たり月額 92,945 円で，可処分所得に占める割合は 19.0 %にもなる．バブル崩壊後の不況，企業倒産やリストラにより雇用が継続せず，住宅ローンの延滞・破産が増加してきた．90 年代後半から自己破産件数は急増し 2003 年には約 24 万件にも達した．これは，バブル期に購入した住宅のローン支払いが行き詰まったことが要因だと報じられている．信販業界によると，自己破産申請者は 40 〜 50 代の中高年が中心で，景気の低迷や勤務先のリストラなどで収入が減り，住宅ローンの返済ができなくなったケースが多いという．給与収入で返済できなくなった後に消費者金融を利用して支払いを続け，3 〜 4 年して多重債務に陥り自己破産を申請する例もよくみられる．

一方，2001 年の個人再生法の施行とともに住宅資金特別条項を定めれば，自己破産のように住宅を手放さなくとも債務整理できるようになった．また，改正貸金業法の施行（2010 年）により消費者金融への規制が強化され破産者は減少しつつあった．だが近年，規制対象外の銀行カードローンの貸出残高が急増し破産件数も増加に転じている．つまり本質的な問題は変わっておらず，住宅ローンの負債に苦しむ人は依然として多い．

近隣トラブル

人びとが集って住む都市や団地，上下・左右の壁を接して住まざるを得ない集合住宅の場合，とくに近隣でのトラブルが起きやすい（図 9・15）．トラブルの内容としては，集合住宅では第一に“音”の問題，具体的にはピアノやステレオなどの音響音，上下階からの子どもの足音，トイレや浴室の排水音やドアを閉める音など日常生活にともなう生活騒音がある．ほかにも，“ごみ出し”や“ペット飼育”“違法駐車・駐輪”の問題があり，戸建て住宅地においても同様の問題がある．これらの問題は，基本的には建物の設計や施工段階で対応できることも多いが，他方で，住み方や生活上のルールやマナー，集合して住む上での集合“文化”をつくっていくことも求められる．

9-4 住まいの選択

住宅の選択

住居（これには住宅と住環境の両要素が含まれる）を選ぶということは，その人，家族の生活設計を選ぶことでもある．ある家族にとって良い住居であるからといって，別の家族にとって良い住居であるとは限らない．主体的で確かな選択が重要になってくる．

まず，住宅の選択の際には，規模・間取り・設備・通風・採光などの要素と外観や意匠・構造や建て方などが重視されている（表**9·5**）．

住宅の規模や性能，設備などは国の決めた居住水準（居住面積水準，住宅性能水準等）が経験的にみて妥当な指標を表しているので参考になる（表**9·7**）．もっとも，実際にはその家庭の経済状況を考慮して選択することになる．

“持ち家か借家か”という所有関係は，重要な選択の一つである．持ち家のメリットは，① 立退きの心配がない，② 自由な住み方や増改築・模様替えができる，③ 家族に合った広さや間取り，環境の良い住居を確保できる（これは，持ち家本来の理由ではないが，現在の借家の質がよくないため），④ 資産になり，インフレ対策になることである．一方，デメリットは，① ローンなどの返済（表**9·6**）により，長期にわたる借金で生活が縛られる．不況やリストラに遭遇すると，返済が困難となり，生活を圧迫する，② 家族の成長や好みに応じた引越しや転勤などの住替えが，借家に比べると容易ではない，③ 建物の保守，修繕や建替えなどの管理をすべて自分で計画し，実行しなければならない，④ 大都市圏では経済的に取得可能な持ち家を職場の近くに得るのはむずかしい，ことである．これらは，単に住宅という物財を所有するかどうかだけではなく，その後の生活のしかたに大きく関係する問題である．

戸建住宅か集合住宅か

戸建住宅の良さは，何よりも自分の住宅や敷地

表 9·5　住居の選択

① 取得方法	買う（購入）（注文する），借りる（賃貸），社宅・公舎，相続．
② 住戸形式	戸建て（庭付き），2 戸連続（庭付き），長屋（庭付き），アパート（共同住宅）．
③ 立地（狭くとも便利な所がよいか）	大都市（都心地区，市街地，近郊住宅地，遠郊住宅地：ニュータウン，衛星都市），中小都市（市街地，近郊地），農村．
④ 階数（共同住宅の場合）	1 階，2 ～ 3 階（中層），4 ～ 5 階（高層），6 ～ 11 階（高層），12 階以上（超高層）．
⑤ 規模（もっぱら寝室に使用できる室数）	（家族人数－ 1）以下，（家族人数－ 1），家族人数，家族人数以上．
⑥ どんな構造か	木造，鉄筋コンクリート造，鉄骨造，プレハブ造，ツーバイフォー造，その他．
⑦ 供給者	大手住宅産業，中小住宅産業，副業的住宅供給，私的・個人，公団・公社，公営（都道府県・市町村），その他．
⑧ 建築・購入のしかた	新築〔注文（個人・共同）〕，分譲建売〕，中古
⑨ 資金調達	全額自己資金，一部公的資金，一部民間ローン，一部公的・一部民間・一部自己資金，その他
⑩ 住居費の支出限度（家賃の月別返済額：共益費，修繕費含む）	月収の 10％まで，月収の 20％まで，月収の 30％まで，月収の 40％まで，月収の 41％以上でも．
⑪ 意匠（デザイン）	和風，洋風，折衷的，一般的（平均的）． シンプル，装飾的． モダン（現代風），クラシック（伝統的），民芸調，その他．

表 9·6　持ち家と借家との住居の支出割合

		単位	持ち家		借家		
			住宅ローン返済世帯	住宅ローン返済なし世帯	民営借家	公営借家	給与住宅
実収入 A		円	609305	473455	452324	307521	569462
支出合計 B		円	490275	388670	378911	270523	452725
住居関連費	住居 C	円	5697	27420	60994	31848	25585
住居関連費	家賃・地代 D	円	—	—	59644	31417	24822
住居関連費	設備修繕・維持	円	—	—	1350	431	762
住居関連費	土地・家屋借金返済額 E	円	92945	—	1646	510	3866
ローン返済割合 E/B		%	19.0	—	0.4	0.2	0.9
家賃支出割合 D/B		%	—	—	15.7	11.6	5.5
住居関連費割合 $(C+E)/B$		%	20.1	7.1	16.5	12.0	6.5

〔**注**〕 家計に占める住居関連費の割合は，持ち家ローン返済世帯が最も高く，それに続いて民営借家となっている．

総務省：家計調査年報，2016 年より作成

図 9·16　コーポラティブ住宅の例

（“あじろぎ横丁”：京都府宇治市）

表 9・7　住生活基本計画における居住面積水準

		世帯員数別の面積（単位：m²）			
		単身	2 人	3 人	4 人
最低居住面積水準		25	30【30】	40【35】	50【45】
誘導居住面積水準	都市居住型	40	55【55】	75【65】	95【85】
	一般型	55	75【75】	100【87.5】	125【112.5】

最低居住面積水準：世帯員数に応じて，健康で文化的な住生活の基本とし必要不可欠な住宅面積に関する水準.
誘導居住面積水準：世帯人数に応じて，豊かな住生活の実現の前提として，多様なライフスタイルを想定した場合に必要と考えられる住宅の面積に関する水準.
＜**都市居住型**＞都心とその周辺での共同住宅居住を想定.
＜**一般型**＞郊外や都市部以外での戸建住宅居住を想定.

〔注〕
1. 数値は専用面積（壁芯）.
2. 子どもに係る世帯人数の換算は
   3 歳未満：0.25 人，3 歳以上 6 歳未満：0.5 人
   6 歳以上 10 歳未満：0.75 人
3. 【　】内は，3 ～ 5 歳児が 1 名いる場合の面積.
4. 子どもに係る世帯人数の換算により，世帯人数が 2 人に満たない場合は，2 人とする.
5. 世帯人数が 4 人を超える場合は，5％控除される.

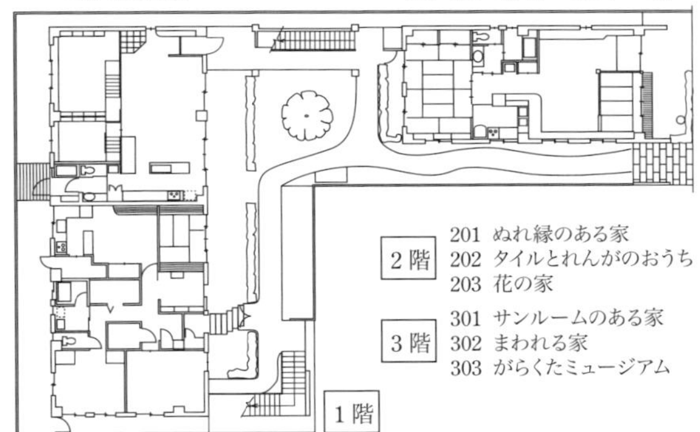

図 9・17　コーポラティブ住宅の設計例
（“さくらコート”：京都市）

を自分の好きなように使えることにあろう．また，積層した集合住宅で多い騒音や漏水，ペットの飼育などのトラブルに気を使わなくてよいし，ほかからこれらの被害を受けることも少ない．他方で，“集って住む”住宅が不便で楽しくないかといえば，そうであるとばかりいえない面もある．コーポラティブ住宅（図 **9・16**，図 **9・17**）やコレクティブ住宅のように集会所や趣味室，ゲストルームなどの共通の施設や設備，庭を確保できるメリットもある．選択肢はこれだけではない．

その他に，注文住宅か分譲住宅か，公営住宅か公団住宅か民間住宅か，木造か鉄骨か RC 造か，新築か中古か，高層か低層か，同居住宅か二世帯住宅か，といった選択も必要となる．

住環境，立地の選択

災害列島ともいわれるわが国においては，台風による大雨や河川のはん濫，土砂災害，地震や火災などの自然災害に対する安全性に関する要素が住環境，立地の選択条件のまず第一に位置付けられる．現在の土地の状況だけでなく，新興住宅地や開発された場所では，その場所が以前はどのような地形，用途に使用されていた地域であったのかを検討しておく必要がある．第二に，衛生面に関して，大気汚染や水質汚濁，騒音，悪臭などの公害がないことや日照阻害がないことも居住するうえでの基本的な環境要件である．つぎに，生活の利便性などが重要になる．しばしば，郊外か都市部か，が選択肢として問われるが，緑・日光・土・空気・静けさといった自然環境を求めるならば，郊外の方が良好である．また，住宅の広さや庭も，郊外の方が確保されやすい．他方で，都市部の場合は，図書館や劇場，美術館といった文化施設，病院や役所なども近い．しゃれた店や喫茶店があり，夜遅くまで店が開き，交通が便利である．地域資源が豊かである．近年，子育てを終えた中高年世代が都心に回帰してきている．また，共働きの家庭においては，職場に近く，保育所や利便施設のある都心を選択する人が多いという．

Chapter 10　表現技法とこれからの住まいの設計

10-1　設計図の見方と描き方

図面の役割

図面とは，住まいを建築物として設計および施工する際に，誰が見てもその全容が理解できるように，正確に分かりやすく，設計者の創作意図を建築主や施工者に伝達するためのものである．ただし，立体の空間を二次元に置き換えて表現するため，私たちが共有している寸法，単位を使って図示したものになる．とくに建築工事に携わる人達の共通語ともいえる．

線の種類と縮尺

建築を図面に表現するうえでは，線の使い分けが大切な要素となる．

建築図面に用いられる線には，実線・破線・点線・鎖線の4種類があり，線の太さは通常，太・中・細の3段階程度に描き分けられる．線は明確に，2，3種類の鉛筆を使って引くとよい．線の種類と用法について図**10·1**，表**10·1**に示す．

また，図面は実際の建物に対してさまざまな大きさで表現されるが，実物に対する図面の大きさの割合を尺度という．図面が実物の1/100の大きさで描かれている場合，図面の標題欄にS＝1/100またはS＝1：100と記入する．寸法の表示方法や記入方法は，図面の内容や種類によって違いはあるが，形を明確に表すうえで必要なものをきちんと記入し，重複や脱落のないように注意する．また，寸法の単位は原則としてミリメートルとし，数字だけを記入して単位記号はつけない．縮尺による表示方法の違いを図**10·2**および図**10·3**に示す．

平面表示記号と材料構造表示記号

図**10·4**に示す平面表示記号は開口部の種類を記号化したもので，縮尺は1/100，1/200が用いられる．窓なのか，扉なのか，腰があるのかないのか表示記号の違いに注意する．

材料の構造表示記号についても，表**10·2**に示すように，縮尺の程度によって表現の仕方が変

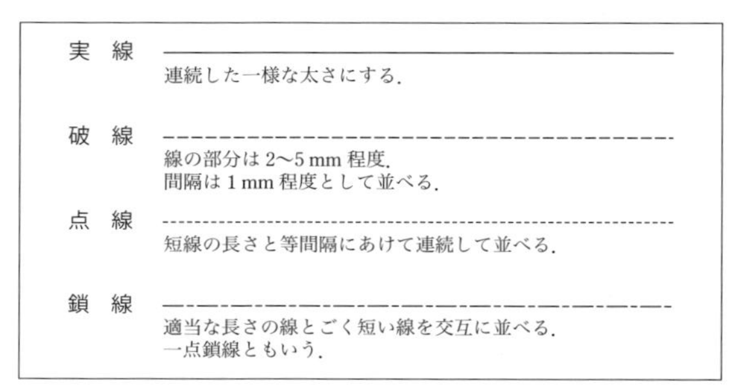

図10·1　線の種類

表10·1　線の用法

線の種類	線の種類	線の用法
実　線	太・中・細	輪郭線・外形線・破断線・断面線
	中・細	寸法線・寸法補助線・引出し線，ハッチング(見え掛かり)
破　線	中・細	かくれ線・本工事外（別途のもの）
点　線	中・細	運動の道を示す線
鎖　線	太・中	基準線・切断線・想像線
	細	中心線

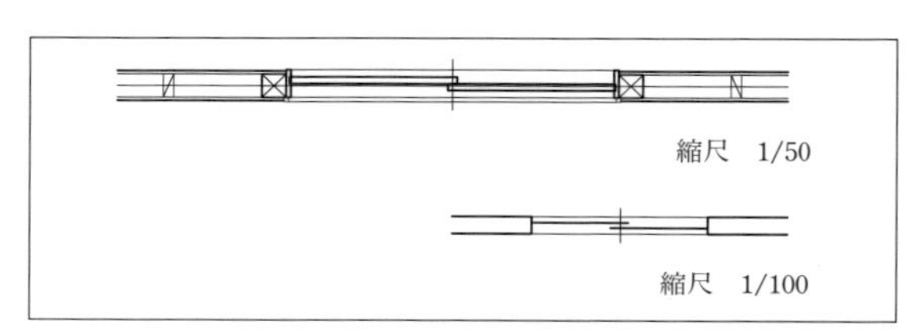

図10·2　木造（大壁），木製建具（窓）の平面図示方法

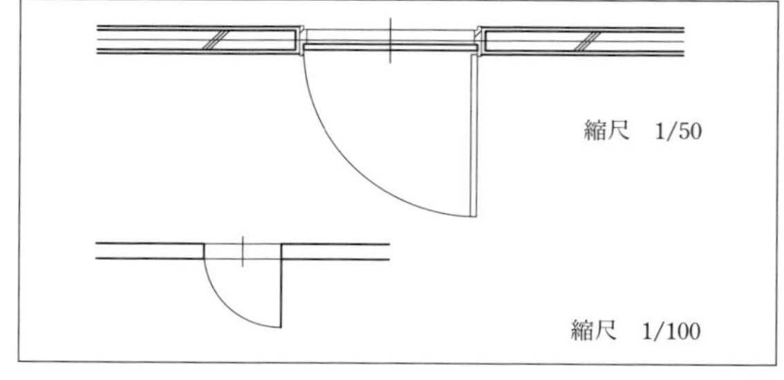

図10·3　鉄筋コンクリート造，木製建具（扉）の平面図示方法

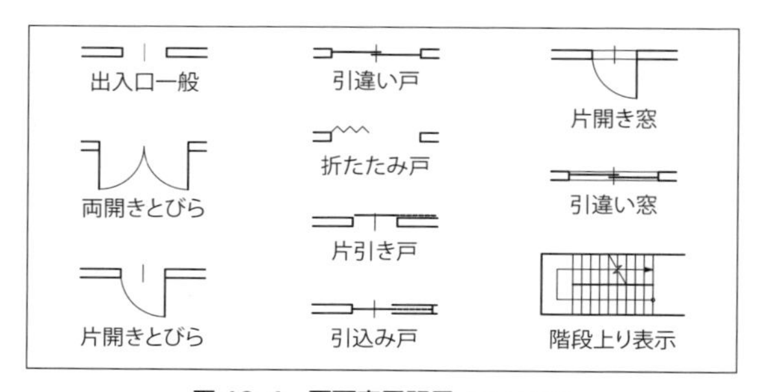

図10·4　平面表示記号（JIS A 0150）

表 10･2　材料構造表示（JIS A 0150）

縮尺程度別による区分／表示事項	縮尺 1/100 または 1/200 程度の場合	縮尺 1/20 または 1/50 程度の場合（1/100 または 1/200 程度の場合でも用いてよい）	原寸および縮尺 1/2 または 1/5 程度の場合（1/20, 1/30, 1/100 または 1/200 程度の場合でも用いてよい）
壁一般			
コンクリートおよび鉄筋コンクリート			
軽量壁一般			
普通ブロック壁 軽量ブロック壁			実形を描いて材料名を記入する
鉄骨			
木造および木造壁	真壁造 管柱，片ふた柱，通柱 真壁造 管柱，片ふた柱，通柱 大壁造 管柱，間柱，通柱 （柱を区別しない場合）	化粧材 構造材 補助構造材	化粧材（年輪又は木目を記入する） 構造材　補助構造材 合板
地盤			
割栗			
砂利・砂		材料名を記入する	材料名を記入する
石材または擬石		石材名または擬石名を記入する	石材名または擬石名を記入する
左官仕上		材料名および仕上げの種類を記入する	材料名および仕上げの種類を記入する
畳			
保温吸音材		材料名を記入する	材料名を記入する
網		材料名を記入する	メタルラスの場合 ワイヤラスの場合 リブラスの場合
板ガラス			
タイルまたはテラコッタ		材料名を記入する 材料名を記入する	
その他の材料		輪郭を描いて材料名を記入する	輪郭または実形を描いて材料名を記入する

わっていく．

図面の種類と必要事項

一つの建物を図面で表現するとき，表 **10･3** に示すような，さまざまな図面が必要となる．簡単に建物の概要を示すものとして，仕上表・配置図・平面図・立面図・断面図があり，これらを一般図と称している．また，詳細図としては，矩計（かなばかり）図・平面詳細図・展開図・天井伏図・建具表などがあり，その他，意匠図以外に構造図と設備図がある．

図面の作図順序

平面図は，間取り図やプランともいい，各室の機能上のつながりと外部への関係を表したもので，すべての図面の中で，最も基本となる重要な図面である．

作図の順序を以下に簡単に説明する．

① 細く薄い線（以下，補助線＝下書き線という）で壁や柱の中心線を間取りに合わせて描く．

② 中心線から壁の幅を振り分け，下書き線を引く．

③ 開口部の位置を下書き線で割り付ける．

④ 壁や開口部の断面線を太線で，見え掛かりの線を中線で引き直す．

⑤ 寸法線を細線で引き，寸法を記入する．

⑥ 室名，その他の名称を記入して完成．

表 10･3　図面の種類と必要記入事項

区分	図面	内容
仕様書		工事全体の概要，項目，材料の品質，製造所を特記した図面
一般図	仕上図	内外各部の仕上げを一覧にまとめた図面
	配置図	敷地と建築物の位置関係を示す図面
	平面図	建築物を床下 1500 位のところで水平に切断し，その切断面を上から眺めた水平投影図
	立面図	各外壁面の垂直立面上の投影図
	断面図	建築物を垂直に切断し，その切断面の垂直立面上の投影図
詳細図	矩形図	各部の高さ（床高・軒高・天井高）各部材の仕上げ・種類・断面・断面寸法などを明確にした縦断面詳細図
	展開図	室内各壁面の垂直立面上の投影図
	天井伏図	天井の仕上げを明記した投影図で，平面図に合わせた見下げ表現図
詳細図	建具表	建具の姿・機構・寸法・仕上げ・数量・付属品を表にまとめ明記した図面
	部分詳細図	各部位の納まり・取り合いなどを詳しく明記した図面
構造図	基礎伏図	基礎の配置状況を明記した水平投影図
	床伏図	各階の床組を水平投影した構造図
	小屋伏図	小屋組を水平投影した構造図
	屋根伏図	屋根の水平投影図
	軸組図	柱・壁・間仕切各面の軸組の垂直投影した構造図
設備図	給排水ガス衛生設備図	給排水ガス衛生設備機器の位置・配管経路などを明記した図面
	電器設備図	電気器具・スイッチの位置・配線経路などを明記した図面

10-2 設計の手順

設計条件の整理

住まいの設計において最も大切な事柄は，依頼者の要望を的確に把握し，要望事項を整理することから始まる．依頼者の暮らし方や趣味などを把握するのはもちろんのこと，“どんなところに”，“どんなふうに建てるか”，まずは現地調査から始める．

① 敷地の周りにはどんな建物がどのように建っているか．
② 新しいまちなみか．それとも歴史的な古いまちなみか．
③ 敷地と道路の関係はどうなっているか．
④ 敷地の状況は平地か斜面地か．隣地との高低差はあるのかないのか．
⑤ 地盤は盛り土か切り土か．
⑥ 風向き，日当たりなどはどうか．
⑦ 電柱の位置，ガス・水道メーター，排水の位置などはどうか．

また，建築関連法規の調査も必要である．自分の敷地だからといって，好きに建築しても良いものではなく，地域社会の環境をより良くするために，いろいろな法的基準が定められている．基本計画に入るまでに，さまざまな項目を調査する必要がある．

エスキスと考え方

エスキスとは設計の構想を進めるためのスケッチのことをいい，与えられた条件をもとに計画を立案する段階である．人は頭で考えるだけではなく，体を動かすことで，より自由な発想が浮かぶものである．フリーハンドでスケッチすると手が勝手に考えてくれたり，散歩の途中で急に良いアイデアを思いついたりと，日ごろ思い巡らしている構想をまとめ上げていく，設計の中で最も楽しい作業である．スケッチブックは手放せない．

基本計画と基本設計

基本計画とは，エスキスで構想を練ったもの

図 10·5　建築家があなたの希望を知るために

建築家があなたの希望を知るために			出会った日　年　月　日（ ）
1	あなたの氏名（ふりがな）	（　　　） 年齢　歳	
2	現住所		電話番号
3	勤務先		
4	家族の氏名	間柄／年齢／どんな内容の仕事をされていますか	趣味・特技
5	現在の住まいについて	□一戸建て　□マンション　□その他（　　）	※よかったこと ※不満だったこと
6	その住まいの広さは	（　）（　坪）部屋数（　　）	
7	今まで一番長く暮らした住環境	□郊外　□都心　□その他	
8	（新築，増築，改築，模様替え）したいと思ったきっかけ		
9	わたしの事務所を訪ねた理由		
10	あなたあの住まいに対する考えを少し聞かせてください		
11	建設予定地の　住居表示／地名地番		ひとことでいうとどんな所ですか
12		（　坪　）	
13	用途地域	建ぺい率（ ）% 容積率（ ）%	わからなければ建築家が調べます
14	希望する建物の規模	地上（　）階　地下（　）階 延床面積　（　坪）程度	部屋の数と広さでも結構です
15	工事の種類	□新築　□増築　□改築　□模様替え	□初めての経験　□（　）回目
16	構造の種類	□木造　□組構造　□鉄骨造鉄筋コンクリート造 □混構造　□その他（　）	建築場所と予算と好みを考えて建築家と相談して決めましょう
17	入居希望日	年　月　日　頃	
18	着工予定日	年　月　日　から	計画の内容によって異なりますので建築家と相談して決めましょう
19	竣工予定日	年　月　日　まで	
20	工事予算	a）建物の工事費　（　） b）工事費以外の費用（　）	工事に関する概算書 P42 を参照してください
21	住宅資金（使用する公的機関）	□住宅金融公庫　□厚生年金　□その他	資金計画はなるべく自分に合ったやり方で行ないましょう

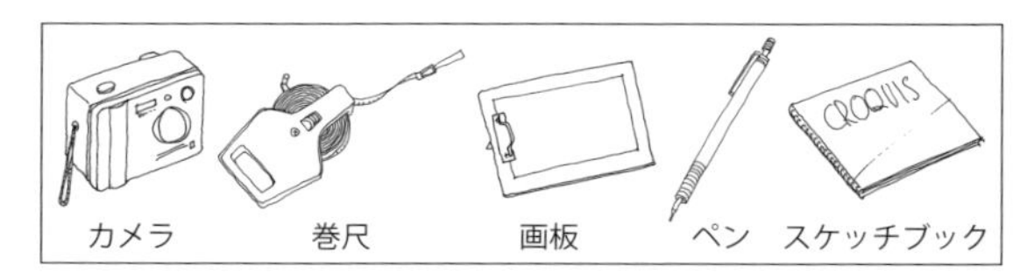

図 10·6　現地調査に忘れてはいけない持ち物

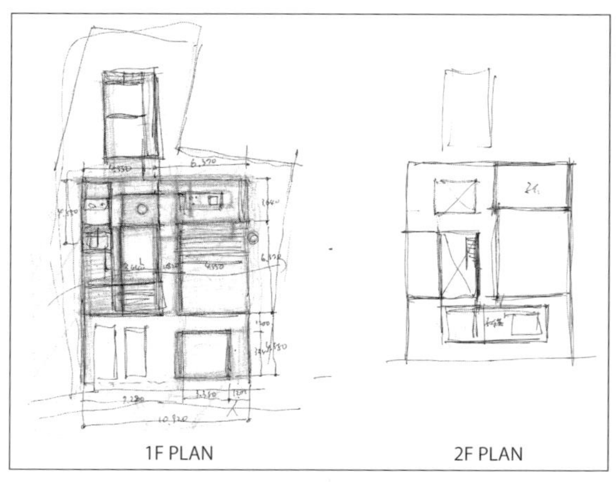

設計構想をフリーハンドで自由にスケッチする．

図 10·7　龍野の家エスキスの実例（設計：青砥聖逸）

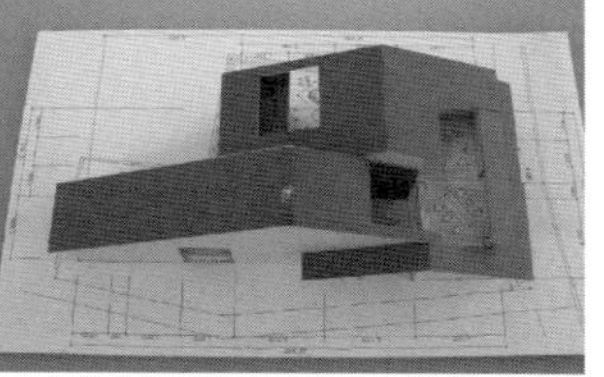

イメージした形を段ボール紙やスチレンボードを使って作成する

図 10·8　スタディー模型

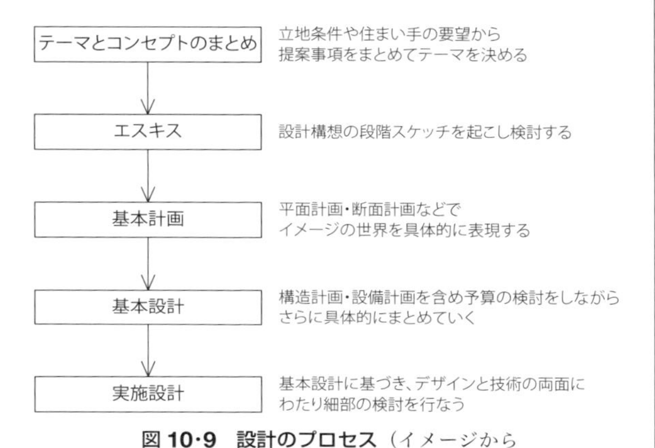

図 10·9　設計のプロセス（イメージから実際の詳細までの流れ）

を，1/100 の平面図や断面図などのラフに描いて検討し，具体化していくことである．

基本計画がイメージの世界としたら，基本設計とは，これを，より現実的な設計図書の形にまとめることをいう．平面図や構造の種類，各部の寸法や面積，設備面の計画，おもな使用材料や使用機器の種類と品質など，工事予算とのバランスを考慮して進めていく．

実施設計と詳細図

実施設計とは，基本設計がまとまったあと，デザイン・技術の両面にわたって，細部の検討を行い，図面化することである．形や寸法を施工者に伝えるだけではなく，工事見積もりに必要な項目も漏らすことなく記入する．設計業務の中で最も時間を要し，かなりハードな段階といえる．詳細図は納まり図ともいわれ，異なる材料や各種部材の交差部分を技術的に，かつ，美的に納める図面である．また日本の気候風土の特徴から，雨や湿気は建築の最大の敵であり，詳細図においては，これらへの対策も検討しなければならない．

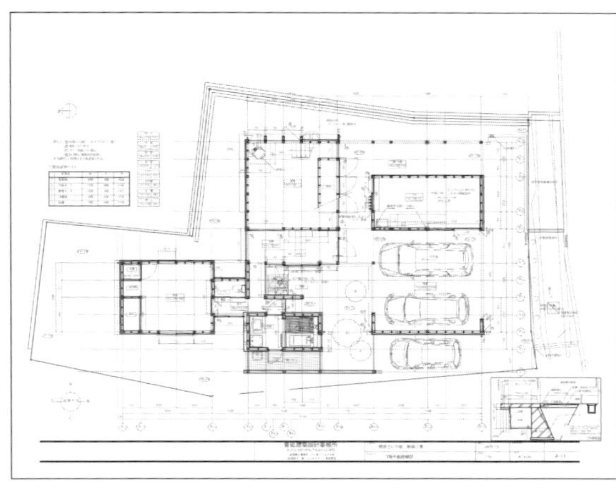

（a）　平面詳細図（構造や仕上げなどの詳細を書き込む）

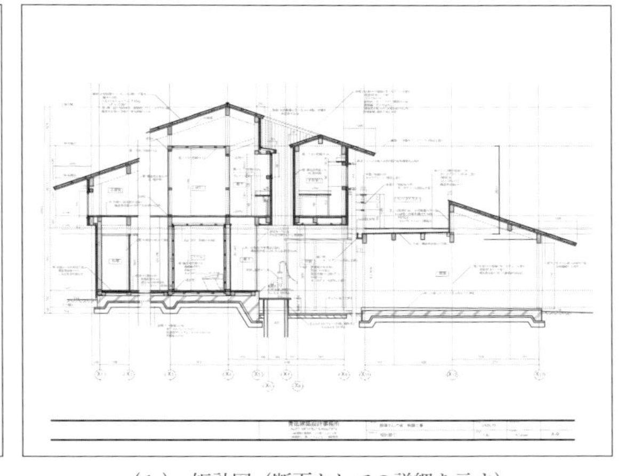

（b）　矩計図（断面としての詳細を示す）

図 10·10　実施設計図のいろいろ（拡大図は付図 2 参照：p.142〜143）

図 10·11　竣工した外観と内部空間の一部

10-3 住まいの設計手法

暮らし方と住まいの役割

人生の意味は，その人の日々の暮らしの中にある．住まいを設計するということは，そこに住まう人の人生をデザインすることだともいえないだろうか．デザインは暮らし方を変える．たとえば，遊び心あふれる非日常の空間は，住まい手に活力と希望をもたらす．また，住まいの空間構成も重要である．人は，路地を抜けてひらけたところへ出たとき，森のトンネルを抜けて眺めのよい景色に出会えたときなどに，空間の可能性とリズムを感じて幸せな気持ちになる．こうしたさまざまなデザイン上の演出は，人が豊かに暮らすための大きな役割を担っている．

暮らし方の動線と各室の機能

平面計画・フロアー プランニングでは，各室の求める役割と条件を明らかにすることが大切になる．具体的に作図する前に各室の生活行動を抽出し，生活機能や必要な空間や装置を考えてみよう．各室の機能と役割を整理しながら，それぞれの部屋をどのように連接配置していくか，ゾーニングプランについても検討する必要がある．各部屋のポイントとなる事項を，簡単に要点のみ記してみる．

玄関　できるだけ心理的圧迫感がないこと，靴を脱ぐ動作が気持ちよくできること，また，靴やコート類を収納する工夫も大切になる．

廊下　動線計画からしてなるべく短く，階段と同じく，その幅は広くとる必要がある．

居間　家族室ともいえるが，その使われ方を明確にする必要がある．落ち着く空間として，動線上，個室への通過スペースとならないよう注意する．

食事室　食するところは住まいの中で最も楽しみな部分であり，演出性も高く充実すべきところである．

厨房（台所）　明るく健康的な部屋になるよう

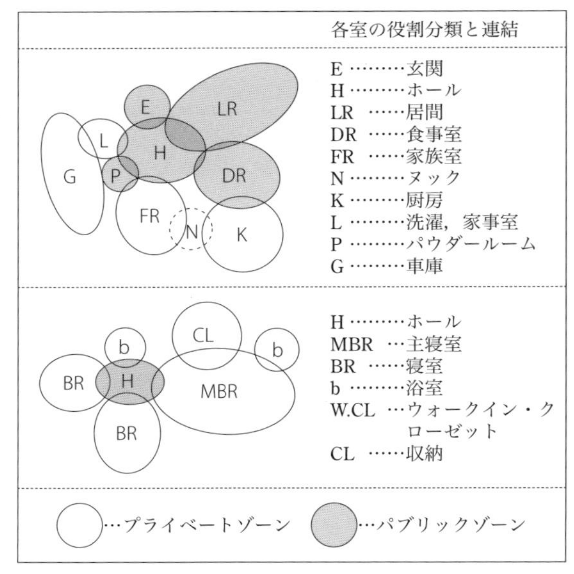

図 10·12　各室のゾーニングプラン（P.P 分離）

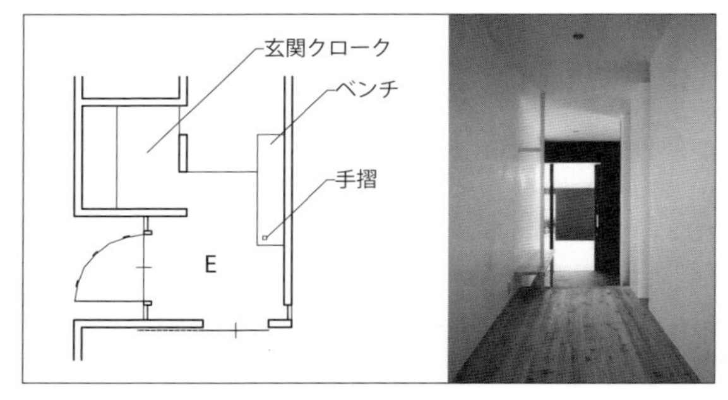

図 10·13　玄関

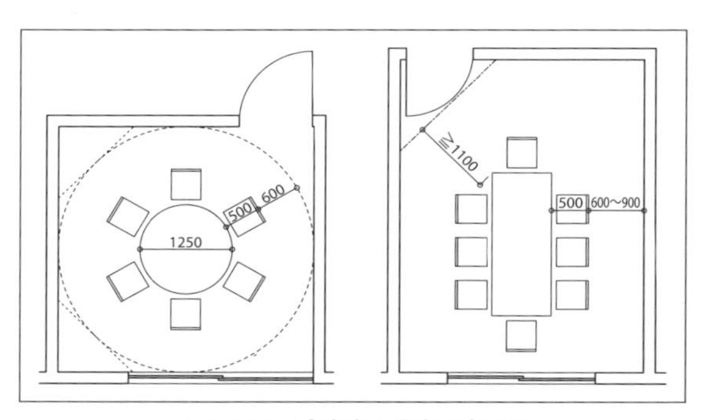

図 10·14　食事室の最小の大きさ

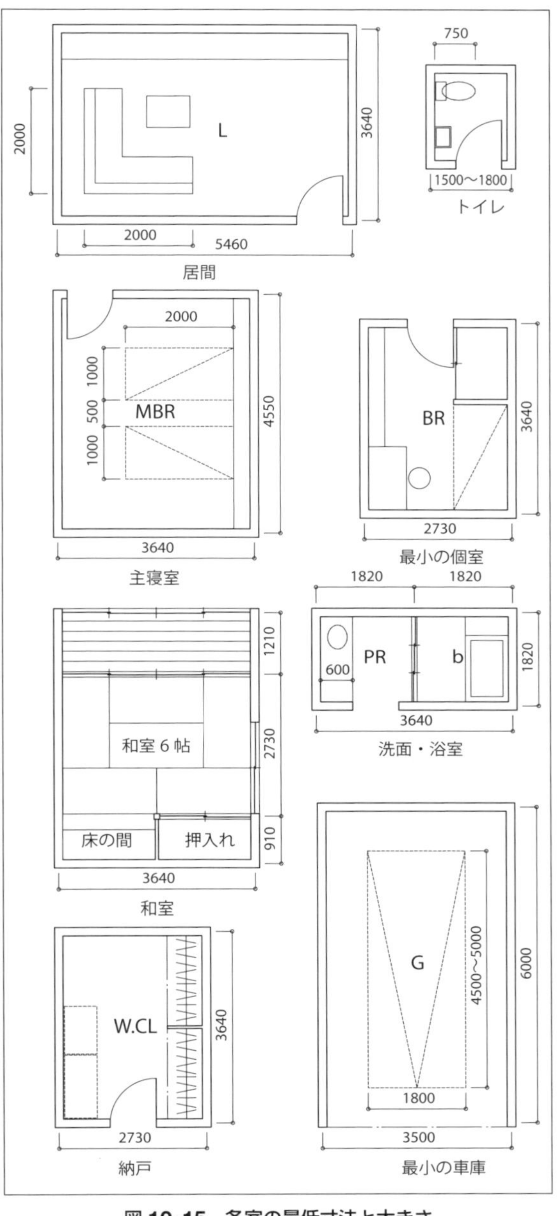

図 10・15　各室の最低寸法と大きさ

心掛ける．近ごろでは，食事スペースとの一体化が進んでいるが，作業内容をしっかりと把握してプランニングしなければならない．

個室　寝室や子供室などがあり，住宅の根源的な要素になる．就寝のみが目的ではなく，1日のスタートを元気に切れる部屋にしたいものだ．

その他，水回りとしての洗面，脱衣および浴室，家事室，趣味の部屋，“DEN”（デン：狭いながらも居心地の良い私室）や書斎などがある．

車庫は1台とはいわず余裕をもったスペースの確保が大事．

素材と空間

住まいの提案にあたって，空間構成をどのようにするかなど，その建築手法も大切であるが，一方で，構造や仕上げにおける材料の選択もおろそかにできない重要な項目である．昨今，住まいづくりは“クレーム産業”化している．自然素材，健康住宅と称しながらも，“割れない，反らない，傷つかない”新建材など，多種多様の工業製品のるつぼになっている．経年変化の拒否である．しかし，住まいづくりを“産業”としてよいものだろうか．本来，住まいは，地域に根ざし，手の届く範囲でつくられるものであり，“古びる”美しさは時代の証でもあった．薄く軽く運びやすい材料は住まい手が望んだことなのか，作り手の都合なのか，もう一度検証してみる必要があるといえよう．シックハウス対策が法律化されたのはどうしてなのか．住まいを考えるうえで，素材の選択から暮らし方と価値観が問われる．

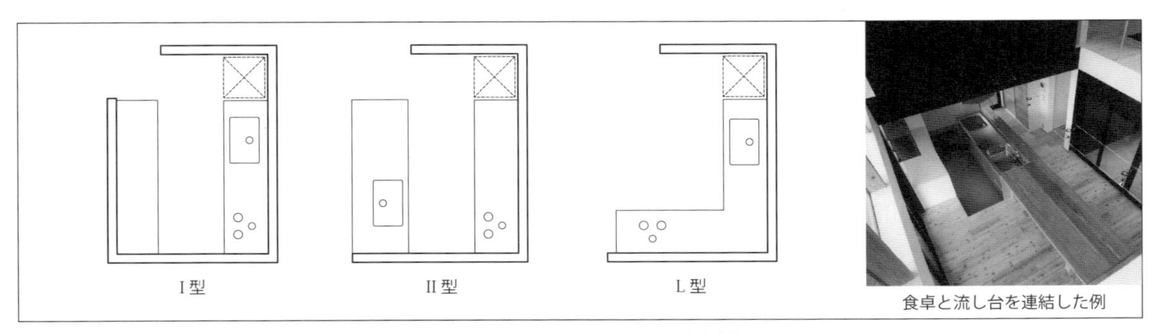

図 10・16　キッチンのレイアウト例

10-4　これからの社会と住まい・リフォーム設計

保存と再生

現在の住まいの主流は，都市部とその周辺にある戸建の住宅や集合住宅と考えてよいだろう．

これまで労働や作業の場とは切り離された住まいは，経済・産業の発展によって急増した勤労者が都市部に集中し居住するために必要とされた．

戦後多くの都市が廃きょとなり，一気に住宅困窮の状況に陥った．昭和30年にかけて住宅不足解消に向け，国を挙げて“1世帯1住宅”，さらに昭和40年以降は“1人1室”を目標とした取組みが進められた．ウサギ小屋といわれたわが国の住宅も，現在ではようやく数量的にも充実し，質についても向上しているといえるようになってきた．

消費を美徳とした時代（**スクラップ アンド ビルド**†）から，古き良き建物を残しながら，現代社会の生活にマッチした，再生の方向へと向かいつつある．地球環境の視点から省エネルギー，省資源，エコロジーへの対応という考え方が高まり，保存し再生する住まいの実現が望まれている．

環境共生と取組み方

地球規模による環境の整備は，私たちの今後の大きな課題であるが，個々の住まいにおいても十分に認識し取り組む必要がある．

住まいの設計においては，内部空間の充実もさることながら，敷地内の外部空間の演出・工夫も重要である．近隣との融合性を図るために，良好な環境として整備されていない地域では，自ら環境との共生を考慮した住まいづくりを提言するべきである．

設計手法のひとつとして，“田舎”といわれている地域では，外観は伝統的な錣（しころ）風にして，内部は現代的なデザインにする一方，建物が密集する都心部では，外観をモダン建築とするが，内部空間は昔懐かしい“田舎づくり”にアレ

長屋として初めて登録文化財に指定され，何度もマンションに建替えられようとしたが，施主と地域活動者の助言を得て，現況を残しながら飲食店としてコンバージョン（建物の用途転換とそのための部分更新）された実例．

図 10･17　昭和町の長屋

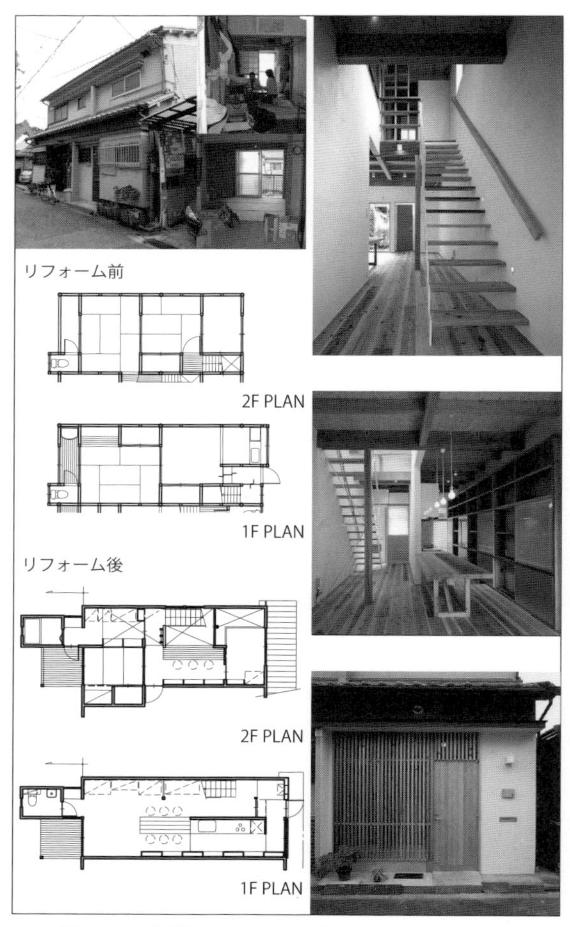

図 10･18　長屋のリフォーム（オ〜イと声を掛け合う5人家族の住まい）（設計：青砥聖逸）

ンジする方法などが考えられる．また，過剰な住宅設備に頼った生活から，昭和30年代の暮らし方を取り入れることなど，もう一度考察してみることも必要であろう．

少子高齢化の暮らしとプランニング

これまで住宅の設計は，子供を中心とした家族とその暮らし方を対象に試行錯誤が繰り返されてきた．しかしながら女性の社会進出をはじめ，今日の家族構成はかなり変化してきている．子供の数は減少し4人に1人が高齢者という状況にある．食生活においても“個食”の時代といわれ，必ずしも主婦が食事の用意をするとはかぎらず，また，夫婦共働きも増え，厨房そのものの成り立ちを考え直す時代が来ている．携帯電話をはじめ，ITの普及による，家族の個室化も気になるところである．

高齢者対応の住まいづくりにおいては，段差をなくし手すりをつければ終わりではなく，新築の段階から，ユニバーサル デザインの理念を取り入れ創意工夫することが大切である．

たとえば，廊下の幅を1m以上確保し，階段の蹴上げ寸法を18cm以下，踏面（ふみづら）を22cm以上にするだけで物理的に平面計画が変わり，住空間は十分に改善される．健康で美しく生きるためにも，利便性だけではない，デザインされた住空間の提案が大切である．

建設当初，まわりは田んぼしかなかったという．家は人を育て，樹木が茂り，個々の環境整備が街全体を豊かにしていくことを示す好例．

竣工当時の外観

図10・19　築35年の建築家の自邸（設計：吉村篤一）

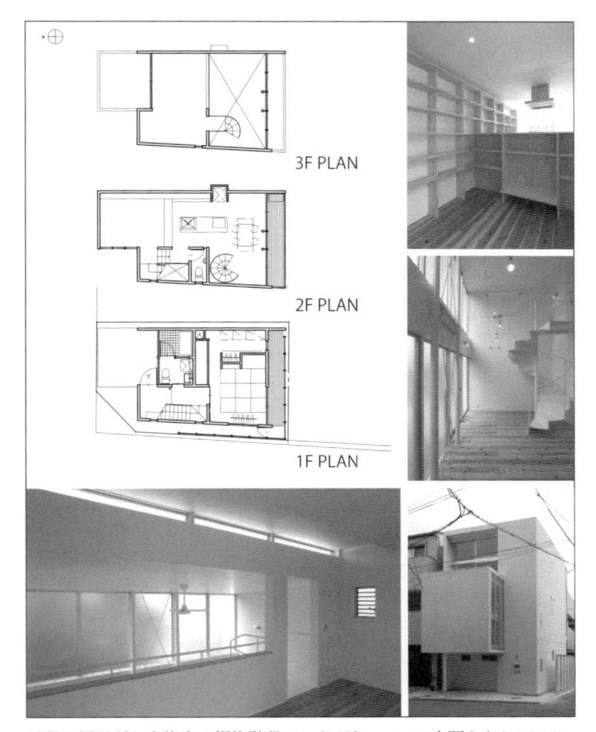

子供の居場所と家族室は螺旋階段でつながり，一つの空間をなしている．

図10・20　少子化の暮らし（設計：青砥聖逸）

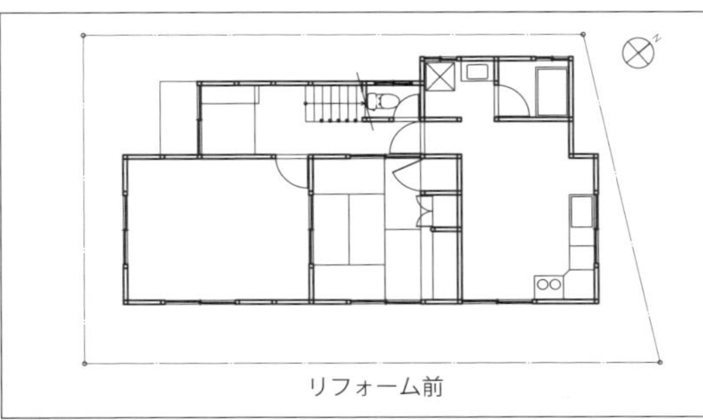

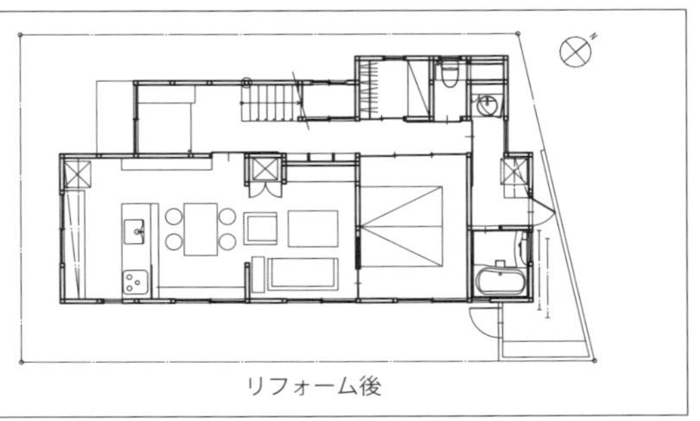

老後の暮らしを考慮して，既存の1階部分をリフォームした実例．寝室を中心として，近くにはトイレと浴室が配置され，居間や食事室への動線も短く計画されている．

図10・21　高齢になる二人の住まい（設計：青砥聖逸）

Chapter 11 これからのインテリア空間

11-1 空間のデザインと心理効果

デザイン要素とその効果

色・形・テクスチャーは造形の3要素で，色は明度・彩度・色相で表すことができる．テクスチャーは物の質感や表面性状を表し，硬軟，軽重，粗滑，温冷，乾湿，光沢感，透明感など，多様な指標に分けられるが，複雑で数量化しにくい．JISではテクスチャー（texture）を“材質，表面構造等によって生ずる物質の表面の性質”と規定している．テクスチャーは生地，肌理（きめ）などと訳されているが，適切な訳語がない（図**11･1**）．語源はtextileで，織物や布の風合いを表すが，食品分野ではチーズなどの生地の軟らかさを表す．

建築材料分野では“材質感”が最も近い語である．一般的に木や金属，畳などのように，触れて知覚するタクチル テクスチャー（tactile texture）と，雲や山肌などのような触れることのできないビジュアル テクスチャー（visual texture）がある．木や石，金属など材料の組織や構造が外部に現れた，ストラクチャー（structure）と，小叩きなど石の加工による人工的な材料の外形的変化，ファクチャー（facture）にも分けられる．また，本物のテクスチャーに対して偽のテクスチャーがある．

人は視覚・触覚・聴覚・味覚・嗅覚の五感で外界の情報を得ているが，五感で得る全情報の80 %は視覚によるものである．視神経は耳の蝸牛殻神経の約18倍のニューロンを含み，耳の約10000倍の情報を伝えているためである．

色と形はおもに視覚で知覚される．テクスチャーは皮膚感覚で知覚されるが，触覚経験によって**感覚転移**[†]され，視覚で知覚することが多い．触覚は情報量が少なく，あいまいで全体像をとらえにくいが，本能的・原初的で，心に直接触れる柔らかさや落着きとかかわっており，安息性追求のデザインといえる．それに対して視覚的デザインは，明るさやシャープさのような，機能性を追求するためのデザインである（図**11･2**）．

図 11･1　有機的でテクスチュアラスな空間

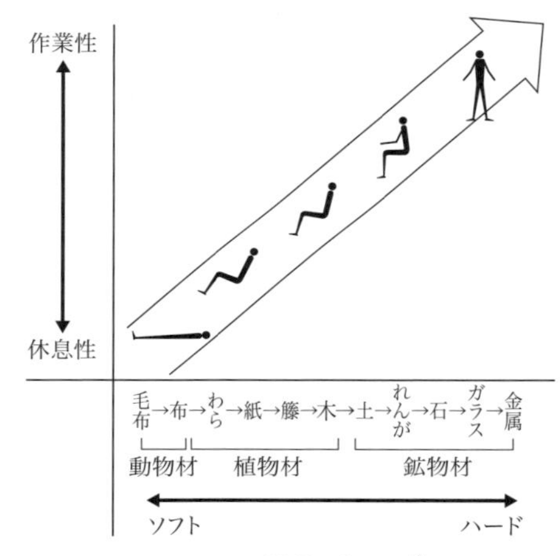

図 11･2　材質と安らぎ[1)]

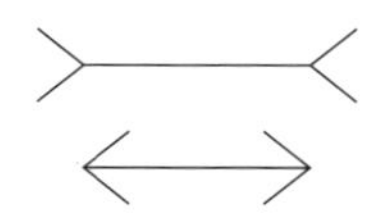

図 11･3　ミューラー・ライヤーの矢印の錯視

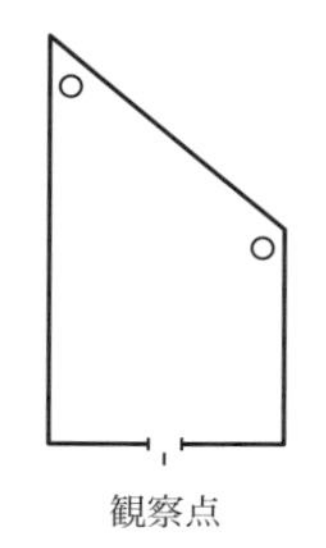

図 11･4　エイムズの歪んだ部屋[2)]

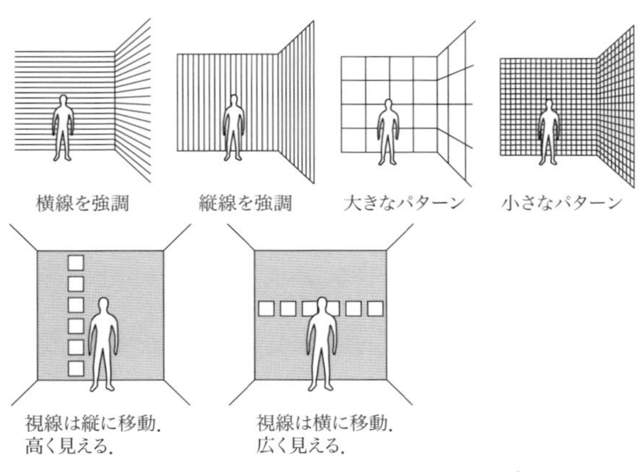

図 11·5　インテリア空間における錯視 [1]

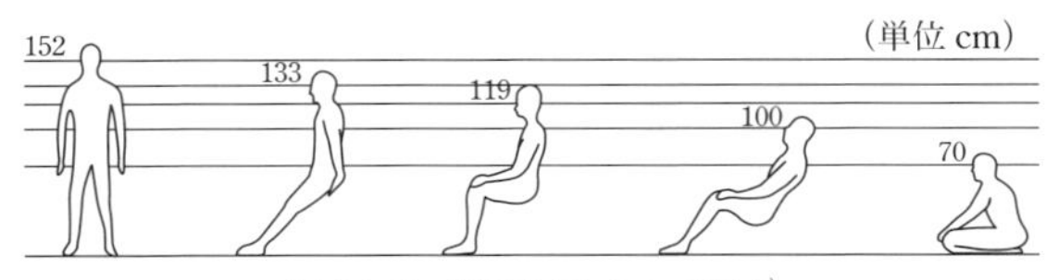

図 11·6　姿勢とアイ レベル [1]

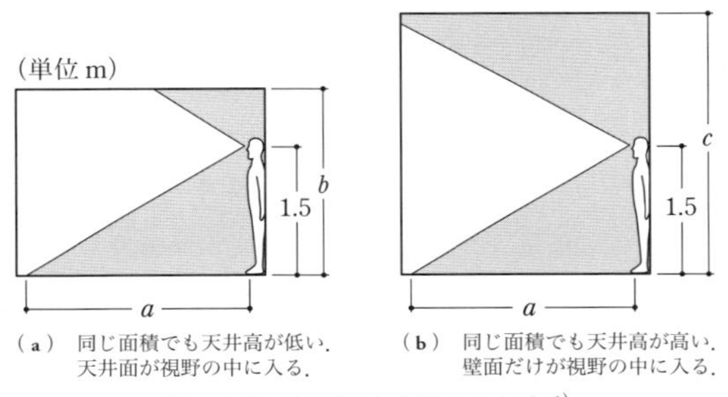

（a） 同じ面積でも天井高が低い.
天井面が視野の中に入る.

（b） 同じ面積でも天井高が高い.
壁面だけが視野の中に入る.

図 11·7　天井高と室内の見え方 [1]

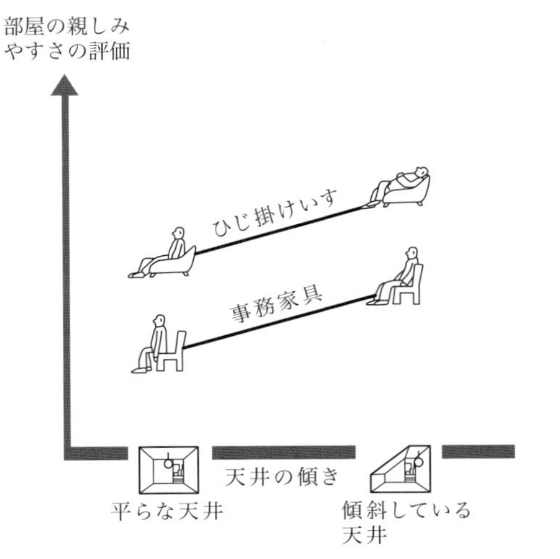

図 11·8　空間の形と親しみやすさ [1]

空間構成と心理効果

ミューラー・ライヤーの矢印の錯視図形（図 **11·3**）はよく知られている．空間の錯視を表す例として“エイムズのゆがんだ部屋”がある（図 **11·4**）．アメリカの心理学者 A・エイムズの実験でゆがんだ部屋を一定位置ののぞき穴からのぞくと，人の位置によって巨人や小人に見える．人は長方形の部屋になじんでいるため，ゆがんだ部屋を長方形とみなし，人の大きさが異なっていると知覚する．内装材料のパターンや色などによっても，**錯視**†を生ずることがある．内装材料の横線や小さなパターンを強調することで部屋の広さ感を変えることができる（図 **11·5**）．生活姿勢の変化に伴ってアイ レベルが変化するので，視点高を配慮した空間構成が必要となる（図 **11·6**）．天井高も空間知覚に影響を与えている．天井が高ければ壁と床面を見ることになるが，低いと視野に天井面が入るため，圧迫感を感じる（図 **11·7**）．

空間のスケール感

空間の中では人は壁によりどころを求める．喫茶店やレストランで，壁ぎわや隅から席が埋まっていくのはそのためである．壁が凹み，交わっているとその安定感は高まる．居間やラウンジなどにニッチやアルコーブを造ることは，落ちついた居心地のよい場所を造るうえで重要なポイントである（図 **11·8**）．空間と人の間に生まれている一定の関係，空間尺度をはずすことで新たな雰囲気をつくり出すことができる．そうした心理効果の活用例に茶室のにじり口がある．

無の空間や人間の身体的スケールを外れた空間の引き起こす圧迫感や不安定感は大きい．カプセルホテルの個室など最小限空間に入ったときの圧迫感や不安定感は閉所恐怖感といわれている．広域恐怖感は平面的な広がりに対応するもので砂漠や水平線しか見えないときに感ずる恐怖である．高層や超高層の集合住宅で育った子どもは転落事故が多く，高所恐怖感の欠落が問題になっている．高所恐怖感は人間本来の正常な感覚である．

11-2 家族の多様化と空間の変化

住機能の外部化と AI（人工知能）時代

本格的少子高齢社会と技術開発の進展で，共働き家庭や高齢者の家事を助け，癒してくれるロボットが導入され，生活環境が変り始めている．

日本の家族は ① 核家族の減少で標準世帯が少なくなり，② 地域の人間関係も高齢化・余暇化で変質してきた．また ③ 共働き世帯数は「妻が無職の世帯数」の 2 倍近くになり，衣食住にかかわる家事の外部化や外国人による家事代行業が生まれ，電化・機械化や AI ロボットも増えてきた．

総務省の平成 28 年社会生活基本調査によれば，女性の家事時間（炊事＋洗濯＋掃除）は 1996 年から 2016 年に向けて減少傾向を示している．しかし，育児時間の増加が家事関連時間合計（家事時間＋育児＋買物＋介護）を増加させている．④ 家事の重層化・多様化・濃密化，すなわち，ながら洗濯，趣味的家事，濃密な時間を使う子育てなど，家事の質的変化が大きい．⑤ 冠婚葬祭や法事などのつきあいも家庭外の施設で行われ，住機能の外部化はさらに加速している．

家族の多様化

年齢別人口構成をもとに，数年後の家族像を予測したものが図 11·11 である．少子高齢社会で，女性の社会進出が一段と進み，共働き家庭がさらに増加し，個人が価値観を主張しやすくなっていく．生活の外部化が進み，一人で暮らす快適性が強まるため，家族は血縁に限らず気の合う仲間や同じ価値観をもつ非血縁家族が増え始めている．核家族化が進行する一方，若年・中年・高齢期を通じてシングル層が増加するとともに，**DINKS**[†] や **DEWKS**[†]，ネットワーク家族などが多くなる．人生 100 年時代，子どもの独立後 40 ～ 50 年に及ぶ第 2 の人生をどのように送るかが問われている．高齢夫婦の生き方，血縁に頼らない，グループホームや**コレクティブ ハウジング**[†]など，新しい家族の形態と住まい方が模索されている．

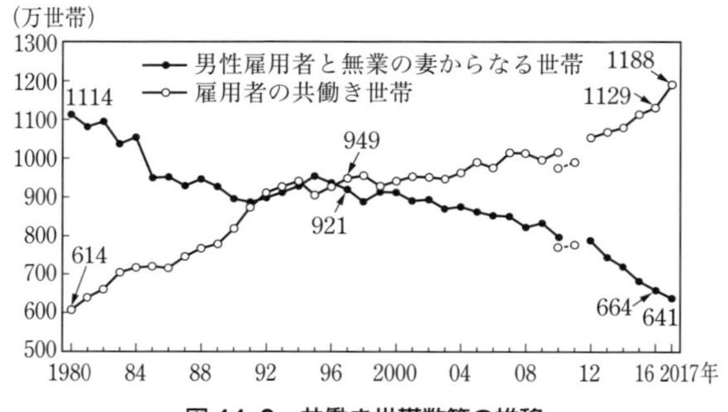

図 11·9 共働き世帯数等の推移
（平成 30 年版内閣府男女共同参画局）

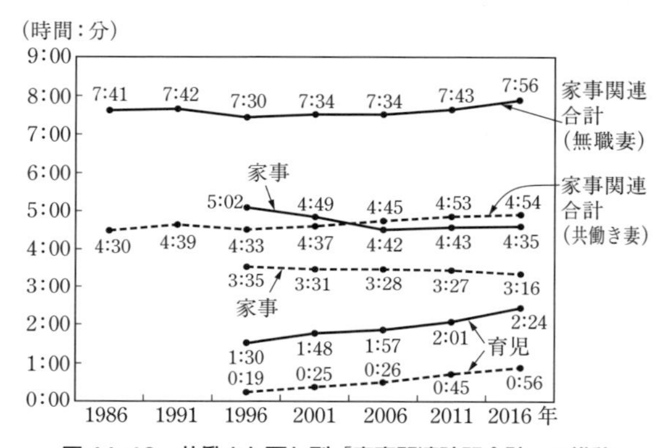

図 11·10 共働きか否か別「家事関連時間合計」の推移
（平成 28 年社会生活基本調査—生活時間に関する結果—総務省）

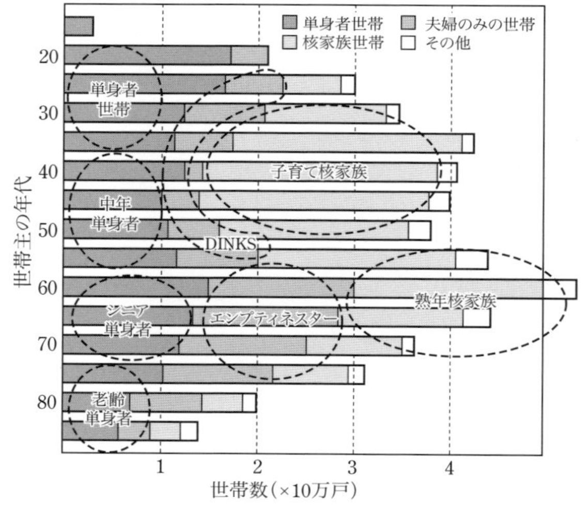

図 11·11 多様化する家族のかたち
（東京ガス パンフレットより）

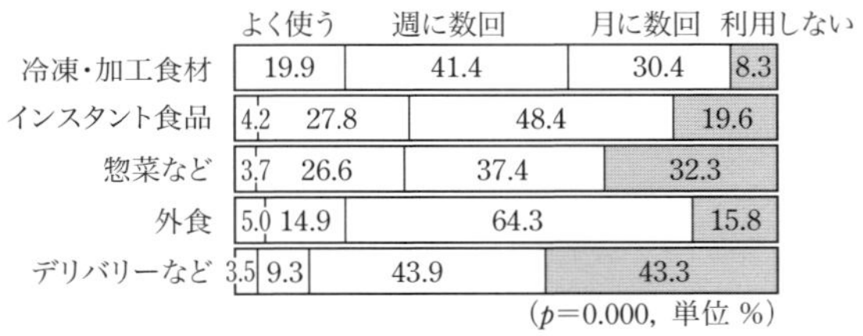

	よく使う	週に数回	月に数回	利用しない
冷凍・加工食材	19.9	41.4	30.4	8.3
インスタント食品	4.2	27.8	48.4	19.6
惣菜など	3.7	26.6	37.4	32.3
外食	5.0	14.9	64.3	15.8
デリバリーなど	3.5	9.3	43.9	43.3

(p=0.000, 単位 %)

図 11・12 外部化した食の利用頻度

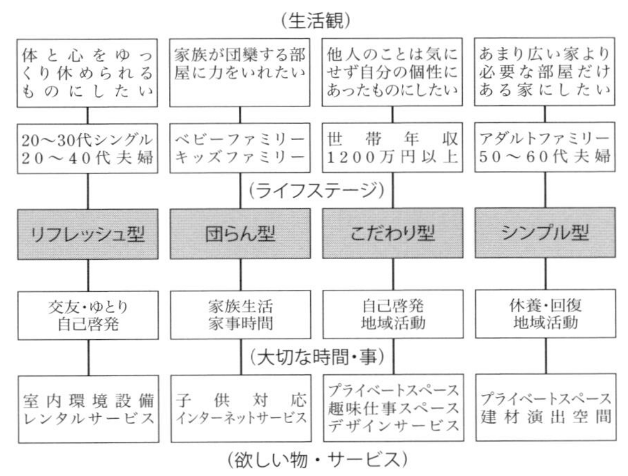

図 11・13 次世代型生活者象の類型と特徴

次世代型生活者像とその生活空間

次世代型集合住宅に求められる住まい方を検証するために，約 6200 人を対象とした研究を行い，生活観から住居観を求めてライフスタイルやライフステージを分析した．“リフレッシュ型”，“団らん型”，“こだわり型”，“シンプル型” の四つの住居観が主流を占めており，残りの 1.4 割は装飾排除，家相尊重，資産価値重視，建築家依頼，シェルター，近隣調和，伝統尊重など七つの類型が得られた．主流を占めた四つの住居観について，人びとが大切にする時間・事柄と欲しい物・サービスを分析し，彼らの求める生活の特徴を把握してまとめたものが図 **11・13** である．

さらに，10 年後の住まい方についての生活者へのグループインタビューやアイデアコンペから具体的な次世代の住まい方の提案を求め，そのテーマを横断的にまとめたのが図 **11・14** である．

次世代の集住の方向性として “個人の空間の重視” “自然との関係づくり” “経年変化への対応” “家族や地域での新しい人間関係づくり” がこれからの住まい方の課題であることがわかる．

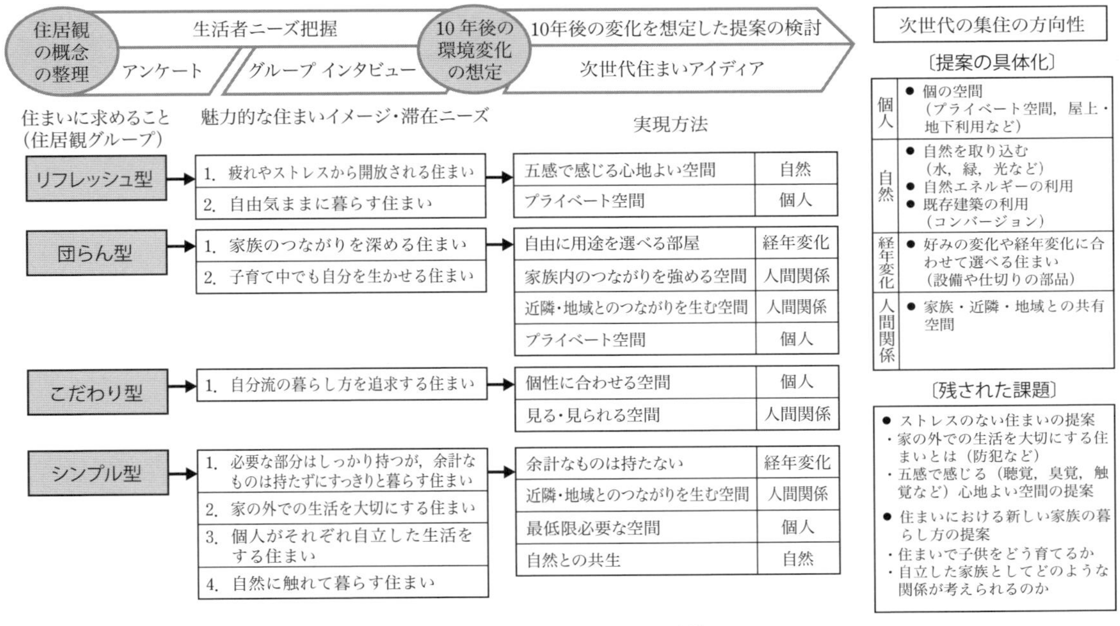

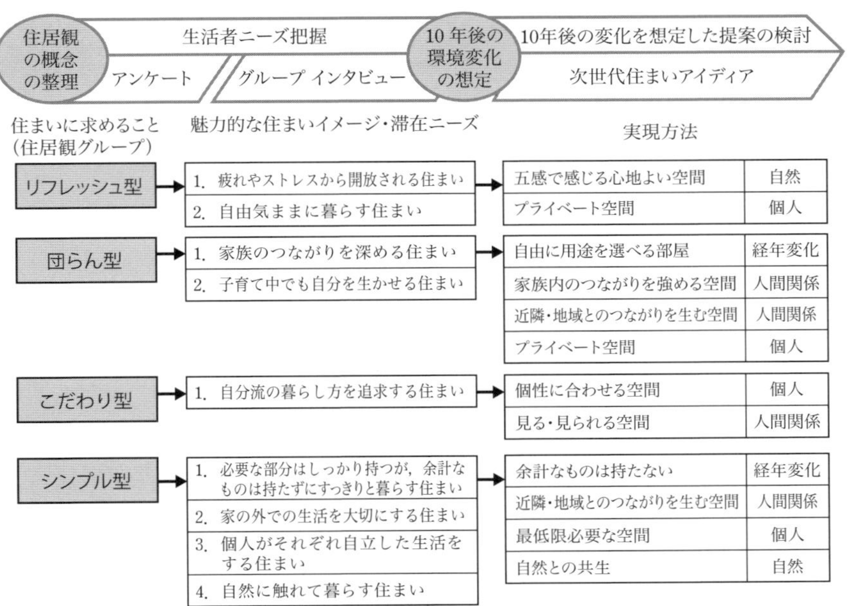

図 11・14 次世代の集住の方向性

11-3 インテリア設計の技術

サスティナブル デザイン

持続可能型社会に向けてインテリア設計に求められるさまざまな技術として，SI住宅などの高耐久可変システム，エコ ハウス，エコ マテリアル，リフォーム，コンバージョンなどがあげられる．

SI（スケルトン インフィル）方式とは，建物をスケルトン（骨格・構造躯体）とインフィル（内装・設備）に分離した建築方式で，スケルトンは長期の耐用性を重視し，インフィルは利用者の個別性や将来の可変性を重視する．SI住宅の4区分を図**11·15**に示す．SI住宅では，将来リフォーム時の制約とならないよう集合住宅の共用立管を共用空間内にとり，二重床，二重天井にする(図**11·16**)．生活様式や用途が変化してもインフィルの更新で対応できるため，スケルトンを長期に有効利用できる．さらに，スケルトンとインフィルの中間にクラディング(可変外壁・窓)という概念を位置付け，将来の住戸設計の変更に対応できるようにしている（図**11·17**）．クラディングを設置することで個人ニーズに応えたリニューアルが可能になり，工事の簡便化や高品質化が実現できる(図**11·18**)．

また，材料製造時のコストやCO_2負荷が少なく，再利用，再生利用によって環境負荷を削減することができる材料，エコ マテリアルを上手に使うことも重要である．そのほか，木材や石，土，植物，紙といった自然素材や雨水を有効利用し，植栽や菜園など自然の生態系を保全しながら循環的な暮らしを求めているエコ ハウス，計画から廃棄までライフサイクル全体にわたって環境負荷を低減する，ライフサイクル ローインパクトの考え方も浸透している．しかし，振り返ってみると，世界各地に残っているさまざまな民家や，洞窟住居などは，風土性や生態系を基盤につくられており，現在私たちが求めている環境共生住宅の要件を満たしているものである（図**11·19**）．

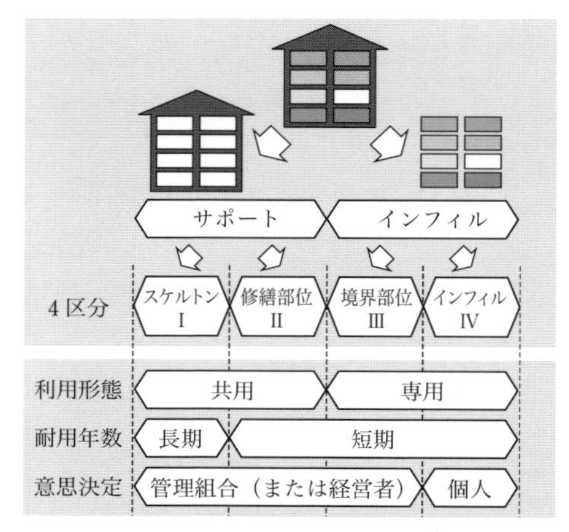

図 11·15 SI住宅の4区分 [3)]

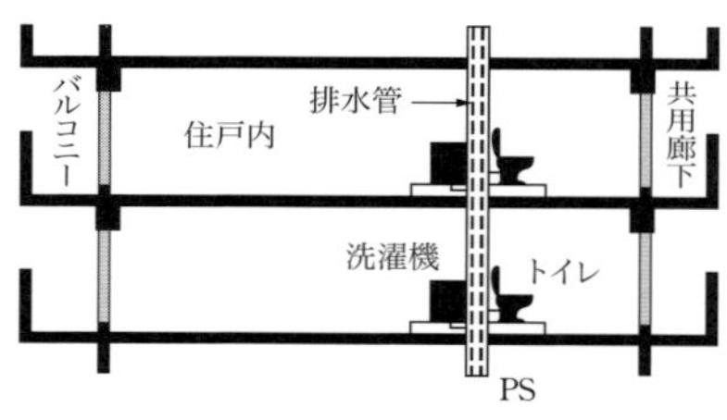

共用立管が住戸内にあり，維持保全や将来のリフォームの制約となる．

（a） 従来の集合住宅

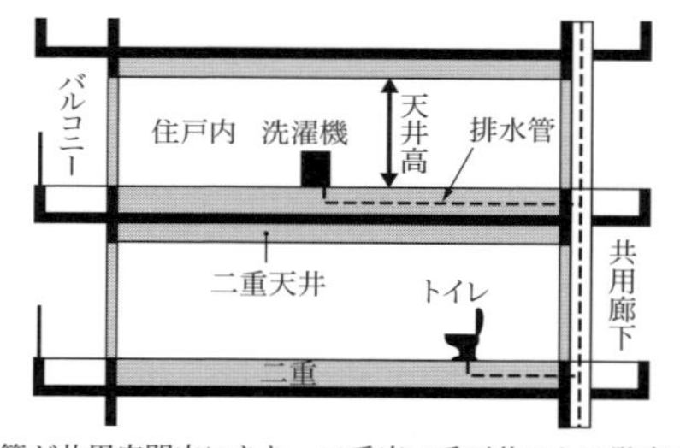

共用立管が共用空間内にあり，二重床二重天井のため階高が高い．

（b） SI住宅

図 11·16 従来の住宅とSI住宅の違い [3)]

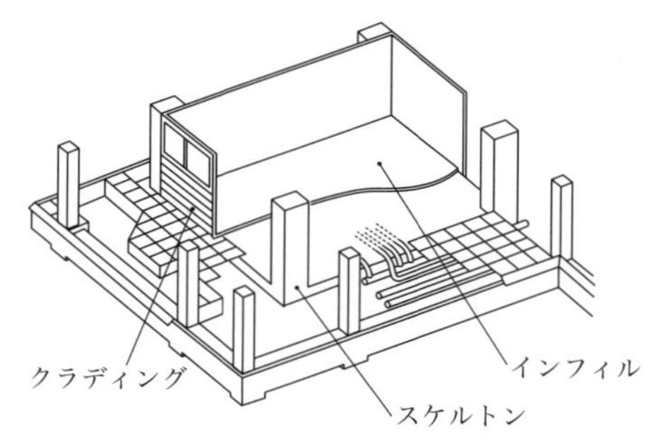

図 11·17 NEXT 21のクラディング [3)]

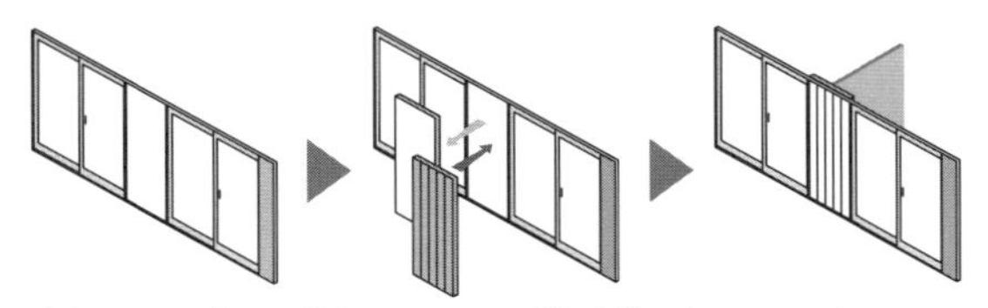

引違い・はめ殺し・引違い・換気ユニットの取付け例　はめ殺しを壁パネル ユニットに組替え

図 11·18　クラディングの組替え例

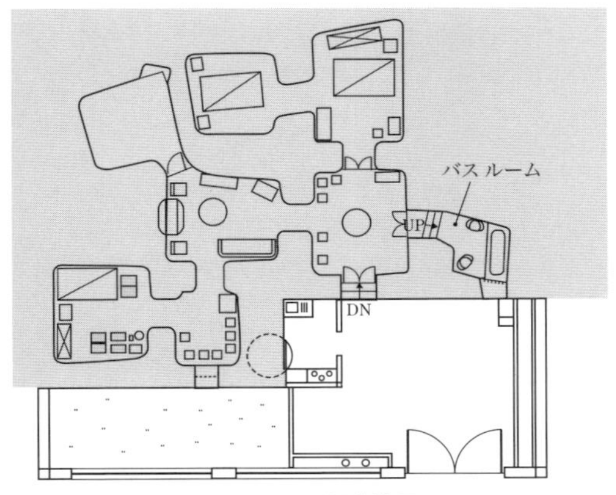

図 11·19　洞窟住居

庭に井桁に組んだ木枠を置き雑草を入れて堆肥をつくっている.

図 11·20　ドイツの家々

図 11·21　昔のままで使われているイギリスの台所とダイニング

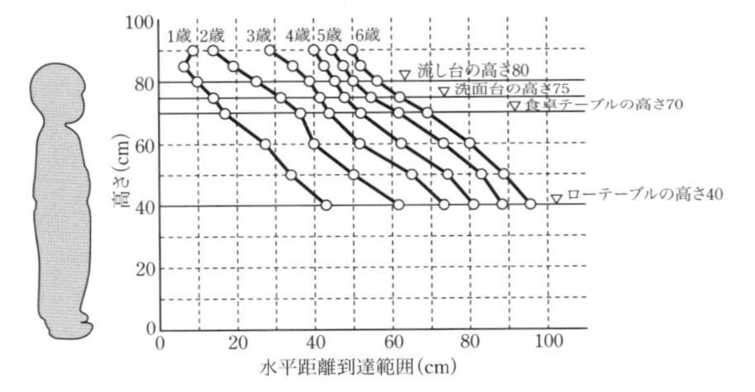

図 11·22　年齢別水平到達距離[4)]

古い建物をリフォームしたり，別の用途の空間に転用するコンバージョンの事例，**コーポラティブ方式**[†]の住宅など，環境を守る活動やライフスタイルを推し進めるためにもまず，居住者意識を啓発し，理解と協力を得ることが不可欠である．

健康に配慮したデザイン

健康に配慮したデザイン，ヘルシー デザインの概念は WHO における定義では，単に病気や虚弱でないばかりでなく，肉体的・精神的・社会的にも良好な状態にあることである．シックハウス問題にみられるような，狭義のヘルシー デザインは，衛生的な意匠を意味するサニタリー デザインと同義的に用いられている．庭に井桁を組んだ木枠を置き，雑草を入れて堆肥にしているドイツの家々，昔のままの内装とインテリアで使っているイギリスのギア邸の食事室など，いずれも今はなかなか見ることがなくなったヘルシー デザインの例である（図 **11·20**，図**11·21**）．

ユニバーサル デザイン

障害者を対象としたバリアフリーの発想から，年齢・性別・能力の違いにかかわらないユニバーサル デザインという概念が社会的にも定着してきている．しかし，アメリカの関係者によってまとめられた 7 原則（**14-2** 節参照）の本来の主旨が総合的に空間構成やデザインに反映されているか疑問がある．

インテリア計画においては，市販の工業製品や設備のユニバーサル デザインの意図を見極め，統一性をもたせた部品の選択と，コーディネートが求められる．さらに機能性だけでなく，美しさやデザイン性にも配慮することが重要である．とくに手すりは，設置することだけでなく，デザイン性の検討が大きな課題である．

子どもが回転ドアに挟まれる事故が多発した．幼児の寸法（図 **11·22**）や浴室・洗面回りの寸法的ゆとりの検討は，ユニバーサル デザインの大前提である．アイランド キッチンや一室化傾向がみられるマンションにも工夫が求められる．

11-4 リフォームによるインテリア設計

新築よりもリフォームやコンバージョンの需要が高く，インテリア設計の役割が注目を浴びている．そこでここでは，マンションと戸建て住宅のリフォームの各種実施設計例を紹介する．

家の中に家をつくる

3DK で約 60 m^2，築 30 年の分譲マンションのリフォームである．配管の水漏れによるトラブルを機にリフォームに踏み切ったという．斬新な提案で，住戸の中央部分に厚さ 40 mm の壁で囲った LD をつくり，その壁の外側に水回りや寝室を配置したもの．バルコニーに面した壁には 5 枚のルーバー状の開き戸を設け，通風と眺望が楽しめる．断熱が施されていなかったので，戸境壁や外壁，梁の室内側には断熱塗料が塗られている．工事費用約 1200 万円（図 **11·23**）．

マニアも納得のオーディオルーム

築 20 年の中古マンションを入手した際には，ユニットバスを更新しただけという．そこで，オーディオ機器の買替えを機に 66 m^2 の住戸を全面リフォームし，音響効果を配慮したオーディオルームを設けたもの．天井と壁の入り隅部は曲面．天井仕上げは，音を反響するシナ ランバーコアと音を吸収する人工皮革を分けて張り，その位置を動かすことで音響のパターンが変えられる．スピーカーの背面にクローゼットを配し，クローゼット内の服が吸音材の役割も果たしている．工事費用約 1200 万円（図 **11·24**）．

可動家具で間取りの可変性を向上させる

事業対象としてのリフォーム設計である．600 万円で購入した築 31 年，約 59 m^2 の 2LDK マンションの全面リフォームである．二つの稼働収納と 6 枚の引き戸で空間を自由に仕切れるように変えたもの．高齢者をターゲットにリフォームしたが，現実にはライフスタイルを変えることができるということで，若い女性に好評を博したという．リフォーム工事費約 400 万円（図 **11·25**）．

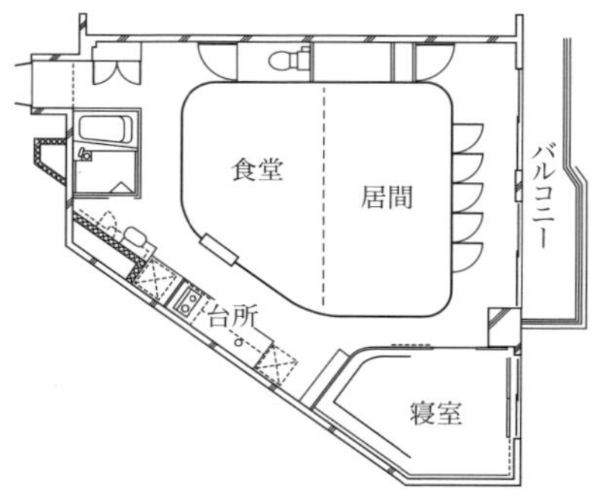

図 11·23　家の中に家を造る
（納谷建築設計事務所）

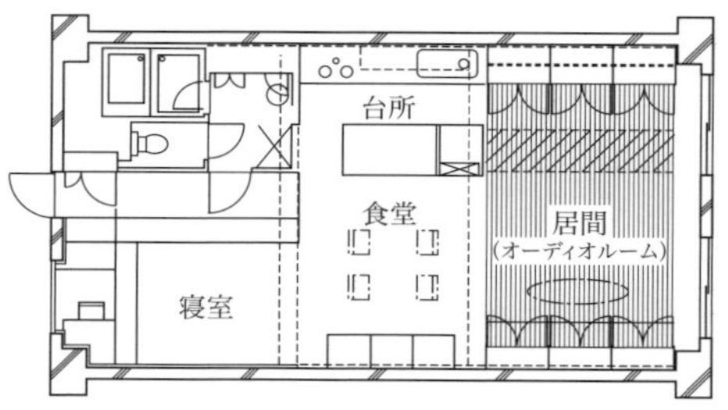

図 11·24　オーディオルームのあるマンション
（江口希之建築都市研究所）

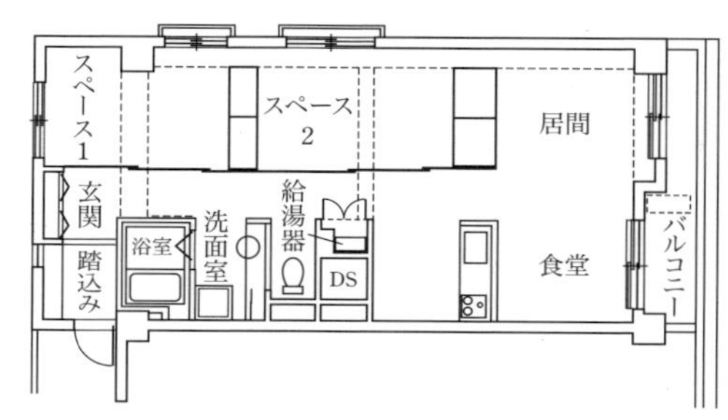

図 11·25　可動家具で間仕切る
（江口希之建築都市研究所）

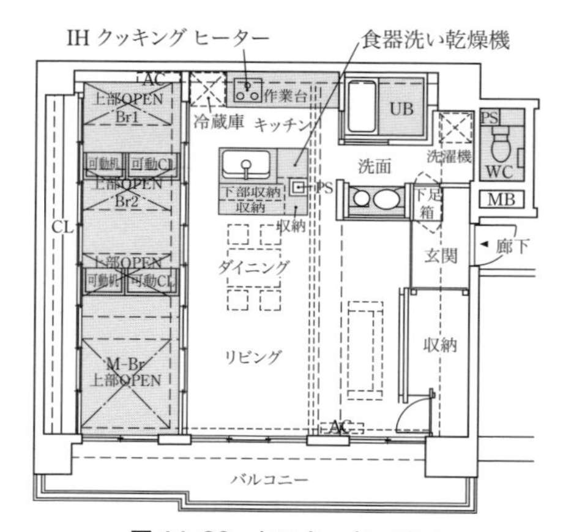

図 11·26　センターキッチン
（Kt 一級建築事務所　山隈直人）

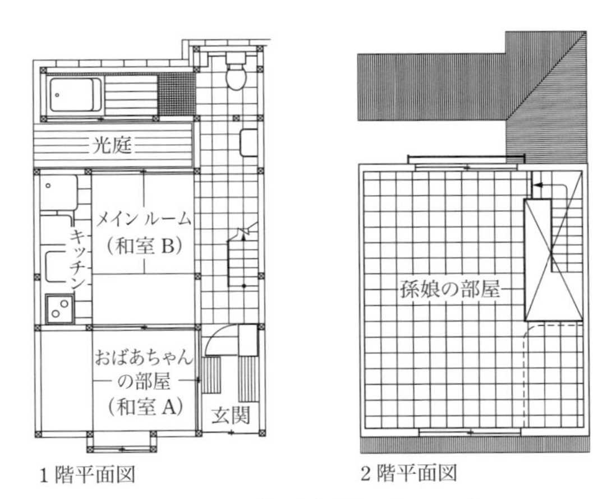

図 11·27 小さな長屋のリフォーム
(TOTO 通信パンフレットより)

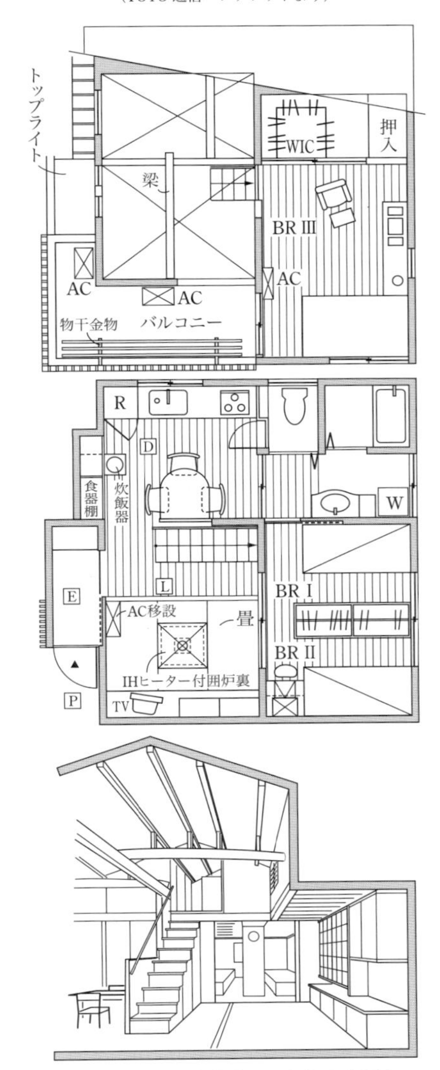

図 11·28 狭小住宅でゆとりの生活を
(谷口設計室)

センター キッチン

小さな子どもが 2 人いる家族で，70 m^2 の 3LDK マンションの思い切ったリフォームである．従来の固定壁を取り払い，可動性をもつ間仕切り家具を採用し大きなワンルームをつくっている．センター キッチンに IH ヒーターや食洗機など多機能をもたせている．白とステンレスで統一したスタイリッシュな空間でもある．模様替えが趣味で，生活感のない家にしたいという施主の要望が見事に反映されている（図 **11·26**）．

小さな長屋のリフォーム

祖母と孫娘で住む，敷地約 37 m^2 の通り庭のある小さな長屋のリフォームである．階段の位置を付け替え，台所と水回りを重点的に更新して家の中心にしたもの．孫娘の部屋も間仕切りを撤去して洋室のワンルームとしている．リフォーム後の延べ床面積は 39 m^2 である（図 **11·27**）．

狭小住宅でゆとりの生活を

テレビのリフォーム番組への応募でリフォームを手に入れた例．番組放映が前提なので，応募時に出した要望以外，施主と打合わせはしない．

築 43 年，約 41 m^2 の木造平屋住宅に生活パターンの異なる祖母・母・30 代の娘の 3 人が“物”に埋もれて暮らしており，プライバシーはもちろん，足の踏み場も居場所もない現状であった．

設計者の意図としてまず，生活時間の異なる 3 人のために祖母と母親のベッド スペースを確保するとともに，娘にはひとりで居られるロフト スペースを設けている．3 人のための LDK は，ゆとりを感じさせるために吹抜けにして小屋組を見せている．天井をめくると柱や梁の問題が明らかになり，一部構造材を取り替える必要が生じた．リフォームにつきもののトラブルである．

トップ ライトをとり開放感をもたせたことでまったく新しい家に生まれ変わっている．ロフト部分が約 17.3 m^2 加わったので，延べ床面積約 60 m^2 と 1.5 倍になったが，リフォーム工事費用は予算の 700 万円内に納まっている（図 **11·28**）．

Chapter 12 子育て家族の住まい，シングルの住まい

12-1 子育て家族の生き方・住まい方

前近代の子育て

子どもの教育のため，できる限りよい環境を選ぶことはいつの時代においても人びとの関心事であった．“子育て”という言葉には，二つの意味が含まれている．まず，第一に，子どもが誕生して身辺的な自立するまでの世話（ケア）をすること，子どもがその社会のメンバーとして一人前になるように行動基準や規範を示すことといった，“大人の側から子どもへの働きかけ”を強調した子育てである．前近代では大人からの働きかけが重視され，“子どもは小さな大人”としてとらえられていた．農業などの第一次産業が主たる社会においては，子どもは労働力として早くから大人によって期待され，早く“一人前の大人”となることが子育ての到達点と考えられていた．

産業社会の子育て

しかし，産業構造の変化は，子育ての意味を大きく変えた．高度な教育を必要とする産業構造へと変化していく中で，子どもが社会に役立つ一人前の大人となるには，もはや家庭教育では不十分で，専門教育機関での長い教育期間と高い教育費を必要とするようになった．さらに職住分離が進むと，子どもが誕生してから自立するまでのケアを“母親の役割”として割り当て，高い教育費を得るための現金収入獲得を“父親の役割”とする性別役割分業パターンが確立されていった．

1人の子どもの子育てに長い期間と高い教育費をかけねばならぬ家族には，もはや多くの子どもを子育てする余裕はなくなり，少子化はますます進んでいった（図**12･1**）．大人が一生のうちに育てる子ども数は限られる中で，子どもを一人前の大人にするのは，もはや“親の将来”のため労働力として期待しているからではなく，“子どもの将来”のために社会で自立して生活できる力を期待するといったように，親の考えは変化した．さらに，若者（16～29歳の男女）を対象にした調査

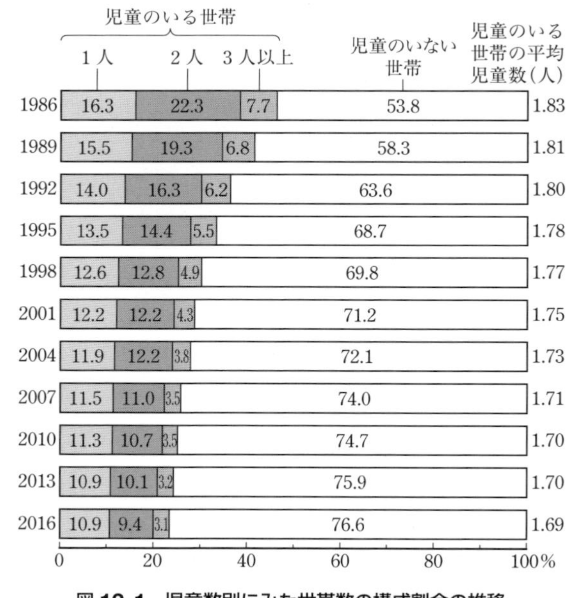

図 12･1 児童数別にみた世帯数の構成割合の推移

（厚生労働省政策統括官：平成30年グラフでみる世帯の状況―国民生活基礎調査（平成28年）の結果から― p.14, 2018をもとに筆者作成）

表 12･1 仕事と家庭に対する若者の意識調査（単位：%）

質問	2011年（$n = 3{,}000$）		2017年（$n = 10{,}000$）	
	思う	思わない	思う	思わない
結婚すると就労しにくい職業がある	89.0	11.0	76.4	23.6
子育てと仕事を両立しにくい職業がある	84.4	15.6	86.2	13.8
結婚したり，子供を持ったりすると仕事にやりがいがでる	73.9	26.1	70.3	29.7
産前産後休業や育児休業を取得すると，職場にいづらくなる	76.7	23.3	65.8	34.2
残業等でパートナーと生活時間帯を合わせるのが大変だ	82.4	17.6	76.6	23.4
家庭のことを考えると転職や離職が難しくなる	88.9	11.1	81.4	18.6

子供・若者の現状と意識に関する調査（平成29年度）p.85, 2018

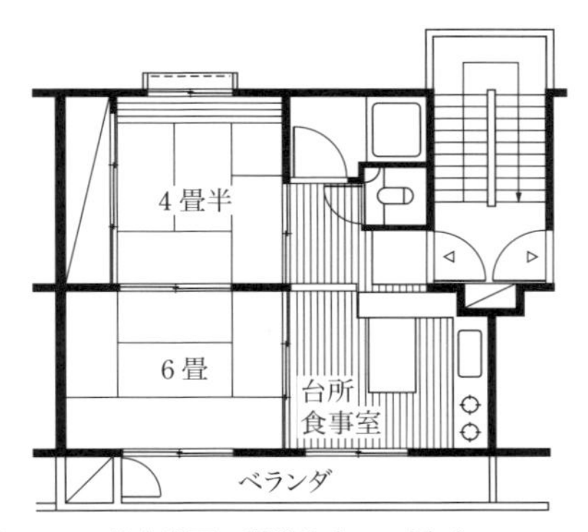

図 12･2　住宅公団の賃貸住宅の一例（2DK, 1959年）

表 12･2　戦後 40 年間の住宅に対するおもな公的施策

	年	月	施策	内容
応急措置的施策	'45	8	住宅建設5カ年計画発表	5カ年で300万戸建設を目標.
		9	罹災都市応急簡易住宅建設要綱決定	越冬住宅建設（目標30万戸，実績43000戸）.
		11	戦災復興院設置	
		11	住宅緊急措置令公布（'50年廃止）	転用住宅75000戸分充足.
	'46	2	都会地転入抑制緊急措置令（'48年廃止）	人口10万人以上の都市対策.
		3	金融緊急措置令	
		5	臨時建築制限令	不要不急の住宅（料亭，映画館など）対象.
		5	復興住宅建設基準発表（戦災復興院）	住宅の高層化，食寝分離，いす式生活の奨励.
		6	住宅緊急措置令改正	余裕住宅の開放.
		8	罹災都市借地借家臨時措置法	上地をめぐるトラブルの解決，土地利用の秩序化.
		9	地代・家賃統制令	家賃・地代の統制
		9	特別都市計画法	罹災都市の区画整理事業.
		12	住宅営団閉鎖	GHQの命令による.
	'47	1	臨時炭坑労働者住宅建設規則	炭坑住宅67000戸建設.
		2	臨時建築制限規則公布（'50年廃止）	12坪以上の住宅建設禁止.
	'48	1	建設院発足	戦災復興院と国土局合体
		7	建設省発足	
本格的住宅供給体制の確立	'	5	住宅金融公庫法公布	住宅建設資金の低金利長期貸付け
	50	5	建築基準法公布	
		6	公営住宅法公布	低所得者層対象，国庫補助住宅
	'51 '52	4	第一期公営住宅建設3カ年計画スタート	第一期目標18万戸.
	'53	7	産業労働者住宅資金融通法成立	社宅建設促進策，1961年ILOより勧告を受ける.
	'55	3	住宅建設10カ年計画スタート	272万戸の不足を10年で解消.
		7	日本住宅公団法公布 日本住宅公団発足	住宅金融公庫，公営住宅法とともに住宅政策の3本柱がそろう．勤労者対象.
		7	新住宅市街地開発法公布	ニュータウン建設促進.
	'63	6	地方住宅供給公社法公布	人口50万人以上の都市対象.
	'65 '66	6	住宅建設計画法公布	住宅の供給とともに質の向上をめざす
		7	第一期住宅建設5カ年計画スタート	目標“1世帯1住宅”
	'71	4	第二期住宅建設5カ年計画スタート	目標“1人1室”，達成率91％，住宅不足解消
	'76	4	第三期住宅建設5カ年計画スタート	平均居住水準，最低居住水準設定.
		10	住宅都市整備公団発足	住宅公団，宅地開発公団統合.
	'81 '86 〜 '90	4	第五期住宅建設5カ年計画スタート	平均居住水準に代わって誘導居住水準設定.

中根芳一（編）：目で見る私たちの住まいと暮らし，化学同人，1997

では，「結婚すると就労しにくい職業がある」，「産前産後休業や育児休業を取得すると，職場にいづらくなる」，「家庭のことを考えると転職や離職が難しくなる」の質問に対して「そう思わない」と回答する者が増えていることから，就労環境の整備や柔軟な就労形態が広がっていることがうかがえる（表 **12･1**）.

子育て家族の生き方は社会経済的背景に応じて変化する側面があり，“子育て家族”の住まい方も就労や子育ての理念とともに，今後さらに変化していくことが見込まれる.

子育て家族と戦後日本の住環境

戦後，産業構造の変化は若年労働力を地方から都市へと人口移動させ，都市では多くの核家族が誕生した．都市に移動して生活する子育て家族には2DKの公団住宅が建てられた．“食寝分離”と“就寝分離”が実現されたが，あまりにも狭く，子育て家族は就寝分離どころか“川”の字になって寝ていた．入居者のほとんどが，サラリーマンであって，標準家族は夫婦とその子どもであった．1960年の子ども数2.807（国勢調査人口）であったが，2DKはその狭さゆえに子どもが2人，せいぜい生活できるといった空間だった（図 **12･2**）.

1962年，若年労働力の三大都市圏への流入がピークになり，“新住宅市街地開発法”が公布され，ニュータウン建設が促進された．1970年代には，こういったニュータウンに，賃貸公団住宅，分譲公団住宅，分譲建売住宅，土地分譲の一戸建てなど，さまざまな形態の住宅が子育て家族のために建設された．高度成長の波にのり，持ち家ブームが始まった（表 **12･2**）．夢がかなって庭付き郊外一戸建てを手に入れても，子どもの教育費支出期に住宅ローンも重なり，子育て家族の家計はかなり苦しいものとなっていった．このような持ち家ブームの中で，家族の個人個人は“子ども部屋”をはじめとするそれぞれの個室をもち，個人用の電化製品や“ケータイ”を持ち込んだ．意識のうえでも内なる**個人化**†が進んだのである.

12-2 子どもの成長発達と住環境

家庭という場所

家庭という場所には“家族が団らんし，休息をし，やすらぎをえる”ことが期待されている．このうち，「休息・やすらぎの場」を挙げる者は大都市（東京都区部，政令指定都市）で多いことがわかっている（図**12·3**）．大人にとっては，職場や地域での人間関係など生きる上で生じる“ストレスを癒す場”として重要な機能を果たしている．同時に，子どもにとっては，“成長の拠り所”として重要な場所であるということはいうまでもない．

子育てと住まい

では，子育てをする上で重要視される住まいの条件にはどのようなことがあるのか．重要度が高い項目では「住宅の広さ」と「家族の集いや交流を促す間取り」が挙げられ，次いで「住宅と住宅のまわりの防犯性」と「幼稚園，小学校などの利便」が続く．このことから，住宅自体が有する要素（間取り，設備等）に加え，立地条件までも考慮に入れる必要があることがわかる．さらに「子どもの遊び場，公園など」や「近隣やコミュニティとの関わり」の条件も加えると，子育てがしやすい住まいを選択する上では，ある程度の制約が存在するのである（図**12·4**）．現実的に，すべての条件を揃えることは難しいので，まずは，どの条件を優先するかを大人（子育てする）側が見極めることがポイントとなる．

他方，子どもにとって家庭は“危険な場所”という側面がある．それは，乳幼児が死亡に至る不慮の事故の多くが家庭内で生じているためである．0歳の時には「窒息（就寝時）」が全体の1/3を占めており，一人で動ける範囲が広がる3歳頃からは「建物からの転落」が増加する（表**12·3**）．子どもにとって安全な住環境を整えるためには，あらかじめこれらのデータを把握し，子ども目線から住まいや住まい方を見直し，改善していくこ

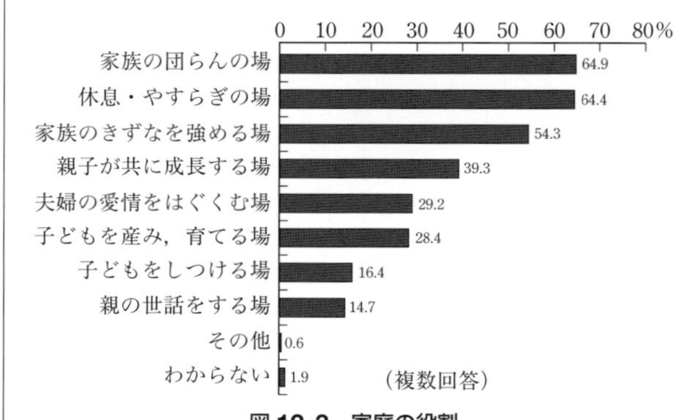

図 12·3 家庭の役割

（内閣府「平成30年度 世論調査」3－図23－1 家庭の役割）

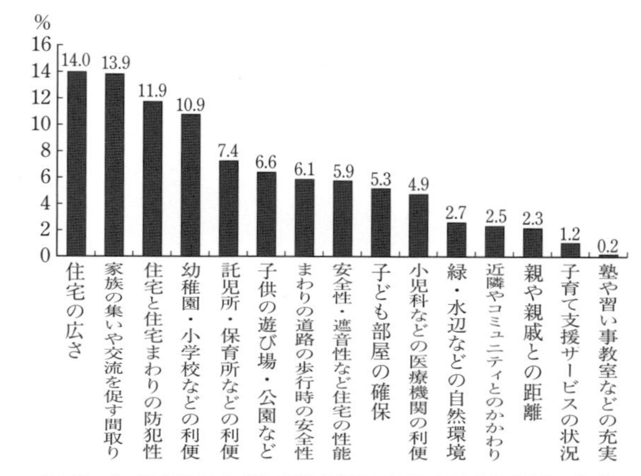

図 12·4 子育てのために最も重要であると思う住環境の条件

（国土交通省「住生活総合調査（平成25年）」 ※ $n = 52{,}298$）

表 12·3 乳幼児における死亡事故の年齢別発生比率

（2010～2014年の5年間）

	1位	2位	3位
0歳	窒息（就寝時）31.9%	窒息（胃内容物の誤嚥）22.5%	窒息（詳細不明）11.0%
1歳	交通事故 28.2%	溺水（浴槽内）23.1%	窒息（胃内容物の誤嚥）9.4%
2歳	交通事故 43.4%	窒息（胃内容物の誤嚥）8.1%	溺水（その他原因）7.4%
3歳	交通事故 36.6%	建物からの転落 16.1%	溺水（屋外）8.9%
4歳	交通事故 35.8%	建物からの転落 13.2%	溺水（浴槽内）8.5%
5歳	交通事故 47.1%	溺水（屋外）13.8%	溺水（浴槽内）6.9%
6歳	交通事故 49.6%	溺水（屋外）19.5%	溺水（その他原因）6.2%

※自然災害による死亡を除く．4位および5位は掲載略．
消費者庁「子どもの事故の現状について（資料）」2017年，p.3

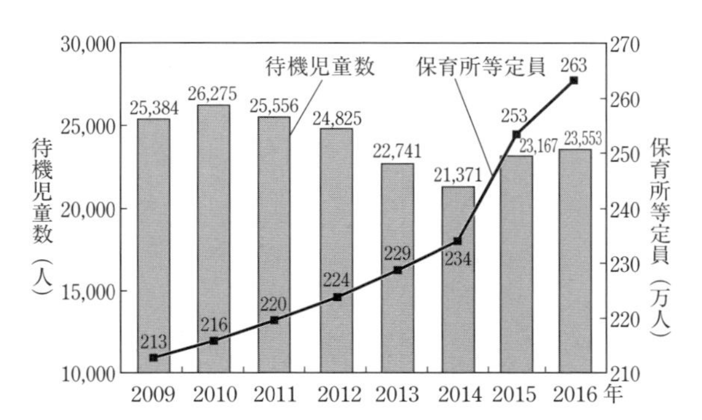

※平成 27 年より，幼稚園型認定こども園，地方裁量型認定こども園，特定地域型保育事業（小規模保育事業，家庭的保育事業，事業所内保育事業，居宅訪問型保育事業）を含む．

図 12･5　待機児童と保育所等定員の推移

（内閣府「平成 29 年版 少子化社会対策白書」p.98）

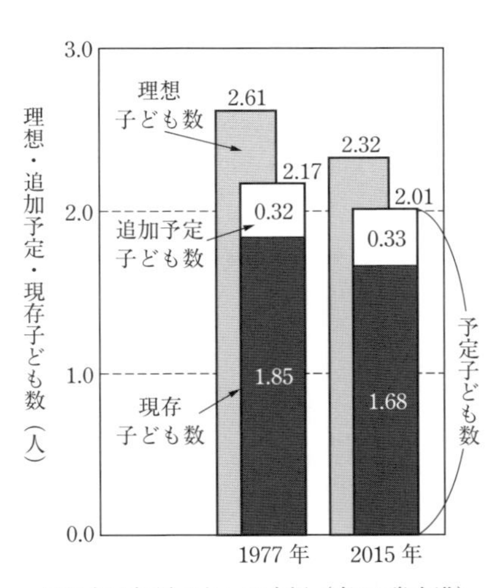

※対象は初婚どうしの夫婦（妻 50 歳未満）

図 12･6　夫婦の平均理想子ども数と平均予定子ども数の推移

（国立社会保障・人口問題研究所「第 15 回 出生動向基本調査」図表Ⅲ -1-4）

とが必要となる．

子育てと地域社会

子どもは家庭のみならず，地域社会で多様な環境や人々と関わり合いながら成長する．わが国では，“社会における子育て”を実現するため，主に，1994 年以降からさまざまな子育て施策が講じられてきた．2016 年 6 月には，**ニッポン一億総活躍プラン**†が打ち出され，この一環として 2019 年 10 月からは幼児教育・保育の無償化が実施されることが決まった．しかし，都市部を中心に問題となっている待機児童については，保育所等定員の増加はみられるものの，全体的には改善できていないのが現状である（図 **12･5**）．待機児童の原因は，女性の社会進出・核家族化による保育ニーズの増大や保育士不足など複数の要因が考えられるが，子どもの成長は不断の過程であるため，その解決は急務である．

また，夫婦が子どもを産むことについて，「理想・現存子ども数」は減少し続けており，2015 年時点の値では過去最低を更新している．しかし，追加予定子ども数については，横ばいを維持している（図 **12･6**）．このことから「子どもがほしい」と思った夫婦が，気兼ねせずに子どもを産み育てられる環境が整えば，「理想・現存子ども数」も伸びることが期待できるだろう．

子育てを国や地域社会がどのように支えるかを考える“トップダウン”の取組みと並行して，民間レベルからの“ボトムアップ”の実践も広がりつつある．たとえば，わが国は，国際的にみても離婚を機に母子世帯が貧困に陥るリスクがきわめて高いことが指摘されている[1)]．こうした問題に対して，「ひとり親シェアハウス」は有効なアプローチとして広がりをみせている．この取り組みは，住まい方から社会問題の解決を目指すものである．今後は，こうしたボトムアップの実践やアイデアが共有されることで，新しい時代の家族観や子育て観，そして，住まい方までを創造することにつながるのかもしれない．

12-3 子ども部屋

日本の子ども部屋の起源

“小供室”“児童室”が日本の住宅に現れたのは大正期である．大正デモクラシーにみられる生活改善の思潮が主婦や子どもの地位の向上を求め，児童の尊重や個室が注目されるようになったためである．個室の子ども部屋を理想とする考え方は，居間中心型住宅に引き継がれ，戦後の民主主義教育でさらに広がり，1970年代頃までは青少年の健全な育成を助ける空間として位置付けられてきた．70年代後半に高度成長経済のひずみを受けて家庭内暴力児や登校拒否児が社会問題になり始めたころから，子ども部屋は非行の温床とされ，家族の対話を妨げると批判されるようになった．しかし，子ども部屋の普及率は当時どの調査でも8割前後と高く，増加傾向にあった．

空間の文化と子育ての文化

日本の子ども部屋が“勉強部屋”であるのに対して，欧米では“寝室”である．欧米では，経済的に許す限り生まれたときから個室を与えたいと考えている．夫婦寝室が優先で，子ども部屋は屋根裏に設けられている．子どもを叱るときの空間の使い方も異なる．日本では出て行けというのに対し，欧米では一般的に子どもを自室に閉じこめる．

アメリカの親の権威は強く，自立に向けてルールにもとづいたしつけをしている．子ども部屋の掃除や衣類の管理は小学生時から子どもに任されており，紙くずや衣類が散らかっていても，母親は子どもの責任であるとして片づけない．父親の養育責任も求められており，離婚後，父親が毎週訪れて造った屋根裏の子ども部屋もあった．

日本では，母親の多くが，子ども不在時に掃除や衣類の整理をするために1日に何度も子ども部屋に出入りしており，プライバシー意識が薄い．

ベルギーでも子の年齢に関係なく母親の入室頻度は高いが，ベルギーの母親は子どもと遊んだり，人生について話したり，おやすみのあいさつ

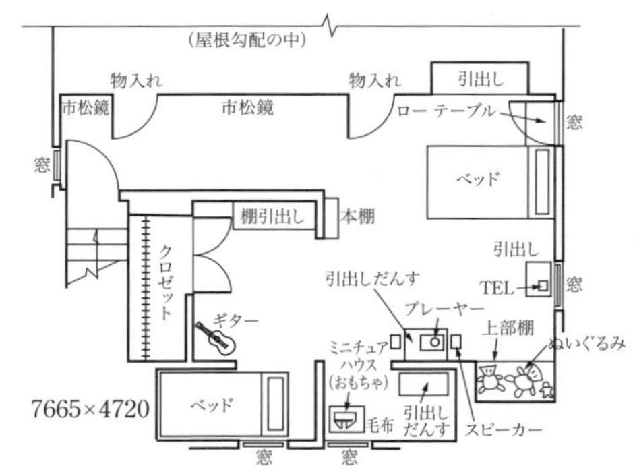

離婚した父親が週に一度会いに来てつくってくれた．カーペットから壁紙までピンクの雰囲気でまとめられている．屋根裏全体を使っているので，広く居心地の良い部屋になっている．天井の低くなった部分は収納．

図 12･7 アメリカの子ども室（女 14 歳，10 歳）

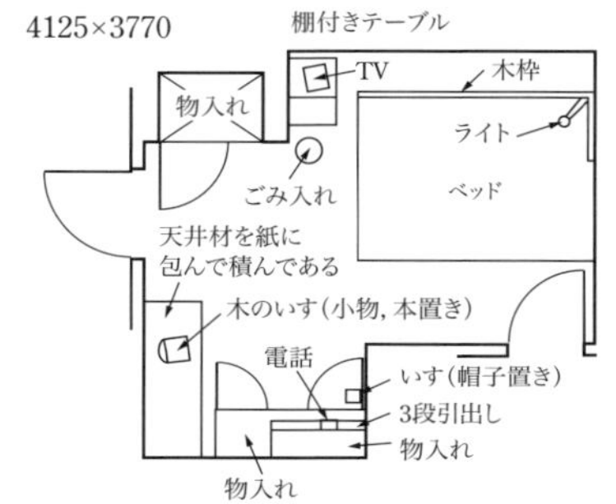

ベースメントの一部に高1の男の子が自分でつくった．軍隊志願で，軍隊の制服やその他の物が置いてある．ベースメントのファミリー ルームには，子供たちの幼いときの記念にベビーベッドやベビーカーが残してあった．離婚して父親はいない．

図 12･8 アメリカの子ども室（男 17 歳）

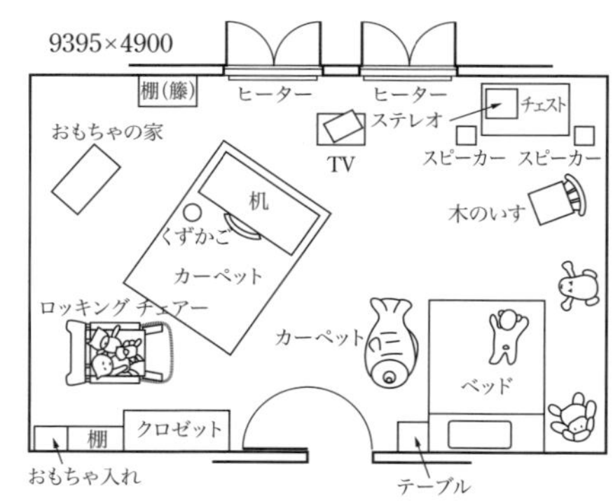

大きな屋根裏の子供部屋．3歳の弟の子供部屋との間に階段室を兼ねた部屋があり，楽器を使う部屋になっている．どちらの子供部屋も，さまざまなおもちゃや装飾がとてもきれいに飾り付けてあった．

図 12･9 ベルギーの子供室（女 9 歳）

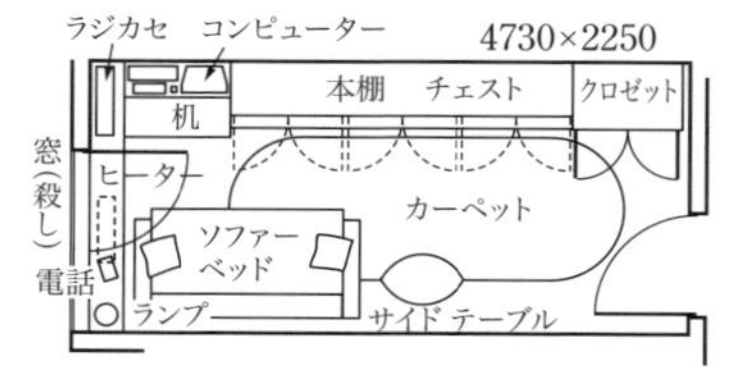

集合住宅の1室．ソファーベッドと壁一面の造り付けの棚で室内がコンパクトに整理されている．両親は共働き．

図 12･10 ポーランドの子ども室（女 19 歳）

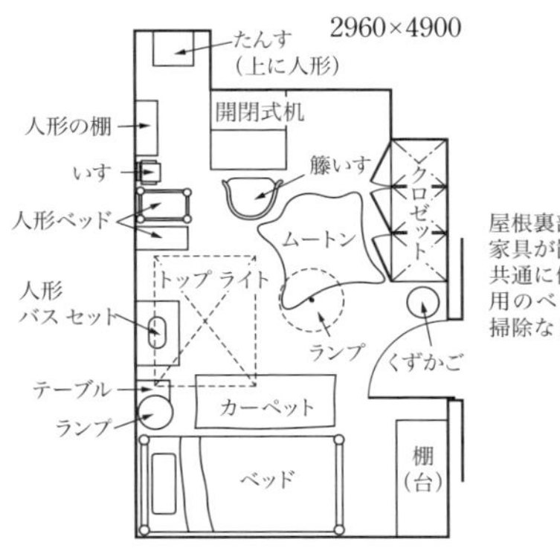

屋根裏部屋であるが，古い重厚な家具が置かれている．子供たちが共通に使う部屋は，図書室で，客用のベッドがある．母親は教師．掃除などする人を頼んでいる．

図 12･11　ベルギーの子ども室（女 7 歳）

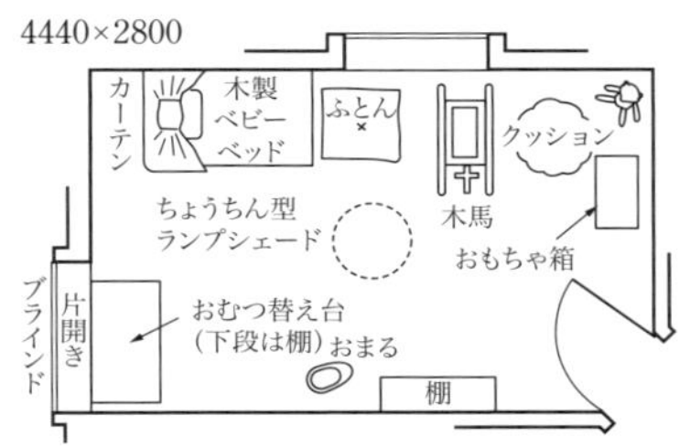

父親は日本人，母親がドイツ人であり，子育てはドイツ流で行われている．窓に面して，おむつを替える場所がセッティングされている．

図 12･12　ドイツの子ども室（男 2 歳）

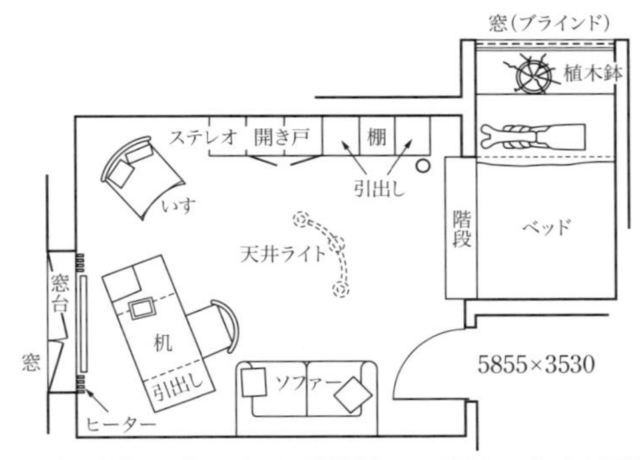

大工の父親が設計して造ってくれた子供部屋．ベッドやクロゼットも父親の手づくり．窓台下には必ず暖房器が設置されている．

図 12･13　ドイツの子ども室（女 16 歳）

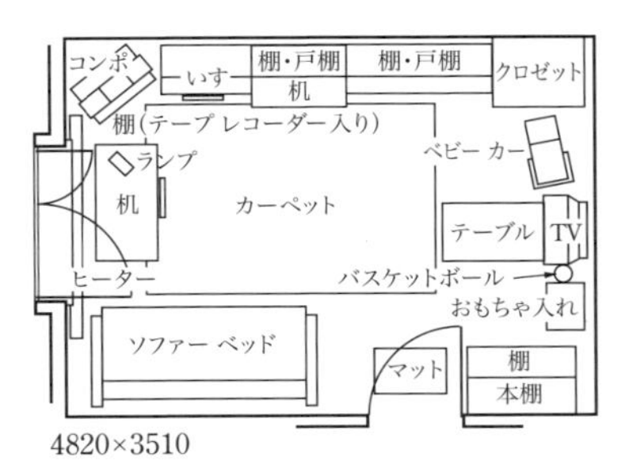

父親は農夫，母親は会社員，祖母も一緒に住んでいる．経済的理由で共有室になっている

図 12･14　ポーランドの子ども室（男 9 歳，女 8 歳）

をするために，子ども在室時に堂々と部屋に入っている．子どもへの関心が強く，高校生の娘を学校へ送迎えしているケースもある．しかし，個人主義の基盤があるため子どもの自立を尊重し，日本のようなパラサイト現象はみられない．ドイツも日本同様，親子関係が密で世話型コミュニケーションであるが，基盤には個人主義があった．

中国の母親の入室頻度は日本よりさらに高い．一人っ子政策で小皇帝と呼ばれていた時代には，父母と祖父母の 6 人が 1 人の子に金と精神を費やしていた．親の権威は強く，子ども部屋の管理を母親が行い，プライバシーも尊重されていない．

89 年まで社会主義政権下にあったポーランドでは，住宅事情が悪いため，子ども部屋は狭く，壁一面の造付けの棚やソファー ベッドが使われている．宿題が重視され，勉強部屋の役割が大きい．多くの宿題をこなすために，子ども部屋にいる時間は 4〜5 時間と長いが，引きこもりはみられない．大半の子は両親と毎日食事をともにしている．

子ども部屋とは

子どもが生活する空間や家などの物理的・社会的セッティング，文化に規定された子育ての慣習，養育者の信条や心理など，文化が子どもの空間の扱い方を規定していることがわかる．

日本では，自我の確立は子育て目標とはされず，共感的で自他の境界のあいまいな対人関係がある．母子は非分離で，子の身辺の世話や様子を見ることがコミュニケーションとされており，そうした親の過保護が子どもの自立を阻んでいる．

子どもの精神的成長とは，独立した自己と社会的な自己の達成，すなわち，自我の確立と協調性の獲得であり，一人になって考える“時間”と“空間”が不可欠である．子どもは自室などの物理的環境の経験とコントロールによって精神的に成長する．子ども部屋は狭くてもよいが，悲しいときや腹が立ったときに閉じこもれる空間であることが重要である．子ども部屋の問題は，日本の家族が築いてきた親子関係の危うさの問題でもある．

12-4 シングル（ひとり暮らし）のための住まい

シングルの類型

人の一生の中で，シングルで暮らす契機は何回かある．第1の契機は高等教育，就職のため，都市部へ移動してシングルで暮らす場合である．第2の契機は最終学歴終了後の就職である．年齢的には22歳以降である場合が多い．また，不況の波は若者のひとり暮らしを直撃し，結局，中高年になった親の家計に大きな負担をかけることが多い．親に経済的にも精神的にも依存し，自立していないという指摘がある．このような中で若年無業者を意味する**ニート**†という言葉まで生まれた．

第3の契機は，結婚後，勤務先の都合によって単身赴任し，ひとり暮らしになる場合である．第4の契機は，離婚もしくは死別でシングルあるいは一人親家庭になる場合である．とくに，離別後の**一人親家庭の安定した居住性**†の確保は，DV（ドメスティック バイオレンス）の増加に伴い大きな問題である．

第5の契機は，配偶者の死による高齢期のひとり暮らしである．2015年の国勢調査の結果から，単身世帯は全世帯の34.5%を占めており，1960年の15.7%から2倍以上に増加している．60歳以上を対象にした2017年の調査（表**12･4**）によると，対象者全体に占める75歳以上単身者の割合として，男性9.0%に対して女性は25.8%を占めており，単身高齢者の多くは女性であることが明らかになっている．

高齢者の住まいについては，リフォームを必要とする箇所が複数みられる（図**12･15**）．また，近所づきあいでは，男性の方が「付き合いがない」と回答する者が多い（図**12･16**）．閉じこもりがちな単身の男性高齢者や，多数を占める女性高齢者の住居やケアに関するニーズをいかに拾い上げるかが喫緊の課題といえる．“地域に住まう”という意識を社会全体で共有することが何より重要である．

表 12･4　調査対象者の世帯構成

		配偶者	親	子	孫	その他	同居者がいる（計）	同居者はいない
全体	(n = 1,976)	70.3	6.3	41.8	11.3	2.2	85.2	14.8
男性	60～64歳 (n = 170)	82.9	16.5	38.8	5.9	1.2	88.8	11.2
	65～74歳 (n = 444)	82.0	9.7	41.4	8.3	2.3	89.6	10.4
	75歳以上 (n = 288)	83.3	1.4	40.3	14.9	1.0	91.0	9.0
女性	60～64歳 (n = 166)	77.7	15.7	45.8	7.2	3.0	94.6	5.4
	65～74歳 (n = 520)	67.9	4.2	39.0	9.2	2.1	82.3	17.7
	75歳以上 (n = 388)	42.0	0.3	46.4	18.8	3.4	74.2	25.8

内閣府「平成28年高齢者の経済・生活環境に関する調査結果（概要版）」2017, p.6

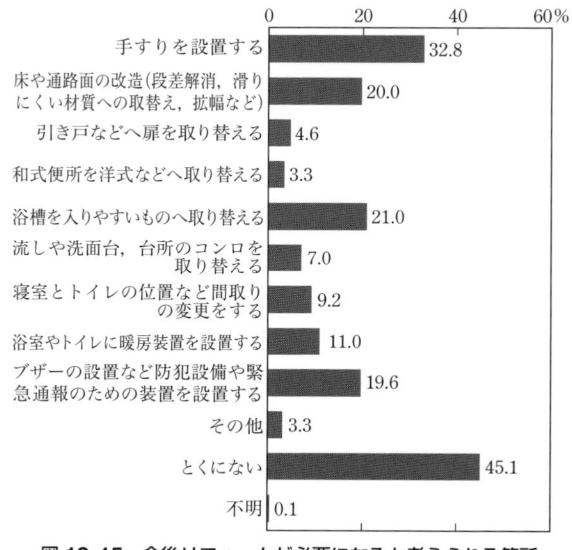

図 12･15　今後リフォームが必要になると考えられる箇所
（内閣府「平成28年高齢者の経済・生活環境に関する調査結果（概要版）」2017, p.38）

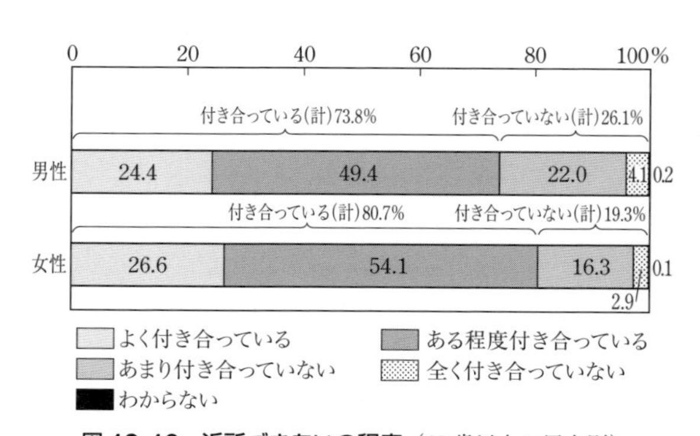

図 12･16　近所づきあいの程度（60歳以上の男女別）
（平成28年版「高齢社会白書」2017年，図1-2-6-14）

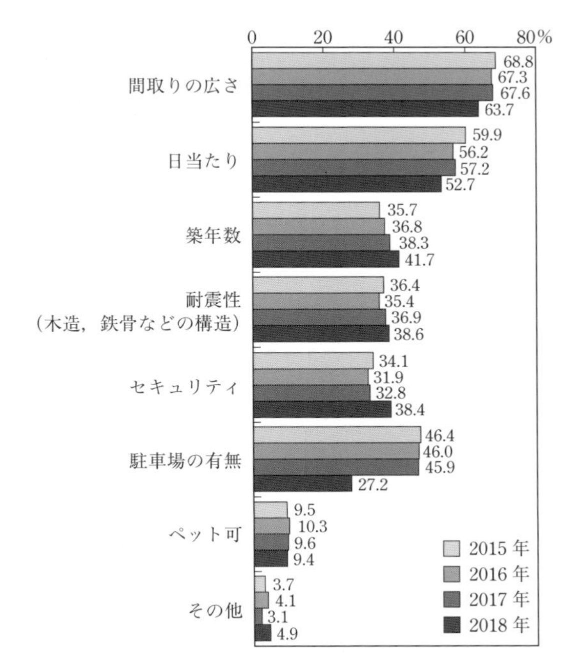

図 12･17　ひとり暮らしの部屋探しポイント（複数回答）
（全国宅地建物取引業協会連合会「2018 年一人暮らしに関する意識調査（本編）」2018 年，p.9）

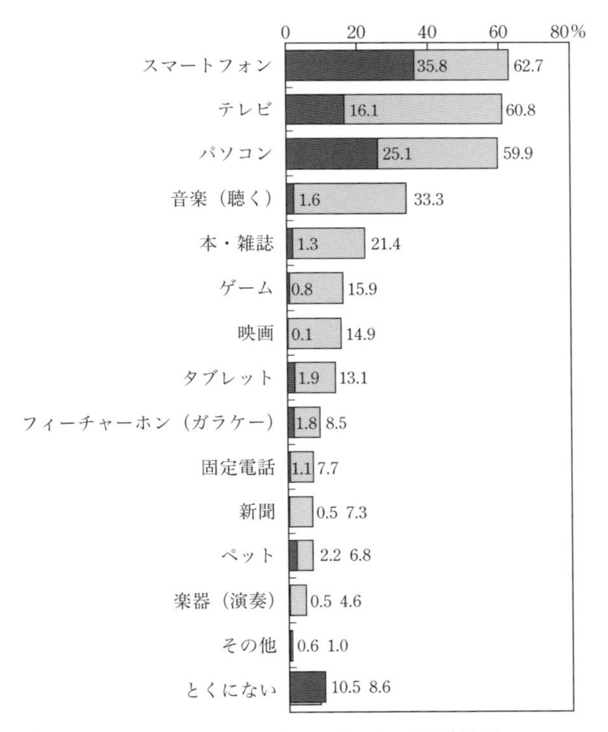

図 12･18　ひとり暮らしに欠かせないツール・グッズ
（全国宅地建物取引業協会連合会「2018 年一人暮らしに関する意識調査（本編）」2018 年，p.36

シングルの部屋さがし

ここでは前頁「第１～３の契機」に関わるシングルの部屋探しについて考えたい．「ひとり暮らしの部屋探しのポイント」として上位に挙げられた項目を列挙すると，① 間取りのよさ，② 日当たりのよさ，③ 築年数，④ 耐震性（木造，鉄骨等の構造），⑤ セキュリティと続いている（図 **12･17**）．とくに ① 間取りと ② 日当たりは，他の項目に比べて重要と考える割合が顕著に高い．また近年，耐震性やセキュリティを重視する傾向や，駐車場を重視しない傾向が高まっていることから，主に都市部におけるニーズの変化があったことがうかがえる．

「ひとり暮らしに絶対に欠かせないもの」としてはスマートフォンが最も多く，次いで，テレビを抜いてパソコンが多く挙げられている（図 **12･18**）．とくにスマートフォンは情報交換のみならず，防犯面でも活躍が期待されるツールであり，今後，世代を問わずシングルの生活には必需なものとなっていくだろう．

癒し空間としての住まい

清家清は『ゆたかさの住居学』の中で，「住まいとしての最低条件は依然，家族との“コミュニケーション”であると思う．しかし世に家族を持たぬ『ひとり者』あるいは『ひとり暮らし』の人は少なくない．（中略）ひとり者にはエサや水を与えなければいけない小動物や植物が『家族』であって，その住居が，その『家族』との共同生活であり，家庭である」と述べている[2)]．たとえ大家族であってもシングルであっても，誰しもが『家族』という存在を求め，“癒しの空間”を家庭の中に創り出そうとするという意味であろう．

人工知能の発達や情報通信機器の普及により，シングルの住まい方にはさまざまな可能性が生まれている．このような技術の発展によって，癒し空間としての家庭がどのように変化していくのか，清家の論を拠り所に予想してみるのもよいだろう．

Chapter 13 高齢者と住まい

13-1 高齢者の心身機能と特性

高齢者とは

心身機能は加齢にともなって発達し老化していく．老化とは，加齢とともに心身機能が衰えていくことである．20歳代をピークに加齢に伴い体力は低下するが，青年期以降は運動習慣や病気などの影響で個人差が大きくなる（図13･1）．

これまで，WHO（世界保健機関）をはじめ65歳以上を高齢者とすることが多かったが，高齢者人口の占める割合が高くなり（図13･2），65歳以上を一律に高齢者とすることは現実的ではないと高齢者の捉え方に関する意識改革が議論されている．日本老年学会などは65～74歳を「准高齢者」，75～89歳を「高齢者」，90歳以上を「超高齢者」として区分することを提言している．

心身機能の低下が大きいときほど，住環境によって高齢者の **ADL**†（日常生活動作）や **QOL**†（生活の質）が左右される．また，高齢期にはさまざまな疾患や障害をもつことも多い．個々人の老化の程度や疾患，障害に応じて住環境を考えていくことが重要である．

高齢者の心身機能

老化による心身機能の低下は，個人差があるが誰もがたどる過程である．こうした機能低下は生活上どのような障害をもたらし，住環境づくりにおいてどのような配慮が必要になるのだろうか．

加齢による生理機能の低下は，心・血管機能，排泄機能，呼吸機能，消化吸収機能などの面にみられる．心肺機能に大きな負荷をかけない温熱環境や空気環境，機能低下に配慮した生活動線や住環境について考えることが重要である．

身体機能の面では，骨・関節・筋力が衰え足腰が弱くなる．この結果，歩行動作が不安定となり転倒しやすく，敷居などのちょっとした段差につまずくこともある．高齢になると骨粗しょう症が増えるため骨折しやすい．握力が低下し，つかんでまわすといった指を使った動作が難しくなる．

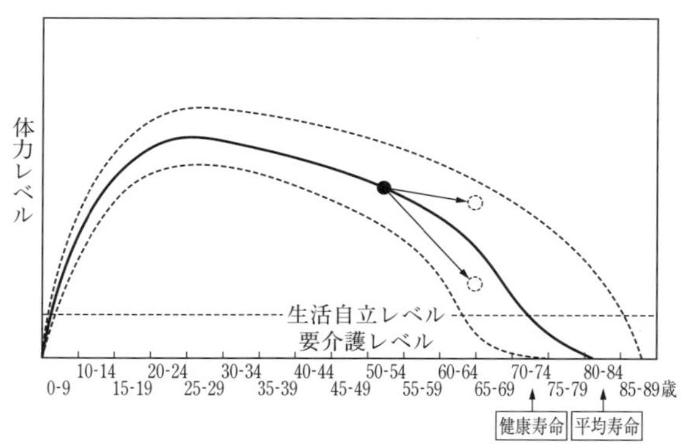

図13･1 体力変化の概念図 [1)]

表13･1 高齢者の心身機能の特性

加齢による機能変化		行動特性
生理的機能	脳における変化	言語理解力の低下，記憶力の低下（忘れやすくなる）
	肺における変化	肺活量の低下，持久力の低下，疲労しやすくなる．
	心・血管系における変化	血圧が高くなりやすい，たちくらみすることがある．
	腎臓・尿路における変化	頻尿，失禁しやすい．
	呼吸器系における変化	気管支炎・ぜん息にかかりやすい．
身体的機能	骨･関節の萎縮，屈曲，硬直化	人体寸法の短縮，高い所へ手が届きにくい，歩行が困難になる．立ったり座ったりが困難になる．うまく握ったりつかんだりできない．骨がもろくなり骨折しやすい．
	筋力の低下	体の支持が困難になる．握力が弱くなる．歩行が遅くなる．足があがらず少しの段差で転びやすくなる．
	皮膚における変化	温度・痛みに対する感覚の低下
感覚的機能	視覚・色覚の低下	見えにくくなる，まぶしさを感じる，青・黄などが見えにくくなる．
	聴覚の低下	高音域が聞こえにくくなる．
	味覚・臭覚の低下	匂い・味がわかりにくくなる．
	温度感覚の反応の低下	温度の高低差がわかりにくくなる．
	平衡感覚の低下	姿勢の保持がしにくくなる．転倒しやすい．
知的機能	知的能力の低下	反応スピードの低下，記憶力の減退，新しい知識の獲得力の減退
	判断力の成熟	豊かな経験による適切な判断
	認知障害	基本的日常生活の維持困難，空間や家族がわからなくなる．さまざまな行動障害（睡眠妨害，迷子，大声，徘徊，乱暴行為，乱暴行為等），情緒障害（精神的緊張，不安，抑うつ，怒り，欲求不満等）
統合的機能	パーソナリティー	依存性の増加，孤独感の増加，情緒不安定
	運動機能の低下	動作がにぶくなる．動作が困難になる．
	筋の協調力の低下	動作がぎこちなくなる．
	予備力の低下	無理がきかなくなる．
	防衛力の低下	とっさのときの危険がさけられない．
	回復力の低下	疲労の回復に時間がかかる．
	適応力の低下	環境の急変に適応できない．

野村みどり（編）：バリアフリーの生活環境論，医歯薬出版，2004

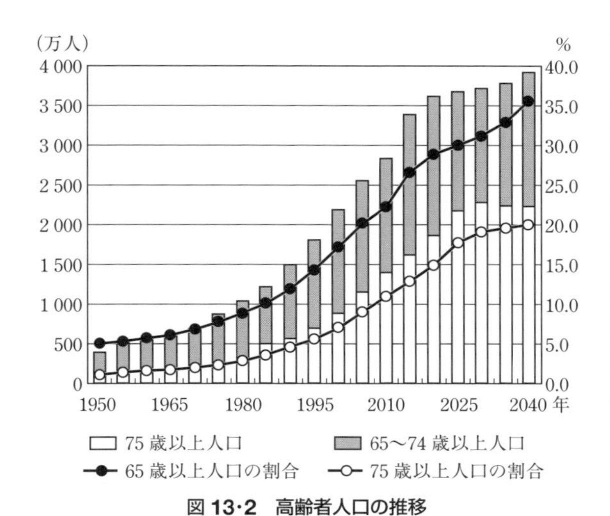

図 13･2　高齢者人口の推移

〔2015 年まで総務省「国勢調査」，2020 年以降は国立社会保障・人口問題研究所「日本の将来推計人口（平成 29 年推計）」〕

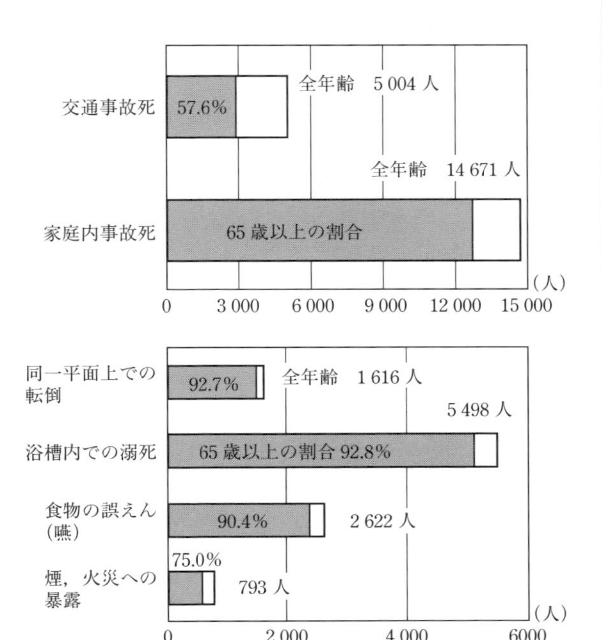

図 13･3　家庭内事故による死亡者数と高齢者の占める割合

（厚生労働省：人口動態統計，平成 29 年）

感覚機能は，事故を防ぐうえで重要な役割をもつ．加齢による聴力低下は高音域が聞きづらくなることからはじまる．触覚では温度差がわかりにくくなり，低温やけどをしやすくなる．視覚では，視力低下，グレア（まぶしさ）への過敏，色の弁別力低下，暗順応の遅れなどがみられ，視認しやすい環境など機能低下に配慮した環境づくりを心掛ける．

知的機能面では，想像力や洞察力，判断力は高い水準を保ち，経験に応じ成熟するが，注意力や記憶力，学習能力では低下がみられる．注意力や記憶力を喚起できる工夫を住まいに施す．

統合的機能面では，動作が緩慢になる，危険回避能力が低下する，環境の急変に適応しにくいといった特性がみられる（表 **13･1**）．

高齢期の疾患

高齢者は罹病（りびょう）率が高く，何らかの病気にかかっていることが多い．動脈硬化などが原因で起こる脳血管疾患は，環境温度の急変によって起こることもある．とくに循環器系疾患をもつ高齢者にとって，住まいの温熱環境調整は重要な課題である．

近年は在宅医療が重視されるようになり，在宅生活に医療機器が導入された際の住環境のあり方についても理解しておく必要がある．高齢者の場合，通常の症状に加えて高齢者特有の症状を併せもつこともあり，住環境に不備があれば事故の誘発や症状の悪化，その他，生活上の問題が生じる．

高齢者の家庭内事故

高齢者については，交通事故よりも家庭内事故による犠牲者のほうが多い．平成 29 年人口動態統計によれば，1 年間で 12,683 人の高齢者が家庭内事故により死亡している．このうち同一平面上での転倒，浴槽内での溺死は住環境の影響も大きい．とくに高齢者の転倒はその後の日常生活における活動性の低下につながりやすく，高齢者の身体特性や行動特性に配慮した住環境整備が重要である（図 **13･3**）．

13-2 いろいろな高齢者の住まい

高齢者世帯と住宅

高齢者のいる世帯の割合は増加していて，その住まい方は多様化している．なかでも家族との住まい方が変化し，高齢単身世帯の増加は顕著である（図 **13･4**）．平成 25 年の住宅・土地統計調査によれば，持ち家住宅率は 61.7％であるのに対し，高齢者のいる世帯の持ち家率は 82.7％と高い．しかし，平成 30 年度の生命保険に関する全国実態調査によれば，在宅介護は 55.6％であり，自宅に住み続けることは容易ではない現状がある（図 **13･5**）．高齢者が，介護が必要になっても住み慣れた家庭や地域で安心して暮らすためには，生活拠点としての住環境整備が重要であり，居住機能と福祉機能を併せもつ，さまざまなタイプの住まいが出現している（図 **13･6**）．

高齢者に対する住宅行政の動き

高齢者住宅・施設には「医療系」「福祉系」「住宅系」の 3 系列があり，「医療系」「福祉系」は厚生労働省が，「住宅系」は国土交通省が主管している．急速な高齢化により，高齢者の居住に関する法律や制度は新たに創設されたり改正されたりする中で，さまざまな高齢者住宅・施設が生まれている．

1990 年代から高齢者のための居住政策が重要課題として取り上げられるようになり，1998 年に“高齢者向け優良賃貸住宅制度”が高齢者に配慮した良質な賃貸住宅を整備する目的で創設された．この制度は 2001 年からは“高齢者の居住の安定確保に関する法律（高齢者住まい法）”にもとづく制度とされ，2011 年の高齢者住まい法の改正によって“サービス付き高齢者向け住宅”登録制度の開始により廃止された．

2000 年に“介護保険法”が施行されて介護保険制度が始まり，介護保険の給付対象となる高齢者住宅・施設は，ニーズも高まり社会的に認知されるようになった．

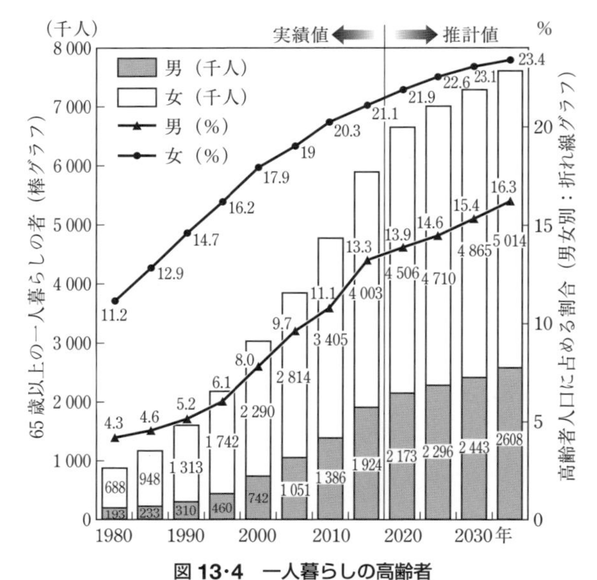

図 13･4 一人暮らしの高齢者

〔2015 年まで…総務省「国勢調査」，2020 年以降…国立社会保障・人口問題研究所「日本の世帯数の将来推計（2013 年 1 月推計）〕

表 13･2 高齢者と家族の住まい方

居住形態	住 ま い 方
同 居	親と子の世帯が一緒に住む．
隣 居	親世帯と子世帯とが，それぞれ住宅設備を整え，壁や床を共有して住む形態．または，同一敷地内で隣接した住まい方．
近 居	親世帯と子世帯が徒歩圏内（いわゆるスープの冷めない距離）に住む．
別 居	距離的にも生活上も独立している．

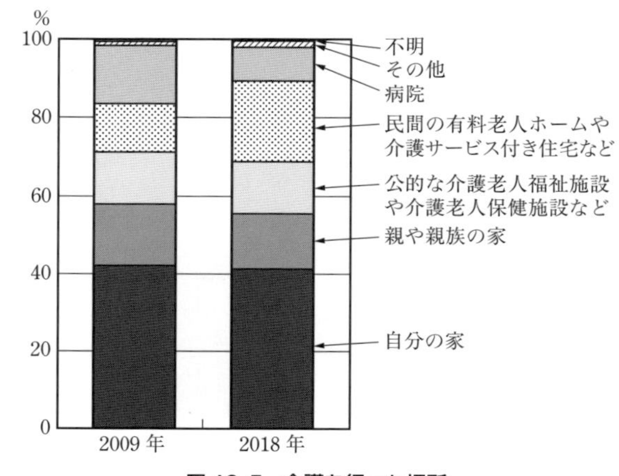

図 13･5 介護を行った場所

（生命保険文化センター：平成 30 年度生命保険に関する全国実態調査<速報版>，2018）

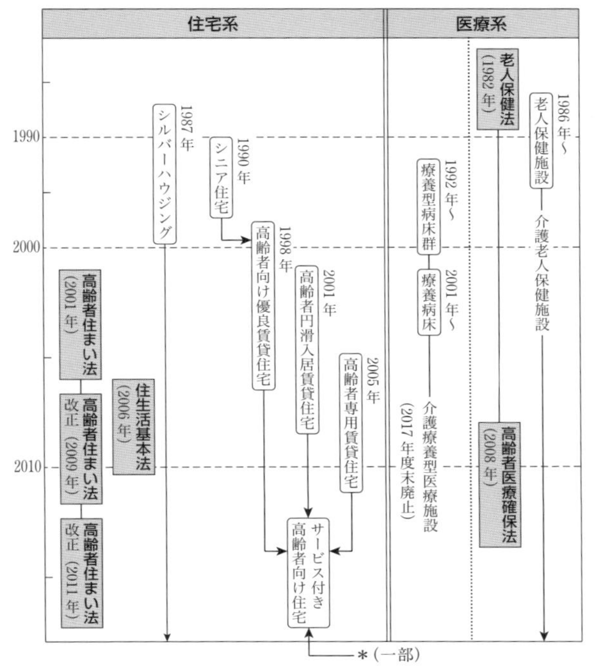

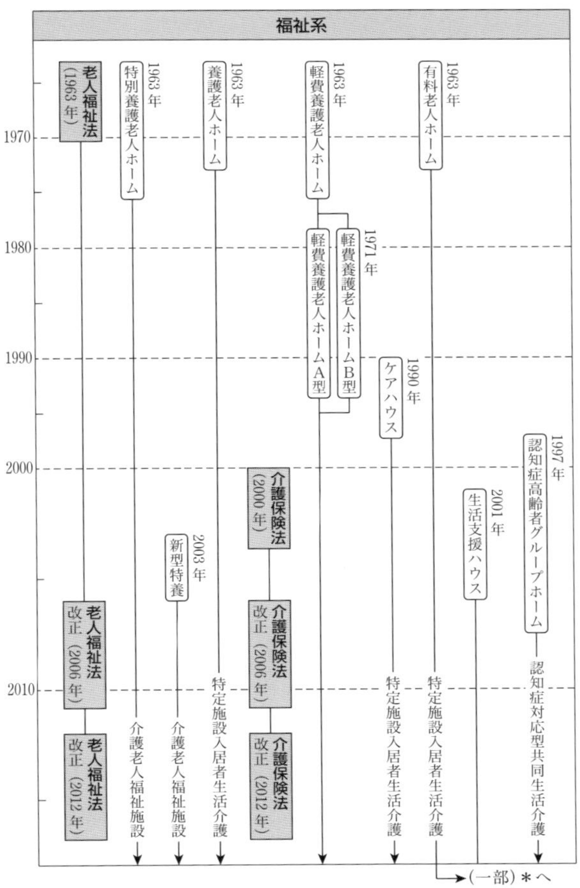

図 13･6　高齢者居住に関する法律および制度

いろいろな高齢者居住

サービス付き高齢者向け住宅は，高齢者世帯が安心して住めるよう，ケアの専門家による安否確認・生活相談などのサービスが提供されるバリアフリー住宅である．住宅政策と福祉政策が連携して，高齢者居宅生活支援サービスが適切に提供される高齢者住宅を確保する必要性が高まり，2011年に高齢者住まい法が改正され，それまで国土交通省主管の高齢者住まい法による3つの高齢者向け賃貸住宅を一本化し，国土交通省・厚生労働省の二省共管の制度として創設された．

シルバーハウジングとは，独立して生活するには不安があるが，生活相談などの生活上の援助があれば，自立した生活を営める60歳以上の単身者，あるいはどちらかが60歳以上の夫婦が安全かつ快適に生活できるよう配慮した公共賃貸住宅である．LSA（ライフサポートアドバイザー：生活援助員）による居住者の生活指導相談，安否確認，緊急対応などの日常生活支援サービスの提供があり，住宅施策と福祉施策との連携によって運営されている．

有料老人ホームは，老人福祉法により定義されている．その運営形態は“介護付”“住宅型”“健康型”の三つに分類でき，要介護状態になった場合の対応が大きく異なる．“介護付”は“特定施設入所者生活介護”の指定を受けており，介護などのサービスがついているので，介護が必要になってもそこでの生活を継続できるのに対し，“健康型”では要介護状態になった場合，契約を解除し退去しなければならない．また，“住宅型”では訪問介護などのサービスを利用しながら，そこでの生活を継続することができる．

認知症高齢者グループホームは，5～9人程度の小規模な生活の場において，食事の支度，掃除，洗濯などを共同で行い，家庭的で落ち着いた環境の中で生活する居住・ケアの形態である．介護保険制度では，「認知症対応型共同生活介護」として位置付けられている．

13-3 自立支援のための住居改善の必要性と支援体制

これまでに高齢者の身体的特徴，高齢者対応住宅を見てきた．また住宅のユニバーサル デザインについても後で紹介するが，ここでは高齢者，障害者の在宅生活支援の現状，その中で住居改善の必要性について述べる．

現在の日本における高齢者の住環境

高齢者人口の増加，高齢化率の上昇のほかに，単身，高齢者夫婦など高齢者のみで居住する世帯の増加や，高齢者が居住する住宅の老朽化，そして，危険で住みにくい日本家屋の特徴などが問題点としてあげられる（図 **13·7** 〜図 **13·9**）．

ここ 10 年程度の間に供給された住宅は長寿社会対応設計指針など高齢者対応，ユニバーサルデザインの考え方が採用されたものも増え，これらは相当住みやすいものになっている．ところが高齢者の多くが居住するのは，長年の持ち家政策で住宅の住替えシステムは機能せず，働盛りの時期（高度成長期）に大量供給された住宅や，それ以前に建てられた住宅である．これらの住宅は，段差も間取りも，高齢者対応などといったことがまったく意識されていなかった時代のものであり，老朽化の危機にもある．また住まい方も，しっかりした住様式が確立できず，住宅内は，大量の家財道具その他の雑多なものにあふれている．

介護保険を中心とする日本の支援体制

介護保険制度が始まり，高齢者の介護や生活の支援は社会的に担保するという考え方が認知されたが，多くは介護のための人的支援活動に充てられている．福祉用具のレンタルなどは普及の傾向にあるが，在宅生活支援のベースとなるべき住宅の改修費は，わずか 20 万円(実質 18 万円)，原則 1 回限りという非常にきびしいものでしかない．

住居改善効果を検証すると，ヘルパーなど人的支援費の減少で，その費用はおおむね 1 年以内，少なくとも数年内に回収が可能である．ただし，費用については副次的な効果であり，何にも替え

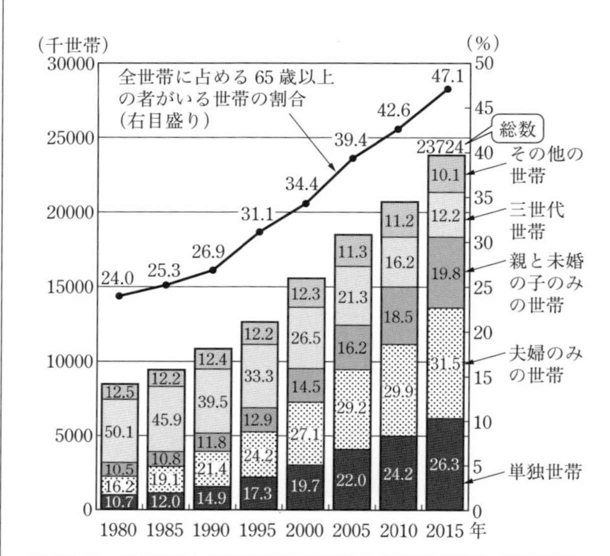

図 13·7 65 歳以上の者のいる世帯数および構成割合（世帯構造別）**と全世帯に占める 65 歳以上の者がいる世帯の割合**
（内閣府：平成 29 年版高齢化白書（全体版））

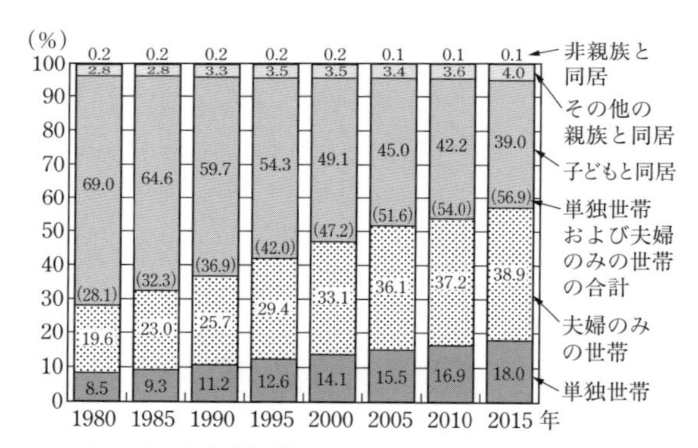

図 13·8 家族形態別にみた 65 歳以上の高齢者の割合
（内閣府：平成 29 年版高齢化白書（全体版））

表 13·3 主な家庭事故の年齢別・種類別死亡者数

死　因	0〜14 歳	15〜64 歳	65〜79 歳	80 歳以上	合計（人）
スリップ，つまずき，およびよろめきによる同一面上での転倒	2	143	457	879	1482
階段およびステップからの転落およびその上での転倒	1	96	207	177	481
建物または建造物からの転落	20	143	126	77	366
浴槽内での溺死および溺水	33	445	1994	2595	5067
浴槽への転落による溺死および溺水	1	2	10	17	30
合計	57	829	2794	3745	7426
当該年齢人口 10 万人当たり	0.49	1.0	21.3		5.8
参考：交通事故死者数（警視庁）	127	2823	2028	1382	6414

厚生労働省「平成 24 年度人口動態統計」

① 玄関で靴を脱ぐ，高床式の住まい

② 和式便所，居室から遠くて寒い便所

③ 深い浴槽，外洗い，お風呂好き，居室から遠い風呂

④ 和布団，畳の上での就寝形式
⑤ 床座と椅子座の併用
⑥ 狭い部屋，住まいの中に多い段差

⑦ 高度経済成長期以降の急激な生活様式の変化

図 13･9　住みにくい日本家屋の特徴

住居改善の方法

心構えや生活のルールづくり，使い方の変更など

物の工夫，購入→福祉機器，生活機器

建築設備・構造の改修，改造→住宅改造

建替え

地域施設サービスの利用

転　居

図 13･10　住居改善の方法

がたいことは，高齢者，障害者の自立的生活を援助，推進できることにある．この点については後述する．

障害者の支援についても介護保険制度に統合して行う方向にである．高齢者の場合，家族にゆだねられていた介護負担を社会的に担保する制度の創設という意味で評価できるが，障害者の場合，理念はともかく既存の支援制度の後退が避けられない状況にある．

“住居改善”という考え方

現在の住宅の多くが高齢者や障害者の生活を困難にする日本的特徴をもち，高齢者を中心に多くの事故が住宅内で起こっている．そこで住み続けたいと希望する自宅での生活に困りごとを抱えている高齢者，障害者が多くいる現状をなんとかしようという活動のキーワードとして，“住居改善”を紹介する（図 **13･10**）．

トイレに手すりが欲しいという相談があったとき，どのような検討が必要であろうか．トイレの立上がりがつらいということは，寝室でのふとんやベッドからの立上がりも苦しい，ソファーからの立上がりもつらいのではないか．寝室や居間からトイレへのルート上に段差があれば危険と考えられる．距離も温度差も問題である．階段を上下するのであればなおのこと危ない．入浴動作にも苦労しておられることも想像できる．トイレに手すりという相談に，単に手すりを付けるというのではなく，時には寝室の位置変更などを含む生活全般の検討，住み方の再構築の視点が必要であり，当然ながら，解決策も非常に多様である．

住居改善は，住宅の改造だけでなく，住まい方の工夫，ものの整理や収納の仕方の工夫，生活機器・福祉用具の導入，家事援助，介護の援助，福祉サービスの利用などを含む，統合的な在宅生活支援と位置付けられる．検討の結果，時には数本の手すりの取付けに終わる場合もあるかもしれないが，このような視点でかかわるかどうかにより，改善の質に大きな差が出ると考えられる．

13-4 自立支援のための住居改善のポイント

改善の目的と効果

高齢者，障害者の在宅生活を支援する住居改善の目的は自立の支援，介護負担の軽減，労働環境の改善，安全・安心な生活の確保にあり，次のような効果が期待できる．

① 寝たきりの解消と予防，体力の回復．② 外出しやすくなり，施設サ－ビスが利用できるようになる．③ 入院（または施設入所）せずに在宅生活が可能になる．④ 家族が笑って暮らせるようになる．⑤ 身のまわりの自立，仕事，趣味，地域社会とのかかわりが再構築され，ふつうの暮らしを回復できる．

出前型相談

住居改善は“百聞は一見にしかず”ということが見事に当てはまる領域である．支援対象者の住宅の状況も，身体状況や家族のかかわりなども千差万別である．机上のアドバイスでは住居改善の目的を十分に果たすことはできない．対象者とともに生活の現場に立ち，できれば普段どおりの動作をしてもらうことにより，どこが，どのように問題なのかを共に確認することが必要である．“出前型相談”が住居改善のスタートとなる．

生活圏の拡大

住居改善のためには，対象者の状況に応じた多様な改善提案が必要であるが（図 **13･11** ～図 **13･13**），共通するテーマは“生活圏の拡大”にあるといえる．

たとえば，寝たきりでずっと天井を見て過ごしていた人にとって，電動ベッドを使い体を起こし，窓の外の景色を見ることができることは画期的な変化をもたらす．また，座位がしっかりとれるようになれば，食事の様子もおおきく変わる．手がそれほど不自由でなければ，一人で食事をとれるかもしれない．車いすに移る手段ができ，車いすに座ることができれば，家族と居間で過ごしたり，食堂に移動し家族いっしょに食事が楽しめ

（a） 門・玄関

（b） 塀と庭

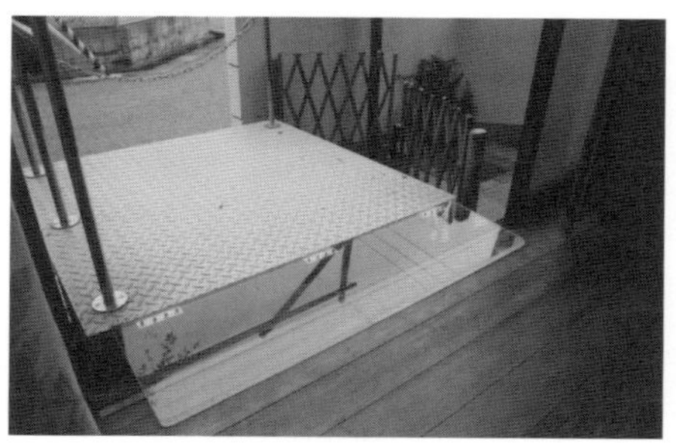

（c） 段差昇降リフト

門から玄関（a）には多くの段差が存在するので，個室（寝室）の前の塀と庭の部分（b）を改造した．段差昇降リフトを設置した専用の入口とした．リフトに取り付けた，可動のフラップでサッシ部分の細かい段差を越える（この例ではアクリル製）．

図 13･11 住居改善事例／車いすでの外出を容易に

（a） 既存寝室 6 畳

（b） 個室内の専用トイレ

遠い既存のトイレを改造するより，個室に専用トイレをつくることが，便利で使いよいトイレづくりに有効な場合が多い．専用なら個室の広さを有効に活用できる．押入がよく利用される．改造前の写真（a）は，左が出入口，右の押入がトイレに．

図 13･12 住居改善事例／押入を専用トイレに

(a)　既存寝室入口

(b)　ドアに変更

畳敷きの寝室(a)の床をフローリングにし，ベッドを導入，敷居を撤去し，玄関ホールなど洋室との段差をなくす．ときには引戸からドアへ変更することも(b)．ドアの開閉にはロープを使った工夫も．

図 13·13　住居改善事例／寝室入口の段差をなくす

(a)　DK から L，寝室

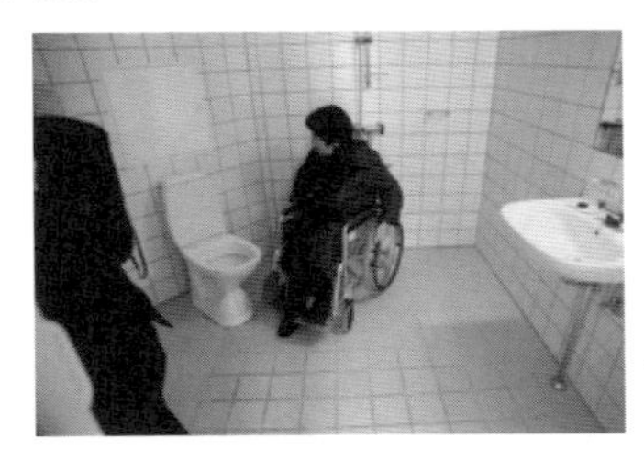

(b)　浴室（トイレ，シャワー，洗面台）

デンマークの高齢者住宅の空家を見学した．キッチンの家具で仕切られた DK とリビング，そして寝室がひとつ．寝室に付属してシャワー，洗面台，トイレのみのシンプルな浴室(b)．全体にゆったりしていて，これなら障害があっても大改造せず暮らせる（図 13·7 と比較）．

図 13·14　デンマークの高齢者住宅の浴室

(a)　シャワーチェアー

(b)　トイレ，入口

デンマークで見た改造例は，車いすで外出するための段差の小改造と浴室の改造であった．4 畳大の浴室の改造は，小段差を無くすことと，バスタブを取り除きシャワーのみにすることだった．住まい方の違いを痛感した．

図 13·15　デンマークにおける浴室改造の例

るかもしれない．少しずつの改善が画期的な生活圏の拡大をもたらす．寝たきりだった対象者の活動の意欲も生み出すことになる．

一人ではトイレに行くのが困難で，食事や飲み物も我慢したり，一日中トイレの心配ばかりしていた人が，楽に行ける環境が整ったら，非常に元気に，そして活動的になるといった事例がよくある．ベッドや車いすなどの福祉機器の導入やトイレなどの環境整備が，生活圏の拡大に大きな効果をもたらす．大掛かりな改造工事でなくとも画期的な効果を発揮することは，住居改善にかかわるものにとって非常にうれしいことである．

福祉・医療・建築分野の連携が重要

高齢者・障害者のための住居改善には，保健・福祉制度の知識，サービスや福祉機器の提供に関する情報，病気や心身状況の十分な把握，建物の構造や施工の知識，生活空間を再構成する技術など多様な分野の知識や技術が必要である．

これらの専門家が，できれば現場に出向き，対象者と住まいの状況についての知見を共有し連携することで，はじめて最良の改善案を提示できるものと考える．ふだんからこれらの分野の専門家がネットワークを組み，良好なチームワークを確保しておくことが重要である．

改善方針と改善効果の見極め

本人，家族の困っている状況の把握に始まり，住宅の改造などの提案により，困り事がどの程度改善できるかについて検討する．予測はむずかしいが，本人・家族・関係者を交え，はっきり改善方針を確認することが必要で，改善方針をしっかり共有したうえで実施することが重要である．

機器の導入や改造工事などが終わり，少し使い慣れたところで，関係者が集まりフォローアップを実施する．使い方などの確認，動作指導はもちろん，方針どおりにいかないところがあれば，修正や追加の工事などについても検討する．かかわった専門家にとっては，獲得する経験の蓄積も貴重である．

Chapter 14　ユニバーサル デザイン・エクステリア デザイン

14-1　高齢者・障害者とバリアフリー デザイン

ノーマライゼーションとは

1950年代にデンマークのB・ミッケルセンが“ノーマライゼーション（normalization）”の理念を確立した．本人の言葉によると“障害のある人たちに，障害のない人たちと同じ条件をつくり出すこと．（障害がある）人を（健常者と同じ）ノーマルにすることではなく，人びとが普通に生活している条件が障害者に対しノーマルであるようにすること．自分が障害者になったときにしてほしいことをすること”といった考え方である．すなわち，障害者を健常者と同じ機能をもつまでに回復させることがノーマルにすることではなく，障害をもったままでも，健常者となんらそん色なく日常生活が送れるような生活環境や条件を整備することが社会的にノーマルにするということである，という考え方である．

バリアフリー デザインとは

一方，バリアフリー デザイン（barrier free design）とは，“barrier＝障壁”と“free＝自由な・開放された”を組み合わせた造語である．元来は建築用語であり，1960年代以降のアメリカにおいて，身体障害者にとっての建築内部における障害物などの物理的バリアを除去するという意味で広がったが，現在ではより広義に，心理面・制度面・情報分野など，あらゆる側面でのバリアの除去といった意味で用いられている．

また，わが国においては，ハンディのある人といえば身体障害者ととらえられがちだが，欧米では，身体障害者はもちろんのこと，身体機能が低下している高齢者や未成熟な年少者，一時的に身体機能が低下あるいは拘束されている妊産婦や子ども連れの人，重い荷物を持っている人，土地勘のない旅行者なども含まれると考えられている．

このようにバリアフリー デザインは，その取り組む方向および対象者が拡大しており，現在では，ノーマライゼーションの理念を具体的に実践

図 14·1　三角板による段差の解消

図 14·2　トイレ内の手すりの設置

図 14·3　段差解消機・3枚引き戸設置例

図 14·4　道路との段差の解消

図 14･5　スロープによる段差の解消

図 14･6　玄関框の段差の緩和

図 14･7　和式便器から洋式便器への改造

図 14･8　浴室での手すり設置例

していくための一つの重要な考え方となっている．ただし，建築・住宅分野においては，物理的バリアの除去が主たる取組みとなる．

わが国の取組み

わが国の高齢化率は27.7%となり，とりわけ身体機能の低下が顕著となる75歳以上の後期高齢者が総人口の13.8%を占め，本格的な高齢社会を迎えるに至っている（2017年10月1日現在）．

そこで，公共施設については，従来のハートビル法（1994年）と交通バリアフリー法（2000年）を統合し，2006年に**高齢者，障害者等の移動等の円滑化の促進に関する法律**†（**バリアフリー新法**）が施行された．バリアフリー新法では対象者・対象施設および基本構想制度の拡充が図られ，さらなる高齢化への対応や障害者の社会進出等への対応に向けて，総合的なバリアフリー化の推進を目指している．

一般住宅についても，加齢にともなう一定の身体的弱化に対して，そのまま，または軽微な改造により対応を可能とする仕様を確保するという考え方にもとづいた"長寿社会対応住宅設計指針（1995年）"が提示され，2001年には"高齢者の居住の安定確保に関する法律"において，高齢者が基本生活行為を容易に行うための仕様（基本レベル）と，介助用車いす使用者が基本生活行為を行うための仕様（推奨レベル）が示された．

また，2000年に施行された"**住宅の品質確保の促進等に関する法律**"（**品確法**）†は，住宅性能表示制度の創設，瑕疵担保責任の特例，住宅に係る紛争処理体制の整備の3つの柱からなり，住宅性能表示項目には，高齢者等への配慮に関する規定が盛り込まれた．

今後のバリアフリー デザインを考えるにあたっては，さまざまなタイプのハンディキャッパーを想定し，物理的バリアのみならず，制度的バリア，文化・情報的バリア，意識的バリア等，多角的な視点からバリアを除去することが課題となっている．

14-2 誰にも優しいユニバーサル デザイン

ユニバーサル デザインとは

前節で取り上げた“バリアフリー デザイン”は，目の前にあるさまざまな障害（バリア）を取り除くといった，いわゆる“問題解決型”の概念であるのに対し，本節で取り上げる“ユニバーサル デザイン”は，これから新しくデザインを行うにあたって，最初から障害（バリア）のないものをつくっていこうという“創造提案型”の概念である．どちらの方が良いといった対立したものではなく，少子・高齢化を迎えた日本において，多くの人びとの生活環境を改善するためには，両者ともきわめて重要な概念といえる．

ユニバーサル デザインという概念は，障害者の間では以前から知られていたが，1990年にアメリカで制定されたADA法（障害をもつアメリカ人法）により，広く知られるようになった．特別な人に対して特別なものを提供するのではなく，年齢・能力・体格・障害の有無などによる区別なしに，誰もが使える普通のものをつくるという考え方やそのデザイン プロセスをいう．よく考えられたユニバーサル デザインは，ほとんどのユーザーには意識されず，しかも市場性があり，適応性があり，安全で，身体的にも情緒的にもアクセスしやすいものといえる．

ユニバーサル デザインの7原則

ユニバーサル デザインの7つの原則と定義は次のとおりである．

① 誰にでも公平に利用できること … 誰にでも利用できるように作られており，かつ，容易に入手できること．

② 使ううえで自由度が高いこと … 使う人のさまざまな好みや能力に合うようにつくられていること．

③ 使い方が簡単ですぐわかること … 使う人の経験や知識，言語能力，集中力に関係なく，使い方がわかりやすくつくられていること．

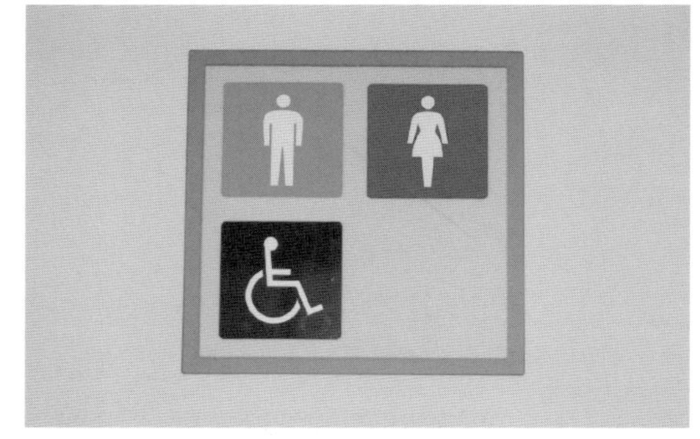

図14·9 誰もが認識しやすいピクトグラム

図14·10 自動的に照明が点く人感知センサー

図14·11 子供から大人・車いす使用者まで使いやすい取手

図14·12 車いす使用者にも使いやすい縦長の鏡

図 14·13　硬貨の投入・商品の取出しがしやすい自販機

図 14·14　幼児も身障者も使いやすい洗面台

図 14·15　有効幅員が広く車椅子でも使いやすい回転ドア

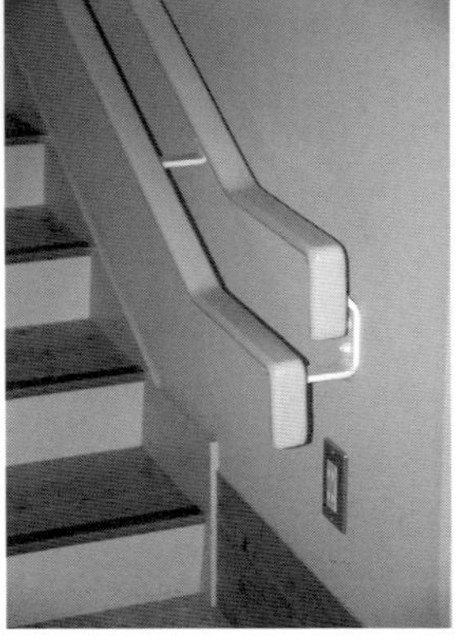
図 14·16　2 種類の高さの階段手すり

④　必要な情報がすぐに理解できること … 使用状況や，使う人の視覚，聴覚などの感覚能力に関係なく，必要な情報が効果的に伝わるようにつくられていること．

⑤　うっかりミスや危険につながらないデザインであること … ついうっかりしたミスや意図しない行動が，危険や思わぬ結果につながらないようにつくられていること．

⑥　無理な姿勢をとることなく，少ない力でも楽に使用できること … 効率よく，気持ちよく，疲れないで使えるようにすること．

⑦　アクセスしやすいスペースと大きさを確保すること … どんな体格や姿勢，移動能力の人にも，アクセスしやすく，操作がしやすいスペースや大きさにすること．

その他のデザイン概念

ここでユニバーサル デザイン以外に，デザイン分野で注目されている概念を紹介する．

まず，おもにヨーロッパで広く用いられている概念で，一般の製品やサービスをデザインする際，できるかぎり多くの人が利用できるようにすることをデザイン フォー オール（design for all）という．その実現にはつぎに挙げる三つの方法のいずれかが使われる．① 改造することなくほとんどの人が利用できるように，製品，サービス，環境をデザインする．② ユーザーに合わせて改造できるように設計する．③ 標準となる規格の採用により，障害者向けの特殊製品との互換性を持たせ，相互接続を可能にする．

また，ハードなシステムだけではなく，ソフトなシステムも含めた，すべてを包含したデザインをインクルーシブ デザイン（inclusive design）という．特別な機能障害タイプにあったデザイン解決に対するニーズを否定することなく，できるだけ多くの人を含むように考えるインクルーシブデザインは，ユニバーサル デザインの発展型であり，これからの重要なデザイン理念になると考えられる．

14-3 住まいのエクステリア デザイン

エクステリアとは

エクステリア（exterior）とは，インテリア（interior）の対語であり，建物の外壁や塀・門扉・垣・植木など敷地内の外部空間を総称したものである．日本では，敷地を囲障で囲い街路に面して門口を設ける様式が一般的であった．建物に付随する門・塀・垣などは外構といい，狭義のエクステリアはこれを指す．

戦後の高度成長期（1950 年代中ごろ～ 70 年代初め），住まいに対する主眼は住宅本体や住宅内部の居住性におかれ，外部空間に対する関心は低かった．しかし，1970 年代以降，公害問題や環境問題に対する関心が高まり，環境政策の概念として**アメニティ**†やまちなみ景観が注目されるようになり，また，住まいに関する価値観が多様化し，アウトドア リビングといわれるようにライフ スタイルに応じた，より快適な屋外空間の創造が求められるようになった．広義のエクステリアは，こうした屋外空間の創造にかかわる役割を担っている．

住まいの外構

門口には，門柱，門扉，表札，ポスト，インターホンなどがある．私的領域に入る出入り口であり，この場所で意識の切替えがなされる．門は住まいの顔ともいえ，住み手の個性を表現できるが，同時に周囲のまちなみ景観との調和も重要であり，半公共的空間として考える．

囲い（塀・フェンス・垣など）は，敷地境界の区切りや防犯の目的で設置される（図 **14・20**）．また，まちなみを形成する重要な要素でもあることから周辺環境との調和を考慮し，植栽を効果的に使った開放的なスタイルが増えている．

駐車スペース（カーポート）は，車のサイズや台数，前面道路との関係を考慮する．舗装は，駐車していないときの景観を考えて，タイヤの轍（わだち）以外の部分に背の低い植栽を設けたり，床

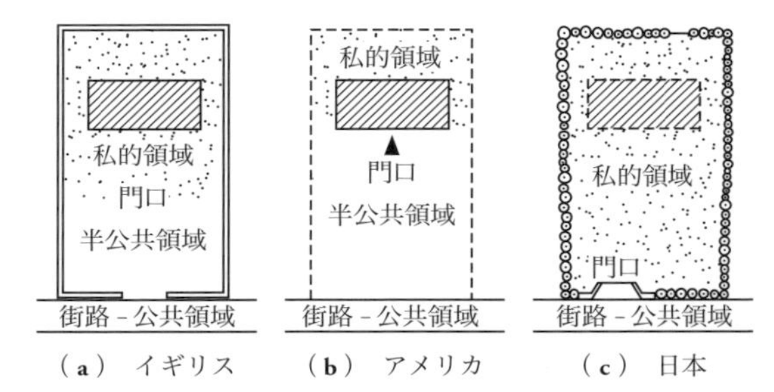

図 14・17 境界概念と門口 [1]

図 14・18 エクステリアの範囲 [2]

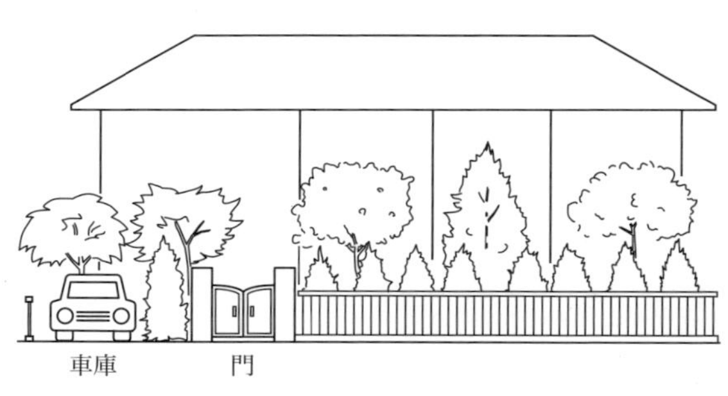

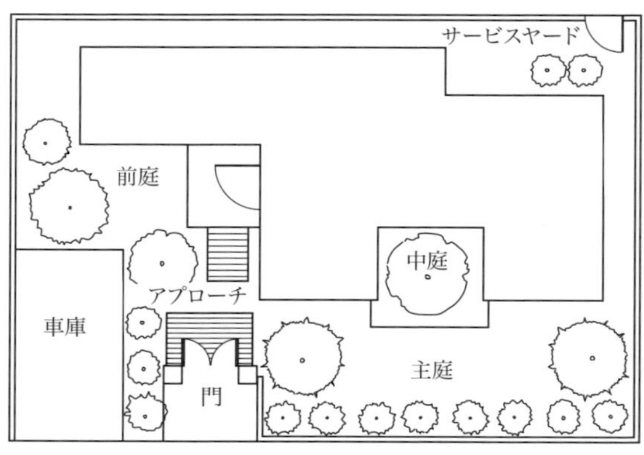

図 14・19 エクステリアの構成

表 14·1　エクステリアの構成要素

門		門柱，門扉，門付属物（門灯，ポスト，インターホン，表札など）
車　庫		カーポート，サイクルポート（自転車置場）など
アプローチ		飛び石，延べ段，植栽など
前　庭		植栽，照明，オブジェなど
主　庭		テラス，濡れ縁，パーゴラ，四阿（あずまや），池，景石，庭門，築山，庭園灯，植栽，花壇など
中庭	坪　庭	灯籠，景石，植栽など
	コートヤード	ウッドデッキ，タイル，れんが，植栽など
サービスヤード（裏庭）		物干し，物置，ごみ箱など
園　路		延べ段，植栽など
囲　い		フェンス，コンクリートブロック塀，石塀，竹垣，生垣など
擁　壁		石積みなど

（a）　フェンス

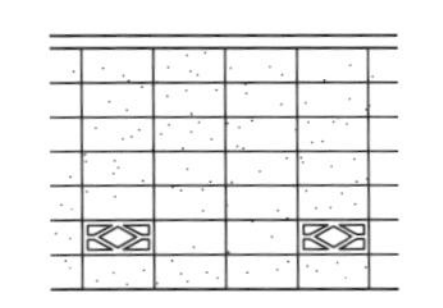
（b）　コンクリートブロック塀

（c）　建仁寺垣

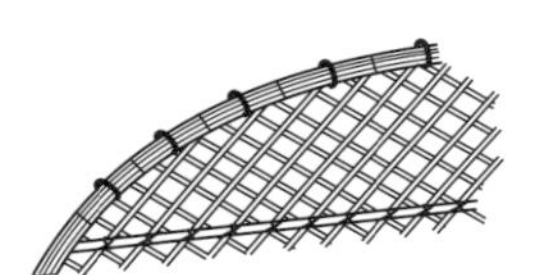
（d）　光悦寺垣

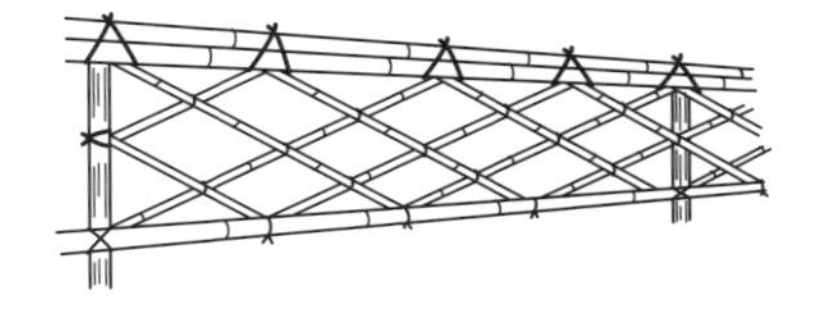
（e）　竜安寺垣

図 14·20　囲い [3]

図 14·21　屋外空間の活用 [4]

面にデザイン性をもたせたりするとよい．

住まいの庭

前庭は通常，建物の正面玄関に面しているので，玄関までの通路（アプローチ）としての実用性と，建物の正面（ファサード）としての美観の両面を考慮する必要がある．

主庭は，一般的には居間などに面して日当たりのよい南側につくられることが多い．眺めて楽しむ鑑賞用の庭と，身近なアウトドア ライフを楽しむ場としての庭がある．住み手の生活の延長と安らぎの場として利用する．

中庭は，建物で三方または四方を囲まれた庭で，採光や通風の確保を考慮する．坪庭は眺めて楽しむ目的でつくられる小空間であるのに対し，コート ヤードは眺めるだけでなく，語らいや憩いの場として活動を楽しめるような機能をもつ．

サービス ヤードは，おもに家事作業のスペースとして勝手口周辺にとる空間で，台所に面していることが多い．物置や洗濯物の干し場など使用頻度の高い実用的な空間であるので，機能的な動線計画を考えることが重要である．

日本の伝統的な庭づくりは，石や池と組み合わせて草木の造形を愛でることが主流であったが，1990 年代半ばごろから，ガーデニングという概念が導入された．ガーデニングは，花苗の生育や観賞だけにとどまらず，建物の外壁や窓まわり，パーゴラ（藤棚）やグラウンド カバー（地面の被覆材）などエクステリアと合わせて，景観を含めた花の空間づくりをすることをいう．

緑の効用

エクステリア デザインに緑を活用することには，さまざまな効用がある．生垣には防風，防砂，類焼防止といった防災効果がある．植物には大気の浄化や気温を下げる効果があるので，都市部では屋上緑化の導入が促進されている．園芸は五感を刺激し，感性を豊かにするという効果があり，園芸療法が，機能回復とは違う面に働きかける心の療法として注目されている．

14-4 住環境のランドスケープ デザイン

住まいを取り巻く良好な住環境を考えるにあたって，緑とオープンスペースの存在は重要な要素である．

とりわけ都市における緑やオープンスペースは，良好な都市環境や都市景観の形成，ヒートアイランド現象の緩和，生態系の保全などにとってきわめて重要であり，都市の緑とオープンスペースを効果的・効率的に保全し，増加させていくことが求められている．

一方，これまでわが国のまちづくりにおいては，戦後の急速な都市化の中で，経済効率や機能性が重視され，景観に対する配慮が欠けていたといわざるを得ない．景観行政においては，戦前の風致地区や美観地区，京都・奈良・鎌倉などの古都などで適用されてきた歴史的風土保存区域・歴史的風土特別保存地区や伝統的建造物群保存地区，地区計画による土地利用規制や景観モデル事業などの各種助成事業を通じて促進が図られた．また，近年多くの地方公共団体においては，自主的に景観条例が策定され，地域の景観の整備・保全に一定の成果を上げている．しかし，景観条例の制定が進む一方，法的根拠をもたず，強制力がなく強い罰則がないがために，その実効性の保証が危ぶまれてきた．

そこで，都市部だけでなく，農村部や自然公園をも対象にし，地域の個性が発揮しやすいよう景観の規制内容にかかわる措置を行い，景観計画の策定にあたって，住民やNPOなどが参加しやすくするための措置や建築物の形態デザインにかかわる認定制度を創設し，景観整備機構・景観協議会・景観協定などソフトな景観の整備・保全のための手法も盛り込んだ景観緑三法が，2005（平成17）年6月1日に全面施行された．

景観緑三法の一つである景観法の基本理念は，次のように規定されている．

① 良好な景観は，美しく風格のある国土の形

図 14･22 ビオトープ事例 ①

図 14･23 ビオトープ事例 ②

図 14･24 ビオトープ事例 ③

図 14･25 ビオトープ事例 ④

図 14･26　まちなみ保存事例 ①　津山市城東地区

図 14･27　まちなみ保存事例 ②　津山市出雲街道

図 14･28　まちなみ保存事例 ③　津山洋学資料館

図 14･29　ランドスケープ事例

成と潤いのある豊かな生活環境の創造に不可欠なものであることにかんがみ，国民共通の資産として，現在および将来の国民がその恵沢を享受できるよう，その整備および保全が図られなければならない．

② 良好な景観は，地域の自然，歴史，文化などと人びとの生活，経済活動などとの調和により形成されるものであることにかんがみ，適正な制限の下にこれらが調和した土地利用がなされることなどを通じて，その整備および保全が図られなければならない．

③ 良好な景観は，地域の固有の特性と密接に関連するものであることにかんがみ，地域住民の意向を踏まえ，それぞれの地域の個性および特色の伸長に資するよう，その多様な形成が図られなくてはならない．

④ 良好な景観は，観光その他の地域間の交流の促進に大きな役割を担うものであることにかんがみ，地域の活性化に資するよう，地方公共団体，事業者および住民により，その形成に向けて一体的な取組みがなされなければない．

⑤ 良好な景観の形成は，現にある良好な景観を保全することのみならず，新たに良好な景観を創出することを含むものであることを旨として，行われなければならない．

今後の良好な景観形成にあたっては，景観法と景観条例との一体的かつ有効的な活用，国と都道府県・市町村それぞれの役割分担の明確化，点字ブロックの敷設や歴史的建造物のバリアフリー化といった景観とバリアフリー デザインとの矛盾の解消など，多くの課題が残されてはいるが，この景観法の理念を生かし，美しい景観と豊かな緑の形成の促進，美しい景観による地方都市の再生，大都市部におけるヒートアイランド現象の緩和や自然との共生を実現していかなければならない．

自然との共生を試みる**ビオトープ**[†]，歴史的建造物などのまちなみ保存，総合的なランドスケープ デザインの事例を図 **14･22** ～図 **14･29** に示す．

Chapter 15 AI化が進む現代家庭の生活機器

15-1 コンピュータの普及

コンピュータの歴史

コンピュータといえば思い浮かぶのはパソコンである．パソコンの世帯普及率は73.0%で，モバイル端末（携帯電話・PHSおよびスマートフォン）全体では94.7%とほぼ全世帯に普及している．

コンピュータの祖先である機械式計算機は4000もの部品から構成され，重さは3トンもあった（図**15・1**）．歯車を組み合わせて数字を入力し，回転させると答えが出るという仕組みであった（図**15・2**）．1946年には世界初のコンピュータ“ENIAC（エニアック）”（図**15・3**）が登場した．長さ25 m，重さ30トン，18000本もの真空管（図**15・4**）を使い，電気で計算するが，スイッチや配線を手作業で切り替えない限り，1種類の計算しかできなかった（図**15・5**）．そこで，数学者フォン・ノイマン（図**15・6**）たちは，計算や処理の方法，つまり，プログラムをあらかじめメモリに記憶させ，配線をそのつど変えず，プログラムを変えれば別の仕事ができるようにした．これによりコンピュータはいろいろな目的に使えるように発達した（図**15・7**，図**15・8**）．その後，マイクロプロセッサと呼ばれる小さなコンピュータを埋め込むことにより，ゲーム機やおもちゃ，電化製品も画期的に進化した．

近年ではAI（Artificial Intelligence：人工知能）の進化とIoT（Internet of Things）技術によりあらゆる物がネットワークで接続されて，人を介さずに物同士が連携していく社会となっている．

暮らしの中のAI

「スマート家電」とは声アシスタントを用いることで音声によるやりとりができる家電をいい，インターネットに繋がれば製品を見なくても操作ができる．スマートフォンはもちろん，冷蔵庫，調理器具，ロボット掃除機，エアコンなど多くの製品に独自のAIoT（AIとIoTを組み合わせた造語）を展開している．

図15・1
コンピュータの祖先である機械式計算機

図15・2
機械式計算機の歯車

図15・3
世界初のコンピュータENIAC（エニアック）

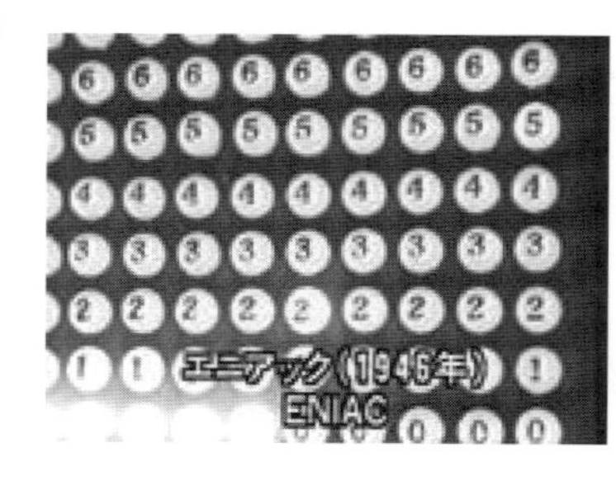

図15・4
18000本並べられた真空管

図15・5
スイッチや配線の切替えは手作業

（図15・1〜図15・3，図15・5はNHK高校講座，理科総合A・Bのホームページより，図15・4はNHK高校講座，情報Aのホームページより）

図 15·6
フォン・ノイマン
(1903～1957年)

図 15·7
世界初のパーソナルコンピュータが誕生
(1974年)

図 15·8
進化を遂げた現在のコンピュータ
(図15·6はNHK高校講座，情報Aのホームページより，図15·7，図15·8はNHK高校講座，理科総合A·Bのホームページより)

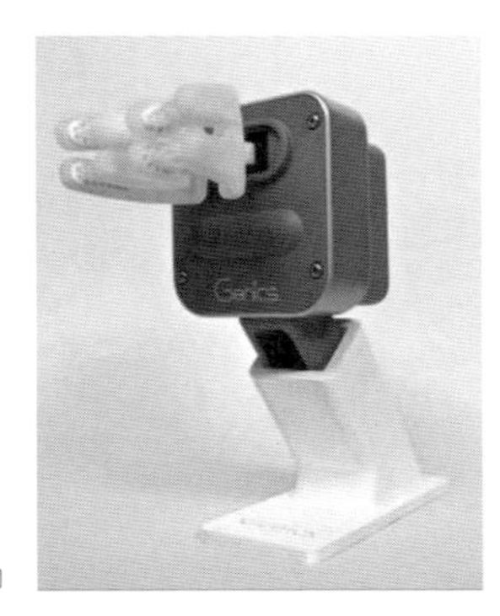

図 15·9
全自動歯ブラシ
〔早稲田大学·(株) Genics：共同開発〕

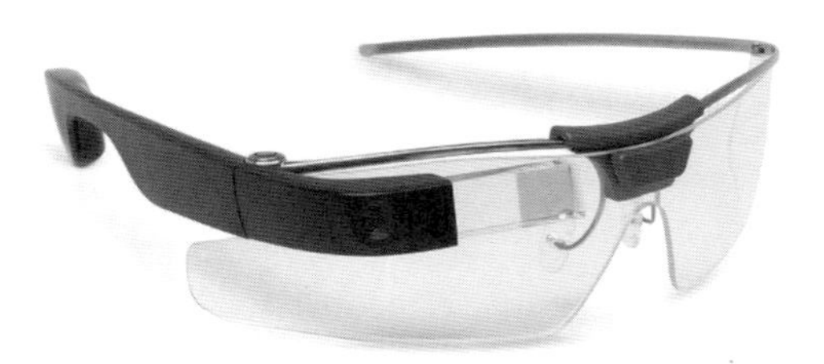
図 15·10　メガネ型コンピュータ (Google Glass)

たとえば「スーパー冷蔵庫」はビール・卵・牛乳といった冷蔵庫内の食材データが業者に送られ，各戸の消費習慣を分析し，倉庫に自動発注し，冷蔵庫内の食材が切れる前に配送，自動補充をする．また，「片付けロボット」は物の上下・形状・性質，柄を認識して分類しながら片付ける．また，口にくわえて30秒で磨ける「全自動歯ブラシ」も登場した（図15·9）．

家事労働の軽減

最近の家電製品にはAIが搭載されている．「ロボット掃除機」はセンサーとカメラで部屋の間取りを認識し，掃除した範囲を報告する．広い場所を掃除する場合，自動で充電器に戻り充電後，自動で掃除を再開する．掃除させたくないエリアを指定したり，アプリを使って外出先から遠隔操作し，掃除状況を確認できる．スケジュール機能により掃除する曜日と時間を指定することもできる．

炊飯器にもAIが搭載されており，保温したごはんも美味しく食べられる炊飯器もある．フタの開閉回数・時間を検知し，釜内部のごはんの量を推測し最適な温度で保温する．保温時に発生しがちなニオイ・黄ばみ・パサつきなどを抑える．さらに，食洗機ではスマートフォンに接続できるポータブル食器洗い機が海外にはあり，スマートフォンがリモコンの変わりとなって食器を洗う水の温度が指定でき，汚れがひどいときは高めに設定できる．

進化を続けるウェアラブルデバイス

スマートフォンやタブレット端末が広く認知された現在，注目の対象はウェアラブルデバイス（wearable device）へと移りつつある．メガネ型の端末（図15·10）では遠方からの指示が表示され，ディスプレイを確認しながらハンズフリーで必要な情報を集めることができる．バンド型では歩数，移動距離，消費カロリー，睡眠時間などを細かく計測しスマートフォンに転送して生活習慣を把握し見直すことができる健康志向のデバイスとしてのデータ収集にも役立つ．

15-2 AIと私たちの暮らし

スマートホーム

企業・メーカーの最高の技術を集結してAIの力でストレスのない生活を送れる「スマートホーム」[1]を紹介する．

たとえば，テレビの電源を入れるとカーテンが自動で閉まり，自動で照明を調節して快適にテレビを見る環境を作り出す．音声アシスタントとカメラ付きのセンサー（図15･11）を壁に設置させることにより，部屋の明るさを自動で調整するもので，起床とともにAIがコーヒーを入れてくれる．

外出をAIに告げると電気が消え，カーテンを閉め，戸締りをする．住居内での居住者の行動・習慣・嗜好を把握した上で，照明・カーテン・エアコン等を自動で制御し，快適な居住体験を実現する．

プライバシーに配慮しつつ「急性疾患対応」「経時変化」「予防」の3つのサービスを住人のストレスなく提供する家（図15･12）も可能になった．普段の行動パターンではないパターンが生じたら，異常と判断して家が緊急通報する．

留守番ロボット

子どもの留守番を見守ってくれるロボットで，インターネットを通じて子どもの安否が確認できる．天気予報や明日の予定，メールの受信などのほかに，音声メッセージを読み上げたり，逆にロボット側から音声メッセージを文字に変換して送信する（図15･13）．

高齢者を癒やす「ロボットセラピー」

コミュニケーション機能のあるロボットで高齢者を癒やす「ロボットセラピー」が広がっている．動物と接する「アニマルセラピー」はストレス軽減などの効果が認められているが，ロボットとの会話なども高齢者を癒やし，同じような効果が見込めるという．動物を取り扱うことが難しい介護施設でも利用でき，衛生面や利用者がけがを

スピーカー，ビジュアルセンサー，マイクロフォン，赤外線温度センサー，赤外線受動センサーが一つになった専用センサー．

図15･11 音声アシスタントとカメラ付きのセンサー BoT-SSC-1
〔BrainofT社：(株) エコライフエンジニアリング〕

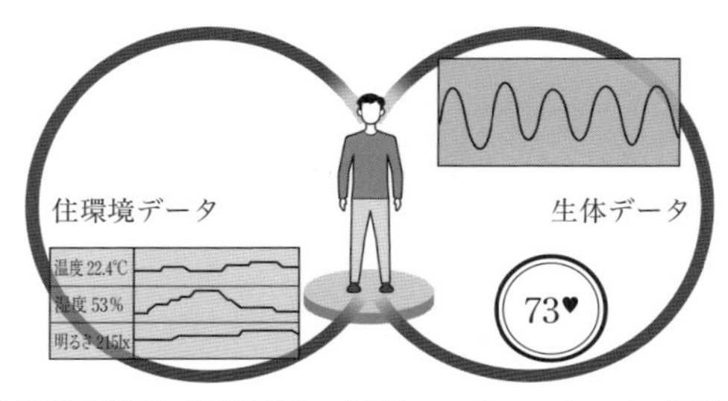

「急性疾患対応」「経時変化」「予防」の3つのサービス提供に，生体データと住環境データを活用．

図15･12 健康を管理する家
〔(株) 積水ハウス「プラットフォームハウス構想」資料より〕

図15･13 留守番ロボット BOCCO
〔ユカイ工学 (株)〕

主な特徴
・目には有機ELを採用して多彩に感情を表現
・100人まで顔を認識
・接し方で性格が変化

図15･14 コミュニケーションロボット aibo
〔ソニー (株)〕

顔認識

頭部の動きの追跡

視線追尾

読唇機能

図 15・15　AI Co-Pilot
（NVIDIA ホームページより）

図 15・16　Smart Vision EQ fortwo（ダイムラー社）

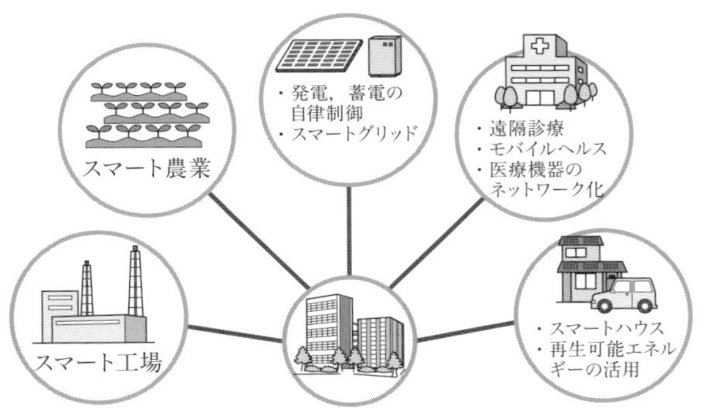

図 15・17　スマートシティ構想[3]

環境共生都市
豊かな自然環境を地域資源として活かし，環境やエネルギー問題に応え，災害時にはライフラインも確保して，人間と環境が共存していける未来型の環境共生都市を目指す

新産業創造都市
大学や研究機関，インキュベーション施設が集まることで，あらゆる視点から新産業を創出し，企業や起業家を支援していく取り組みを行う

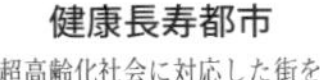

健康長寿都市
超高齢化社会に対応した街を目指して，高齢社会都市の提案，健康事業，予防医学，実証実験のモデルタウンなどの活動を通じて，健康長寿都市の実現を目指す

図 15・18　柏の葉のスマートシティとは[3]

するリスクが低いため，導入するケースが増えている（図 15・14）．

AI がサポートする車[2]

「AI Co-Pilot」は鍵の代わりに顔認識によりエンジンをスタートし，車内のカメラを通じてドライバーの視線を追尾する．横切ろうとする横断者に注意を向けていなければ，自動ブレーキをかけたり，音声で警告する．自動運転技術を応用し，常に自動車の周囲の状況の認識と予測を行い，安全なドライブをサポートする．ドライバーと AI は音声によるやり取りをし，走行中のノイズの多い状況下では，ドライバーの唇の動きを捉え，会話を読み取る「読唇機能」が組み込まれている（図 15・15）．

また，VR（Virtual Reality）技術により，仮想空間上で自動車を設計し，自動車のボディの見切りの良さや計器の見易さを実際にシミュレーションにより確認して設計を支援している．

次世代電気自動車[2]

「Smart Vision EQ fortwo」は AI による自律運転をする．自律運転とは，自動運転（人間が運転操作をしない）だけではなく，客の目的地・経路・運転時間・交通状況等から，車が自ら考えて最適な方法を実行するものである．この自動車は人が車を探すのではなく，リクエストに応じて車が乗客の元に駆けつけ，自ら空いている給油設備を探して充電することで効率を上げ，コストを抑える．蓄電池により蓄えられた電気は，電気を輸送する装置としての役目も担う（図 15・16）．

スマートシティ

IoT のビッグデータを活用し，効率的にインフラを管理し，環境に配慮しつつも経済発展を目指す「スマートシティ」構想が世界的なプロジェクトとして各地でスタートした．千葉県柏市，柏の葉地区の「柏の葉スマートシティ」では企業だけではなく，市民も一緒になり「環境共生都市」「新産業創造都市」「健康長寿都市」を目指す（図 15・17，図 15・18）．

15-3 安全な暮らしを支える AI 技術

RFID 技術とその応用

RFID（radio frequency identification）とは，電波の送受信により，非接触で IC チップの中のデータを読み書きする技術である．ミューチップ（図 **15·19**）を埋め込んだミューチップ入場券で，偽造券が防止され，改札機能等各種会場サービスに利用が可能となり，スピーディーな入場受付やリアルタイムでの統計作業を可能にしている．

RFID の利用が期待されているさまざまな応用分野があるが，さらに医療の現場での応用が望まれる（図 **15·20**）．

医療機器管理・空床管理・患者所在管理，加えて患者のバイタル情報管理，医療・服薬支援，医療従事者を識別できる認証装置（IC カード・IC タグ・生態認証等）を用いての医薬品アクセス管理，医薬品管理 ― 調剤支援〔処方箋（医師）・薬剤・薬剤師・患者を関連付けて，問題発生時に特定の医薬品の処方から調剤内容，患者までのトレーサビリティ（追跡管理）の実現〕，医薬品管理 ― 生物由来製品トレーサビリティ，高額医療材料管理（IC タグをそれぞれの高額医療材料に貼付し，滅菌期限・使用期限等を登録し，棚管理機能を併用することで利用状況や在庫量の把握）ができる．

また，検体管理では検体の入った試験管やトレイを識別する IC タグを付与し，検体との関連付けを行うことで検体の取り違えが防止でき，検査の進捗状況をリアルタイムに把握することができる．また，手術支援として，ガーゼ・メス・鉗子等に IC タグを貼付し，手術の際の医療材料の患者体内への置忘れの防止や医療材料の員数確認を瞬時に行なえるため，患者に対する身体負担の軽減が可能となる．

空気清浄機と健康トイレ

空気清浄機では本体各種センサーの情報やスマートフォンの位置情報サービスをもとに，クラ

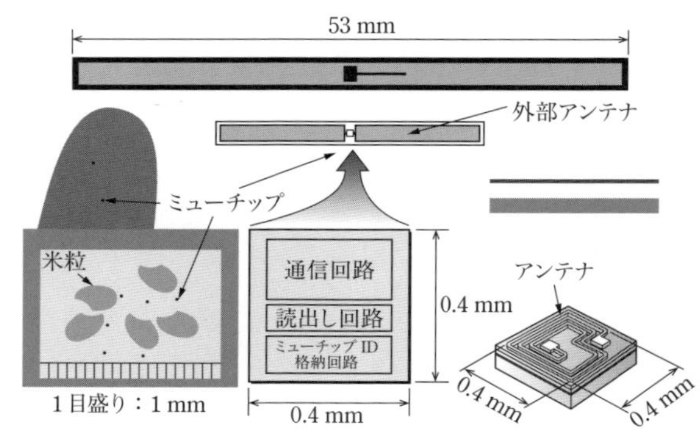

図 15·19　RFID のタグの例（ミューチップ）
〔（株）日立製作所「RFID 技術とその応用」資料より〕

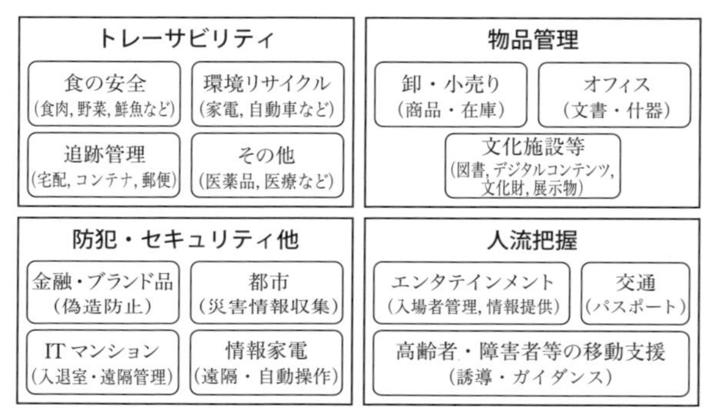

（a）　さまざまな分野での RFID の利用例

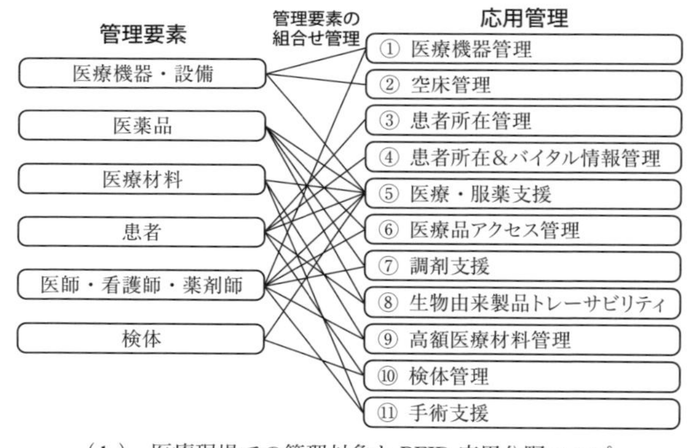

（b）　医療現場での管理対象と RFID 応用分野マップ

図 15·20　RFID の利用が期待されている応用分野
（出典：図 15·19 と同じ）

図 15·21
健康トイレ
〔TOTO（株）〕

表 15・1　電子カルテシステムの普及状況の推移

	一般病院	病床規模別			一般診療所
		400床以上	200～399床以上	200床未満	
2008年	14.2%	38.8%	22.7%	8.9%	14.7%
2011年	21.9%	57.3%	33.4%	14.4%	21.2%
2014年	34.2%	77.5%	50.9%	24.4%	35.0%
2017年	46.7%	85.4%	64.9%	37.0%	41.6%

厚生労働省：医療施設調査より

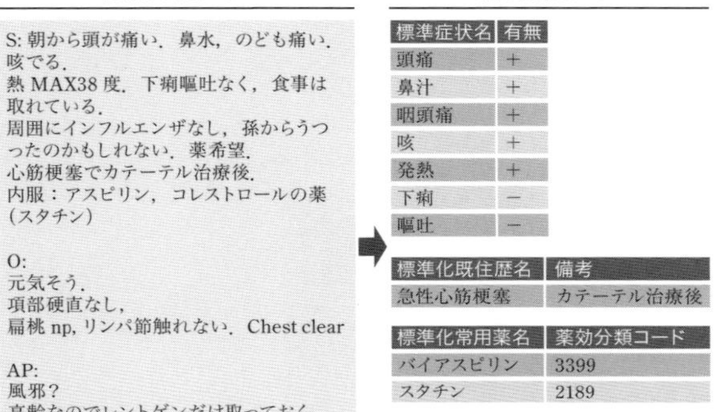

分類精度は現在 80％を超えているが，AI 学習によりさらに精度を向上させていく．

図 15・22　自然言語によるカルテ情報から構造カルテを生成する例
〔きりんカルテシステム（株）「きりんカルテ DX」資料より〕

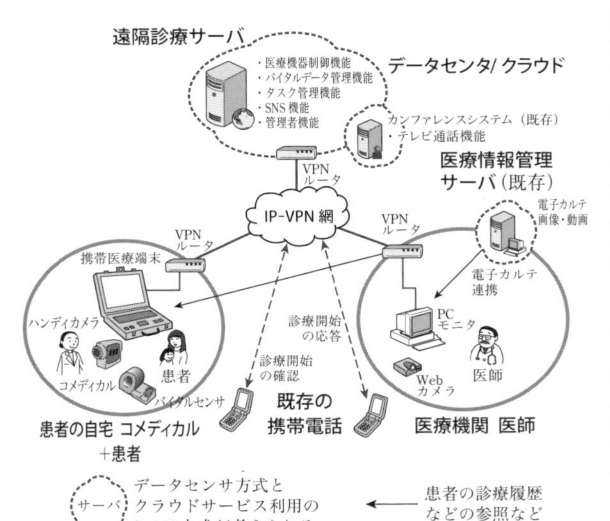

基本参照モデルとの相違点
① **バイタルセンサーのオンライン化**
　計測したバイタルデータを自動的に登録する機能
② **遠隔医療サーバの機能拡充**（タスク管理，SNS 機能）
　診察のスケジュール調整や地域のコミュニティでの情報交換
③ **電子カルテの遠隔地からのアクセス**
　患者の病歴情報の参照や，診断結果の登録をする電子カルテ連携

図 15・23　遠隔診断システム（高機能モデル）のネットワーク構成
（総務省情報流通行政局「遠隔医療モデル参考書」2011 年）

ウドの AI が毎日の生活パターンを学習し，各家庭のシーンに合わせた運転に自動で切り替える．

「健康トイレ」では便や尿を分析して病気のリスクを予測し，スマートフォンで利用者に伝えるものや，排便臭のデータをトイレ内で日々取得し，腸の健康状態をモニタリング（図 **15・21**）することで，病気の早期発見や健康維持につなげている．

AI で電子カルテ情報を構造化

完全無料クラウド型電子カルテ「カルテ ZERO」は，クラウド上で動作する医療言語処理エンジン「きりんカルテ DX」を TXP Medical と日本マイクロソフトの協力を得て開発した．カルテに入力した自然言語から医療用語など構造化されたカルテ情報を生成し，データを共有・活用しやすくする．言語処理にかかる AI 技術を活用することにより，医療情報の分類精度を向上させたという．

今後，地域医療連携における患者情報共有への応用を視野に入れる．「きりんカルテ DX」によって抽出・構造化したカルテ情報（構造化カルテ）を用いた情報連携ができるネットワークづくりを支援していく（表 **15・1**，図 **15・22**）．

「5G」を遠隔医療に活用

「5G」（通信速度が格段に速くなる次世代の通信方式）の実用化に向けた実証実験がさまざまな分野で行われている．

このうち和歌山県立医大と NTT ドコモは，約 40 km 離れた日高川町の診療所を 5G のネットワークで結び，遠隔医療を活用する取り組みを始めた．患者の自宅を訪れた診療所の医師が高精細カメラで撮影した映像やエコー画像などを送り，大学にいる専門医師のサポートを受け，診察できるかどうかを確認した．

「5G」は高速で大容量データをやりとりでき，タイムラグが少ない特徴を持ち，高精細な映像・音声がスムーズにやりとりできるため，遠隔医療が大きく進むと期待されている（図 **15・23**）．

15-4 AIによる防犯・防災システム

カードキー・電子錠

カードキーはドアハンドルに近づけるだけで鍵を開け閉めでき，専用カードのほかに，IC チップ内蔵のシールも鍵として使える．普段使っているサイフケータイ対応機種のスマートフォンを鍵として活用することも可能である（図 **15·24**）．

リモコンキーはリモコンのボタンを押すほか，リモコンをバッグなどに入れておけば，扉のボタンを押したり扉に近づくだけで施解錠できるものもある．その他，インターホンや遠隔操作，カードや指紋開錠などが可能である．スマートフォンで鍵を操作できるので限定した時間内で鍵をシェアできたり，エレベータの利用にも制限を設けて住みやすいまちづくりに貢献する．

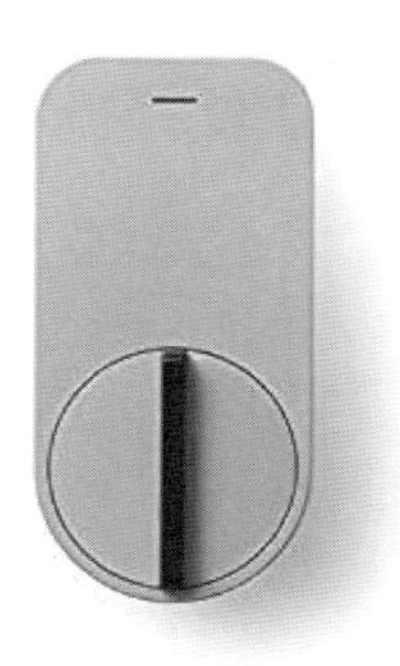

（a） スマホアプリで開閉「Qrio Smart Lock」〔Qrio（株）〕

IC チップ内臓のシールを貼りつけるだけで，携帯電話やクルマのキーなど，出かけるときにいつも身に着けているものがカギに変身する．

（b） 「ピタットKey」〔YKK AP（株）〕

図 15·24 カードキー・電子錠

生体認証で“本人”確認

生体認証には指紋や瞳を使う手法もあるが，顔認証は専用の読み取り装置を必要とせず，エラーが起きた際も警備担当者が目視で確認できる利点がある．はがきなどの郵便番号を自動で読み取るための画像認識装置の開発から派生した NEC の研究は 40 年以上の歴史がある．顔の向きや周囲の明るさが変わっても精度を保てるよう，AI による改良を進めている．人混みの中から指名手配犯などを割り出す運用も可能で，2020 年の東京五輪・パラリンピックの会場セキュリティに，大会史上初めて顔認証システムが導入される．

中国では 2017 年，2 億枚の写真から顔の経年変化を学んだAIにより，27年前に誘拐された男性を見つけ出して生き別れとなった親子が再開した．

AIによる防犯

防犯カメラは実際に，犯罪の発生件数を減らすことに効果的だ．さらに AI が防犯カメラの映像を分析して，犯罪を予防することができるようになってきた．最近では映像の解像度が向上し，IoT 化により防犯カメラがネットワークにつながり，複数の防犯カメラを遠隔地から集中管理がで

図 15·25 万引き防止 AI「VAAKEYE」（バークアイ）**の解析イメージ**〔（株）VAAK〕

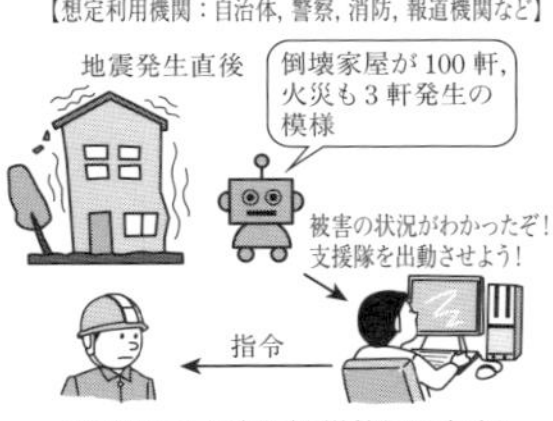
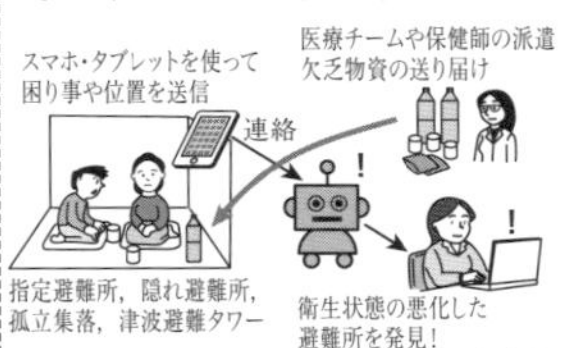
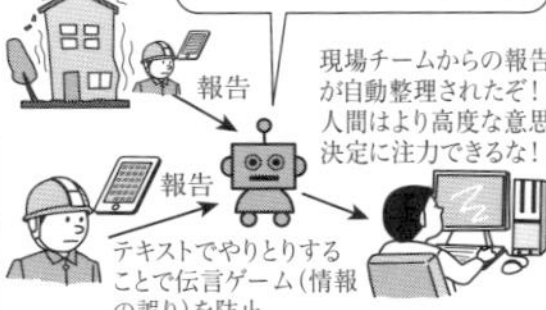

図15・26　電脳防災がめざす世界のイメージ
（電脳防災コンソーシアム：政策提言書より）

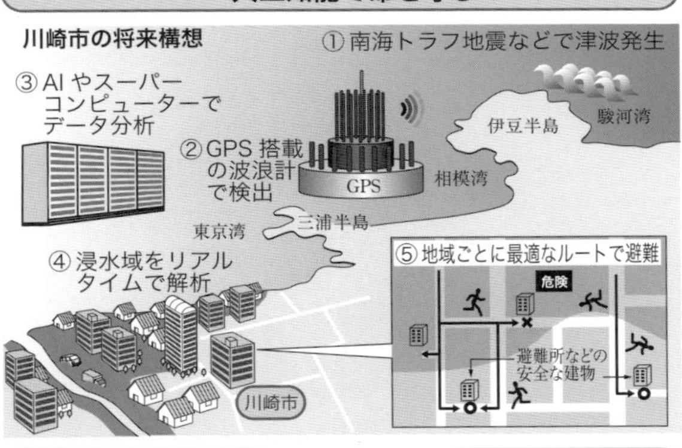

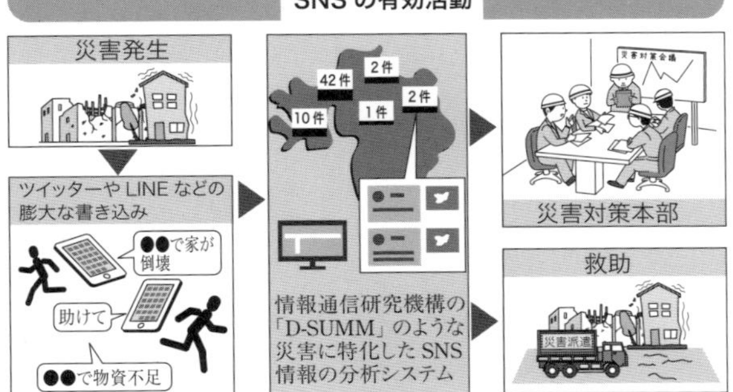

図15・27　津波被害を軽減するAIプロジェクト
（産経新聞「進化するAI防災 膨大なデータ 避難や救助に生かせ」2018.7.15より）

きるようになった．不審者の行動を学習したAIが来店者の不審な行動を自律的に検知して，万引き対策に役立っている．AIが搭載された防犯カメラで事件に繋がりそうな不審な行動を検知し，予防措置を取ることができるようになった（図15・25）．

AI等で究める防災・減災

迅速かつ円滑な災害応急対策や被災者支援には，正確な情報分析・共有が不可欠である．スマートフォンが生活の中心となった現代社会において，防災・減災を究めるにはインターネット・メディア・AIの積極的な活用が不可欠となる．慶應義塾大学はYAHOOとLINEの協力を得て「電脳防災コンソーシアム」を設立した（図15・26）．

また，クラウドカメラはリアルタイムでAIによって解析され，過去の災害データと比較して傾向を分析している．ディープラーニングを用いた洪水流出予測や，災害時，被災者のLINEからの状況発信に対して支援情報を提供するといった，相互につながる災害情報システムも確立されつつある．

TwitterやFacebookなどSNSに投稿された災害に関する映像や画像をAIが分析・解析して配信するシステム，ディープラーニングによる余震の予測，地域に特化した津波被害を軽減するAIプロジェクト（川崎市臨海部）の共同研究によって津波浸水や人の避難行動をモデルとした避難シミュレーションにAI技術が活用されている（図15・27）．

AIと人間の共生

かつて計算はそろばんで行われてきた．機械式計算機から始まったコンピュータは今ではAIに進化し，これからも進化し続けていく．その分，人間が退化したという訳ではない．仕事の一部を機械に委ね，利用することで新しい可能性が生まれる．機械とは違い感じることのできる人間が人として何ができるかが問われる時代になった．

Chapter 16 地球に優しいエコ住宅

16-1 エコ住宅とは何か

エコ住宅の3要素

地球環境と共生するエコ住宅には，三つの要素が求められる（環境共生住宅推進会議の定義による．図16･1）．

第一は“地球環境の保全（ローインパクト）”であり，省エネルギー，自然エネルギーや未利用エネルギーの利用，省資源，建物の長寿命化，水資源の利用・循環などを指している．

第二は“周辺環境との親和性（ハイ コンタクト）”であり，周辺生態環境の保全と創造，自然環境に親しむ景観形成，地域社会の形成と親和などを意味している．

第三は“居住環境の健康・快適性（ヘルス＆アメニティー）”であり，住宅の内部と外部の居住環境の健康性，快適性，安全性などを含んでいる．

地球環境を保全し，環境負荷が低い住宅とは，建設に必要な資材・エネルギー，居住してからの消費エネルギー，建物の使用可能年限，寿命を終えたときの解体や廃棄処分，それらにかかわるエネルギーなどのすべて（ライフサイクル エネルギー）において，環境への影響が小さい住宅を意味している．また，このような環境負荷の低減に加えて，地域の気候風土に適い，地域の自然環境と調和し，そこに住む人や地域の人びと，さらには建物や植栽などのすべてが健康で快適に暮らすことができることも欠かせない要素である．

省資源

環境負荷の低減にあたっては，材料を最大限有効に利用することが重要である．必要とされる床面積や容積，居住性を確保する場合に，間取り上，不要な凹凸を作らない，廊下やホールなどの通路部分はできるだけ設けず，設ける場合は他の要素と兼ねられるようにする，間仕切りは必要最小限にするといった設計上の工夫をすれば，少ない資材で必要を満たすことは可能である．また，

地球環境の保全
（ロー インパクト）

・省エネルギー
・自然エネルギー，未利用エネルギーの利用
・省資源，建物の長寿命化
・水資源の利用，循環

周辺環境との親和性
（ハイ コンタクト）

・周辺生態環境の保全，創造
・自然環境に親しむ景観形成
・地域社会の形成および親和

居住環境の
健康・快適性
（ヘルス＆アメニティー）

・住宅内部と外部の居住環境の
健康性，快適性，安全性

図16･1 エコ住宅の3要素

（a） 外観

図16･3 スケルトン インフィル

（a）外観

（b）内部

図 16･2　吉野 100 年杉で建てたソーラーハウス

（b）内部

方式の集合住宅（NEXT 21）

間口や奥行き，階高などの寸法を，資材の規格寸法に合わせることによって，端材を廃棄物にしない工夫も必要である．

炭酸ガスを吸収して成長する木材は，理想的エコ マテリアルである．計画的に植林をすすめ，建設資材として活用すること自体がリサイクルにつながるのである．木材の部位により，構造材，内装材，建具などへと使い分け使い切ることや，間伐材の積極的利用が求められる．

省エネルギー

まずは，建設過程で使用するエネルギーを減らすことである．たとえば木材でいえば，近隣の材を使用して輸送エネルギーを減らすことや，昔ながらの手刻み加工，現場での湿式工法など，手作業による家づくりを見直したいものである（図 16･2）．地域材の利用は，地域の環境との親和性にもつながる．

住まいに居住する中でのエネルギー消費も案外大きい．生活上の消費エネルギーの 3 割が暖冷房，4 割が給湯によるものであるという．後に述べるように，断熱気密化やソーラーシステムなどを活用して，暖冷房や給湯に要するエネルギーを無理なく減らすことができる建築的な工夫が求められている．

長寿命

建物の寿命を延ばすことも重要である．近年の住宅寿命の試算によれば，イギリス 75 年，アメリカ 45 年程度であるのに対して，日本では 25 年程度で建て替えられているという．木材は伐採後 400 年程度でもっとも強度を増すという研究結果があるが，20 年程度で取り壊し，ごみにするのはあまりにも短命すぎる．

住宅の長寿命化のためには，中古市場の活性化，長期使用に耐える構造，生活の変化に対応可能な融通性ある間取りなどが求められる．**センチュリー ハウジング**†，スケルトン インフィル（0-3 節，11-3 節参照）など諸方式の一層の開発と普及が望まれる（図 16･3）．

16-2　エコロジカルな日本の伝統住宅

四季の変化と日本の住まい

日本の伝統的な住宅とそこでの暮らし方は，究極のエコ住宅，エコライフであったということができる．

四季のある日本では，家のつくりかたも四季の変化に対応したものであった．夏の日差しをさえぎり，雨風から外壁を守る深い軒，夏には日差しの緩衝空間となり，冬には陽だまりとなる縁側があった．引き戸による開閉自在な間取りは，夏には風を通し，冬にはさえぎることができる．建具の気密性は低かったが土壁自体の断熱性能は高かった．

湿気への対処

湿気は木造住宅の大敵である．日本の伝統住宅では，湿気を滞らせない工夫が随所に見られる．土間上部には吹抜けを設け，煙抜きを兼ねた天窓を取り，垂直方向の通風を促した．

町家では，中庭と奥庭を配置し，庭と居室の温度差により気流を生み出した．床下を高く取り，通風を確保して，建物にとってもっとも大切な基礎と土台を守った．湿気を防ぐ工夫が凝らされた建物は，つねに修理・修繕されながら寿命を全うするまで使われた（図 16･4）．

自然との一体化

日本の伝統的な住宅は，構造材・外装材・内装材・建具などすべてが近隣の自然素材で作られていた．木材で骨組をつくり，藁（わら）・萱（かや）・こけら板・檜皮（ひわだ）などで屋根を葺き，竹小舞いを編み土壁を塗り，板張りや畳敷きの床を張り，板戸・襖・障子・簾（す）戸などの建具を入れた．自然素材は吸放湿性に富み，湿度の調節機能を果たしてくれた（図 16･5）．

これら自然素材によりつくられた家と，家を取り囲む庭と，そこに住まう人間とが，まるで一体であるかのような有機的つくりになっていた（図 16･6）．

図 16･4　町家の吹き抜け（通り庭上部）

図 16･5　農家の外観（大和棟）

図 16･6　縁側と庭とのつながり

図 16·7　開閉自在な間取り

図 16·8　紀ノ川流域農家の土天井

図 16·9　建替え町家の廊下と階段

間取りの開放性・融通性

襖・障子による開閉自在な間取りの仕組みは，食事や就寝といった日常利用はもとより，冠婚葬祭，年中行事などの非日常の利用にも，おのおのにふさわしい“しつらい（室礼）”をして使うことができた．

日本の住まいは寝殿つくりを端緒（たんしょ）として，床面に布団を敷いて就寝に，ござや座布団を敷いて座面に，机を置いて飲食や作業などにと，いかようにも使い分けることができる“ユカ座”式を継承してきた．ユカ座式の住まいでは，床面が寝床面や座面となるため家具をほとんど必要としない．このこと自体が省資源である．また，家具がなく家具によって通風が妨げられることがないため，夏場の風通しを促し湿気の滞りをふせぎ，快適性・健康性にもつながっている（図 **16·7**）．

これまで述べて来たようなさまざまな先人の知恵を，今日の住まいづくりにも生かしていきたいものである．

伝統的手法を生かした寒暑の調節手法

一つの例として，紀ノ川流域の家づくりを紹介したい．この地域の伝統的農家では，力天井（根太天井）の上部に土を置き，土の断熱性能により寒暑の影響を少なくする方式が用いられてきた．この伝統的手法は今日の住まいにおいても継承され，小屋裏に床を張り，土を 10 cm 程度盛る土天井が設けられている．土天井は建築的な寒暑の調節手法として効果を上げている（図 **16·8**）．

町家の例として，金沢の町家の建替え事例を挙げておきたい．冬季の暖かさ確保のために断熱気密性能は上げつつ，できるだけ開閉自在な間取りを継承し，かつての土間部分に廊下と階段を設け吹抜けとするなど夏場の通風を確保するつくりとなっている（図 **16·9**）．町家建てでは奥行きの深い敷地に縦長に居室を配する場合が多いが，居室と居室の間に中庭を設けるなど，採光と通風への配慮がみられる．

16-3 現代エコ住宅のさまざまな仕組み

高断熱高気密化

夏であれ冬であれ，少ないエネルギーで快適に過ごすために必要とされる要件の一つは住まいの断熱気密化である〔図 16･10（a）〕．断熱性能を上げるためには，床面・壁面・屋根面など住まい全体を断熱材で覆うことが大切である．断熱方法には，壁体内に断熱材を充てんする内断熱と，壁体の外側に断熱材を装着する外断熱があるが，それぞれにふさわしい断熱材を選ぶ必要がある（7-1 節参照）．

窓や玄関などの開口部は気密性や断熱性の点で損失の大きい部分である．玄関には断熱性能の高い扉を用い，玄関土間やホールと居室との間はドアなどの間仕切りで区分したいものである．窓には複層ガラスの断熱気密サッシを用いると効果的である．

断熱気密化された屋内の気温は，上下温度差が少なくなり快適性が増す．均一な室温を確保するには，間仕切りの少ない開放的構成，天井面や吹抜け上部の天井扇による室内空気の攪拌（かくはん）などが効果的である〔図 16･10（b）〕．

換気システムと空気質

断熱気密化は，一方で住宅内部の空気質の悪化を招くおそれがある．シックハウス症候群を生じさせないためにも生活上および建築上の対策が必要である．

冬季の暖房では，開放型ファンヒーターの使用は避けるべきである．また，有害な化学物質を含む建材や家具を使わないことは当然であるが，気密性が高ければ化学物質の放散が微量であっても影響を受けかねない．空気質の悪化を防ぐためには，自然換気を心掛けるとともに，適切な機械換気も不可欠である．

換気にともない，冬季では暖めた空気，夏季には冷やされた空気を屋外へ逃がしてしまっては省エネルギー効果が低下する．これを避けるために

（a） 外観

（b） 吹き抜け上部の天井扇

（c） 躯体内部の空調ダクト

図 16･10 米国の高断熱高気密住宅

図 16·11　建物の屋上緑化

図 16·12　コモンスペースの緑化

図 16·13　まちなみの緑化

は，熱を逃さずに新鮮な空気を取り入れることができる熱交換型換気扇の利用が効果的である．また，換気と冷暖房を組み合わせた空気調和システムの導入も効果が高く，断熱気密性能が高ければ24時間空調によって省エネルギーで快適な居住環境が確保できる〔図 16·10（c）〕．

屋根・外壁面の日射コントロール

屋根や外壁面は太陽熱の影響を大きく受けるため，夏冬ともに日射をうまくコントロールすることが必要である．夏期には南面はもとより，東面や西面の対策も重要であり，とくに西面の日射量は南面よりも大きいことに注意したい．

すだれやよしずを用いる一般的な日射コントロールの方法のほかに，植物による緑化も効果が高い．落葉樹を植える，ベランダや窓辺・壁面につる性の植物をはわせる，屋根に植物を植えるなどである．落葉樹は夏には日差しを遮り，冬には葉を落とし日差しを屋内に導く．植物は日射を遮へいするだけではなく，水分の蒸発によって気化熱が奪われ気温の低下をもたらしてくれる．屋根緑化面の土壌には，夏冬ともに断熱効果が期待できる（図 16·11）．

周辺環境の緑化

住宅単体だけでなく，ベランダや庭，道路，広場などの周辺環境全体の緑化を進めることは，周辺環境との親和性を深め，ひいては個々の住まいの快適性と健康性を高めることにつながる．

例えば集合住宅の場合，コモンスペースを緑化すれば，住み手のコミュニティー形成にも寄与する（図 16·12）．戸建て住宅地では，住まいのベランダに鉢植えなどの植物を置き，庭にはできるだけ土壌を残し，外構にはブロック塀よりも生垣を用いるなどすれば，周辺環境の緑化を進めることができる（図 16·13）．

庭や道路，広場には透水性舗装を用いて，できるだけ雨水を地中に浸透させたいものである．透水性舗装は，夏期には路面温度を下げる効果もあり，ヒートアイランド現象の緩和にもつながる．

16-4 太陽エネルギーのさまざまな利用法

太陽エネルギーのパッシブな利用

太陽エネルギーのパッシブ利用とは，機械に頼らず自然な手法や建築的な方法で太陽エネルギーを利用することを指す．おもなものに，ダイレクト ゲイン，付設温室システム，トロンブ ウォールなどがある（図 **16・14**）．

ダイレクト ゲインとは，開口部から昼間の太陽光を取り入れ，床面や壁面などに蓄熱しておき，日没後にその熱を放出させて屋内を暖かく保つ方法である．床や壁に蓄熱性の高い材料を用いると一層効果が増す．

付設温室システムとは，南面に屋根や壁をガラスにしたサンルームを設けて空気を暖め，これを屋内に取り込む方法である．夏期には，ガラス面を開放して屋外として切り離せるようにしておく必要がある．

トロンブ ウォールとは，蓄熱壁の外側にガラス面を設けて両者間の空気層を暖め，暖まった空気を屋内側で使うとともに蓄熱層から放出される熱も用いる方法である．

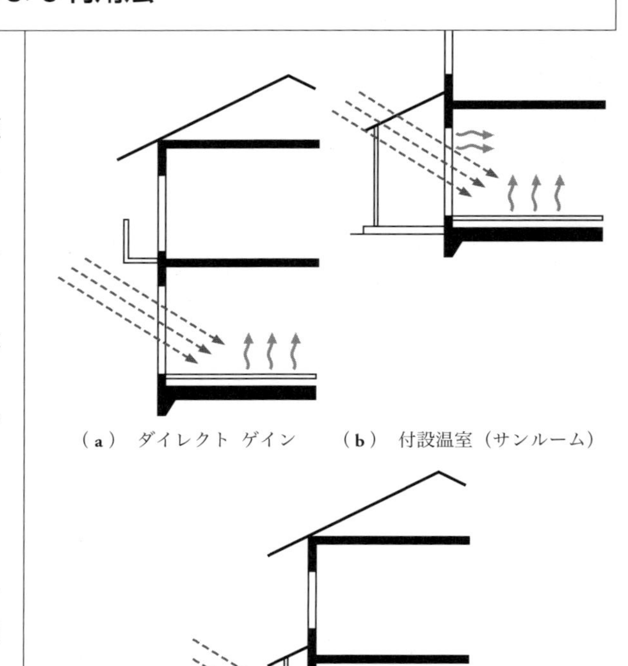
（a） ダイレクト ゲイン　（b） 付設温室（サンルーム）

（c） トロンブ ウォール

図 16・14 パッシブ ソーラーの手法

パッシブ ソーラーの手法 ①

四季のある日本では，夏と冬とで気候が違うため，蒸し暑い夏に涼しく，寒い冬に暖かくの両方をエコロジカルに実現することは容易ではない．他国の優れた家づくりに学びつつ，日本独自の手法が求められるゆえんである．

日本的なパッシブ ソーラー手法の一つにエアサイクル方式がある（図 **16・15**）．躯体の外側を断熱し，断熱材と外壁仕上げの間の外側通気層が，夏は熱い空気，冬は冷たい空気を遮断する．断熱材と内壁仕上げの間には空気が循環できる空洞が生まれる．基礎部分も断熱し，開閉可能な換気口を設ける．

夏に床下換気口を開けると，床下の冷たい空気が内側通気層を上昇し，屋内を冷気で包み涼を得ることができる〔（a）夏モード〕．冬には床下換

（a） 夏モード

図 16・15 エアサイク

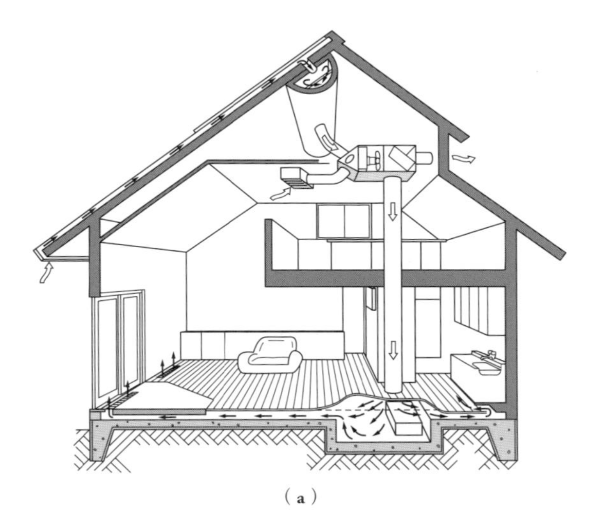

（a）

（b）内部のダクト

図 16・16　OM ソーラー方式

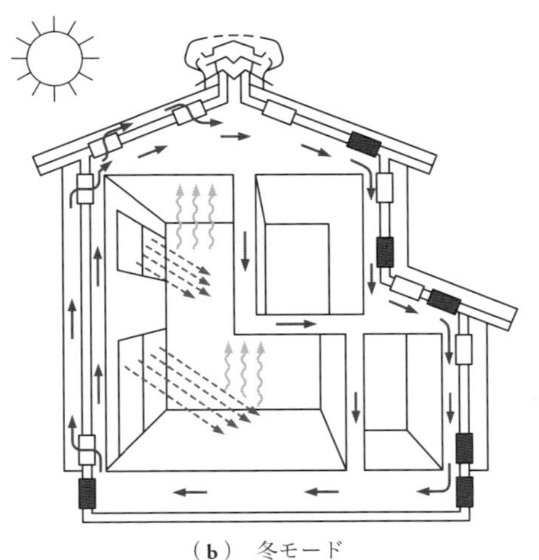

（b）冬モード

ル方式（PAC 住宅）

気口を閉め気密化することによって，太陽熱で暖められた空気が屋内に循環し暖を得る仕組みである〔（b）冬モード〕．

パッシブ ソーラーの手法 ②

今日もっとも普及しているパッシブ ソーラーとして OM ソーラー方式をあげておきたい〔図 16・16（a）〕．この方式は，屋根に集熱パネルを置き，太陽熱で暖められた空気を上昇させて小屋裏のボックスに集め，集められた空気を小型ファンとダクトを用いて床下に送る〔図 16・16（b）〕．この暖気が，床下の蓄熱用コンクリートを暖め，コンクリートからの放熱によって屋内を暖かくする．夏期には，屋根で熱せられた空気を小屋裏から排出することによって涼を得る仕組みとなっている．

このシステムは当初から小型ファンを用いているなど，アクティブな側面も持ち合わせている．最近では，太陽光発電と暖気の集熱とを同時に行う方法や，暖気を床下に送る動力として太陽電池を利用する方法，夏期に，屋根面の放射冷却を利用して床下に蓄冷する方法など，パッシブ方式とアクティブ方式とを組み合わせて使用する，太陽エネルギーのハイブリッドな利用法も行われている．

太陽エネルギーのアクティブな利用

太陽エネルギーのアクティブ利用とは，機械設備システムにより太陽エネルギーを電気，温水，暖気などに変換して用いることを指している．太陽光発電は，太陽電池を屋根面などに設置し太陽エネルギーにより発電する方式で，急速に普及しつつある．太陽熱利用給湯システムは，屋根面などに設置した集熱パネルで水を温め貯湯層に蓄えるものである．

パッシブ方式であれアクティブ方式であれ，太陽エネルギーの利用は，日照時間など，気象条件の影響を受ける．そのために補助的な暖冷房システムも必要であるが，消費エネルギーの低減に寄与する．

付表1　持続可能な建設・設備の技術

	分類	キーワード
建物の設計・施工	**エネルギーの有効利用**	**エネルギー消費・予測・診断**
	新エネルギー利用	太陽光発電・太陽熱利用・コージェネレーションなど
	自然エネルギー利用	自然通風・自然採光
	建築計画	建物の配置・形状・平面・外皮，アトリウム，PAL
	空調設備計画	熱源・空調・搬送・制御・換気・CEC
	電気設備計画	受変電・幹線・照明
	衛生設備計画	給湯
	その他	昇降機，自動販売機，OA 機器
	省資源	**建築における資源消費と廃棄物の発生**
	建築計画	長寿命化，エコマテリアル，適正使用・処理
	建築生産技術	モジュール・プレファブ化，仮設材使用抑制，再資源化
	節水化技術	排水再利用・雨水利用，節水
	エコマテリアル	自然材料，熱帯材型枠の削減，再生・リサイクル資源
	長寿命化技術	**既存建物の寿命調査，長寿命・短寿命の事例**
	耐久性（物理的寿命）	建築・設備部材の耐久性，メンテナンス，維持保全計画
	耐用性（機能的寿命	機能低下・社会変化に伴う用途・仕様の変化
	改修・補修・保守	ゆとり・フレキシビリティーの必要性 道連れ工事防止
	長寿命化計画技術	劣化に対する計画，スケルトン インフィル，LC 評価
	廃棄物削減	**建設副産物の構成，建設リサイクル推進計画**
	建設副産物の再資源化	廃棄物の再資源化・リサイクル技術
	建設副産物の適正処理	アスベスト，PCB，防腐木材，蛍光管，プラスチック複合材
	建設副産物の発生抑制	規格化・長尺化・プレカット・梱包レス，分別・収集システム
	運用時の廃棄物削減	古紙回収，生ゴミ処理，コンポスト，減容化，ゴミ搬送
	フロン・ハロン対策	**ODS，GWP**
	空調冷媒	HCFC，HFC，自然冷媒
	消火剤	ハロンバンク，ハロン代替消火剤
	発泡断熱材	従来製品の仕様，回収・破壊方法，代替製品
	その他の環境共生技術	
	地域生態系の保全	自然地形利用，緑のネットワーク，ミニビオトープ，雨水浸透
	屋上・壁面緑化	かん水設備，省エネルギー効果，ヒートアイランドの緩和
	水質汚濁防止	生活系・実験系・医療系・工場系の排水処理
	大気汚染防止	脱硫，脱硝，実験系・医療系・工場系の排ガス処理
	土壌汚染防止	土壌汚染問題と法規制，処理技術，汚染防止技術
	室内化学物質空気汚染防止	室内化学物質による空気汚染防止対策，換気
建物の運用・管理	**環境・性能の維持・管理**	**運用時の環境負荷の割合**
	ビル管理衛生法	室内の環境性能の許容範囲
	省エネルギー法と施設運用	エネルギー管理指定工場，機器の性能
	ファシリティマネジメント	FM の業務範囲，維持保全業務，機器劣化診断
	コミッショニング	竣工時点での性能検証，現状，将来展望
	ESCO	定義，普及状況，事業展開，契約上の注意事項
	グリーン購入	定義，対象，判断基準，取組み状況，導入のメリット
	環境会計	定義，動向，算入の範囲，取組み状況，導入のメリット
	DSM	デマンド サイド マネジメントの効果・経緯・今後の展望
	運用における環境負荷削減手法	
	BEMS/FDD	バックネット，ロンワークス，FDD（故障検知診断）
	群管理システム	群管理の必要性，通信技術
	温湿度制御	温湿度設定と省エネルギー，温感，省エネルギー的室内環境制御
	昼光利用と日射遮へい	必要照度，自然光利用，ブラインドの影響
	在人検知	在人検知方法，空調・照明制御への適用
	節水制御	感知式 FV の効果，既存回収，節水コマ，減圧弁，シャワー

日本建築学会地球環境委員会サステナブル・ビルディング小委員会提言，1999年3月より

付表2　設計の時点でみた材料・部品のディメンション

部位＼寸法		幅・奥行・厚さとも決まっているもの	幅・奥行・厚さのうち2つが決まっているもの	幅・奥行・厚さのうち1つだけ決まっているもの	幅・奥行・厚さとも決まっていないもの
外部	屋根	瓦，スレート，アスファルトシングル，金属板（一文字）	金属板(長尺)	膜屋根，草屋根，防水層，モルタル	樹脂塗膜防水
	外壁	PCa板，ALC 板サイディング，タイル	ALC 板サイディング	モルタル，しっくい	塗膜層
	外部開口部	サッシ，カーテンウォール，シャッター，ルーバー	下見板など板張り	下見板など板張り	
	外部床	タイル，テラゾーブロック，グレーチング	外部用木製板	モルタル，塗り床，人造石研出し	
内部	天井	ボード類（合板，石こうボード）	ボード類（合板，石こうボード）	ボード類(合板，石こうボード) ビニル張り天井	塗膜層
	内部壁	同上 壁紙（京唐紙）	同上 壁紙	ボード類(合板，石こうボード)，壁紙，塗り壁(モルタル，しっくい，プラスター)	
	内部開口部	木製建具(襖，障子)，襖紙，障子紙	襖紙，障子紙	襖紙，障子紙	
	内部床	畳，フローリングブロック，プラスチックタイル，段通	フローリング， ビニルシート	敷き詰めカーペット	塗膜層
	その他	ユニット部品，FB（フラットバー），衛生陶器，照明器具，強化ガラス	形鋼 ガラス	PL（プレート）ガラス，モルタル，断熱材，（グラスウール，ロックウール），吹付け材（断熱材，耐火被覆材，塗料），発泡材	塗膜層
設計上の扱い		部品として3つの寸法すべてが定まっている．あるいは指定する →部品番号を指定または部品名と厚さを指定または3つの寸法を指定	2つの寸法が定まっている(例：厚さと幅，断面形) →材種と1つの寸法を指定，断面形と長さを指定	1つの寸法が定まっている(例：厚さ) →材種と1つの寸法を指定，厚さと平面形を指定	厚さを指定 または層名のみ指定

上杉啓ほか：図解テキスト 基本建築学（第2版），彰国社，2003

① 建物を建てるために敷地を整地し，地盤の耐力を調査する．建物を支えるには地耐力が不足する場合，地盤を補強する杭打ち地業や割栗地業などを施す．建物の荷重を安全に支えるため，土地の地耐力を補う作業が地業である．

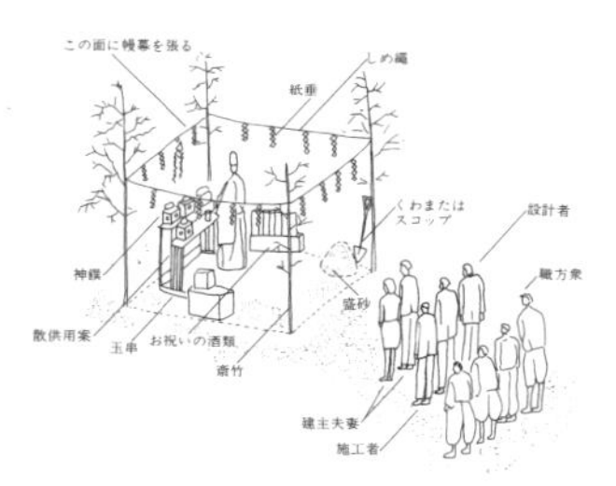

② 工事着手前に，土地の神を祭って工事の無事を祈り，完成した建物や敷地の安全を祈願する"地鎮祭"を行う．その後建物の輪郭を敷地の上にテープなどを張って示す"地縄張り"を行ない，建物の位置，道路や電柱との関係などを確認する[1]．

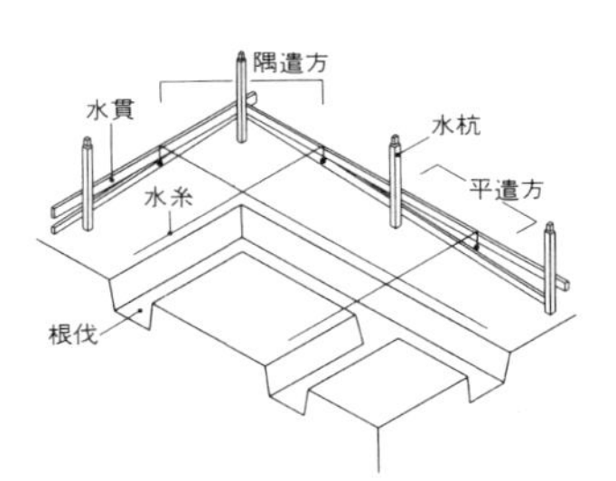

③ 柱・壁を正しく設置するために，水盛・遣方を行う．壁の中心位置を印し，水平を示す水糸を張る．さらに，地業を施す位置に根伐を行う．

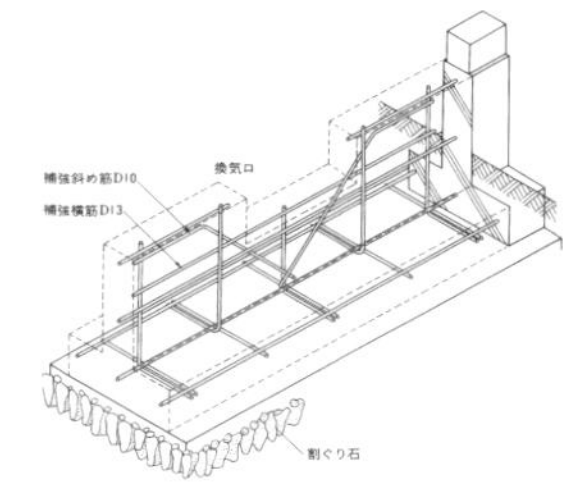

④ 木造住宅では割栗石を敷き固め，割栗石の隙間に砂利を詰め，その上に捨てコンクリートを打つ割栗地業を行うのが一般的である．柱や壁を支えるために，施す帯状のコンクリートが布基礎で，布基礎には補強のため配筋する．さらに通気や点検のための開口部を設け，周囲に補強鉄筋を入れる．

⑤ 地盤が良好な場合や支持力を改善した土地では柱や壁の下部に帯状に設ける布基礎が用いられる．型枠を組んでコンクリートを流し込み布基礎を造る．写真では，ミキサー車からポンプ車を使ってコンクリートを打ち込んでいる．

⑥ 布基礎にはアンカーボルトが約 2 m 間隔に埋め込まれ，床下換気口（$300\ cm^2$ 以上）が 5 m 以内ごとに設けられる．土台との密着を良くするため，天端ならしモルタルを施す．周囲 に，これからの外部工事用に足場も組まれる．

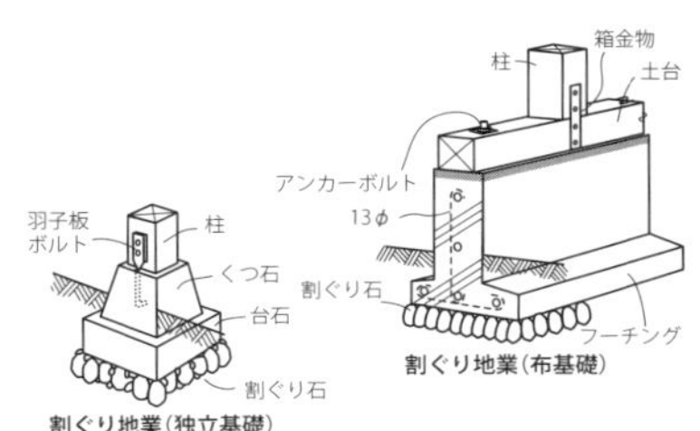

⑦ 基礎には布基礎のほか，それぞれの柱や床束ごとに施す独立基礎がある．また，地耐力が少ない敷地では，建物の下部全面にコンクリート基礎を施す"べた基礎"が用いられる．建物の下面全体で支えるため，不同沈下を起こしにくい．

⑧ 柱や壁の荷重を基礎に伝える横材である土台が基礎にアンカーボルトで緊結される．床下換気口にはネズミや虫が床下に入らないように，金属などのガラリと金網を設置する．土台には防腐・防蟻の処置を施す．

⑨ 土台と同寸法の大引を約 90 cm 間隔に設け，それに直交させて約 45 cm 間隔に 45 mm × 60 mm 位の根太（床の下地となる）を施工する．土台の隅角部には斜材の火打土台を施す．

⑩ 土台ができ，その上に柱を立て，桁・梁を渡して棟を上げれば，主な構造部ができあがる．少なくとも四隅の柱には 2 階までの通し柱が使われる．地震や台風などの横力に耐えるように軸組部には斜材の筋かいを入れる．

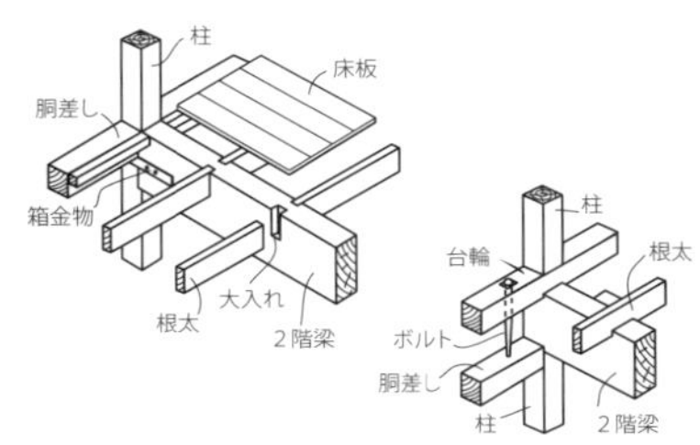

⑪ 2 階の床組の例を示す．階下に居室空間があるため，2 階床に掛かる居住者や家具などの荷重は，床梁で受けて，さらに柱を介して土台から基礎，地盤へと伝えられる．

⑫ 屋根の積雪や瓦，葺き土の荷重はそれを受ける野地板から垂木，母屋，さらに合掌や小屋梁を介して軒桁から柱，土台，基礎へと伝えられる．野地板の上には防水のためにアスファルトルーフィングが張られ，瓦が乗せられる．

付図 1　木造住宅の建築手順（基礎から床仕上げ，屋根仕上げ，完成まで）

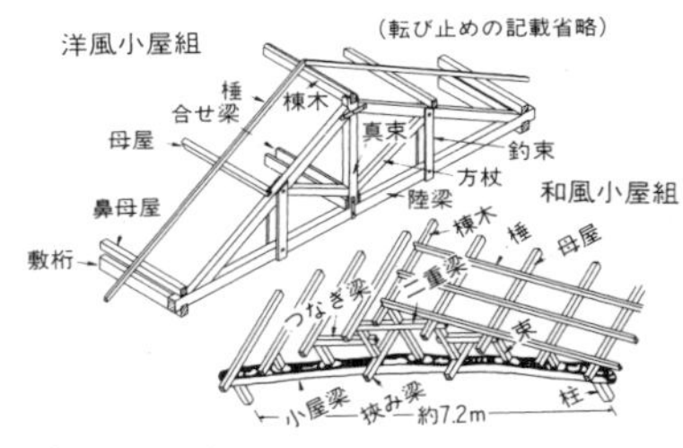

⑬ 屋根の骨組みである小屋組には和風小屋組と洋風小屋組がある．和風小屋組の構造は簡単であるが小屋梁には曲げの力が掛かる．洋風小屋組はトラスで構成されているため，部材には軸力しか掛からず合理的である．

⑭ 棟木を取り付けて主要な軸組が出来上がると，“建前”と言う祭事が執り行われる．本来は新しい家を祝福し，工事の無事を祈願する大工の棟梁の祭事であったが，最近では建主が主催する職人衆への慰労の意味が濃くなっている．

⑮ 梁は2階床や屋根を支える役目をする横架材である．梁や桁の交わる要所には軸組の直角が動かないように両方にまたがって斜め材である火打梁を設ける．それぞれの材の接合部の補強のため，金物で緊結する．

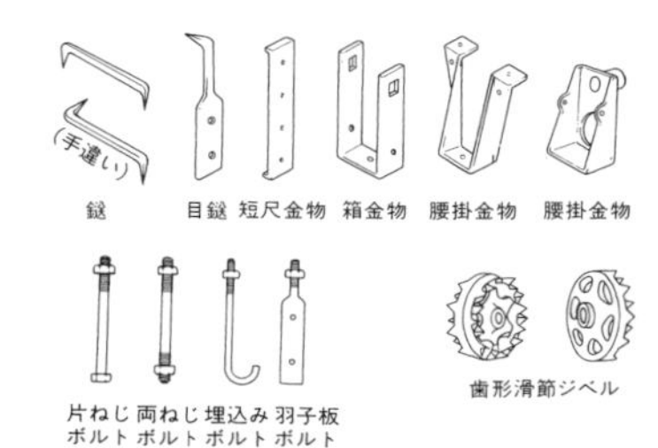

⑯ 木造建築は細長い直線材を組み合わせて骨組を造るため，接合部が破損しやすい．そこで金物で接合部を補強するが，補強金物としては図示のものなど種々のものが使われている．

⑰ 屋根荷重を支える母屋に直交して垂木が設けられ，さらに直交して野地板が張られる．その野地板の上に防水用のアスファルトルーフィングが敷かれる．さらに瓦などの屋根材を留めるための瓦桟が取り付けられる．

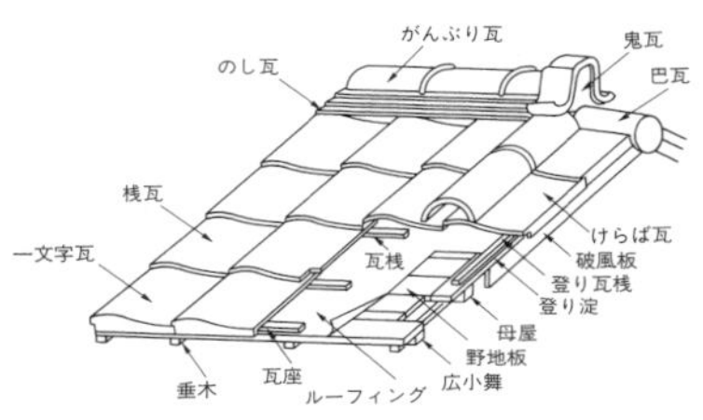

⑱ 代表的な日本瓦屋根の構造を示す．防水には本来アスファルトルーフィングでなく，薄い“こけら”板が野地板の上に重ねて葺かれていた．現在でも社寺建築ではこけら板が葺かれている．

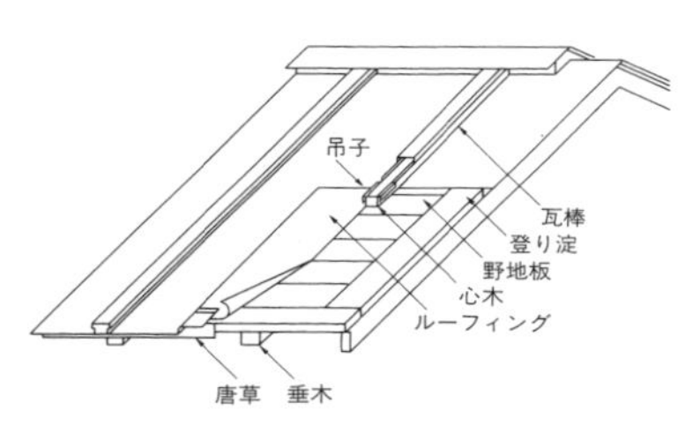

⑲ 日本瓦屋根以外の例として，最近多く使われるようになった長尺金属板瓦棒葺の構造を示す．日本瓦屋根と比べて軽く，地震時などに有利で，また，屋根材一枚が長尺であるため，緩勾配屋根も可能である．

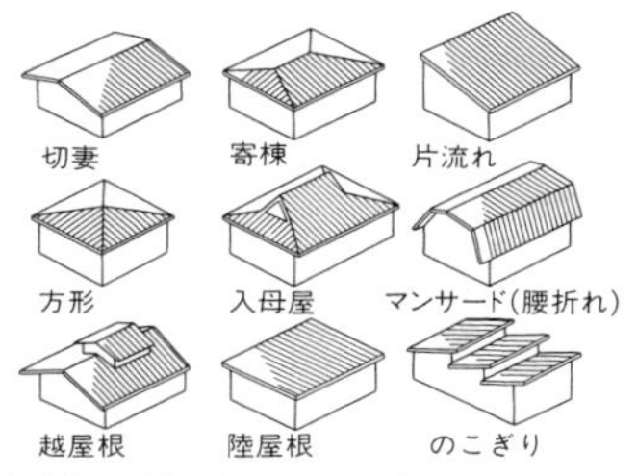

⑳ 屋根は建物の外観を大きく左右するから，美的でなければならない．種々の屋根の姿図を示す．一般に単純な形ほど雨仕舞がよく，とくに雨水が集まる“谷”が出来る形の屋根は避けたい．また複雑な形の屋根程工事費もかさみやすい．

㉑ 床を支える大引きまたは床梁の上に直交して根太を約45cm間隔に配置する．最近は保温のために根太の間に断熱材を施工することも多い．さらに根太の上に床板を張ってゆく．

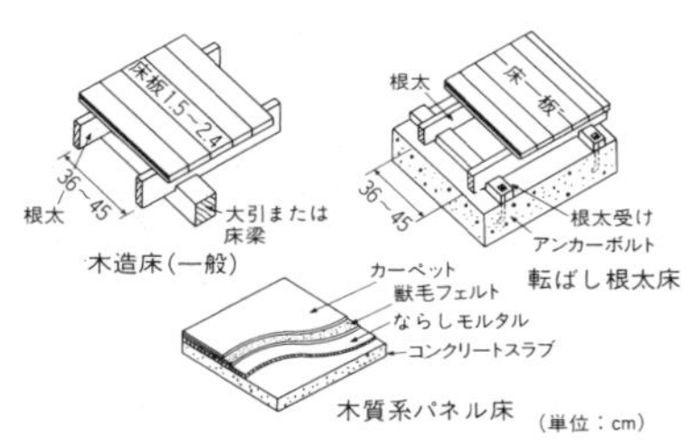

㉒ 床仕上げにもいろいろな建材が使われている．二三の例を示す．

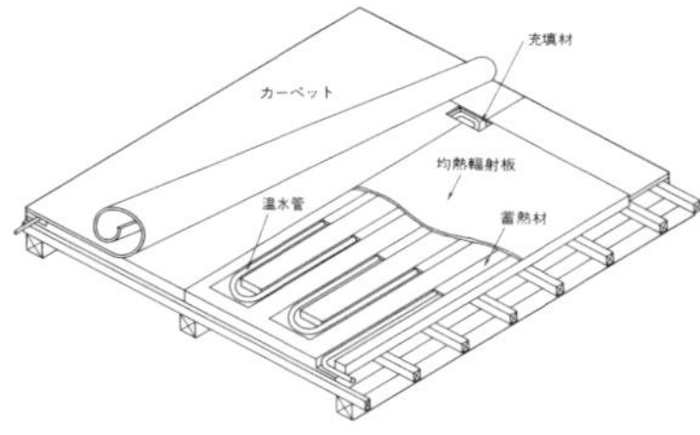

㉓ 床暖房を施した床の例である．床の上に温水配管用の溝を設けた断熱材を敷き，その溝に温水配管を施す．さらに熱を均質に拡散する均熱輻射板を敷き，カーペットなどで仕上げている．

㉔ 軸組ができ，屋根仕舞が済めば，敷居・鴨居・欄間など窓回りや出入口の内法材を施工する．内法材の取り付けが済むと，次は壁下地を施す．手前は真壁用の下地，向こう側の横桟が見えるのが風呂・便所の漆くい壁用の木ずり下地である．

付図1　木造住宅の建築手順（基礎から床仕上げ，屋根仕上げ，完成まで）

㉕ 給水管の配管方法には，分岐しながら配管する従来方式と，ヘッダーを用いて，そこからそれぞれの場所に直接配管するヘッダー方式がある．写真は途中での接続がないため，水漏れの可能性が低いヘッダー方式の配管例である．

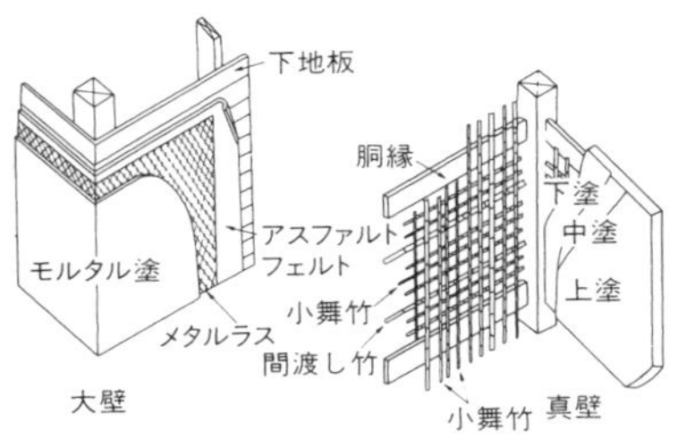

㉖ わが国の住まいの壁には真壁（和風）と大壁（洋風）がある．真壁は柱を露出させて，その内面で壁を納める工法で，一方大壁は室内表面に柱形が現れてこない工法で，柱の表面に壁下地材・仕上材が施さる．

㉗ 大壁の仕上げ面は柱面の外に出るので，窓との取り合わせは額縁で見切る．写真の例はアルミサッシとラスモルタルとの取り合いを示す．

㉘ 最近，外壁仕上げに金属板や石膏ボード，スレート板などのサイディングボードを張って仕上げる乾式工法が増えてきている．

㉙ 内壁では孔の空いたラスボードを張って，その上に直接壁仕上げを施したり，合板を直接張って仕上げることも多い．また合板の上にクロスなどを張って仕上げたりする．写真の例では，ラスボードが張られており，土壁仕上げになる．

㉚ 外壁に断熱材が入れられる．筋かい，間柱，窓の内法材である窓まぐさ，窓台，方立などが見える．断熱材は隙間が出来ないように注意して入れる．最近断熱材を外壁材の外側に施す外断熱方式の建物も増えている．

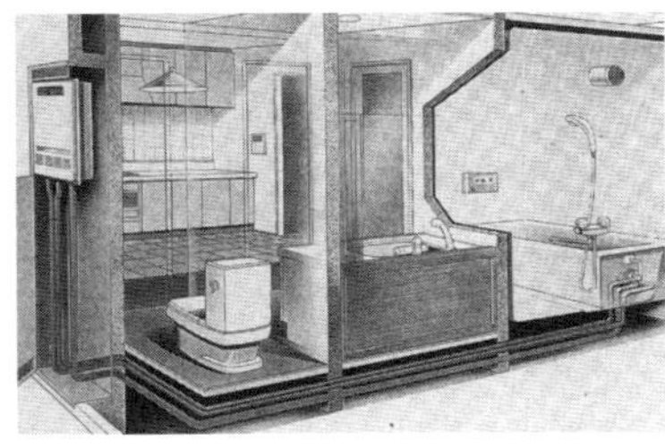

㉛ 建築工事に併行して給排水・電気・ガスなどの設備工事も進められる．図は浴室・洗面・便所と言った水回り設備を示しているが，最近ユニットバスなども多く用いられている[1]．

㉜ 台所設備には主婦の関心も高く，さまざまな機能をもつ高品質なシステムキッチンが普及してきている．家族の生活と日常の食事の在り方を検討し，各家庭に合ったスタイルを考えることが大切である[2]．

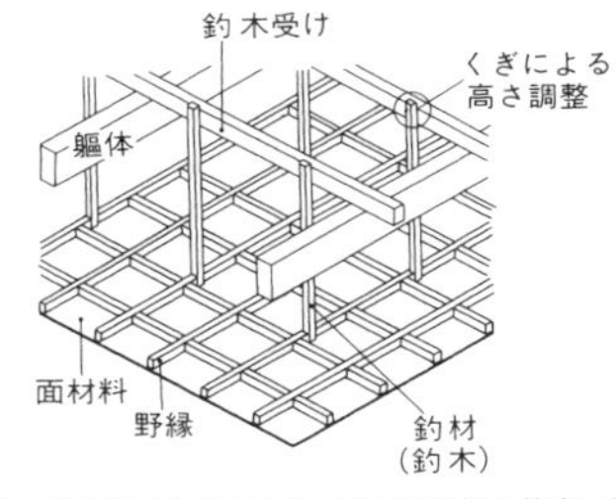

㉝ 天井下地を施工する．図では野縁を釣木で梁や母屋，2階の根太などから吊っている．天井仕上げ材を施工する前に電気の配線なども済ませる．天井の仕上げによって下地も異なってくる．

㉞ 外壁の下地になる木ずりが柱や間柱の上から打たれる．屋根裏換気口も取り付けられる．木ずりの上にアスファルトフェルト防水を施し，メタルラスを張って，モルタルが塗られる．さらに色モルタルなどを吹き付けて仕上げる．

㉟ 外回りの建具には，アルミサッシを使用することが多く，またガラスも最近は防犯や断熱を考えて機能性のあるものが選ばれる．バルコニーの工事なども進められ，壁仕上げが施される．最後に障子，襖などの内部の建具が取り付けられる．

㊱ 完成した建物の外観を示す．この建物はマンサード屋根で山小屋風に仕上がっている．建物の外観や雰囲気に，屋根が大きく作用することがわかる．最近は内部の天井や壁，床などの室内仕上げ材に新しい建材が使われることも多い．

付図 1　木造住宅の建築手順（基礎から床仕上げ，屋根仕上げ，完成まで）

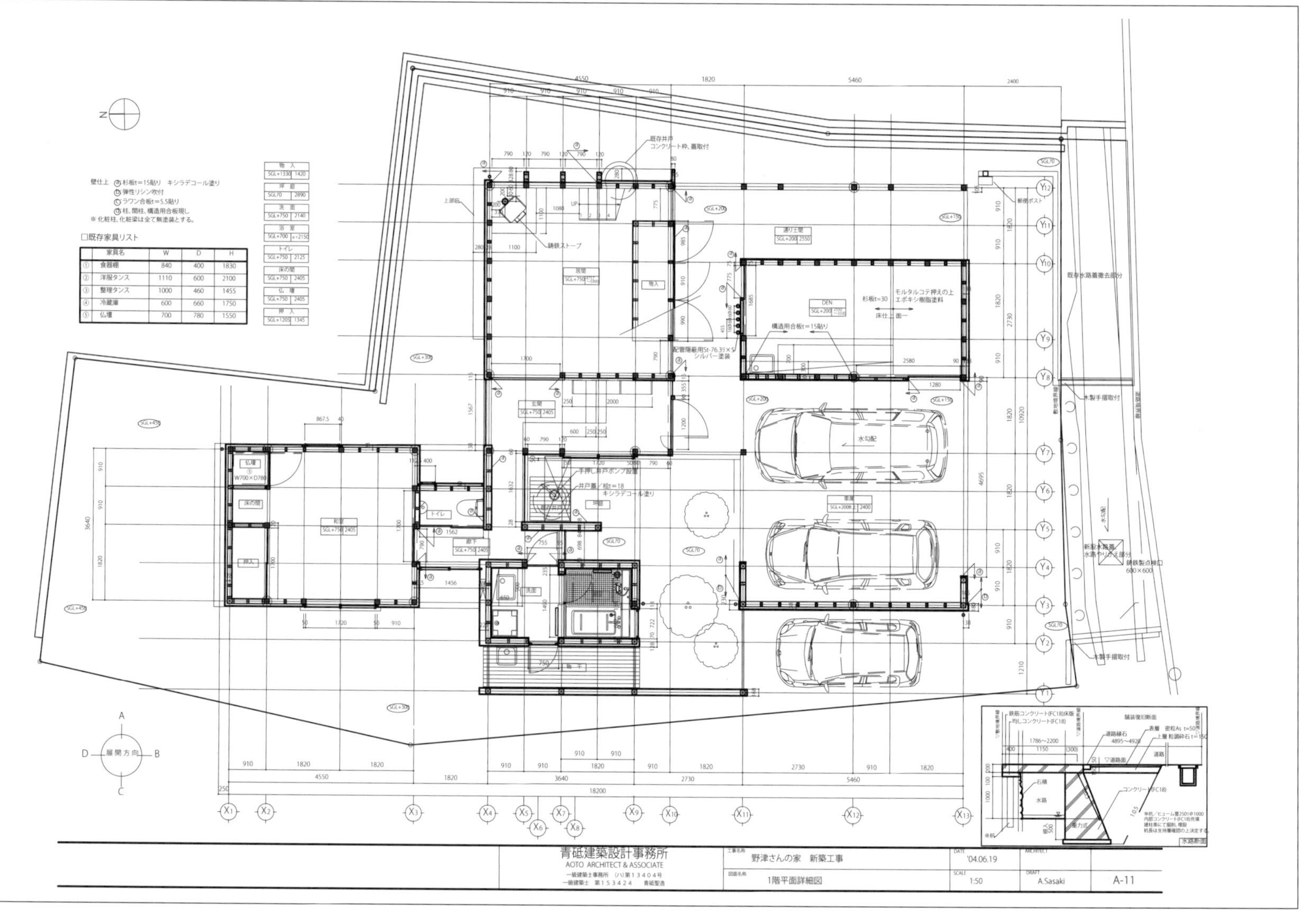

付図 2·1　実施設計図のいろいろ（平面詳細図）

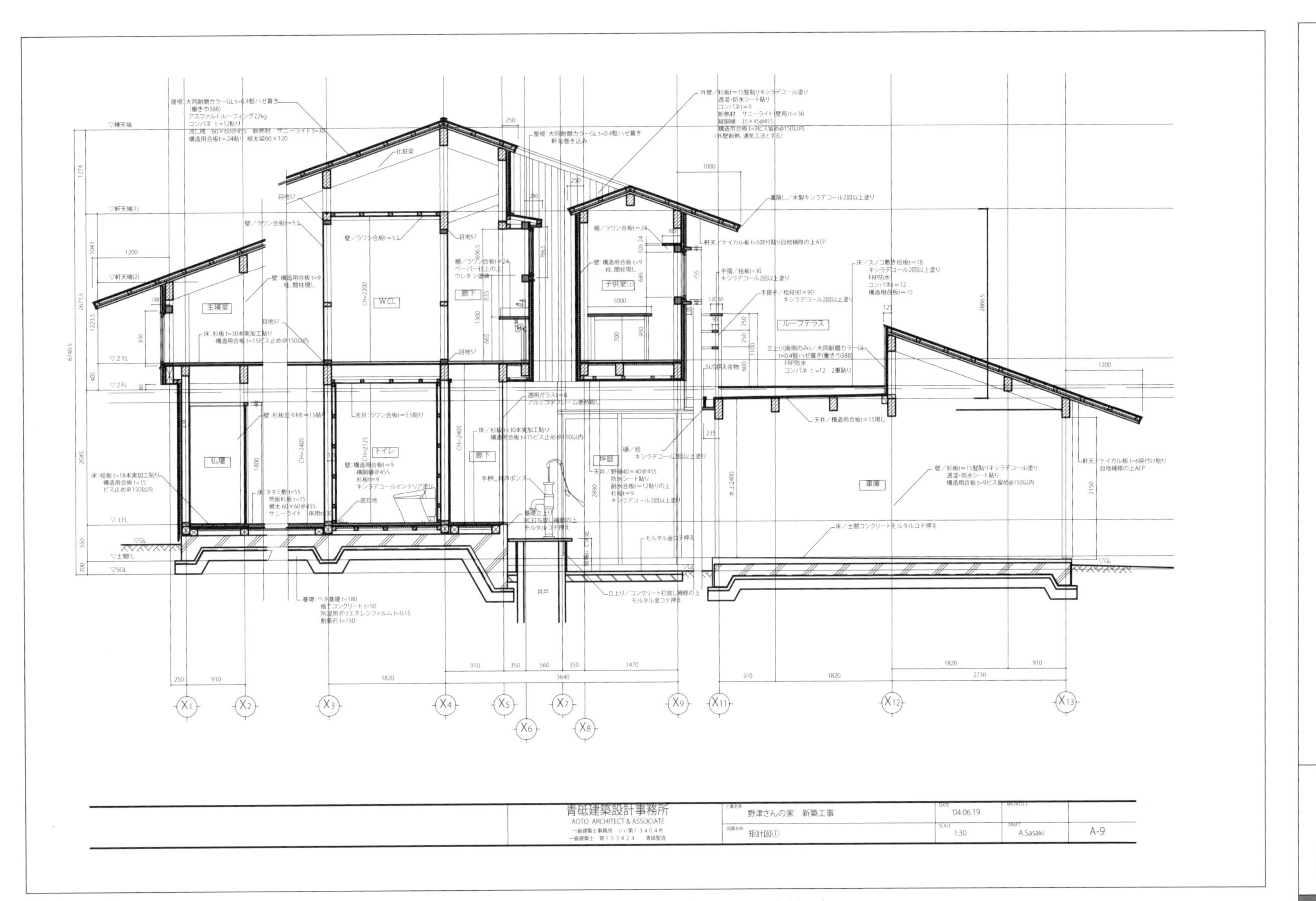

付図 2·2　実施設計図のいろいろ（矩計図：断面詳細図）

用語解説

【英数字】

3R の推進

環境問題の解決のため，3R 面での取組みの必要性が叫ばれている．この 3R は一般に廃棄物の発生を減らす発生抑制(reduce)，使用済みのものの再利用（reuse），使用済みのものから資源となるものを再生利用する再資源化（recycle）の三者を指し，それぞれの英語の頭文字をとって示した．しかし，もっとも大切なのは環境負荷になる物質を発生させないことで，この発生遮断（refuse）を加えて 4R としてとらえることもある．なお，この発生遮断を発生抑制に包含させて 3R と考えている場合もある．この 3R あるいは 4R を推進することによって，地球環境との共存を図る必要がある．**【p.3，中根】**

ADL

Activities of dailly living の略．日常生活動作のこと．人間が自立して生活するための基本的な動作（食事，排泄，着替え，整容，入浴，起居，移動など）のことをいう．**【p.106，延原】**

COPD

Chronic obstructive pulmonary disease の略で，慢性閉塞性肺疾患のこと．高齢者に多い肺の病気で，喫煙とビタミン C 不足で起こるという．COPD は初期のころは息苦しさが目立つ．進行すると呼吸困難になり，死に至る．現在，世界で患者が急増している．日本の患者数は 21 万人で，最近は 40 歳くらいで発症するケースが増えており，潜在患者数は 500 万人を超えると考えられている．**【p.55，中根】**

DEWKS

Double employed with kids の略（デュークスという）．共働きで子どもをもつ夫婦世帯を指す．**【p.92，北浦】**

DINKS

Double income no kids の略（ディンクスという）．共働きで子どものいない夫婦世帯を指す．**【p.92，北浦】**

LED

Light emitting diode の略．発光ダイオードのこと．半導体でできた LED チップに電圧を掛けると発光する．ガリウム，アルミニウム，リンなど，半導体に使用する物質によって光の色が異なり，これらの組合わせで白色光をつくる．長寿命，省エネルギー，小型で軽量などが特徴であり，信号灯や，屋外演出用，誘導灯，スポット ライト，携帯電話の画面バックライトなどに利用されている．蛍光灯との比較では発光効率が低いことや，価格の問題などの課題は残るが，今後の技術進歩で次世代の照明用ランプとして期待されている．**【p.46，永村】**

PCCS 表色系

色彩調和を主な目的として開発されたもので，色知覚の基本的特性を色相，明度，彩度で表示し，さらに明度と彩度の複合的な構成であるトーンと色相の組み合わせで表示できる．PCCS は“日本色研配色体系”のこと．**【p.41，奥田】**

PMV

Predicted mean vote の略．Fanger が提案した関数式で，多くの被験者を使った実験より算出された PMV の値と温熱感覚が関連づけられている．温度環境の 6 要素を代入すると，暖かいと感じるか寒いと感じるかを－３～＋３までの数値として計算できる．**【p.39，奥田】**

QOL

Quality of life の略．生命の質，生活の質．より良い生き方や生活ということを，満足感や幸福感など精神的な側面も含めて質的にとらえること．**【p.106，延原】**

RCP

Representative Concentration Pathways の略．政策的な温室効果ガスの緩和策を前提として，将来の温室効果ガス安定化レベルとそこに至るまでの経路のうち，代表的なものを選んだシナリオ．**【p.16，松原（斎）】**

XYZ 表色系

加法混色の原理にもとづき，3 原色 RGB の混合量により色を表す体系．現実には存在しない X（赤の色み），Y（緑の色みと明るさ），Z（青の色み）の 3 原色を仮定し，XYZ の混合比率を表す xy と，明るさを表す Y で色彩を表示する．**【p.41，奥田】**

【あ行】

アメニティ（amenity）

生活環境の快適性．語源はラテン語のアマーレ（*Amare* ＝愛）．生活環境を構成する自然，歴史，文化，建物などが互いに生かし合い，その中で生活する人間との間にも調和が保たれている場合に生ずる好ましい感覚をいう．**【p.118，延原】**

エコロジー（ecology）

eco と書いている場合もある．本来は生態学を意味する用語であるが，最近環境問題で使われる場合は“生態系にやさしいこと”，“自然環境に対して悪影響を与えないような配慮をする”という意味．**【p.2，中根】**

演色性

異なる光源で照明したとき，物の色は違って見える．洋服を店舗で見たときと自宅のときとで，色が異なると感じることがあるのも，このためである．このような色の見え方の特性を，光源の演色性といい，演色性の良否には演色評価数を用いる．自然光の下で見る色に近いほど演色性はよい．光源の演色性は，基準光源の平均演色評価数 Ra を 100 とし，それと一致する度合いで表す．【p.46，永村】

黄金比

線分を分割し，大きい部分と小さい部分の比が，線分全体と大きい部分との比に等しくなるときの比の値．【p.35，奥田】

温度差換気

暖かい空気は軽くて上昇し，一方，冷たい空気は重く下降するため，室内で対流が起きる．上部と下部に開口があると，室内が暖かい場合には，上部開口からは空気は流出し，下部開口からは外気が流入する．室内温度が外気よりも低い場合には，流入・流出口が反対になる．この室内外の空気の温度差にもとづく空気の重量の差を利用して換気することを重力換気あるいは温度差換気という．温度差換気を有効にはたらかせるためには，部屋の上下に開口部を設ける必要がある．【p.13，松原（斎）】

【か行】

合併浄化槽

し（屎）尿浄化槽は，河川や海を水質汚染させないよう，生活で生じた汚水や雑排水を微生物の力を借りて生物化学的に処理してきれいな水にもどす設備である．水洗便所から排出される汚水のみを処理する単独処理方式と，汚水に厨房排水・洗面排水・浴室排水・洗濯排水などの雑排水も含めた生活排水全体を処理する合併処理方式がある．家庭単位で処理する単独処理浄化槽は，下水道ができるまでの間に合わせと位置づけられ，処理水質基準は BOD 90 ppm ときわめて甘くなっている．下水道の水は下水処理場で高度に処理されるが，単独処理浄化槽の水は未処理に近い状態で放流され，河川などの汚染を引き起こしている．一方，汚水と雑排水を併せて処理する合併処理浄化槽からの排水の水質は，BOD 10 ppm 程度で，かなり水質は良くなる．さらに，高度合併処理浄化槽では，BOD 1 ppm 台が可能で，処理水は中水道として水洗の洗浄水・洗車・散水などにも使うことができる．【p.7，中根】

壁量計算

木造建築物の構造安全性を簡略に算定する手法として，建築基準法施行令第 46 条で規定されている．建物の階数，仕様（重たい屋根・壁か軽い屋根・壁）に応じて定められた単位床面積当たり必要な耐力壁の長さ，壁率に各階の床面積を乗じて耐震に必要な壁量を求め，実存する壁量が上回っていることを確認する．梁間方向（梁が渡されている方向），桁行き方向（桁の通っている方向）別に検討する．耐風性能は，建物外壁の見付け面積（外観の面積）に壁率を乗じて必要壁量を算定する．これらは，耐力壁がバランスよく配置されていることが前提条件であり，2000（平成 12）年の建築基準法の改正により，釣合いよく耐力壁配置を行うため，建物平面を 4 分割して，それぞれの区画における壁量充足率の検討を行う規定が設けられた．【p.68，土井】

感覚転移

人はさまざまな知覚対象に対して特定の感覚器官をもっているが，知覚経験を経ることによって，本来の感覚器官以外でもその感覚を知覚できるようになることをいう．心理学では感覚間協応とか，感性間転移という．たとえば，テクスチュアは，触感覚によって知覚するものであるが，視覚経験を重ねることによって，見ただけで触れた感じまでわかるようになることなどである．【p.90，北浦】

気化熱

液体が気体に変化するとき，周囲から吸収するエネルギーのこと．打ち水は，地面に撒いた水が蒸発するときアスファルトやコンクリートからエネルギー（熱）を奪い，地面の温度が下がる現象を利用している．エアコンや冷蔵庫に利用されているヒートポンプも，気化熱の原理を利用したものである．【p.43，永村】

京都議定書

1-4 節参照．1994 年 3 月に発効した気候変動枠組み条約（地球温暖化防止条約）にもとづき，1997 年 12 月に京都で開催された第 3 回締結国会議において採択され，わが国は 98 年 4 月に署名した．温暖化ガスを先進締結国全体で 1990 年比で 5.2% 以上削減することを定めている．また，温暖化ガスの排出量の取引きや途上国での排出削減事業などが導入された．【p.2，中根】

金融公庫仕様

住宅金融公庫が 1985 年度から高規格住宅の事業を発足させるにあたり定めたもので，断熱構造化，省エネ型住宅，遮音性・耐久性の向上などをめざした高規格住宅の仕様をいう．融資の割増制度によって政策的に誘導し，その普及を図った．高規格住宅制度は，わが国の住宅水準を向上させるための手法として有効なものといえる．【p.62，中根】

グレア（glare）

強すぎる光や，光源が視線に近いことで起こる，まぶしくて見づらい状態や，不快感のこと．ディスプレイに映り込んだ光源のために画面が見えにくい状態を反射グレアと呼ぶ．照明器具や机の配置を工夫したり，窓にはブラインドを利用したりして防止する．高齢者に多い白内障では，濁った水晶体で光が散乱するため，グレアを感じやすい．長時間ベッドで過ごす場合には，頭の位置と照明との配置に注意したい．【p.46，永村】

建築基準法

建築物の敷地・構造・設備・用途について最低の基準を定めて，国民の生命・健康・財産の保全を図り，市街地の安全と環境の維持を図って，公共の福祉の増進に資することを目的とする法律．建築物と市街地の火災に対する安全のための法令は明治以前からあった．明治以後，いくつかの府県で規則が制定されていたが，法律として整備されるのは，1919 年に都市計画法とともに制定された市街地建築物法以後である．第二次世界大戦後の 1950 年，新たに建築基準法が制定された．この法律は，都市計画と協力して道路，水道，公園などの都市施設と居住や商工業，ビジネスなどの活動とのバランスを保ち，市街地の安全と環境の保全を図る集団規定と，個々の建物の質を確保する単体規定，および実行を確実にする建築確認等の手続規定からなる．一定規模以上の建築物の工事に際して，建築主は建築主事の確認を受けることが義務付けられている．【p.33，平田】

公私室型

食事や団らんの場となる公室と，就寝する私室とを明確に区分して構成した住空間の型をいう．高度経済成長期以降，都市部で増大した核家族は，日常の家族生活を重視した．合理的で機能主義的な公私室型は，そうした価値観に対応するプランとして受容され，普及した．**【p.23，檜谷】**

構造計算

構造設計では，構造物に作用する力（荷重・外力）に対して安全で，しかも機能性，経済性，使用性との調和を図ることを目的に，敷地条件，気候条件，使用条件などから，骨組形式，構成部材，接合方法などが検討される．構造設計では，作用する荷重や外力によって，構造物を構成する部材に生じる応力や変形を算出する応力計算と，生じた応力や変形に対して安全なように部材断面を算定する断面算定という構造計算とによって構造安全性の検討が行われる．許容応力度計算，限界耐力計算などが建築基準法施行令第 82 条に定められている．**【p.68，土井】**

高断熱・高気密化

建物の熱負荷は，室内から外部に流出する熱と，反対に外部から室内に流入する熱で形成される．この熱負荷は，外壁や屋根などの境界構造物を通過する熱や気流によって引き起こされる．したがって，境界構造物の断熱性を高め，また境界構造物の気密性を高めることによって熱遮断性を高め，熱負荷の軽減を図ることをいう．**【p.56，中根】**

高齢者，障害者等の移動等の円滑化の促進に関する法律（バリアフリー新法）

2006 年 12 月 20 日施行．対象者の拡充については，従来の交通バリアフリー法やハートビル法では「高齢者，身体障害者等」と定めていたが，新法では身体障害者のみならず，知的・精神・発達障害者などのすべての障害者を対象．また，「障害者等」の「等」には，妊産婦，けが人などが含まれる．対象施設の拡充については，従来の交通バリアフリー法が対象としていた公共交通機関の旅客施設や車両，駅前広場，道路，通路およびハートビル法が対象としていた建築物に加えて，福祉タクシーや路外駐車場，都市公園についてもバリアフリー化の対象として追加．基本構想制度の拡充については，移動等の円滑化を図ることが必要な一定の地区である重点整備地区に関して，従来の交通バリアフリー法では「特定旅客施設（1 日の利用客数が 5,000 人以上）」と呼ばれる大規模な旅客施設の周辺のみに限定されていたが，「1 日の利用客数が 5,000 人に満たない場合」や，「そもそも旅客施設が存在しない地区」にまで拡充．**【p.115，北本】**

コージェネレーション（cogeneration）

熱電併給システムあるいは熱供給発電と呼ばれるトータル エネルギー システムで，ガスや油燃料など一つのエネルギー源から，電気と熱の両方を同時に発生させるシステム．排熱を有効活用するためにエネルギーの利用効率が，60 ～ 80％と高い．一般に，ガス エンジン，ガス タービン，ディーゼル エンジンなどの原動機で発電を行い，その際に発生する排熱を冷暖房や給湯に利用する．火力発電所や原子力発電所では，高温の熱を発電に利用した後，環境中に熱を排出している．一般に発電所は電力の消費地から離れているため，この熱を遠方まで運んで利用することができず，電力も送電中でのロスがあり，エネルギーの利用効率は約 35％悪い．**【p.7，中根／p.49，永村】**

コーポラティブ ハウジング方式（cooperative housing）

一敷地に共同で居住しようとするもの同士が組合をつくり，各自の住まう共同住宅の企画，設計から，入居，管理までを運営する住宅供給方式．**【p.95，北浦】**

コールド ドラフト（cold draught）

ドラフトとは，人が不快に感じる局所的な気流のことをいい，低温の不快な気流がコールド ドラフト（冷たいすきま風）である．ガラスは熱伝導率が大きいため，冬季には室内でも窓ガラス表面は低温であり，ここで冷やされた空気は下降気流になって床面に流れ込む．ペア ガラスや二重サッシによって窓の断熱性を高めること，暖房機を窓側に設置することによって防止できる．また，床まで達するカーテンを用いることも効果がある．**【p.43，永村】**

個人化

人びとが集団単位で行動するのではなく，個人の単位で行動すること．内なる“個人化”とは，個人の心の拠り所としての“集団”の重要性が薄れ，“個人”にとってその集団のもつ意味が問われるようになること．内なる“個人化”が進むと，同じ家に暮していても，家族がそれぞれ個性をもった個人として異なるライフスタイルを展開し，いわゆる“家風”のような家族の集団的，伝統的ライフスタイルが薄れていく．**【p.99，竹田】**

コレクティブ ハウジング（collective housing）

異なる世代の複数世帯がいっしょに住む集合住宅の供給方式．個々の住戸の延長と位置づけられる共用空間を備えた共同住宅．居住者が，共用の台所や食堂，居間などを利用して住生活の一部を共同運営する．日本では，阪神・淡路大震災（1995 年）の後に供給された災害復興公営住宅の一部で，豊かな人間関係や相互扶助を可能にする住宅形式として導入され，広く知られるようになった．スウェーデンでは，共用空間をもち，複数の家族がいっしょに食事をしたり，家事育児などを共同ですることを考慮した設計がされている．高齢者や単身者，乳幼児をかかえる共働きの夫婦などが，コミュニティをつくって暮らしやすいように考えられている．**【p.25，檜谷／p.92，北浦】**

【さ行】

在来構法木造住宅

8-1 節参照．在来軸組構法と同じ．伝統的な和風軸組構法と異なり，建築基準法の規定にもとづいて設計され，地震や台風などの強い横力に対しても対応できるよう，筋かいや火打ち材などの斜め材を軸組に配し，軸組はコンクリートの基礎にボルトで緊結される．このように，十分維持管理された建物は阪神・淡路大震災でも倒壊しなかった．**【p.63，中根】**

錯視

心理学では視覚における錯覚をいう．大きさ，長さ，方向などが客観的なそれらとは違った見え方を生ずる現象．たとえば，地平方向に現れた満月が，天頂に見えるそれよりも大きく見える現

象や，ミュラーリヤーの図形，ツェルナーの図形，ボッケンドルフの図形などの幾何学的錯視がある【p.91，北浦】

尺貫法

長さ・面積などの単位系の一つで，日本独自のもの．長さの単位に尺，重さの単位に貫を基本単位とすることによる．明治24（1891）年にメートル法が公認されたが，建築業界では，現在も尺貫法で作業が行われる場合がある．【p.35，奥田】

就寝分離

プライバシー保護の観点から，独立の夫婦寝室を優先的に確保したうえで，分離就寝すべき子どもの就寝室をその必要数にもとづき，確保する原則をいう．子どもの就寝に必要な室数は，子どもの数，年齢，性別を基準に，その組合わせで算出される．室数は，夫婦以外の思春期以後の男女は同室就寝しないことも考慮して決められる．【p.23，檜谷】

住宅の品質確保の促進等に関する法律（品確法）

2000年4月1日施行．2016年1月，2018年3月改正．住宅性能表示制度の創設，瑕疵担保責任の特例，住宅に係る紛争処理体制の整備の3つの柱からなる．10項目の住宅性能表示が義務付けられ，その1つに“高齢者等への配慮に関すること”が盛り込まれた．評価の対象となる対策は，「移動時の安全性」と「介助の容易性」であり，「移動時の安全性」については，一戸建て住宅，および共同住宅などの専用部分については，①部屋の配置，②段差の解消，③階段の安全性，④手すりの設置と勾配の工夫，⑤通路および出入口の幅員，⑥寝室，便所および浴室の広さ，さらに，共同住宅などの共用部分については，①共用廊下における段差の解消，手すりの設置，②共用階段の安全性，③共用廊下の幅員，④エレベーターに関する項目が規定されている．また，それぞれの評価基準が高齢者等配慮対策等級として5段階（等級5～1）で規定されている．【p.69，p.115，北本】

集団規定

良好な都市環境をつくるために，都市計画法にもとづく都市計画が定められている．この都市計画に従って具体的に建築の規制を行うために，建築基準法に集団規定が設けられている．建築基準法では，建築物が集団として存在している都市の特徴に着目して，建築物の形態，用途，道路との接続関係などのルールについて定めており，これを集団規定とよぶ．秩序ある土地利用のもとで良好な都市環境を形成するために，全国の都市計画地域に一律に適用される用途地域（12種類）と，都市の個性に応じて定められる特別用途地区（11種類）が設けられている．建築基準法では，都市計画の内容に応じて，それぞれの用途地域内に建築が許される建物の用途（住宅，店舗，商業施設，工場など）や密度，形態（建ぺい率や高さなど）などが定められている．このほか，市街地の建築物の防火性能を高め，火災の延焼，拡大を抑制するために，防火地域，準防火地域の指定が行われる．【p.69，土井】

受動喫煙

自分の意志で喫煙する能動的喫煙に対し，回りの人の喫煙によってその場の空気が汚され，結果として喫煙させられる（受動的）こと．【p.55，中根】

照度

ある面がどの程度照らされているかを表す指標で，単位面積当たりに入射する光束量（$lx = lm/m^2$，lx：ルクス，lm：ルーメン）．目が感じる明るさとは直接に関係はない．一方，輝度は，ある方向から見た面の明るさの指標であり，どの程度明るく見えるかを表す単位で，目の方向からの輝度は，目が感じる明るさに対応する．照度が等しくても，面の反射率が高いと輝度も高くなり，明るいと感じる．【p.46，永村】

新有効温度（ET*）

Gaggeらが提案した生理学的理論に基づく体感温度．温熱環境の6要素を変数として含み，着席状態で着衣量0.6 clo，気流0.5 m/s以下の条件下において，相対湿度50%のときの室温で示される．【p.39，奥田】

スクラップ アンド ビルド（scrap and build）

老朽化した建物などをこわして新しく建て替えること．本来，建築物は修復・修理して継続使用していくべきものであるが，長期的計画もなく，ただ単に老朽化したから建て替える，また，その必要性を軽視して続々と建て替えるときに使われる．【p.88，青砥】

繊維飽和点

FSP（Fiber saturation point）とも表記される．木材中の水分は細胞壁の構成成分と二次的に結合している結合水と細胞内の空腔に存在する自由水とに大別される．伐採直後の生材から乾燥させていくと，水分が蒸発して自由水が失われていくが，重量変化だけで木材の物理的性質には変化がない．しかしながら，自由水が0で結合水が飽和した状態（樹種にかかわらず，ほぼ28～32%の含水率）より乾燥すると，木材組織の凝集力が増大して強度が増加する．また，電気的性質も変化を示すようになる．この，結合水が飽和した状態を繊維飽和点という．木材は，含水率0%の全乾状態から繊維飽和点までの水分の増減により膨潤収縮を起こし，ねじれたり割れたりの変形を生じる．【p.71，土井】

センチュリー ハウジング（century housing system；CHS）

1世紀にわたって使用できる，耐久性のある住宅を研究開発しようと，建設省（現国土交通省）が1980年から始めたプロジェクトにもとづく総合的な住宅供給システム．研究開発プロジェクトの結果として，① 部品互換性向上のための設計手法，② 間取り変更の技術開発と適用，③ 部品交換性向上のための寸法調整の作成の3点が提案された．CHS住宅の認定は，国土交通大臣による“建築物等性能認定事業”に登録された制度にもとづき，（一財）ベターリビングが行っている．【p.131，松原（小）】

【た 行】

単体規定

個々の建築物を，安全で衛生的で安心して利用できる環境とするために，構造強度，防火と避難，建築設備などについての技術的な基準を定めたもの．【p.68，土井】

断熱・気密性能の基準

わが国の住宅用省エネ基準は1980年に初めて告示され，1992

年に改定され，さらに 1999（平成 11）年に再改定されており，この 1999 年のものが一般に“次世代省エネルギー基準”といわれている．その後，2015（平成 27）年 7 月 8 日に公布された「建築物のエネルギー消費性能の向上に関する法律」（以下「建築物省エネ法」）では，省エネルギー対策が強化されている．住宅の省エネルギー性能の評価については，外皮性能基準と設備機器の一次エネルギー消費量を評価する基準の 2 つを用いる．以前の省エネルギー基準では，床面積あたりの熱損失係数を用いていたが，この法律では，壁・屋根など外皮の断熱性能を問うようになったことが大きな特徴である．また，地域区分は 6 地域から 8 地域に増えている．【p.11，松原（斎）】

暖房度日（デグリー デー：heating degree day）

たとえば“$D_{18\text{-}18}$”は，室温が 18°C以下になったとき，暖房によって 18°Cまで暖めることを示し，その場合，一冬の間に延べどれだけ室温を高める必要があるかを表わしたもので，その地方の暖房負荷の程度を知ることができる．ゆえに，暖房度日が大きいほど，冬の寒さがきびしいことを意味する．【p.11，中根】

地域区分

住宅省エネルギー基準の地域区分

新基準の 1 〜 8 地域は，旧基準の I 〜 VI 地域のうち，I 地域と IV 地域を 2 分割したものであり，都道府県のおおまかな区分は以下のようになっている．

1，2　北海道
3　青森，岩手，秋田
4　宮城，山形，福島，栃木，新潟，長野
5，6　宮城，山形，福島，栃木，新潟，長野，茨城，群馬，埼玉，千葉，東京，神奈川，富山，石川，福井，山梨，岐阜，静岡，愛知，三重，滋賀，京都，大阪，兵庫，奈良，和歌山，鳥取，島根，岡山，広島，山口，徳島，香川，愛媛，高知，福岡，佐賀，長崎，熊本，大分
7　宮崎，鹿児島
8　沖縄

【p.17，松原（斎）】

同潤会

関東大震災（1923 年）の翌年にあたる 1924 年，住宅復旧を目的に，国内外から寄せられた義援金をもとにして設立された財団法人．内務省社会局の管轄下に置かれ，震災前から蓄積されていた研究成果をもとに，多様な住宅供給事業を実施した．アパートメント ハウス事業はその一つで，立地条件に恵まれた都心部で，近代的な設備を備えたコンクリート造のアパートを供給した．【p.21，檜谷】

都市計画法

都市計画の内容およびその決定手続き，都市計画制限，都市計画事業その他都市計画に必要な事項を定めることにより，都市の健全な発展と秩序ある整備を図り，それにより，国土の均衡ある発展と公共の福祉の増進に寄与することを目的として制定された法律．都市問題を解決するために，都市地域を市街化区域，市街化調整区域に区分し，開発許可制度によって計画的かつ段階的市街化を図ろうとする，土地利用のための新しい制度の創設と，都市計画の事務の地方への委譲，都市計画の広域性と総合性の確保，都市計画への住民の意見の反映などの内容を含んでいる．【p.33，平田】

都市緑地保全法

都市化の進展にともない，都市において良好な自然環境を形成している樹林地・草池・水辺地などが急速に減少する傾向に鑑み，既存の良好な自然環境を積極的に保全するための施策として，“緑地保全地区”の整備や植栽などによる市街地の緑化を推進する“緑化協定”などの制度を設け，良好な都市環境の形成を図ることを目的として制定された法律．【p.33，平田】

【な 行】

ニート（NEET）

Not in employment education or training の略で，“職に就いていない，学校機関に所属もしていない，そして就労に向けた具体的な動きをしていない”若者を指す．バブル崩壊後，構造改革やグローバルな経済競争の激化によって，若者を取り巻く雇用環境は，新規採用の引締め，正規雇用から非正規雇用へと変化した．その中で，企業側の職業能力開発の機会もむずかしく，選択した職業とのミスマッチや，もともと“職業意識”が希薄である若者が増加している．【p.104，竹田】

西山夘三

戦前，戦後を通じ，“日本の住宅革新”をライフワークとして，都市・地域の調査研究と計画提案を展開した．その代表的著作の一つ「これからの住まい」（1947）では，一般の居住者を対象に，実態調査をもとに定立した食寝分離の基本原則をはじめとする，戦後の住宅のあり方を提言している．【p.22，檜谷】

ニッポン一億総活躍プラン

わが国の少子高齢化の問題に真正面から取り組むため，2016 年に打ち出された政策方針である．日本経済の好循環を形成し，強化することを大きな目的として，子育て支援や社会保障の基盤整備を進めていくことなどが盛り込まれている．なお，「一億」に該当する者として，「女性・男性・高齢者・若者・一度失敗を経験した者・障害や難病のある者」が挙げられており，これらすべての者が「家庭・職場・地域などあらゆる場で，活躍できる社会の実現」が掲げられている．【p.101，奥井】

熱交換型換気扇

6-4 節参照．換気扇で吸排気を行なう際，換気扇内に設けられた熱交換機によって吸気と排気がもつ熱を交換し，これによって吸排気にともなう熱損失の 1/2 〜 2/3 を回収して，換気にともなう熱損失を軽減する換気扇のこと．【p.57，中根】

熱損失係数

室内外温度差が 1°Cのとき，建物内部から壁，床，天井を通して外部へ逃げる熱量と，換気によって流出する熱量とを，延べ床面積で割った値で，Q [W/m^2·K] で表わし，Q 値とも呼ぶ．建物全体の断熱性能の指標であり，値が小さいほど暖冷房の効率がよい．次世代省エネルギー基準では，全国を 6 地域に分けて熱損失係数の基準値を定めており，IV 地域である東京，大阪では 2.7 W/m^2·K 以下にすることが望ましい．【p.42，永村】

燃料電池

酸素と水素とを反応させることによって電力を生み出す技術．水の電気分解とは逆の現象で，電力と同時に水と熱が温水として生産される．固体高分子形，リン酸形，固体酸化物形などさまざまなタイプがあり，家庭用としては排熱温度が90℃程度と低く，小形化が可能な固体高分子形が用いられる．家庭用燃料電池では，都市ガスの成分であるメタンから水素を取り出して利用し，温水は貯湯タンクに蓄えながら運転する．発電された電気は，直流であるので，インバーターで交流に変換して用いる．【**p.7**，中根／**p.49**，永村】

【は 行】

ヒート ショック（heat shock）

急激な温度変化にともなって起こるからだの状態のことで，血圧が大きく変動したり，脈拍が速くなったりする．心筋こうそくや脳出血，脳こうそくなどを引き起こし，危険な状態になることもある．とくに冬期，暖房した部屋から寒い廊下に出たとき，寒い浴室で熱い湯に入ったときなどに起こりやすい．適切に断熱することで住宅内の温度差を小さくしたり，あらかじめ浴室を暖めてから入浴したりといった工夫で防止できる．【**p.42**，永村】

ヒート ポンプ（heat pump）

地下水を地上まで汲み上げるポンプのように，環境中からエネルギーを汲み上げ，空気や水を高温にする技術で，冷蔵庫，エアコン，給湯などに利用されている．気化熱の作用を利用しており，装置内を循環する冷媒が蒸発（気化），凝縮（液化）を繰り返すことにともなって，エネルギーを吸収，放出する．冷媒にはフロンと，アンモニアや炭化水素，二酸化炭素などの自然冷媒があり，二酸化炭素を使用したヒート ポンプ給湯は“エコキュート”と呼ばれている．エアコンの暖房や給湯では，外気から汲み上げた熱で空気，水を温め，冷蔵庫やエアコンの冷房では，庫内，室内の空気から熱を汲み上げ，冷蔵庫側面や室外機から排熱することによって空気を冷やしている．暖房や給湯の場合，電気ヒーターを使用するのに比べ，使用した電気エネルギーの約3倍の熱が供給できるので省エネである．【**p.9**，中根／**p.49**，永村】

ビオトープ

適正な環境下での動物・植物の生息空間のこと．bio（生物）と tope（空間）の合成語である．ある一定区域の景観（湿地・草地・川・沼など），植生，生息生物（哺乳類・鳥類・昆虫など）を調査し，それらの生態系が適正に機能する空間づくりが重要で，今後の課題となっている．【**p.121**，北本】

防犯灯

住宅地を中心に，防犯を目的として設置される街路照明設備をいうが，必ずしも法的に定義されていない．そのため，具体的には明るさなどの基準は設けられていない．しかしながら，警察庁生活安全局長の通達を受けて，各自治体では，安全・安心のまちづくりに関する条例の整備が進行中で，この中で，路面の平均照度3ルクスが目標となってきている．一方，自動車交通の安全目的で設置される道路灯については，国土交通省が道路照明施設の設置基準を定めている．【**p.72**，土井】

【ま 行】

ミニ戸建て

100 m^2 未満の小敷地に建てられる一戸建て住宅．1987年の建築基準法改正により，準防火地域でも木造3階建てが可能となり，戸建て住宅の中層化が進んだ．1990年代後半以降，地価の下落や既成市街地での土地利用転換による開発適地の増加，邸宅跡地の敷地分割などにより，供給戸数が増加している．【p.24，檜谷】

【ら 行】

ロハス（LOHAS）

ロハスとは Lifestyles of health and sustainability の頭文字からの造語で，“健康と地球環境の持続可能性とを重視するというライフスタイル”という意味をもっている．つまり，心身の健康と，地球環境に負荷を掛けない生活を意識して，持続可能な社会の実現をめざす未来型ライフスタイルのこと．地球環境に対する社会的責任という概念も含まれている．【**p.2**，中根】

【わ 行】

枠組壁工法

1974（昭和47）年に建設省告示として，在来構法と同様な一般的構法として認められた．在来軸組が柱，梁による軸組み構成されるのに対して，床版と耐力壁によって建物全体が一体化された壁式構造である．構造耐力上使用される部材の断面寸法の種類が少なく，2インチ × 4インチの基準寸法から，ツーバイ フォー工法とも呼ばれる．北米のプラットフォーム工法，バルーン フレーム工法を採り入れたもので，北米の製材規格と同じ規格が採用されている．接合部の仕口・継手が簡単で，くぎ，金物によって緊結される．長期的な鉛直荷重と地震力などの水平荷重を壁で負担するため，構造計画上の制約があるが，構造安全性にはすぐれている．【**p.67**，土井】

引用文献

Chapter 0

1） 気象庁訳：国連環境開発会議政府間パネル（IPCC），1992，ほか
2） 総務省公害等調整委員会（編）：平成 29 年度公害苦情調査結果報告書，2018
3） 国連環境開発会議（UNCED）産業構造審議会地球環境部会：地球環境保全に関する答申，1992
4） 日本建築学会（編）：地球環境建築のすすめ，彰国社，2002
5） 日本建築学会（編）：建築設計資料集成 6，丸善，1969
6） 赤池学・永野裕紀乃・金谷年展：正しいエネルギー，TBS ブリタニカ，1999
7） 日経アーキテクチュア，6.28 号，1999
8） 科学技術庁資源調査会（編）：家庭生活におけるエネルギー有効利用，大蔵省，1990 ほか

Chapter 1

1） 中村和郎・木村竜治・内嶋善兵衛：日本の気候，新版日本の自然 5，岩波書店，1996
2） 花岡利昌：伝統民家の生態学，海青社，1991
3） 木村幸一郎：気候と住居，相模書房，1947
4） 夏涼しく冬暖かい「緑の冷暖房」，建築ジャーナル，p.40, 2002
5） W. P. Lowry：The climate of cities, Scientific American, 217 – 2, 1967
6） Horikoshi：Energy and Buildings, 15 – 16, 1990/1991
7） 石堂正三郎・中根芳一：新住居学概論，化学同人，1984
8） 松浦邦男・松浦啓：住居，理工学社，1982
9） 大野秀夫・久野覚・堀越哲美：快適環境の科学，朝倉書店，1993
10） 日本建築学会（編）：建築設計資料集成（居住），丸善，2001
11） 堀越哲美・澤地孝男（編）：絵とき 自然とすまいの環境，彰国社，1997
12） 地球温暖化影響研究会（編）：地球温暖化による社会影響（米国 EPA レポート抄訳），技報堂出版，1990
13） 安井妙子：建築雑誌，No.1535，p.27，2005

Chapter 2

1） 白木小三郎：住まいの歴史（p.14 – 17），創元社，1978
2） 日本建築学会（編）：第 2 版 コンパクト建築設計資料集成（住居），丸善，2006
3） 住田昌二（編著）：現代住宅の地方性（p.93 – 126），勁草書房，1983
4） 松原小夜子：住まいとステータス – 住宅近代化の日本的逆説 –，p.197，海青社，2001
5） 巽和夫ほか：町家型集合住宅 – 成熟社会の都心居住へ –，学芸出版社，1999
6） 太田博太郎（編）：住宅近代史，p.39 – 52，p.92 – 104，雄山閣，1969
7） 住田昌二（編著）：現代住まい論のフロンティア，p.115 – 118，ミネルヴァ書房，1996
8） 内田青蔵：同潤会に学べ – 住まいの思想とそのデザイン –，p.106 – 152，王国社，2004
9） 佐藤滋ほか：同潤会のアパートメントとその時代，鹿島出版会，1998
10） 鈴木成文：住まいの計画，住まいの文化，p.19 – 42，彰国社，1988
11） 住宅金融公庫（監修）：日本の住まい方 – 公庫のデータから見えてくる，住宅金融普及協会，2000
12） 住環境の計画編集委員会（編）：住宅を計画する（住環境の計画シリーズ 2），p.107，彰国社，1987
13） 住田昌二ほか：集合住宅における住様式の発展に関する研究，財団法人新住宅普及会・住宅建築研究所，1985
14） 日本統計協会（編）：暮らし・住まい“大都市の戸建住宅に住む”，p.1 – 18，2001
15） 植田和広ほか（編）：都市のガバナンス（講座 都市の再生を考える II），p.67 – 93，岩波書店，2005
16） 小谷部育子＋住総研コレクティブハウジング研究会（編著）：住総研住まい読本 第 3 の住まい コレクティブハウジングのすべて，エクスナレッジ，2012

Chapter 3

1） 松井静子（編著）：改訂 住生活論，建帛社，2001
2） 神山幸弘ほか：害虫とカビから住まいを守る，彰国社，1991
3） 豊かな住生活を考える会（編）：日本の住宅がわかる本，PHP 出版，1994
4） 「住宅・土地統計調査」（平成 25 年調査）（総務省）
5） 「国土交通省 平成 29 年度住宅関連データ」
6） 全国の勤労者世帯平均年収（総務省「家計調査 貯蓄・負債編」），ほか
7） 新日本建築家協会（編）：マンション百科，ユーシープランニング，1994
8） 榎田基明ほか（編）：住まいづくり・まちづくりの仕事，昭和堂，1999

Chapter 4

1） 生命工学工業技術研究所（編）：設計のための人体寸法データ集，人間生活工学研究センター，1996
2） 人間生活工学研究センター（編）：日本人の人体計測

データ（1992～1994），2003 より作図
3）日本建築学会（編）：第 3 版 コンパクト建築設計資料集成，丸善，2005
4）日本建築学会（編）：建築設計資料集成 3（単位空間 I），丸善，1980
5）宮本征一：床座姿勢における接触面温度分布と圧力分布との関係，第 25 回人間－生活環境系シンポジウム報告書，人間－生活環境系会議，2001
6）近江源太郎・日本色彩研究所（監修）：カラーコーディネーターのための色彩心理入門，日本色研事業，2003
7）Y. Nakane，K. Ito：Study on standard visual acuity curve for better seeing in lighting design，J. Ill. Eng.，2－1，1978
8）ISO と D. W. Robinson，R. S. Dadson，J. Acoust：Soc. Am.，29（1287），1957 より作成．
9）宮本征一・冨田明美：温熱環境要素である着衣熱抵抗の定量的把握に関する検討 － 着衣による有効放射面積率の増加について，日本建築学会東海支部研究報告集，2000
10）環境工学教科書研究会（編著）：環境工学教科書（第 2 版），彰国社，2000
11）日本色彩研究所（監修）：PCCS Harmonic Color Charts 201－L，日本色研事業，1991

Chapter 5

1）宿谷昌則：光と熱の建築環境学 － 数値計算で学ぶ －，丸善，1993
2）日本建築学会（編）：建築設計資料集成 1，丸善，1978
3）木村建一・木内俊明：環境工学，新訂 建築士技術全書 2，彰国社，2002
4）建設省住宅局住宅生産課（監修）：住宅の新省エネルギー基準と指針，住宅・建設省エネルギー機構，1996
5）日本建築設備安全センター（編）：新訂 換気設備技術基準・同解説，1983
6）照明学会（編）：照明（ライティング）ハンドブック，オーム社，1987
7）日本建築学会（編）：建築環境工学教材（設備編），日本建築学会，1996
8）空気調和・衛生工学会（編）：わかりやすい住宅の設備（給湯），オーム社，1999
9）空気調和・衛生工学会（編）：わかりやすい住宅の設備（排水），オーム社，1999

Chapter 6

1）伊藤幸治（編著）：環境問題としてのアレルギー，日本放送出版協会，1995
2）中根芳一（編著）：目で見る私たちの住まいと暮らし，化学同人，1995
3）船瀬俊介：こうして直すシックハウス，農文協，1999
4）厚生省心身障害研究会：改訂新版 明日からタバコがやめられる，法研，1998
5）石堂正三郎・中根芳一：新住居学概論，化学同人，1995
6）山本直成・浦上智子・中根芳一：生活科学，理工学社，1981

Chapter 7

1）芦川智・佐生健光（編著）：すまいを科学する，地人書館，1990 ほか
2）住環境の計画編集委員会（編）：住まいを考える，彰国社，1992
3）日本建築学会（編）：コンパクト建築設計資料集成，丸善，1986
4）吉田桂二（編）：環境共生住宅のつくり方，彰国社，2002
5）大阪市都市住宅史編集委員会（編）：まちに住まう，平凡社，1989
6）後藤久（監修）：最新住居学，実教出版，2004
7）石堂正三郎・中根芳一：新住居学概論，化学同人，1984
8）松村秀一（監修）：工業化住宅・考，学芸出版社，1987
9）越田洋：免震建築と地震応答，建築防災 87.9，建築防災協会，1987
10）清水建設免制震研究会：耐震・免震・制震のわかる本，彰国社，1999
11）中根芳一（編著）：生活と住まい，コロナ社，2002

Chapter 8

1）羽根義男（監修）：構造力学，ナツメ社，2004
2）日本建築学会（編）：構造教材 II，丸善，1983
3）日本建築学会（編）：建築材料用教材，丸善，1971
4）千葉幸雄ほか：今すぐ使える改正建築基準法，エクスナレッジ，2000
5）栗山幸子：明かりで防犯，住まいと電化，日本工業出版，2004

Chapter 9

1）住田昌二（編著）：現代住宅の地方性，勁草書房，1983
2）日経アーキテクチュア，3.4 号，p.53，2002
3）国土交通省住宅局市街地建築課マンション政策室：平成 25 年度マンション総合調査結果報告書，2014

Chapter 11

1）インテリアデザイン教科書研究会（編著）：インテリアデザイン教科書 第二版，彰国社，2011
2）R. L. Greory：Eye and brain，the psychology of seeing，5th ed.，Oxford University Press，1998
3）インテリアプランナー更新教習テキスト，建築教育技術普及センター，2005，2010，2015
4）日経アーキテクチュア，5.16 号，p.96，2005

Chapter 12

1）岩間暁子・大和礼子・田間泰子：問いからはじめる家族

社会学 — 多様化する家族の包摂へ向けて —，有斐閣，2015
2）清家清：ゆたかさの住居学 — 家族を育む住まい 100 の知恵 —，情報センター出版局，1998

Chapter 13

1）出村愼一監修：高齢者の体力および生活活動の測定と評価，市村出版，2015

Chapter 14

1）内堀繁生（編著）：住居設計論，理工学社，1997
2）エクステリアプランナー・ハンドブック編集委員会（編）：エクステリアプランナー・ハンドブック，建築資料研究社，2003
3）空木しき：やさしい住まいのエクステリア入門，オーム社，2002
4）E & G アカデミー用語辞典編集委員会（編）：エクステリア・ガーデンデザイン用語辞典，彰国社，2002

Chapter 15

1）日経 BP 社：日経テクノロジー展望 2019 世界をつなぐ 100 の技術，日経 BP 社，2018
2）古明地正俊・長谷佳明：図解 人工知能大全 AI の基本と重要事項がまとめて全部わかる，SB クリエイティブ，2018
3）IoT 産業技術研究会：未来 IT 図解 これからの IoT ビジネス，MdN，2018

付録

1）日本建築士会連合会（編）：住まいづくりの本，彰国社，1990（図のみ）
2）福祉・住環境人材開発センター（監修）：人の暮らしから考える 住宅建築の基礎，メセナ青山，2001（図のみ）

索引

【英字】

ADL　106
BMI　34
DEWKS　92
DINKS　92
OM ソーラー方式　137
QOL　106
RC 造　63
SI 住宅　94

【あ行】

アイレベル　91
アウトドアリビング　118
青田売り　78
アスベスト　54，76
アパートメントハウス　21
アメニティ　118
アレルギー　50
アレルゲン　50，56

椅座位　36
維持管理費　28
一棟多室型　18
居間　86
色温度　46
インクルーシブデザイン　117
インテリア　96，118

ウチ　19
内断熱　134
打ち水　13，43
ウッドマイレージ　17

エクステリア　118
エコマテリアル　131
エコ住宅　130，132
エスキス　84
エネルギー消費　6
エルセントロ　63
園芸療法　119

大壁構造　62
オープンスペース　120
オール電化　49
屋上緑化　13，119
オモテ　19
温室効果ガス　2
温暖化　2，16
温暖地域　61
温度差換気　13
温熱環境　106，107
温熱環境指標　39
温熱 6 要素　39
温冷感覚　39

【か行】

ガーデニング　119
臥位　36
開放型燃焼機器　45
外来木造　62
合併浄化槽　7
家庭内事故　107
稼働収納　96
壁式構造　66
感覚転移　90
換気　45，57，60，134
環境共生　88，94
環境調整材料　59
環境負荷　8，17，130
環境ホルモン　53

起居様式　20，36
気候区分　10
基本計画　84
基本設計　85
気密化　16
気密性能　15
嗅覚　37
給湯　48
給排水　48
境界概念　118
狭小住宅　97
共生　130
共同管理　30
共同住宅　24，74
京都議定書　2，16
強風地域　61
共用施設　24
共用部分　30
局部照明　46
居住水準　80
居住地　32
居住地管理　32
金融公庫仕様　62
近隣トラブル　79

空間構成　87，91
空間尺度　91
空間認識　37
空気環境　106
空気の流れ　44
クリモグラフ　10
グループホーム　92，109
グループリビング　25
グレア　46，107
クロルピリホス　45

ケ（褻）　19
景観条例　120
景観緑三法　120
契約トラブル　78
欠陥住宅　64，75，76
結露　16，43，44，56，59，60
玄関　86
建築基準法　33，45，46，52，62，63，64，68，73
建築協定　33
建築トラブル対策　65

公営借家　29
公営住宅制度　22
高気密　56
工業化構造　63
工事監理　64
構造材料　58
公団住宅　22，99
高断熱　56
交通バリアフリー法　115
高齢者の居住安定確保の法律　108
高齢単身世帯　108
コージェネレーション　7，49
コートヤード　119
コートハウス　18
コーポラティブ　81，95
コールドドラフト　43
個室　87
個室化　20
構造材料　60
戸建て住宅　24
固定資産税　28
コモンスペース　135
コルビュジェ　35
コレクティブ住宅　25，81，92

【さ行】

サービスヤード　119
座位　112
採光　46
在宅生活支援　110
採暖　14
彩度　90
在来構法木造住宅　63
在来軸組構法　67
材料の構造表示記号　82
材料の選択　87
錯視　91
サスティナブル　2
サスティナブル建築政策　3
サスティナブルデザイン　94

仕上げ材料　58
シェアハウス　25
視覚　38
色彩　40
色相　90
軸組構造　62，66
次世代型生活者像　93
自然換気　45
自然素材　132
シックハウス　45，51，52，56，76，134
湿気　26，132
実施設計　85
湿度　44
室内環境基準　45
室内空気汚染　50
しつらい　133
視認性　41
遮音性能　47
遮断性能　58

尺貫法　35
住環境　32, 106
住居改善　111, 112
住居学　5
住居気候区　11, 60
住居費　28
集合住宅　23, 30, 79, 81, 88
住戸プラン　21, 22
就寝分離　99
住生活基本法　75
修繕　27, 30, 71
住宅・土地統計調査　74
住宅管理　30
住宅建設５カ年計画　32
住宅資金特別条項　79
住宅性能表示制度　69, 71
住宅の商品化　77
住宅の選択　80
集団規定　69
受動喫煙　55
収納空間　27
縮尺　82
主要構造材　58
詳細図　85
省資源　130
照度　46
照度基準　46
照明　8, 46, 124
食事室　86
職住分離　98
食寝分離　22, 23, 99
庶民住宅　22
シルバーハウジング　109
シロアリ　26, 70, 71
寝室　102
新住宅市街地開発法　99
人体寸法　34, 36
人体動作　36
新有効温度　39
人類の住まい　4

すがもり　61
スクラップアンドビルド　88
スケルトンインフィル　6, 94, 131
筋かい　66, 69
住まいづくり　3
住まいの格式性　19
住まいの管理　26
住まいの寿命　26
住まいの条件　5
住まいの地域性　10
住み方の再構築　111
図面　82, 83

生活管理　30, 32
生活騒音　79
生活動線　106
生活排水　48
制振建築　63
性能規定化　69
施工管理　64
設計条件　84
設計のプロセス　85
センターキッチン　97
センチュリーハウジング　131
線の種類　82
全般照明　46

騒音計　47
騒音防止　47
ゾーニングプラン　86
ソーラーハウス　131
外断熱　134

【た行】

大気汚染　50
大規模修繕工事　31
耐久性　70
耐震強度偽装　77
台所　86
太陽エネルギー　42, 136
太陽光発電　7
耐用年数　30
太陽放射　42
ダイレクトゲイン　136
多雨地域　61
高床式住居　18
宅地建物取引業法　78
多雪地　61
建売住宅　78
建物の寿命　131
単位空間　35
単体規定　68
断熱化　17
断熱材　44, 59, 134
暖房　14, 57
暖房器具　43
暖房度日　11

知覚　37
地区計画　33
虫害　26
中間検査　64
厨房　86
長期修繕計画　31
直達日射量　14
賃貸住宅　28

ツーバイフォー　62
坪庭　119

テクスチャー　90
デグリーデー　11
デザインフォーオール　117
デザイン要素　90
デシベル　38, 47
鉄筋コンクリート構造　63
手抜き工事　77
出前型相談　112
電気　49
点検商法　73
電子錠　128
伝統構法　67

等音曲線　39
透過損失　47
動作空間　36
動作寸法　36
同潤会　21
等視力曲線　38
動線　86
動物のすみか　4
通り庭　97
都市ガス　49
都市型住宅　24
都市気候　12
都市計画法　33
都市緑地保全法　33
トラス　62, 66
トラッキング火災　49
トラップ　48
トレーサビリティ　126
トロンブウォール　136

【な行】

内部結露　44
長屋　88, 97
中廊下型住宅　21
夏型結露　44

西山夘三　22
二重サッシ　42
日射熱　8
日射量　42
日本住宅公団　23
入居要件　25
人間工学　34

熱環境　13, 42
熱交換型換気扇　57, 135
熱損失係数　42
熱膨張率　63
燃料電池　7, 49

ノーマライゼーション　114

【は行】

ハウスダスト　50
パッシブソーラー　136
ハートビル法　115
パラサイト　103
バリアフリーデザイン　114, 121
ハレ（晴れ）　19
ハンディキャッパー　115

ヒートアイランド現象　12, 120, 135
ヒートショック　42
ヒートポンプ　9, 49
ビオトープ　121
比視感度曲線　40
ピッキング　72
日よけ　43, 46, 59
平座位　36
品確法　69, 115

封水　48
腐朽菌　26, 70, 71
複合動作空間　36
付設温室システム　136
ブラインド　43
プルキンエ現象　40
ブレース　66
プレファブ　63
雰囲気照明　46
分散居住　25

ペアガラス　42, 44
平面表示記号　82
壁面緑化　13
別棟一室型　18
ヘルシーデザイン　95
勉強部屋　102

防火性能　73
放熱　39
防犯　72，105，128
保守　30
ホルムアルデヒド　45，50，51，52

【ま行】

まちづくり　32
まちづくり憲章　33
まちなみ景観　118
まちなみ保存　121
町家　11，19，132
間取り　96，133
マンション管理　31
マンセル表色系　40

ミニ戸建て　24
民営借家　29

明視照明　46
明視4要素　38
明度　90
目線　37
免震　63，67

メンテナンス　26，30

木質構造　67
木造（木構造）　58，62
木造住宅　132
モジュール　35
持ち家　28，80

【や行】

安普請　76

結い　77
誘目性　41
ユカ座　36，133
ユニバーサルデザイン　89，95，116

洋風化　20
洋風構造　62

【ら行】

ラーメン構造　66
ライフスタイル　15，27
ランドスケープ　118
ランドスケープデザイン　121

立位　36
リビングルーム　23
リフォーム　71，75，88，94，96
緑化　9，135
緑化協定　33

廊下　86

【わ行】

和風構造　62

編者略歴

中根 芳一（なかね よしかず）

1964年　大阪大学大学院修士課程工学研究科構築工学専攻修了
1984年　大阪市立大学生活科学部教授
1998年　梅花短期大学長
現　在　大阪市立大学名誉教授，梅花短期大学名誉教授，
　　　　工学博士，一級建築士，建築設備士，
　　　　インテリア プランナー
著　書　生活科学（第6版）（共著，オーム社）
　　　　私たちの生活科学（第2版）（編著，オーム社）
　　　　新住居学概論（共著，化学同人）
　　　　目でみる私たちの住まいと暮らし（編著，化学同人）
　　　　生気象学の事典（分担執筆，朝倉書店）
　　　　家政学用語辞典（分担執筆，朝倉書店），その他

• 本書籍は，理工学社から発行されていた『私たちの住居学 ― サスティナブル社会の住まいと暮らし ―』を改訂し，第2版としてオーム社から版数を継承して発行するものです．

私たちの住居学（第2版）
― サスティナブル社会の住まいと暮らし ―

2006年10月10日　第1版第1刷発行
2019年3月25日　第2版第1刷発行
2024年5月30日　第2版第6刷発行

編 著 者　中 根 芳 一
発 行 者　村 上 和 夫
発 行 所　株式会社 **オーム**社
　　　　　郵便番号　101-8460
　　　　　東京都千代田区神田錦町3-1
　　　　　電話　03(3233)0641(代表)
　　　　　URL　https://www.ohmsha.co.jp/

印刷・製本　精文堂印刷
ISBN978-4-274-22348-8　Printed in Japan